学习党史　铭记党史
以史为鉴　开创未来

历史的步履

实现中华民族伟大复兴的百年奋斗

曹普◎主编

中央党校出版集团
国家行政学院出版社
NATIONAL ACADEMY OF GOVERNANCE PRESS

图书在版编目（CIP）数据

历史的步履：实现中华民族伟大复兴的百年奋斗 / 曹普主编. —北京：国家行政学院出版社，2024. 1

ISBN 978-7-5150-2468-4

Ⅰ. ①历… Ⅱ. ①曹… Ⅲ. ①中国共产党—党史—研究 Ⅳ. ①D23

中国国家版本馆 CIP 数据核字（2023）第 194247 号

书　　名 历史的步履：实现中华民族伟大复兴的百年奋斗
LISHI DE BULÜ：SHIXIAN ZHONGHUA MINZU WEIDA FUXING DE BAINIAN FENDOU

作　　者 曹　普　主编

责任编辑 刘韫劼

出版发行 国家行政学院出版社
（北京市海淀区长春桥 6 号　100089）

综 合 办 （010）68928887

发 行 部 （010）68928866

经　　销 新华书店

印　　刷 北京盛通印刷股份有限公司

版　　次 2024 年 1 月北京第 1 版

印　　次 2024 年 1 月北京第 1 次印刷

开　　本 170 毫米×240 毫米　16 开

印　　张 24. 75

字　　数 354 千字

定　　价 78. 00 元

前　言

中华民族是世界上伟大的民族，为人类文明进步作出了巨大贡献。但是1840年鸦片战争以后，中国逐步成为半殖民地半封建社会，中华民族遭受前所未有的劫难。为了拯救民族危亡，中国人民奋起反抗，各种救国力量、救国方案接连而起，但无不以失败而告终。中国共产党作为救民于水火、救国于危亡的新的政治力量，一经诞生，就把为中国人民谋幸福、为中华民族谋复兴作为自己的初心使命，100多年来团结带领人民所进行的一切奋斗、一切牺牲、一切创造，归结起来就是一个主题：实现中华民族伟大复兴。

为了实现中华民族伟大复兴，我们党团结带领中国人民浴血奋战、百折不挠，创造了新民主主义革命的伟大成就，彻底结束了旧中国半殖民地半封建社会的历史，彻底结束了旧中国一盘散沙的局面，彻底废除了列强强加给中国的不平等条约和帝国主义在中国的一切特权，为实现中华民族伟大复兴创造了根本社会条件，中国人民站起来了，中华民族任人宰割、饱受欺凌的时代一去不复返了；为了实现中华民族伟大复兴，我们党团结带领中国人民自力更生、发愤图强，创造了社会主义革命和建设的伟大成就，实现了中华民族有史以来最为广泛而深刻的社会变革，实现了一穷二白、人口众多的东方大国大步迈进社会主义社会的伟大飞跃，为实现中华民族伟大复兴奠定了根本政治前提和制度基础，中国人民不但善于破坏一个旧世界、也善于建设一个新世界，只有社会主义才能救中国，只有社会主义才能发展中国；为了实现中华民族伟大复兴，我们党团结带领中国人民解放思想、锐意进取，创造了改革开放和社会主义现代化建设的伟大成就，在改革开放中开创、坚持、捍卫、发展中国特色社会主义，实现了从高度集中的计划经济体制到充满活力的社会主义市场经济体制、从封闭半封闭到全方位开放的历史性转变，实现了从生产力相对落后的状况到经济总量跃居世界第二的历史性突破，实现了人民生活从温饱不足到总体小康、奔向全面小康的历史性跨越，为实现中华民族伟大复兴提供了充满新的活力的体制保证和快速发展的物质条件，改革开放是决定当代中国前途命运的关键一招，中国大踏步赶上了时代；为了实现中华民族伟大复兴，我们党团结带领中国人民自信自强、守正创新，统揽伟大斗争、伟大工程、伟大事业、伟大梦想，创造了新时代中国特色社会主义的伟大成就，我们坚持和加强党的全面领导，统筹推进“五位一体”总体布局、协调推进“四个全面”战略布局，坚持和完善中国特色社会主义制度、推进国家治理体系和治理能力现代化，坚持依规治党、形成比较完善的党内法规体系，战胜一系列重大风险挑战，实现第一个百年奋斗目标，明确实现第二个百年奋斗目标的战略安排，党和国家事业取得历史性成就、发生历史性变革，为实现中华民族伟大复兴提供了更为完善的制度保证、更为坚实的物质基础、更为主动的精神力量，中华民族迎来了从站起来、富起来到强起来的伟大飞跃，实现中华民族伟大复兴进入了不可逆转的历史进程！

习近平总书记在庆祝中国共产党成立100周年大会上的重要讲话，全面回顾中国共产党百年奋斗的光辉历程，高度评价100年来中国共产党团结带领中国人民创造的四个伟大成就，精辟概括“坚持真理、坚守理想，践行初心、担当使命，不怕牺牲、英勇斗争，对党忠诚、不负人民”的伟大建党精神，总结提出“以史为鉴、开创未来”的“九个必须”的根本要求。本书依据习近平总书记这个重要讲话以及党的十九届六中全会决议和党的二十大精神，以“前所未有的民族‘劫难’与中国共产党的创立”为开篇，以“创造新时代中国特色社会主义伟大成就”为尾章，重点展开和叙述的就是围绕“实现中华民族伟大复兴”这个一以贯之的主题，100 多年来一代又一代中国共产党人初心不改、使命不渝，前仆后继、浴血奋战，敢于斗争、勇于胜利，以“为有牺牲多壮志，敢教日月换新天”的大无畏气概所谱写的气吞山河的英雄史诗、奋斗壮歌。中国共产党立志于中华民族千秋伟业，百年恰是风华正茂。展望未来，在引领中华民族迈向伟大复兴的新征程上，在致力于实现第二个百年奋斗目标的新的赶考路上，由中国共产党团结带领中国人民共同书写的这部英雄史诗、奋斗壮歌一定会续写得更加精彩绝伦，中国共产党一定能够为中华民族争得更大的光荣！

近代以来中华民族 180 多年的历史、中国共产党成立以来 100 多年的历史、中华人民共和国成立以来 70 多年的历史、改革开放以来 40 多年的历史都充分证明：没有中国共产党，就没有新中国，就没有中华民族伟大复兴，是历史和人民在比较和鉴别中选择了中国共产党。中国共产党是中国人民和中华民族的主心骨，中国共产党的全面坚强领导，是党和国家的根本所在、命脉所在，是全国各族人民的利益所系、命运所系，是实现中华民族伟大复兴的根本保证。

目录 CONTENTS

第一章

前所未有的民族“劫难”与中国共产党的创立

“我们党的全部历史都是从中共一大开启的，我们走得再远都不能忘记来时的路。”① 回首初始，方知来路艰辛。1921 年，在中国人民和中华民族的伟大觉醒中，在马克思列宁主义同中国工人运动的紧密结合中，中国共产党应运而生。中国产生了共产党，这是中华民族发展史上开天辟地的大事变，深刻改变了近代以后中华民族发展的方向和进程，深刻改变了中国人民和中华民族的前途和命运，也深刻改变了世界发展的趋势和格局。

一、辛亥革命后的中国

“历史在人民的探索和奋斗中造就了中国共产党。”② 中国共产党的创立与近代中国历史密切相关。近代以降，西方国家开展工业革命，获得巨大发展。中国封建统治者却如“井底之蛙”，夜郎自大，丧失了与世界同进步的历史机遇，落到了被动挨打的境地。

1840 年，英国发动鸦片战争，用枪炮打开了中国国门，迫使清政府签订了中国历史上第一个丧权辱国的不平等条约——《南京条约》。

---

① 习近平：《论中国共产党历史》，中央文献出版社 2021 年版，第 241 页。

② 习近平：《领导干部要读点历史》（2011 年 9 月 1 日），《学习时报》2011 年 9 月 5 日。

此后，其他国家接踵而至，通过战争等手段，迫使清政府签订了一个又一个不平等条约。割地、赔款，丧失种种利权，中国社会发生着根本变化。战前，清政府可以独立行使全部主权，中国是一个独立的封建国家；战后，中国的领土和主权遭到破坏，清政府逐渐成为国外势力的代言人。战前，中国延续着自给自足的小农经济结构；战后，随着外国资本的侵入，中国传统的经济结构逐渐解体，中国经济成为世界资本主义的附庸。中国逐渐由独立、完整的封建社会沦为半殖民地半封建社会。

伴随着中国殖民地化的加深与封建统治的没落，为了实现民族独立和国家富强，“先进的中国人，经过千辛万苦，向西方国家寻找真理。洪秀全、康有为、严复和孙中山，代表了在中国共产党出世以前向西方寻找真理的一派人物……学了这些新学的人们，在很长的时期内产生了一种信心，认为这些很可以救中国”，“但是行不通，理想总是不能实现。多次奋斗，包括辛亥革命那样全国规模的运动，都失败了”[①]。辛亥革命推翻了统治中国两千多年的封建君主专制，建立了资产阶级共和国，但它仍旧没有完成反帝反封建的革命任务，没有改变中国社会半殖民地半封建的性质。拥有军事力量优势的袁世凯，在外国势力及本国封建势力支持下，采取“南北议和”的欺骗手段和武力统一的实力政策，篡夺了辛亥革命的胜利果实，窃取了中华民国大总统职位，建立了北洋军阀的统治。

袁世凯攫取革命果实后，开始还假惺惺效忠民主共和，因为他深知，只有在国会上当选，自己担任大总统才名正言顺。1913 年 10 月 6 日，国会进行大总统选举。这时已无人敢与袁世凯竞争，大总统选举成了袁世凯自导自演的独角戏。参与选举的曹汝霖回忆：“俟议员到齐后，忽将大门锁闭，听外面人声嘈杂，只听得喊我们是公民团，代表民众监督你们的。大总统只有袁世凯应该当选，我们是拥护袁世凯当选中华民国大总统的。你们议员们，今天如果不照我们的公意，不选袁世凯

① 《毛泽东选集》（第 4 卷），人民出版社 1991 年版，第 1469—1470 页。

为大总统，不要想能出此门。”① 选举从上午 8 点到晚上 10 点，经过三次投票，袁世凯终于当选正式大总统。袁世凯当选为大总统后，国会于他已经毫无意义。于是，在当选后不到一月的时间内，袁世凯便下令解散国民党。占国会大多数的国民党遭解散，国会则因人数不足难以召开。次年 1 月 10 日，袁世凯宣布停止参、众两议院议员职务，国会正式宣告解散。

解散国会后，袁世凯命人制定《中华民国约法》，取代辛亥革命留下的《临时约法》。1914 年 5 月 1 日公布的《中华民国约法》将国家政体由责任内阁制改为总统负责制，并规定大总统拥有统治权、任免权、统帅军权、修宪权等各种权力，可谓“完全无缺”，与皇帝已无二致。同日，袁世凯废止国务院官制，在总统府设政事堂，特任徐世昌为国务卿。5 月 23 日，参照清制，袁世凯公布省、道、县官制。省设巡按使，道设道尹，县设知事。除此以外，袁世凯仿照清制，设定各类文官、武官。各类官职都已准备就绪，就差黄袍加身了，袁世凯的复辟帝制之心昭然若揭。时人对此评价道：“自厘定官制后，又定民间婚丧礼，又定甲乙两种礼服，重在复古，对于新的建设，不甚注意……复古之制，层出不穷。总统亦不常出席国务会议，总由徐相国（即徐世昌）主席。后又定郊天礼，祭孔礼，步步仿效帝制。”②

就在这一段时间里，第一次世界大战爆发，欧洲国家投入战争无暇东顾，给了日本在中国扩张势力的好机会。为了进一步巩固在山东的权益和控制中国，日本驻华公使日置益向袁世凯递交了“二十一条”。“二十一条”主要内容为：要求中国政府承认日、德两国对转让山东权利所作的任何协定，承认日本在南满和东部内蒙古的特权，汉冶萍公司由中日合办，不得将所有中国沿岸港湾及岛屿租与他国，中央政府聘用日本人充当政治、财政、军事等各顾问。深知袁世凯称帝心切，日置益向袁世凯面递“二十一条”时，隐含深意地说：“若开诚交涉，则日本

① 《曹汝霖一生之回忆》，台北传记文学出版社 1970 年版，第 80 页。
② 《曹汝霖一生之回忆》，台北传记文学出版社 1970 年版，第 88 页。

希望贵大总统再高升一步。”①

袁世凯称帝心切，日本“投石问路”正中其下怀。在这种情况下，尽管他清楚“二十一条”丧权辱国，也曾一度游移不定，但最终仍然接受了日本提出的条件，只表示第五部分有几条“容日后协商”。签订“二十一条”后，袁世凯快马加鞭筹备登基大业。1915 年 8 月，袁世凯的美籍顾问古德诺博士发表《共和与君主论》，为称帝造势。袁世凯的亲信梁士诒也开始策动全国请愿联合会，要求恢复帝制，并成立“国民代表大会”，以此作为表决国体问题的机构。“国民代表大会”分设各省区进行投票，最后全票赞成君主立宪。12 月 12 日，袁世凯接受帝位；12 月 31 日，决定改 1916 年为“洪宪元年”，并拟在适当时候举行登基大典。

袁世凯尚未等到登基大典，全国上下已经群情激愤。工人罢工，农民抗捐抗税，学生开展反帝宣传，工商界人士及海内外华侨发表通电，要求袁世凯退位。革命党人在蔡锷带领下，开始起义。云南首先宣布独立，揭起“护国军”旗帜，起兵讨袁，进军四川。贵州、广西、广东、浙江、湖南、山西、四川等省也相继起义，纷纷宣布独立。树倒猢狲散。袁世凯部属见大事不妙，纷纷请辞；许诺支持袁世凯“再高升一步”的日本也转而反对袁世凯称帝。

已是四面楚歌的袁世凯，被迫于 1916 年 3 月 22 日宣布撤销帝制，但仍坚称大总统。国人对袁世凯已经彻底失去了信任。于是，17 省国会议员通电反对袁世凯恋栈大总统，19 省公民发表宣言，主张以武力逼迫袁世凯退位，各省相继独立。被万众唾骂的袁世凯，于是年 6 月 6 日在焦虑中去世。

袁世凯死后，北洋军阀内再也找不到一个像他那样能维持军阀表面“统一”的人物。用时人张国淦的判断来说：“袁氏在日，军队统于一尊，并无派系可言，亦无人敢萌此想、敢为此说；袁势既颓，群雄失

---

① 转引自胡绳《帝国主义与中国政治》，人民出版社 1978 年版，第 135 页。

驭，互植势力，各昵所亲，遂有强为区别为直、皖系者。”① 而在段祺瑞的皖系和冯国璋的直系中，段祺瑞皖系力量更大。段祺瑞曾得袁世凯重任，在新军中历任三个镇的统制，因此北洋军人多为他的旧部和学生，与他交涉较深。民国以来，段祺瑞连续担任几届内阁陆军总长，还曾一度代理国务总理。袁世凯死后，段祺瑞承其衣钵，任国务总理兼陆军总长，掌握民国大权。段祺瑞的皖系军阀控制了安徽、山东、浙江、山西、福建等地。除了势头正盛的段祺瑞皖系，冯国璋领导的直系军阀，也算力量较强的一支。民国后，冯国璋担任直隶都督。二次革命率军南下，逐渐控制了长江流域。除了皖系、直系两大势力，还有张作霖为首的盘踞东北地区的奉系军阀，张勋领导的驻守徐州、兖州一带的“定武军”，控制云南、贵州一带的唐继尧滇系军阀，陆荣廷领导的控制广东、广西的桂系军阀。

这些军阀行事风格、政治理念迥异，但也不乏共性。他们深信有兵才有权，武力是自己的生存之本。当他们割据一方自雄时，要用武力维持统治；当他们掌握全国政权时，又必须运用武力实现统一。因此，不断扩充军事实力，成为他们的共同做法。据统计，1914 年全国陆军 45.7 万人，1918 年增加到 85 万人，1919 年初激增到 138 万人。1910 年全国军费为 1.02 亿元，1916 年增至 1.5 亿元，1918 年激增到 2.03 亿元。1913 年，军费占北京政府支出总额的 26.89%，1919 年激增到 41.68%。自 1914 年至 1920 年的 6 年里，江苏的军费开支增加一倍。②

为筹措军费，这些军阀拥兵争霸，割据称雄。“凡是拥兵数千、号为师旅长者，皆得盘踞县邑，以为采地，大或连城数十，恣肆其间，兵力所至，闾里为墟。”③ 没有地盘，便没有立足和存在的空间；只有割

① 张国淦：《北洋军阀直皖系之斗争及其没落》，载《张国淦文集》，燕山出版社 2000 年版，第 198 页。

② 陈真、姚洛、逄先知合编《中国近代工业史资料》（第 2 辑），生活·读书·新知三联书店 1958 年版，第 279 页。

③ 章有义：《中国近代农业史资料》（第 2 辑），生活·读书·新知三联书店 1957 年版，第 598 页。

据一方，才能从辖地征兵征粮，解决兵源、财源问题。据统计，从1912年到1919年，中国田赋猛增7倍，其他各种捐税也是成倍增长。1916年与1913年相比，烟酒税增加了3倍，印花税增加了8倍。除此之外，各地军阀还巧立名目，征收各种苛捐杂税。比如，1918年湖南督军张敬尧发行“有奖惠民债券”，向商民推销逼购。对张敬尧的荒唐作为，有诗讽刺道：“惠而不知为政，民欲与之偕亡。”①

为了巩固统治，军阀积极扩展地盘，并为此互相倾轧，甚至混战。“一年三小仗，三年一大仗”，无穷无尽的战争给老百姓带来深重灾难。“兵事一兴，官吏，土匪，盗贼趁火打劫，奸淫掳掠，明抢，暗敲，无所不至。”② 战争之地，生灵涂炭，百姓遭殃。“直皖战争大军过境，米面柴草，均由各区供应，遂至谷物一空……秕糠树根，罗掘俱穷，雪地冰天，死亡载道。”③ 军阀混战之后，人民群众“死亡枕藉，逃生无所，怨苦凄呼之声达于四境”④。

此外，军阀还积极寻求外援，投靠列强，卖国媚外。鸦片战争以来，西方国家先行炮舰政策打入中国，继而又行共同瓜分政策。中国地域广阔，炮舰政策不足以到达中国的每一个地方；共同瓜分，利益均沾，但又常因分赃不均引发矛盾。从20世纪初期开始，西方国家一改初衷，开始物色代理人，通过代理人攫取所需权益。北洋军阀为扩充实力，也纷纷投靠列强，出卖国家利权，换取外部支持。北京《远东时报》主笔有一个形象的说法：“如在中国的中心要开一枪，没有不射着外国的利益的。”⑤ 皖系军阀投靠日本，直系依附英、美，奉系以日本为靠山，每派军阀背后都能找到外国势力的影子。

地盘、武力、列强，构成了北洋军阀的三要素。也正因为这些要素力量相持不下，没有哪一派能独自胜出控制中央政权，最后只能按照约

---

① 何光岳等编著《绝妙好联》，湖南文艺出版社1991年版，第313页。
② 燕树棠：《战祸如何得了!》，《现代评论》（第1卷第6期），1925年1月17日。
③ 中国第二历史档案馆编《直皖战争》，江苏人民出版社1980年版，第259页。
④ 中国第二历史档案馆编《直皖战争》，江苏人民出版社1980年版，第276页。
⑤ 孙铎：《中国改造之外国援助》，《向导》（第29期），1923年6月13日。

法，由副总统黎元洪继任大总统，段祺瑞出任掌握实权的国务总理，后又重新召集国会，选出冯国璋为副总统。军阀之间的相互妥协，保证了袁世凯逝世后北洋政府的平稳过渡。但平稳的表面下却是暗潮涌动，总统府与国务院之间、皖系军阀与直系军阀之间、北方与南方之间，矛盾错综复杂，力量纵横博弈，不久后冲突便相继爆发，把中华民国推入战争频仍、分崩离析的混乱中。北方皖、直、奉等军阀你方唱罢我登场，轮流问鼎中央，争霸全国；南方川、滇、桂、黔、粤、湘军拥兵自重，分而治之。

生活其中的人民苦闷不已。吴玉章曾言：“在辛亥革命以前，我们曾经抱着一个美丽的幻想，以为革命后的中国一定是一个民主、独立、统一、富强的国家。但是现实嘲弄了我们，中国人民所碰到的不是民主，而是袁世凯的专制独裁；不是独立，而是帝国主义的侵略和欺凌、蚕食和鲸吞；不是统一、富强，而是军阀们的争权夺利、鱼肉人民。”①面对混乱的国内政治，国人开始思考，中国出路究竟何在？显然，要彻底改变中国的局面，需要一次大的变动。这已成为国人共识。甚至连保守主义者杜亚泉也说：“武人官僚，倚仗旧势力，以斫伐国家生命，惟恐其勿尽”；同时可能“将有外来之势力，加于吾国之上，以绝吾国之生命；不能更有机会，容待吾国发生新势力，以营代偿作用”②。

“山雨欲来风满楼。”国人呼吁新的力量，历史孕育新的生机。民初的动荡让追求进步的知识分子开始更深刻的反思。傅斯年曾说：“中国人从发明世界以后，这觉悟是一串的：第一层是国力的觉悟；第二层是政治的觉悟；现在是文化的觉悟，将来是社会的觉悟。”③ 要救国，只有维新；要维新，只有学外国。近代国人一直追求西方文明，将西方

---

① 吴玉章：《回忆五四前后我的思想转变》，载中国社会科学院近代史研究所《近代史资料》编译室主编《五四运动回忆录》，知识产权出版社 2013 年版，第 1 页。

② 杜亚泉：《中国之新生命》（1918 年），载《杜亚泉文选》，华东师范大学出版社 1993 年版，第 324 页。

③ 傅斯年：《时代与曙光与危机》（1919 年），转引自罗志田《激变时代的文化与政治——从新文化运动到北伐》，北京大学出版社 2006 年版，第 2 页。

器物、制度纷纷“拿来”，结果却不尽如人意。即便建立了当时世界上最先进的共和政体，中国政坛仍然还是魑魅魍魉，乱象百出。就如“许多致力于实现现代化的发展中国家，正是在经历了长久的现代化阵痛和难产后，才逐渐意识到：国民的心理和精神还被牢固地锁在传统意识之中，构成了对经济和社会发展的严重障碍”①。上下求索寻路却不可得的进步人士终于认识到：革新，也可等同于“革心”！皇权思想潜伏，孔教复古因此大行其道，共和难以为继。这证明，中国不仅需要政治体制的革新，更需要思想文化的革新。

陈独秀对此深以为意。他指出，民初经历了辛亥革命、二次革命、护国战争“三次革命”，但“黑暗未尝稍减”，“其原因之小部分，则为三次革命，皆虎头蛇尾，未能充分以鲜血洗净旧污；其大部分，则为盘踞吾人精神界根深蒂固之伦理道德文学艺术诸端，莫不黑幕层张，垢污深积，因此虎头蛇尾之革命而未有焉。此单独政治革命所以与吾人社会不受任何变化，不收若何效果也。推其总因，乃在吾人疾视革命，不知其为开发文明之利器故”②。于是陈独秀呼吁，中国“政治根本解决问题，犹待吾人最后之觉悟”③，即文化的革新、思想的觉悟。这种情况下，陈独秀吹响思想启蒙号角，在上海创办《青年杂志》（后改名《新青年》），发起新文化运动。

新文化运动高举“民主”“科学”两面大旗。“要拥护那德先生，便不得不反对孔教、礼法、贞节、旧伦理、旧政治。要拥护那赛先生，便不得不反对旧艺术，旧宗教。要拥护德先生，又要拥护赛先生，便不得不反对国粹和旧文学。”④ 由此，陈独秀、李大钊、胡适等人以《新

---

① 殷陆君编译《人的现代化——心理·思想·态度·行为》，四川人民出版社 1985 年版，第 3—4 页。

② 陈独秀：《文学革命论》（1917 年 2 月 1 日），载《陈独秀文集》（第 1 卷），人民出版 2013 年版，第 202 页。

③ 陈独秀：《吾人最后之觉悟》（1916 年 2 月 15 日），载《陈独秀文集》（第 1 卷），人民出版 2013 年版，第 138 页。

④ 陈独秀：《〈新青年〉罪案之答辩书》，《新青年》（第 6 卷第 1 号），1919 年 1 月 15 日。

青年》为主要阵地，抨击封建礼教以“拥护德先生”，开展新文学革命以“拥护赛先生”，打开了阻遏新思想潮流的闸门。

在此基础上，《新青年》等杂志开始积极输入各种主义学说。邓颖超对此有个形象的形容：“五四运动是思想解放运动，一解放就像大水奔流。那时的思想，受到长期禁锢，像小脚女人把脚裹住；放开以后，不知怎么走路，有倒的，有歪的，也有跌跤的。那时是百家争鸣，各种思潮都有。”① 如邓颖超所说，此时国人认为，只要是西方的，便是新的，于是不假思索，张臂拥抱。

在如“大水奔流”的各种思潮中，马克思主义与其他社会主义流派混同一起被人理解。用瞿秋白的话来讲：“社会主义的讨论，常常引起我们无限的兴味。然而究竟如俄国 19 世纪 40 年代的青年思想似的，模糊影响，隔着纱窗看晓雾，社会主义流派，社会主义意义都是纷乱，不十分清晰的。正如久壅的水闸，一旦放开，旁流杂出，虽是喷沫鸣溅，究不曾自定出流的方向。”② 概言之，新文化运动初期，马克思主义与其他主义一起，获得广泛传播，但还停留于知识传播的层面。马克思主义由知识性传播变为信仰化选择，还需要一定的契机。五四运动的爆发，便加速了马克思主义由知识性传播向信仰化选择的进程。

二、五四运动的爆发

1918 年 11 月 11 日，德国正式宣布投降，第一次世界大战宣告结束。中国曾向德国、奥地利宣战，成为战胜国之一。沉浸胜利喜悦中的国人，盼望巴黎和会的到来，实现美国总统威尔逊提出的“十四点和平计划”。在维护公道原则下，美国总统威尔逊提出建立世界新秩序的“十四点和平计划”，即公开外交、公海航海自由、利益均沾、民族自

---

① 中国社会科学院近代史研究所编《五四运动回忆录（续）》，中国社会科学出版社 1979 年版，第 10 页。

② 《瞿秋白文集·文学编》（第 1 卷），人民文学出版社 1985 年版，第 26 页。

决、裁军非战、自由和平、集体安全等等。[1] 照此设想，中国有可能摆脱近代落后挨打的局面，解决近代以来的种种外交问题。

随着巴黎和会的推进，国人的期待逐渐破灭。1919 年 4 月 30 日，在没有中国代表参加的情况下，英、美、法三国会议通过了对德和约中的山东条款，其中规定：德国将把在山东的一切权益、特权无代价地让给日本；德国在胶州领土内的所有动产及不动产归日本所有；德国将关于胶州领土内的民政、军队、财政、司法等档案文件移交日本。

如此消息不啻于惊雷，惊醒了中国人对和会、对公理的迷梦，人们由欣喜、憧憬，变得失望、气愤。就像后来一则学生宣言所说："全世界本来都倾听威尔逊的话语，就像先知的声音，它使弱者强壮，使挣扎的人有勇气。中国人一再听说过了……威尔逊曾告诉过他们，在战后缔结的条约里，像中国这种不好黩武的国家，会有机会不受阻碍地发展他们的文化、工业和文明。他也告诉过他们不会承认秘密盟约和在威胁下所签的协定。他们寻找这个新纪元的黎明，可是中国没有太阳升起，甚至连国家的摇篮也给偷走了。"[2] 就这样，被偷了"摇篮"的国人逐渐清醒过来。"许多受过最好教育和有政治意识的中国人，既不再相信美国，也不再相信自由民主政体有希望充当改革的工具。人们越来越意识到，似乎只有通过一次激进的、集权的政治运动，才能把中国民众成功地组织成一支反对外国剥削的大军。"[3] 巴黎和会上，西方世界背叛了中国人对正义的期待，遭遇背叛的中国人由此觉醒并开始行动起来。五四运动就在这样背景下爆发了。

---

① 中国社会科学院近代史研究所编《秘笈录存》，中国社会科学出版社 1984 年版，第 28—29 页。

② 上海学生联合会《学生罢课说明说》（*The Students' Strike—An Explanation*），这是 1919 年印刷的英文传单，现有一份保存在纽约协和神学院教会图书馆（Mission Library of Union Theological Seminary New York）。又见江文汉 *The Chinese Student Movement*（《中国学生运动》，1948 年，纽约），第 1 章，第 36 页。转引自周策纵《"五四"运动史》，世界图书出版社 2016 年版，第 96 页。

③ 迈克尔·沙勒：《二十世纪的美国和中国》，王杨子、刘湖译，光明日报出版社 1985 年版，第 46 页。

1919 年 5 月 4 日下午 1 点，北京 13 所大专院校共 3000 多名爱国学生在天安门城楼下集合，走向外国使馆区东交民巷。一路上，学生散发爱国宣言，并振臂高呼。“还我山东，保我主权”“外争主权，内惩国贼”“废除二十一条”等口号，声声入耳，沿街“许多人民看见掉泪，许多西洋人看见脱帽喝彩，又有好些巡警也掉泪”①。到使馆区遭警察阻拦后，学生转向赵家楼胡同方向，火烧了亲日官员曹汝霖宅邸，痛打了卖国贼章宗祥。

这场由北京学生发起的爱国运动，很快便向全国各地及其他群体蔓延。6 月 5 日开始，上海工人声援学生罢工，几日间达到了六七万人。随后，北京、唐山、汉口、南京、长沙等地工人也相继举行罢工，运动主力由学生转变为工人，标志着工人阶级登上中国政治舞台。在巨大压力下，6 月 10 日，北京政府不得不对曹汝霖、章宗祥、陆宗舆三个亲日派官员“准免本职”。6 月 28 日，参加巴黎和会的中国代表团拒签和约。取得了这“两项伟大的政治收获”后，五四运动宣告落幕。

从中国历史长河来看，五四运动具有更深远的意义。五四运动引发了思想变革与民族觉醒，尤其是国人从五四运动中发掘了“行动”的力量，认识到“中国社会发展，中华民族振兴，中国人民幸福，必须依靠自己的英勇奋斗来实现，没有人会恩赐给我们一个光明的中国”②。五四运动以前，不少人寄望于美国及其他欧美国家，希望他们在巴黎和会上替中国解决外交问题，帮中国力挽狂澜。五四运动后，“军国主义打破，旧式的政治组织破产，于是感觉最钝的中国人，至此也觉得仅仅学习西洋的富国强兵、政治法律是没有用的，是对于人类幸福没有关系的；将来真正文明的枢纽，还在乎社会制度的改造”③。时人由此反思，“以前的运动，是仅仅对于外交问题的；今后的运动，是对于社会根本问

① 陈占彪编《五四事件回忆：稀见资料》，生活 · 读书 · 新知三联书店 2014 年版，第 95 页。
② 习近平：《论中国共产党历史》，中央文献出版社 2021 年版，第 241 页。
③ 罗家伦：《中国近代文学思潮的变迁》，《新潮》（第 2 卷第 5 号），1920 年 9 月。

题的运动，是改造政治组织的运动，是对于全世界掠夺阶级的运动”①。“于是谈政议法的声浪稍衰，而社会改造的声浪大盛。”② 可以说，“五四运动以后，中国的社会趋向变了”，“以后是社会改造运动的时代”③。

此外，“五四运动改变了以往只有觉悟的革命者而缺少觉醒的人民大众的斗争状况，实现了中国人民和中华民族自鸦片战争以来第一次全面觉醒”④。工人、学生、商人等各个群体参与五四运动，展现了巨大伟力。五四运动后，群众组织起来，仍未止步，其中最明显的是工人组织的日益增多。在五四运动发生后的几个月，上海相继出现了“中华工业协会”“中华工会总会”“电器工业联合会”等组织。经过五四洗礼的工人，更加积极地行动起来。据统计，1919 年下半年上海工人的罢工达 13 次，1920 年增加到 56 次。1920 年 10 月至 1921 年 4 月，广州发生 13 次工人罢工。唐山、苏州、南京、武汉、长沙、济南等地区的罢工此起彼伏，不断发生。

先进分子也逐渐感知到群众的力量。吴玉章曾说：“以前搞革命的人，眼睛总是看着上层的军官、政客、议员……如今在五四群众运动的对比下，上层社会力量显得何等微不足道，在人民群众中所蕴藏的力量一旦得到解放，那才真正的惊天动地、无坚不摧的。显然，必须依靠下层人民，……这种思想在我头脑中日益强烈、日益明确了。”⑤ 一些经历五四运动的先进分子认识到，只有依靠最广大的社会力量，才能完成改造社会的目的。

认识到“行动”力量与“群众”力量的先进知识分子还在进一步思考，“社会改造”应该走什么道路？近代以来，我们一直向西方学习，却总是遭到西方先生的侵略，巴黎和会彻底打破了中国人学习西方的迷梦。正当国人对美国失望之时，新兴的社会主义国家苏俄又适时向

---

① 仲九：《学生运动的过去和将来》，《星期评论》（第 46 期），1920 年 4 月 18 日。
② 罗家伦：《中国近代文学思潮的变迁》，《新潮》（第 2 卷第 5 号），1920 年 9 月。
③ 傅斯年：《新疆的回顾与前瞻》，《新潮》（第 2 卷第 1 号），1919 年 9 月。
④ 习近平：《论中国共产党历史》，中央文献出版社 2021 年版，第 241 页。
⑤ 吴玉章：《吴玉章文集》（下卷），重庆出版社 1987 年版，第 1065 页。

中国示好，发表《加拉罕宣言》，表示愿意放弃沙皇时代攫取的种种不平等权利，希望与中国复交。美国和苏俄的作为形成鲜明对比。梁启超讲到这种心理变化：“擦擦眼睛一看，他们真干得好事！拿部历史一比，恰好和一百年前的维也纳会议遥遥相对，后先辉映。维也纳会议由几个大国鬼鬼祟祟的将万事决定，把许多小国牺牲了，供他们利益交换。这回还不是照样吗？维也纳会议过后有个俄、普、奥三国同盟，这回有个英、法、美三国同盟。维也纳会议后，大家都红头胀脸的来办法国革命的防堵，这回又有个俄国过激派供他们依样葫芦的材料。”①

如梁启超所料，五四运动以后，“从南到北，不少人都在摸索俄国革命成功的途径。研究系主办的北京晨报、上海时事新报，国民党主办的上海民国日报、建设月刊、星期评论及无数青年们主办的报刊都或多或少地同情甚至宣扬社会主义”②。经过深入研究、反复思考，一些经历不同的知识分子，通过不同的途径，作出了相同的选择。用瞿秋白的观察来说：“帝国主义压迫的切骨的痛苦，触醒了空泛的民主主义的噩梦。学生运动的引子，山东问题，本来就包括在这里。工业先进国的现代问题是资本主义，在殖民地上就是帝国主义，所以学生运动倏然一变而倾向于社会主义，就是这个原因。”③ 美国迷梦逐渐褪去，取而代之的是俄国道路。越来越多人在摸索中，逐渐认识到，“要改造中国、改造社会，除照俄国的方法实行社会革命以外，没有别较善的方法”④。于是，五四运动以后，“先进分子”都迅速地“倾向社会主义、共产主义和俄国了”⑤。

本来寄望于思想启蒙的陈独秀，在五四运动以后逐渐认识到，欧美

① 梁启超：《梁启超游记》，东方出版社 2006 年版，第 124 页。

② 张国焘：《我的回忆》（上），东方出版社 2004 年版，第 70 页。

③ 瞿秋白：《赤都心史》，东方出版社 2015 年版，第 27—28 页。

④ 《袁玉冰日记》（1921 年 3 月 24 日），载中共江西省委党史资料征集委员会编《袁玉冰集》，第 144 页。

⑤ 蔡和森：《中国共产党史的发展（提纲）》，载《蔡和森的十二篇文章》，人民出版社 1980 年版，第 6 页。

的民主主义不可行，中国不应当再走“欧美、日本的错路”，而是要用革命的手段建设劳动阶级的国家，完成了从激进民主主义者向马克思主义者的转变。他主编的《新青年》因此发生变化。蔡和森概述这种变化：“这个刊物开始时的两个口号为：民主和科学。而这个口号又完全是代表美国的精神，故《新青年》以前也是美国思想宣传机关，但到了仲甫（陈独秀）同志倾向社会主义以后，就由美国思想变为俄国的思想了，宣传社会主义了。”①

比陈独秀更年轻、经五四运动洗礼的青年知识分子，也逐渐明晰了自己的选择。新文化运动初期，毛泽东推崇改良，进行新村主义、联邦自治等改良思想的实践，最终都成效甚微，甚至失败。失败带来失望，他由此认识到：“绝对的自由主义，无政府的主义，以及德谟克拉西主义”，“都只认为于理论上说得好听，事实上是做不到的”②。就在毛泽东对改良心灰意冷之时，十月革命及苏俄社会主义为他呈现了一种新的可能。在其主编的《湘江评论》上，毛泽东热情讴歌十月革命的胜利，认为这个胜利必将普及于世界，我们应该起而仿效。他开始对苏俄和马克思主义倾注大量的关注与研究。经过深入研究，毛泽东体悟到：“俄国式的革命，是无可如何的山穷水尽诸路皆走不通了的一个变计，并不是有更好的方法弃而不采，单要采这个恐怖的方法。”③ 就这样，“从纷然杂陈的各种观点和路径中，经过反复比较和鉴别，毛泽东同志毅然选择了马克思列宁主义，选择了为实现共产主义而奋斗的崇高理想”④。

年轻一辈的还有李达，在五四运动后顿然醒悟：“民主主义破产了！我们的希望成了一个空，我们求生存自由吗？我们应该怎样做？”⑤

---

① 蔡和森：《中国共产党史的发展（提纲）》，载《蔡和森的十二篇文章》，人民出版社 1980 年版，第 7 页。

② 中央文献研究室编《毛泽东书信选集》，中央文献出版社 2003 年版，第 6 页。

③ 中央文献研究室编《毛泽东书信选集》，中央文献出版社 2003 年版，第 5—6 页。

④ 习近平：《论中国共产党历史》，中央文献出版社 2021 年版，第 51 页。

⑤ 李达：《社会革命底商榷》，载《李达文集》（第 1 卷），人民出版社 1981 年版，第 49、56 页。

“只有由人民起来推翻反动政府，像俄国那样走革命的道路，而要走这条道路，就要加紧学习马克思列宁主义的理论，学习俄国人的革命经验。”①

一些同盟会会员也在此时挥别了过去，转向无产阶级的社会主义。董必武回忆：以前和孙中山一起革命，结果“革命发展了，孙中山掌握不住，结果叫别人搞去了。于是我们就开始研究俄国的方式”②。研究后，董必武认识到：“中国的独立，走孙中山的道路行不通，必须走列宁的道路。”③

概言之，五四运动结束，影响未去。五四运动“创造了以民族主义、社会主义和政治行动的推动力为主导的新的文化环境”，“从这个新的环境中，产生了中国共产党”④。经五四运动洗礼的一些先进分子逐渐走向行动，开始筹备和创立中国共产党。

三、中国共产党的筹备与创立

在中国共产党的筹备与创立中，陈独秀和李大钊发挥了重要作用，于是有了“南陈北李相约建党”的佳话。1920 年 2 月，为躲避军阀迫害，陈独秀从北京秘密南下上海。到上海后，陈独秀创办了《劳动界》《伙友》等工人刊物，向工人宣传马克思主义，启蒙工人。他笔耕不辍，仅仅在 1920 年一年内，就发表了 20 多篇关于工人运动的文章。这些文章阐释剩余价值学说，揭示资本主义剥削的秘密，宣扬工人阶级的历史使命，号召工人联合起来组织自己的工会。此外，陈独秀还组织成立马克思主义研究会，邀请邵力子、陈望道以及《星期评论》杂志社

---

① 李达：《沿着十月革命的道路前进》，《中国青年》，1961 年第 13、14 合刊。

② 中国社会科学院现代史研究室、中国革命博物馆党史研究室选编《“一大”前后——中国共产党第一次代表大会前后资料选编》（二），人民出版社 1980 年版，第 369 页。

③ 《董必武年谱》编纂组编《董必武年谱》，中央文献出版社 2007 年版，第 42 页。

④ 莫里斯·迈斯纳：《李大钊与中国马克思主义的起源》，中共北京市委党史研究室编译组译，中共党史资料出版社 1989 年版，第 111 页。

的李汉俊、戴季陶、沈玄庐、俞秀松、刘大白等人参加，学习和研究马克思主义。在马克思主义研究会中，陈独秀多次谈到建党问题。邵力子曾回忆："研究会开始时只是翻译和写文章，宣传马克思主义"，"后来，我们一面觉得只做宣传、研究工作是不够的，有学习布尔什维克的作风，建立严密的组织的必要，同时也看到时机已经成熟，青年中接受马克思主义思想的人也不少，应该组织起来"①。马克思主义研究会为后来上海地方组织的成立提供了人员基础。

李大钊回到北京后，开始全力研究和传播马克思主义。3 月，李大钊在北京大学秘密成立马克思学说研究会。在李大钊的指导下，马克思主义研究会确定自己的四项任务：一是收集马克思、恩格斯和列宁的原著，二是学习和讨论马克思主义，三是翻译马克思主义著作，四是组织讲演会和辩论会。除了学术研究和讨论，马克思学说研究会还发起组织北大平民教育演讲团，深入农村，走进工厂，向农民和工人宣传马克思主义。

随着革命形势的发展，1920 年下半年开始，中国共产党的早期组织在各地如雨后春笋般涌现出来。8 月，共产党早期组织在上海《新青年》编辑部成立，陈独秀任书记，主要成员有陈独秀、李达、俞秀松、李汉俊等。11 月，拟定《中国共产党宣言》，明确"共产主义者的目的是要按照共产主义者的理想，创造一个新的社会"。上海早期组织，是中国共产党的发起组织，也是各地共产主义者进行建党活动的联络中心。

1920 年 10 月，李大钊、邓中夏、张国焘等人在北京成立"共产党小组"。是年底，决定成立共产党北京支部，李大钊为书记。随后，武汉、长沙、济南、广州以及日本、法国等地也相继成立了共产党的早期组织。

各地共产党组织成立后，积极研究和宣传马克思主义。尤其值得一提的是，上海党组织的陈望道翻译了《共产党宣言》，并于 1920 年 8 月正式出版。《共产党宣言》一经出版，就获得广泛传播。8 月出版的第一版印刷了一千多册，很快售罄，次月立刻重版。次年 9 月，中国共产

① 邵力子：《党成立前后的一些情况》，载中共中央党史资料征集委员会编《共产主义小组》（上），中共党史资料出版社 1987 年版，第 190 页。

党在上海成立人民出版社，决定重新印刷《共产党宣言》。到1926年5月，《共产党宣言》一共印行了17版。思想的力量是巨大的。《共产党宣言》受到了志在变革社会的早期马克思主义者的热烈欢迎，为创立中国共产党奠定思想基础发挥了巨大作用。同时，共产党的地方组织与反马克思主义思潮展开论战，比如与张东荪、梁启超等人开展关于社会主义的论战，与无政府主义者展开的论战。真理越辩越明。马克思主义的真理性、科学性在论战中逐渐显现出来，一些思想未定的知识分子也因此彻底转化为马克思主义者。另外，地方组织加强对工人的宣传和组织：创办工人刊物，宣传工人；1920年11月，在共产党领导下，建立上海机器工会。这是中国共产党领导的第一个工会，其他地方也相继成立工会。此外，还成立社会主义青年团组织。1920年8月，在共产党早期组织领导下，上海成立了社会主义青年团组织，俞秀松担任书记。随后，北京、广州、长沙、武昌等地成立了团的组织，为中国共产党提供后备力量。

就在中国各地共产党组织相继成立之时，列宁领导的共产国际十分关注中国革命。1921年6月初，共产国际代表马林和共产国际远东书记处代表尼克尔斯基先后来到上海，与上海共产党早期组织建立了联系。双方一致认为，应尽快召开党的全国代表大会，正式成立中国共产党。

万事俱备，只欠东风。这时候，距离将各地共产党的力量整合为一个全国性的政党，显然已经不远了。李大钊为此呼吁：“各国的C派朋友，有团体组织的很多，方在跃跃欲试，更有第三国际为之中枢，将来活动的势力，必定一天比一天扩大。中国C派的朋友，那好不赶快组织一个大团体以与各国C派的朋友相呼应呢?”[①] 上海党组织的一些成员在陈独秀的示意下，给其他地方的共产党早期组织写信，请派代表来上海参加中国共产党第一次代表大会。

1921年六七月间，各地党组织代表齐聚上海，准备出席中国共产党

① 《李大钊全集》（第3卷），人民出版社2013年版，第350页。

第一次全国代表大会。党的一大选在上海法租界望志路 106 号（今兴业路 76 号）“李公馆”内举行。7 月 23 日晚 8 点多，中国共产党第一次全国代表大会正式开幕。除了参加一大的 13 名中国共产党人，还有两名外国人，即马林和尼克尔斯基。会议主席张国焘首先宣布第一次代表大会开始，接着向与会代表报告会议筹备经过，并提出了大会的议题，即制定党的纲领、工作计划和选举中央机构。张国焘当众读了陈独秀委托陈公博带来的信。张国焘做完介绍后，马林代表共产国际、尼克尔斯基代表共产国际远东局分别致辞。第二天继续开会，由各地代表汇报各地党组织及其开展活动的情况。由于刚刚成立，地方党组织没有太多的工作报告，发言也比较简短。这些地方代表大概都强调了三点：“党员很缺少，必须增加党员，组织工人的方法和进行宣传工作的方法。”① 会议还“选出一个起草纲领和工作计划的委员会，给予委员会两天时间起草计划和纲领”②。7 月 25 日、26 日休会，由起草委员会起草党的纲领和工作计划。张国焘回忆，当时起草委员会“找不到各国共产党的党纲党章等作参考。因此，一般说来，大会的工作多半是由我们自己在摸索进行”③。7 月 27 日、28 日、29 日，会议继续进行。这三次会议集中讨论党的纲领和今后的实际工作。7 月 30 日召开闭幕会。因遭到巡捕搜查，闭幕会被迫停止，后转移至浙江嘉兴南湖的一艘游船上继续召开。南湖会议继续 7 月 30 日未能完成的议程。

会议首先讨论并通过了《中国共产党的第一个纲领》和《中国共产党的第一个决议》。党的纲领规定：“革命军队必须与无产阶级一起推翻资本家阶级的政权，必须支援工人阶级，直到社会阶级区分消除的时候”；“直至阶级斗争结束为止，即直到社会的阶级区分消灭为止，

① 中国社会科学院现代史研究室、中国革命博物馆党史研究室选编《“一大”前后——中国共产党第一次代表大会前后资料选编》（一），人民出版社 1980 年版，第 20 页。

② 中国社会科学院现代史研究室、中国革命博物馆党史研究室选编《“一大”前后——中国共产党第一次代表大会前后资料选编》（一），人民出版社 1980 年版，第 21 页。

③ 李忠杰、段东升主编《中国共产党第一次全国代表大会档案文献选编》，中共党史出版社 2015 年版，第 138 页。

承认无产阶级专政”；“消灭资本家私有制，没收机器、土地、厂房和半成品等生产资料”；“联合第三国际”。这表明，中国共产党从成立开始，就旗帜鲜明地把社会主义和共产主义作为自己的奋斗目标，并坚持用革命的手段来实现这个目标。

《中国共产党的第一个决议》主要规定了中国共产党今后的工作任务，指出党在当前的“基本任务是成立工会”，“党在工会里要灌输阶级斗争的精神”，要派党员到工会去工作。

为了保证党的先进性，大会“决定接受党员要特别谨慎，严格审查”。鉴于当时的中国共产党“几乎完全由知识分子组成”，大会“决定要特别注意组织工人，以共产主义精神教育他们”①。大会通过的纲领还规定，“必须断绝同反对我党纲领之任何党派的关系”，“在公开时机未成熟前，党的主张以至党员身分都应保守秘密”。可以看出，中国共产党自成立开始就特别强调纪律，要建立严密的组织，以达到一致行动。

最后，大会选举产生了中国共产党的中央领导机构。由于当时党员人数少，地方组织也不健全，会议根据纲领的有关条文决定，暂不成立中央委员会，先建立临时的中央领导机构中央局。其中，陈独秀当选为中央局书记，张国焘和李达分别当选为组织委员和宣传委员。中共一大的召开，标志着中国共产党的正式成立。

四、伟大建党精神及其价值意义

习近平在党的十九大报告中谈及中国共产党创立的伟大意义时指出：“一九二一年中国共产党应运而生。从此，中国人民谋求民族独立、人民解放和国家富强、人民幸福的斗争就有了主心骨，中国人民就

① 中共中央文献研究室、中央档案馆编《建党以来重要文献选编（1921—1949）》（第1册），中央文献出版社2011年版，第24页。

从精神上由被动转为主动。”① 党的十九大闭幕后一周，习近平在瞻仰上海中共一大会址时动情地说道：“毛泽东同志称这里是中国共产党的‘产床’，这个比喻很形象，我看这里也是我们中国共产党人的精神家园。”② 此两处都是从革命精神层面阐述中共创立的意义。在庆祝中国共产党成立100周年大会上，习近平首次提出伟大建党精神：“一百年前，中国共产党的先驱们创建了中国共产党，形成了坚持真理、坚守理想，践行初心、担当使命，不怕牺牲、英勇斗争，对党忠诚、不负人民的伟大建党精神，这是中国共产党的精神之源。”③

“坚持真理、坚定理想”。中国共产党之所以能够完成近代以来各种政治力量不可能完成的艰巨任务，就在于有马克思主义这个思想武器。坚持马克思主义的科学真理，坚守共产主义远大理想和中国特色社会主义共同理想，这是中国共产党独特的理论优势。

早在清末民初，马克思主义便已传入中国，朱执信、戴季陶、胡汉民、廖仲恺等资产阶级革命派是此时“马克思主义在中国的传播的拓荒者”④。到新文化运动时期，宣传马克思主义的人员仍是各形各色。瞿秋白曾说：“五四运动之际，《新青年》及《星期评论》等杂志，风起云涌的介绍马克思的理论。我们的前辈：陈独秀同志，甚至李汉俊同志，戴季陶先生，胡汉民及朱执信先生，都是中国第一批的马克思主义者。”⑤ 毛泽东也承认：“讲马克思主义倒还是国民党在先。”⑥ 但这些“盗火者”只是介绍有益于自己行动的马克思主义观点，甚至有意无意“消解”马克思主义的斗争性与彻底性。因此马克思主义并未得到完整、系统的传播，而只是有所取舍、各有侧重的选择性传播。他们中的

---

① 习近平：《论中国共产党历史》，中央文献出版社2021年版，第179页。

② 习近平：《论中国共产党历史》，中央文献出版社2021年版，第184页。

③ 习近平：《在庆祝中国共产党成立100周年大会上的讲话》，《求是》2021年第14期。

④ 中共中央党史研究室编《中共党史文摘年刊1982》，浙江人民出版社1984年版，第78页。

⑤ 瞿秋白：《瞿秋白论文集自序》，载《中国近代哲学资料选编》（第4卷），上海社会科学院出版社1989年版，第45页。

⑥ 《毛泽东文集》（第3卷），人民出版社1996年版，第290页。

大多数人把马克思主义看作救治西方资本主义社会弊病的激进学说之一，没有将之作为指导中国革命的理论武器。

真正感知马克思主义科学性和真理性，并对马克思主义加以完整、系统研究与传播的是李大钊等早期马克思主义者。以李大钊为例，他在十月革命后便认识到：“马克思的学说真是拯救中国的导星”[①]，“应该细细的研考马克思的唯物史观，怎样应用于中国今日的政治经济情形”[②]。李大钊“研考”马克思唯物史观后得出结论：要根本解决中国社会问题，必须以马克思主义为武器，进行阶级斗争。[③]

在感受到马克思主义的魅力和威力后，李大钊等先进分子举起了马克思主义的旗帜，积极行动，建立了中国共产党。党的一大通过的《中国共产党的第一个纲领》明确规定，中国共产党要为实现无产阶级专政而奋斗，高悬共产主义远大理想，彰显了中国共产党坚定的理想信念。中国共产党的诞生，使中国革命从此有了坚定的理想信念和强大的精神支柱，使历史巨变的可能成为改天换地的现实，使中国革命在山重水复疑无路的境地中开辟出一条通向光明彼岸的道路。

中国共产党人对马克思主义的坚持，不仅体现于对马克思主义的选择，更体现于对马克思主义的运用。如恩格斯所言：“马克思的整个世界观不是教义，而是方法。它提供的不是现成的教条，而是进一步研究的出发点和供这种研究使用的方法。”[④] 对马克思主义的坚持，不是照抄照搬马克思主义的某些论断或个别观点，而是在实践中坚持马克思主义的基本方法，不断推进马克思主义基本原理与中国具体实践相结合，使马克思主义在新的时代条件下迸发新的生机与活力。

早期共产党人也有这样的认识。中国社会主义青年团机关刊物《先驱》的发刊词上提出：“本刊的第一任务是努力研究中国的客观的

① 《李大钊全集》（第4卷），人民出版社2013年版，第377页。
② 《李大钊全集》（第4卷），人民出版社2013年版，第516页。
③ 《李大钊全集》（第3卷），人民出版社2013年版，第1页。
④ 《马克思恩格斯选集》（第4卷），人民出版社1995年版，第742—743页。

实际情形，而求得一最合宜的实际的解决中国问题的方案。”① 当时“中国的客观的实际情形”是军阀林立，“民主革命本身的势力现还单弱，革命战略中的实际政策不得不有多少伸缩”②。“伸缩”的表现是在党的二大上提出了反帝反封建的民主革命纲领，即最低纲领。具体来说，中国共产党的政治任务是消除内乱，打倒军阀，建设国内和平；推翻国际帝国主义的压迫，达到中华民族完全独立；统一中国为真正的民主共和国。最低纲领揭示了中国社会的基本矛盾，反映了中国革命的客观规律，为中国革命指明了正确的方向，对于当时的革命斗争以及整个新民主主义革命进程，具有重大的指导作用。一直到 1949 年新中国成立，中国共产党从事的就是党的二大界定的反帝反封建的民主革命。

年轻的中国共产党没有拘泥于马克思主义的本本，而是坚持理论联系实际，迅速找到了切实可行的革命纲领，非常难能可贵。这与当时欲实现社会主义的政治力量截然不同。试举一例。五四运动爆发前夕，广州成立了一支名为“共和工党”的政党。这个政党以工人为主体，志在模仿苏联共产党实行社会革命。“党员活动多是集合一起，读读佛山商报、越华报，发发议论，空谈一番就散了。”③ 党员们耽于空谈，“想登天，而无梯”，遥望社会主义、共产主义理想社会却不可得。“空谈”两年多后，共和工党最终“自动解散”。④

中国共产党从成立之初，就坚持从实际出发，推进马克思主义中国化、时代化。这种对马克思主义的运用和发展，是对马克思主义的真正坚持。这种品质镌刻于中国共产党精神谱系中。在以后的奋斗历程中，中国共产党“之所以能够历经考验磨难无往而不胜，关键就在于不断

---

① 《发刊词》，《先驱》（创刊号），1922 年 1 月 15 日。

② 《蔡和森文集》（上），人民出版社 2013 年版，第 150 页。

③ 中国社会科学院现代史研究室、中国革命博物馆党史研究室选编《“一大”前后——中国共产党第一次代表大会前后资料选编》（二），人民出版社 1980 年版，第 445 页。

④ 中国社会科学院现代史研究室、中国革命博物馆党史研究室选编《“一大”前后——中国共产党第一次代表大会前后资料选编》（二），人民出版社 1980 年版，第 444 页。

进行实践创新和理论创新”[①]。中国共产党始终坚持将马克思主义基本原理与中国实际结合起来，坚持解放思想和实事求是相统一、培元固本和守正创新相统一，不断开辟马克思主义新境界，产生了毛泽东思想、邓小平理论、“三个代表”重要思想、科学发展观，产生了习近平新时代中国特色社会主义思想，为党和人民事业发展提供了科学理论指导。

“践行初心、担当使命”。前面讲到，陈独秀、李大钊等先进分子之所以选择马克思主义，是因为马克思主义能为中国人民谋幸福、为中华民族谋复兴提供最科学的指导与最可行的路径。中国共产党一经诞生，就明确自己为中国人民谋幸福、为中华民族谋复兴的目标使命，展现了与当时其他政治力量不一样的、独特的政治优势。

1921 年中国共产党诞生前后，各路军阀实力强劲，纵横捭阖，各领风骚数年；众多政党在政治舞台上你方唱罢我登场，引人注目。与这些政治力量相比，中国共产党人数少，实力弱，非常微不足道。但是，雄厚的物质力量能保证一时成功，却不能保证致远前行。只有真切体会国家、民族、人民之需要，将之作为自己行动目标并持之以恒为之奋斗的力量，才能走得更远。此时的军阀沉迷战争，政党热衷利禄之争。他们只有眼前利益，没有远大目标；只有自我利益，无视人民诉求。

对此，李大钊曾精辟地描绘道：民国以来的政党，都是趁火打劫，植党营私，既无政党之精神，亦无团体的组织。[②] 作为中国共产党主要缔造者，李大钊的此番话，既是对此时政党乱象的体会与总结，也具有警醒之意。在建立中国共产党时，李大钊会自觉不自觉地警惕并努力摒弃旧式政党自私狭隘、争权夺利的弊端，让中国共产党跳出自我利益的盘算与追逐，走向代表人民利益、促进社会进步的广阔天地中。

这种自觉并非李大钊个人之见，而应该是早期共产党人的共识。陈独秀曾豪情万丈地表示：“日本的军阀政客们狂妄已极。他们看不起

① 习近平：《在哲学社会科学工作座谈会上的讲话》，人民出版社 2016 年版，第 13 页。

② 中国社会科学院现代史研究室、中国革命博物馆党史研究室选编《“一大”前后——中国共产党第一次代表大会资料选编》（一），人民出版社 1985 年版，第 158 页。

有五千年历史文化的中国和四亿炎黄子孙，他们只知勾结中国的旧军阀、滥官僚、走私商、吗啡客以及流氓瘪三等等，只看见中国人的小脚、辫子、鸦片和随地吐痰等等腐败的一面；他们有意无意地蔑视中国新思潮新势力的方兴未艾。总有一天，由于他们这种错觉，会弄到他们自己头破血流。”① 换言之，这些年轻而坚定的共产主义者致力于反对日本等外来侵略势力，让四亿炎黄子孙扬眉吐气，更要让有着五千年文化的中国扬眉吐气，体现的是为人民谋幸福、为民族谋复兴的初衷与担当。

如习近平所说，“中国共产党一经诞生，就把为中国人民谋幸福、为中华民族谋复兴确立为自己的初心使命。一百年来，中国共产党团结带领中国人民进行的一切奋斗、一切牺牲、一切创造，归结起来就是一个主题：实现中华民族伟大复兴”②。这种践行初心、担当使命的努力在中国共产党以后的历史中一以贯之。中国共产党团结带领中国人民，浴血奋战、百折不挠，创造了新民主主义革命的伟大成就，实现了民族独立、人民解放，为实现中华民族伟大复兴创造了根本社会条件；新中国成立后，中国共产党团结带领中国人民，自力更生、发愤图强，创造了社会主义革命和建设的伟大成就，确立了社会主义基本制度，战胜帝国主义、霸权主义的颠覆破坏和武装挑衅，为实现中华民族伟大复兴奠定了根本政治前提和制度基础；1978 年改革开放以后，中国共产党带领中国人民，解放思想、锐意进取，创造了改革开放和社会主义现代化建设的伟大成就，为实现中华民族伟大复兴提供了充满新的活力的体制保证和快速发展的物质条件。党的十八大以来，中国共产党团结带领中国人民，自信自强、守正创新，统揽伟大斗争、伟大工程、伟大事业、伟大梦想，创造了新时代中国特色社会主义的伟大成就，为实现中华民

---

① 中国社会科学院现代史研究室、中国革命博物馆党史研究室选编《“一大”前后——中国共产党第一次代表大会前后资料选编》（二），人民出版社 1985 年版，第 183 页。

② 习近平：《在庆祝中国共产党成立 100 周年大会上的讲话》，人民出版社 2021 年版，第 3 页。

族伟大复兴提供了更为完善的制度保证、更为坚实的物质基础、更为主动的精神力量。

“不怕牺牲、英勇斗争”。中国共产党从诞生之日开始，便具备了很强的斗争性。党的一大上，有人提出新兴的中国共产党可以采用议会斗争的改良手段，遭到了大多数与会者的反对。最后大会提出，中国共产党要进行坚决的政治斗争，不与其他任何力量妥协。党的一大在白色恐怖中召开，中途遭破坏，后辗转至嘉兴南湖，完成了缔造共产党的使命。代表们甘愿承担巨大风险也要成就伟业，极致地体现了不怕牺牲的革命精神。可以说，不怕牺牲、英勇斗争的革命精神与生俱来，是中国共产党独特的精神优势。

坚定的斗争性源于对马克思主义的坚定信仰和对共产主义远大理想的坚定追求。毛泽东曾言：“我一旦接受了马克思主义对历史的正确解释以后，我对马克思主义的信仰就没有动摇过。”理性选择后的信仰，根深蒂固于心中，激励毛泽东为共产主义事业奋斗终身。在以后几十年的革命生涯中，毛泽东遭遇过无数危险与挫折，经历过数次沉浮起落，但他并未因此意志消沉、随波逐流，反而更加坚定了自己的革命理想与信念，不畏困难，坚决斗争。李维汉曾说，毛泽东即便受到错误的处分和打击，也始终坚持三条：“一是少数服从多数；二是不消极；三是争取在党许可的条件下做些工作。”① 经历数次人生低潮的毛泽东，在坚定理想信念支撑下，一次又一次奋起，与中国革命从低潮中奋起同频共振。以毛泽东为代表的中国共产党人，矢志不渝地坚持共产主义的理想信念，从井冈山走向瑞金，长征到达延安，再走向西柏坡，最终“进京赶考”，生动诠释了坚定理想、百折不挠的奋斗精神。

同为党的一大代表的王尽美，罹患重症仍坚持革命，战斗到最后一刻。病危期间，他留下遗嘱：“全体同志要好好工作，为无产阶级和全人类的解放和共产主义的彻底实现而奋斗到底。”同为济南代表的邓恩

① 李维汉：《回忆与研究》（上），中共党史资料出版社 1986 年版，第 338 页。

铭，以诗明志：“南雁北飞，去不思归，志在苍生，不顾安危。生不足惜，死不足悲。头颅热血，不朽永垂。”他在30岁那年，因叛徒出卖，被国民党逮捕。在敌人各种酷刑及威逼利诱下，邓恩铭始终没有屈服，还领导两次绝食斗争，两次越狱，最终英勇就义。武汉代表陈潭秋也牺牲于敌人屠刀下。他在新疆被盛世才秘密杀害，年仅47岁。党的一大最年长代表何叔衡，1935年在由苏区转移的过程中壮烈牺牲，“为苏维埃流最后一滴血”。党的一大召开时，全党上下共58名党员，其中22名在革命中牺牲（包括在革命工作岗位上病逝的）[①]，没有看到他们期盼的新中国。这些早期共产党员志向坚定，奋斗不息，用自己的生命和热血诠释了共产党人的初心和使命，展现了共产党人灵魂和信仰的忠贞之美。

共产党先驱们为理想信念斗争到底的革命精神，继续流淌于一代又一代共产党人的血脉中。在长期艰苦卓绝的奋斗中，中国共产党能历经曲折而不畏艰险，屡受考验而不变初衷，由小到大，由弱变强，靠的就是广大共产党人英勇斗争、不断牺牲的革命精神。中国共产党人不管风吹浪打，不怕急流险滩，敢于斗争，勇于革命，以压倒一切敌人、战胜一切困难的革命精神，推动中国革命、建设与改革事业的大船劈波斩浪、不断奋进。

“对党忠诚、不负人民”。马克思、恩格斯在《共产党宣言》中庄严宣告：“过去的一切运动都是少数人的或者为少数人谋利益的运动。无产阶级的运动是绝大多数人的、为绝大多数人谋利益的独立的运动。”用马克思主义武装起来的中国共产党在其创立时期便揭橥自己的人民立场，强调明确“党的一切运动都必须深入到广大的群众里面去”，中国共产党要“到群众中去”，组成一个“大的群众党”[②]。可以

---

① 中国嘉兴市委宣传部、嘉兴市社会科学界联合会、嘉兴学院红船精神研究中心：《中国共产党早期组织及其成员研究》，中共党史出版社2013年版，第9页。

② 中共中央文献研究室、中央档案馆编《建党以来重要文献选编（1921—1949）》，中共中央文献出版社2011年版，第162页。

说，中国共产党从诞生那天起，从来就没有自己的私利，而是以全心全意为人民谋福利为根本宗旨。

在实际革命中，共产党人走入工厂，发动工人运动。在中国共产党领导和推动下，从 1922 年 1 月香港海员大罢工到 1923 年 2 月京汉铁路工人大罢工，仅仅一年的时间内，中国爆发了大小罢工 180 多次，参加工人 30 余万，出现了第一次罢工高潮，展示了群众的伟力。在后来的革命、建设、改革进程中，中国共产党将这种人民情怀一以贯之，与人民心连心、同呼吸、共命运。与此形成鲜明对比的是，近代中国曾存在过几百个政党，他们中大多数人信奉“社会的中坚亦常不在缺乏思想与理智的众人，而倒在理智健康的知识分子”①。在精英情结下，这些政党高高在上，疏离于普通群众，最终因为缺乏群众基础而归于失败。

历史充分证明，江山就是人民，人民就是江山，人心向背关系党的生死存亡。党的根基在人民、血脉在人民、力量在人民。“从石库门到天安门，从兴业路到复兴路”，我们党百年来“所付出的一切努力、进行的一切斗争、作出的一切牺牲，都是为了人民幸福和民族复兴。正是由于始终坚守这个初心和使命，我们党才能在极端困境中发展壮大，才能在濒临绝境中突出重围，才能在困顿逆境中毅然奋起。忘记初心和使命，我们党就会改变性质、改变颜色，就会失去人民、失去未来”②。中国共产党惟有始终与人民风雨同舟、血脉相通、生死与共，方能战胜一切困难和风险。

“一切向前走，都不能忘记走过的路；走得再远、走到再光辉的未来，也不能忘记走过的过去，不能忘记为什么出发。”③ 在近代中国内忧外患的时局中，一些先进分子为实现民族独立、人民解放上下求索，并最终选择了马克思主义，建立了中国共产党。中国共产党从诞生之日

---

① 离中（牟宗三）：《政治家与革命家》，《再生》（第 4 卷第 3 期），1937 年 4 月 15 日。
② 习近平：《论中国共产党历史》，中央文献出版社 2021 年版，第 271 页。
③ 习近平：《论中国共产党历史》，中央文献出版社 2021 年版，第 121 页。

便具备了不同于其他政党的精神品质。这些精神品质得到一代又一代共产党人的续写与诠释，影响着中国共产党从1921年走来，从上海、嘉兴出征，最终走向全国执政。“历史川流不息，精神代代相传。”初心如炬，使命如磐。新时代，新征程，广大共产党人要继续弘扬光荣传统、赓续红色血脉，继承和弘扬伟大建党精神，抒写民族复兴的伟大篇章。

第二章

第一次国共合作、北伐战争和大革命的失败

1924 年 1 月，国民党一大的召开事实上确立了联俄、联共、扶助农工的三大革命政策，标志着第一次国共合作正式形成。国共合作实现后，以广州为中心，汇集全国革命力量，很快开创了反对帝国主义和封建军阀的革命新局面。1926 年 7 月，国民革命军誓师北伐，并在短时间内取得巨大成功，这是国共两党合作结出的硕果。随着北伐胜利进军，工农群众运动以空前规模迅速高涨。上海工人第三次武装起义，是大革命时期中国工人运动的一次壮举，是北伐战争时期工人运动发展的最高峰。但是，随着北伐胜利进军，革命危机也有发展，蒋介石反共活动日益公开化。1927 年 4 月 12 日，蒋介石在上海发动反革命政变。随后，汪精卫也同共产党决裂，对共产党员和革命群众实行大逮捕、大屠杀，国共合作全面破裂，国共两党合作发动的大革命宣告失败，大批优秀中华儿女倒在了反革命的血雨腥风之中。

一、第一次国共合作的酝酿和建立

一个政党成立的标志，是既要制定党的纲领，指明党的任务和奋斗目标，还要确定联合对象即同盟军，以反对共同的敌人。党的一大上制定了党的第一个纲领和章程，提出了共产主义的奋斗目标，并提出要直

接进行社会主义革命，但寻找同盟者的任务却没有提到议事日程上来。在讨论国共两党的关系问题时，大部分同志反对与国民党合作。党的一大没有对国共合作问题作出相应决议。之所以出现这种情况，有多种原因。中国共产党成立伊始，党的领导人对形势的把握还不够，作为党的创始人的陈独秀没有参加党的一大，共产国际代表马林参加了一大前几天的会议，但最后一天的会议没有参加，会议上缺少一个起决定作用的核心人物。陈独秀在党的一大上被选为党的中央局书记，马林要求他辞去广东省教育委员会委员长的职务来到上海，专门从事党的领导工作，此后国共合作才提到议事日程上来。陈独秀到达上海后，马林提出一个很重要的政治问题，就是联合国民党，发动政治斗争。当时，共产党的成员都是一些不满现状的青年，他们把国民党看成是堕落的腐化的集团，如果把联合国民党的问题提到党内讨论是很难通过的；马林向陈独秀说明中国共产党是共产国际的一个支部，应该服从于共产国际的统一领导。陈独秀则认为中国的事情决不能让任何人牵着鼻子走，中国共产党不能戴上共产国际这顶大帽子。

中国共产党成立后通过中国革命实践逐渐认识到争取同盟军、建立革命统一战线的重要性。马林去找孙中山开始商谈国共两党建立联合战线的问题，但陈独秀坚决反对以党内合作的方式来建立国共联合战线。不仅陈独秀表示反对，不少党的组织和党员也不赞同，有的党员甚至说如果共产党与国民党合作，他们将退党。马林回莫斯科去请示共产国际。共产国际接受了马林提出的关于共产党员加入国民党，以实现国共合作统一战线的主张。1922 年 7 月 18 日，共产国际指示中共中央，所有工作都必须在和马林的紧密联系下进行。8 月，共产国际专门作出《给共产国际驻中国特派代表的指示》，并派马林携带这些指示由莫斯科到达上海。

列宁提出的关于殖民地半殖民地问题的理论指导着中国革命。在中国共产党成立之前，1920 年 3 月 26 日，列宁在共产国际第二次代表大会上作了《民族殖民地问题委员会的报告》，对于民族和殖民地问题作了理论的阐述。其基本思想主要有，必须区分压迫民族和被压迫民族，必须使各民族的无产者和被压迫民族联合起来，在同资产阶级结成革命联盟的同时，要掌握革命的领导权及坚持自己的独立性等。同年 9 月，共产国际召开了东方各民族代表大会，发表了对东方民族的宣言，提出了“全世界无产者和被压迫民族联合起来”的战斗口号。1921 年 12 月，共产国际执委会通过了关于建立工人阶级统一战线的提纲。列宁为共产国际第二次代表大会草拟了《关于民族问题与殖民地问题的议案》，阐明了民族与殖民地问题在世界无产阶级革命中的地位，阐明了半殖民地半封建国家的革命性质、动力、对象和前途。

1922 年 1 月，共产国际在莫斯科召开了远东各国共产党及革命团体第一次代表大会，中国派出了由 30 多名代表包括中共代表组成的代表团。大会明确指出：“现在中国劳动群众和群众中进步分子——中国共产党——当前的第一件事便是把中国从外国的羁轭下解放出来，把督军推倒，土地收归国有，创立一个简单联邦式的民主主义共和国。”[①] 大会讨论了国际形势并着重研究了中国革命问题，明确指出帝国主义和封建主义是中国和远东各被压迫民族的主要敌人，号召中国和远东各被压迫民族进行反帝反封建的民族民主革命，提出了建立革命统一战线的口号。这次会议对于中国共产党探索中国民主革命纲领及革命统一战线等问题具有重要意义。中共代表回国后，向中共中央和陈独秀作了汇报。陈独秀对孙中山和国民党的看法有了很大改变，认为中国除共产党外，只有国民党还有革命性，开始接受了共产国际关于国共合作的主张。华盛顿会议后，各帝国主义列强扩大在中国的势力范围。中国民族工商业陷入停滞，小资产阶级大量破产，劳动人民生活在痛苦之中。国际国内政治形势的变化，迫切要求共产党提出应付国内外局势的策略，以指导当前的革命斗争。

---

① 萨发洛夫：《第三国际与远东民族问题——在远东民族大会的演说》，载中共中央党史研究室第一研究部编《联共（布）、共产国际与中国国民革命运动（1917—1925）》，中共党史出版社 2016 年版，第 296 页。

1922年6月15日，中国共产党发表了由陈独秀起草的《中共中央第一次对时局的主张》，放弃了过去对任何党派都采取排斥态度的关门主义观点，第一次提出了建立“民主主义联合战线”的主张。7月，党的二大通过了《关于“民主的联合战线”的决议案》，指出中国共产党必须联合资产阶级民主派，组成民主联合战线。在联合的方式上，坚持两党平行联合，即“党外合作”。但是，这个时候只是一般地提出要与国民党等民主派合作，至于具体采取什么样的方式合作并没有解决，革命形势的发展使这一问题显得日益突出。

马林没有参加党的二大，二大决议赞成与国民党进行“党外联合”，是不符合共产国际指示精神的。因此，他返回中国后，提议中共中央再召开一次会议，讨论如何与国民党进行联合的具体方式。1922年8月29日、30日，在杭州西子湖畔举行了一次中央特别会议即西湖会议，经过讨论决定接受共产国际的决议，共产党员加入国民党，和国民党建立统一战线。中共完成了从采取“党外合作”到实行“党内合作”这一策略上的转折。恰在此时，陈炯明在广州炮轰大元帅府，孙中山被迫离开广州，于8月回到上海。孙中山不得不重新思考革命的出路，在绝望里重新看待十月革命和中国共产党，对革命及时局有了清醒的认识。

西湖会议后，马林和陈独秀、李大钊赶赴上海去见孙中山。孙中山对共产党员加入国民党欣然表示同意，应允取消打手模等原有入党的办法，依照民主主义精神改组国民党组织。他感叹道：“国民党在堕落中死亡，因此要救活它就需要新鲜血液。”他主动邀请共产党员加入国民党。此后，李大钊最先加入国民党，成为最早加入国民党的共产党员。随后，陈独秀、张太雷、蔡和森、张国焘等也先后加入国民党。但是，党内许多人对于加入国民党以实现国共合作，仍然抱怀疑态度。这时加入国民党的只是少数中共的负责干部，直至1923年初，这种状况仍没有多大改变。据包惠僧回忆：这年2月初，在北京区党组织的一次会议上讨论国共合作问题时，除李大钊等少数人外，“北京区的多数同志认为国民党是一个资产阶级的党，他们只有领袖，没有群众；只有高级干部，没有中下层干部，里面有许多堕落腐化的政客，很难在他们身上找出革命的因素，我们同他们建立联合战线，既失掉了我们的阶级立场，又损害了我们党的纯洁性。这就是国共没有建立联合战线以前一般共产党人的见解"①。这种状况引起了共产国际的严重不满。在共产国际四大上，共产国际政治书记狄拉克警告中国共产党："不要过高估计你们的力量"，要"走出孔夫子式的共产主义学者书斋，到群众中去"，在中国无论是实现社会主义的问题，还是建立苏维埃共和国的问题，还都没有提上历史日程，而是敦促中国共产党加快国共合作的步伐。为此，1923 年 1 月，共产国际专门作出《关于中国共产党与国民党的关系问题的决议》，再次肯定了中国共产党与国民党合作的必要性，肯定了"中国共产党员留在国民党内是适宜的"，同时强调中国共产党绝对不能与国民党合并，必须保持自己原有的组织和严格集中的领导机构。当指示传到中国时，正值二七惨案发生。二七惨案给年轻共产党的打击是致命的，共产党没有了合法的存在形式，被迫转入地下。这次罢工的失败使年轻的共产党人看到，单靠工人阶级是不可能独自打开建立自己的无产阶级政权的，单枪匹马是鸡蛋碰石头，要取得胜利还要有革命同伴，还要走军事斗争路线，走农民路线。苏联及中国共产党党内许多同志认识到只靠工人阶级一个阶级的力量势单力薄，开始主动自觉地建立统一战线，联合国民党共同进行民主革命，对实现国共合作的必要性和迫切性的认识有了进一步提高。

从 1922 年 8 月开始，孙中山着手进行改组国民党工作。9 月、11 月两次研究改组国民党的计划，成立了包括共产党人在内的改进案起草委员会，审查改组方案。1923 年元旦，孙中山发布《中国国民党宣言》，第一次提出修改不平等条约，指出今后革命必须依靠广大民众。他重新指定了包括共产党人在内的国民党本部各部人选，并接纳共产党

① 《包惠僧回忆录》，人民出版社 1983 年版，第 361 页。

人参加了改组国民党工作。1923 年 1 月，孙中山与苏俄代表越飞签订了《孙文与越飞联合宣言》，正式确定了联俄政策。2 月，孙中山依靠滇军、桂军的支持，把陈炯明赶出广州，重新取得了在广州的立足点。不久，应孙中山的邀请，苏联政府派鲍罗廷到达广州。鲍罗廷先后被孙中山聘为国民党组织教练员和政治顾问，参与指导国民党改组的各项工作。

到 1923 年初，国共合作的形势瓜熟蒂落、水到渠成。中国共产党就需要统一全党的思想认识，正式解决与国民党合作的问题。中央为此决定提前召开党的第三次全国代表大会，并决定在广州召开。孙中山已经把广州建设成为一个反对军阀、开展民主革命的根据地。中共中央也迁到广州，在广州公开革命活动，环境相对安定，不用再躲躲藏藏打一枪换一个地方了。

1923 年 6 月 12 日，党的三大在广州东山恤孤院后街（现在恤孤院路）31 号一幢二层小楼里召开，6 月 20 日闭幕。会议的中心议题是共产党员加入国民党的问题。大会讨论通过了《中国共产党第三次全国大会宣言》《中国共产党中央执行委员会组织法》《劳动运动决议案》《农民问题决议案》等决议案。这些文件明确规定共产党员以个人身份加入国民党，同时党须在政治上、思想上、组织上保持自己的独立性；并且强调拥护工人农民的自身利益是党不能一刻遗之的，对于工人农民的宣传与组织，是党的特殊责任，引导工农参加国民革命，更是党的中心工作。这一方针是正确的，它加快了两党合作的步伐。但文件的不足在于没有提出无产阶级应当努力争取国民革命的领导权，反而认为“中国国民党应该是国民革命之中心势力，更应该立在国民革命之领袖地位”。这主要是由于对国民党内复杂情况和以后可能的变化估计不足。根据会议精神，同年 11 月召开的中共三届一中全会明确提出共产党人应“努力站在国民党中心地位”，解决了党的三大所没有解决的争取领导权问题。

党的三大以后，中国共产党投入到建立统一战线和帮助改组国民党、筹备国民党一大的工作中。党的三大的召开及鲍罗廷的来华，推动了孙中山加速改组国民党的步伐。1923 年 11 月，国民党临时中央执委会发表《中国国民党改组宣言》，进一步阐述了国民党改组的必要性和改组的基本要求。在改组国民党工作中，孙中山在共产国际和中国共产党人的帮助及国民党左派的支持下，采取果断措施，同反对国共合作和改组国民党的顽固分子进行了坚决斗争，从而保证了国民党一大的召开。同月，孙中山发表了《中国国民党党纲》草案，提出了联俄、联共、扶助农工的三大政策。至此，国民党改组工作全面完成。

1924 年 1 月 20 日至 30 日，在孙中山的主持下，中国国民党第一次全国代表大会在广州召开。李大钊被孙中山指定为大会主席团成员。大会通过了有共产党人参与起草的《中国国民党第一次全国代表大会宣言》，对作为国民党政纲的三民主义作了重新解释。民族主义主张对外反对帝国主义，对内各民族一律平等；民权主义强调民权为一般平民所共有，不为少数人所私有；民生主义提出了“平均地权”和“节制资本”的口号。大会实际上确定了联俄、联共和扶助农工的三大政策。正是“在中国共产党帮助下，把旧三民主义发展为新三民主义，实行联俄、联共、扶助农工三大政策，改组中国国民党”①。

新三民主义的政纲同中国共产党的民主革命纲领在基本原则上是一致的，成为国共合作的政治基础和革命统一战线的政治纲领。大会决议承认共产党员、青年团员以个人身份加入国民党；选举出的中国国民党中央执行委员会中，共产党员李大钊、谭平山、林伯渠、毛泽东、瞿秋白等 10 人当选为中央执行委员或候补执行委员，约占委员总数的 1/4。随后，又有一些共产党人担任国民党中央机构的领导工作，并在各地建立了以共产党员和国民党左派为骨干的各级国民党地方党部，吸收了大批工农群众和青年学生加入国民党。虽然国民党内部情况仍相当复杂，但的确已开始成为工人、农民、城市小资产阶级和民族资产阶级的民主

① 习近平：《在纪念孙中山先生诞辰 150 周年大会上的讲话》，《人民日报》2016 年 11 月 12 日。

革命联盟，成为第一次国共合作的统一战线的组织形式。国共第一次合作的实现，是国共两党共同努力的结果，也是中共正确地选择了“党内合作”方式实现两党首次合作的结果，具有重要的历史作用。

第一次国共合作采取了共产党员加入国民党的办法，即“党内合作”的形式。这种合作方式是当时革命发展的形势决定的。中共二大曾设想同国民党实行党外合作，但孙中山不同意。孙中山从国民党的地位出发，只同意共产党员加入国民党，以国民党为主体，容纳共产党和一切革命力量。他希望共产党人去帮助他改组国民党，用共产党人的这种新鲜血液去促进国民党的新生，主张实行党内合作。

实行党内合作，有利于实现共产党员对民主革命的领导。共产党员参加国民党，可以利用国民党的旗帜来发展革命力量，可以把国民党改造成为工人、农民、城市小资产阶级和民族资产阶级的民主革命联盟，成为革命统一战线的组织形式，以利于团结一切反帝反封建的革命力量。同时，使国民党革命化，便于共产党从内部发挥领导作用，以实现无产阶级对民主革命的领导。建立国共合作的统一战线，既有必要又有可能。它不是少数人的主观愿望，而是中国革命发展的规律，是国共两党的共同需要，是当时中国革命发展的必然趋势。毛泽东把三民主义纲领、统一战线政策、艰苦奋斗精神并称为孙中山先生“留给我们的最中心最本质最伟大的遗产”，是“对于中华民族最伟大的贡献”。

二、革命新局面的开创与大革命高潮

国民党一大开创了国共合作的局面，在中国共产党的积极帮助下，改组后的国民党组织发展很快。国民党一大之后，各地共产党员、共青团员、大批工农革命知识分子纷纷加入国民党，使国民党增加了新鲜的血液，扩大了群众基础，迅速成为一个具有革命活力的民主革命联盟，广州也成为全国革命力量汇集的中心。

为了培养革命武装的力量，在共产党人的建议下，1924 年 5 月，孙中山在广州黄埔创办了一所陆军军官学校，简称黄埔军校。一批共产党员和青年团员被选派到军校学习，成为军校的骨干力量。大革命时期，黄埔军校共创办了 6 期，招收学生 12 000 余人。它在短期内培养的大批军政干部，成为后来建立国民革命军的骨干，在统一广东和推进北伐过程中起了重要的作用。经中共提议，1924 年 7 月国民党中央农民部开始在广州开办农民运动讲习所，成为培养农民干部的专门机构。到 1926 年 9 月，先后办了 6 届，毛泽东、彭湃、罗绮园、阮啸仙、谭植棠等共产党人都担任过农讲所主任。其中毛泽东负责主讲的第 6 届农民运动讲习所内的学生最多，来自全国 20 多个省份。

国共合作的建立，使二七惨案后处于低潮的工人运动得到恢复和初步发展，并促成了第二次工人运动高潮的出现。南、北方的工人运动如山雨欲来，蓬勃兴起。南方革命形势不断高涨，北方工农革命运动迅速发动。南方以五卅运动和省港大罢工为代表，北方以废除不平等条约和召开国民会议运动为代表。

在以李大钊为核心的北方区委领导下，北方革命斗争有了很大发展，其中以废除不平等条约和召开国民会议的运动最具规模。

1924 年 5 月，中苏签订《中俄解决悬案大纲协定》，规定废除俄国与中国签订的一切不平等条约，废除俄在华一切特权等，从而引起了一场全国性的废除不平等条约的群众运动，全国各城市召开群众大会，反帝大同盟发起了全国性的反帝国主义运动周，使反帝运动进入高潮。

在革命运动复兴的影响下，北洋军阀内部发生了分化。1924 年 10 月，在第二次直奉战争中，直系将领冯玉祥发动北京政变，电请孙中山北上“共商国是”。为了推动国民运动的进展，孙中山毅然于 11 月抱病北上，于沿途宣传召开国民会议和废除不平等条约的主张。在国共两党的组织和发动下，在全国范围内掀起了以召开国民会议和废除不平等条约为内容的人民群众运动。

为了总结国共合作一年来的经验，加强对日益高涨的革命运动的领导，迎接革命高潮的到来，1925 年 1 月 11 日至 22 日，中国共产党第四次全国代表大会在上海召开。出席大会的代表有 20 人，代表全国党员 994 名。共产国际代表维经斯基参加了大会。陈独秀主持大会，并代表第三届中央执行委员会作了工作报告。大会集中讨论了党如何加强对日益高涨的革命运动的领导，以及组织工作、群众工作上如何准备等问题。会议顺利地通过了《中国共产党第四次全国代表大会宣言》《中国共产党第二次修正章程》《对于职工运动之议决案》《对于农民运动之议决案》等 11 个决议案，选举陈独秀、李大钊、蔡和森、张国焘、项英、瞿秋白、彭述之、谭平山、李维汉共 9 人为中央执行委员会委员。中央执行委员选举陈独秀、彭述之、张国焘、蔡和森、瞿秋白 5 人组成中央局。中央局决定由陈独秀任中共中央总书记。

大会提出了无产阶级在民主革命中的领导问题和工农联盟问题。《对于民族革命运动之议决案》明确指出："无产阶级的政党应该指导无产阶级参加民族运动，不是附属资产阶级而参加，乃以自己阶级独立的地位与目的参加"。民主革命"必须最革命的无产阶级有力的参加，并且取得领导的地位，才能够得到胜利"①。大会研究和确定如何加强党对革命运动的领导的问题。大会分析了国民党自改组以来出现的左、右派的分化，确定共产党必须保持自己的独立性，采取帮助和扩大左派，批评和争取中派，坚决反对右派的政策。

关于如何取得革命领导权的问题，决议强调："若要民族革命运动得到较彻底的胜利，固然需要最革命的无产阶级站在领导地位，同时这领导阶级也要能够抓住被压迫的各社会阶级的力量，向共同的敌人——帝国主义及其工具（国内军阀及地主买办阶级）——作战，才免得处

① 中共中央文献研究室、中央档案馆编《建党以来重要文献选编（1921—1949）》（第 2 册），中央文献出版社 2011 年版，第 216、219 页。

在孤立地位，这是一个重要的问题。”①

关于工农联盟，《对于农民运动之议决案》阐明了农民是无产阶级同盟军的原理，强调“农民问题在中国尤其在民族革命时代的中国，是特别的重要”②，指出：如果不发动农民起来斗争，无产阶级的领导地位和中国革命的成功是不可能取得的。大会对中国民主革命的内容作了较完整的规定，指出在“反对国际帝国主义”的同时，既要“反对封建的军阀政治”，又要“反对封建的经济关系”，党已把新民主主义革命基本思想的要点提出来了。

1925 年 5 月 1 日，第二次全国劳动大会在广州召开。大会规定了中国工会在民主革命中的方针、策略和组织原则，强调了无产阶级在革命中的领导权等问题。大会选举产生了全国统一的工会领导机关——中华全国总工会，加强了全国工人阶级的团结，密切了各地工人群众之间的联系。

党的四大召开几个月后，革命运动迅速发展起来，爆发了一场中国人民反对帝国主义的革命运动，这就是著名的五卅运动，它以磅礴的气势掀起了第一次大革命的高潮，对全国产生了广泛的影响，出现了全国范围的革命高潮。5 月 14 日，上海日资内外棉三厂的资本家无理开除两名工人，引起工人罢工反抗。5 月 15 日，上海内外棉七厂日本资本家开枪打死中国工人顾正红，打伤 10 余人。顾正红事件激起了上海广大人民的极大愤慨。上海工人立即罢工反抗。部分学生上街进行反对帝国主义暴行的宣传，有数名学生遭到外国巡捕拘捕。5 月 28 日晚，中共中央召开紧急会议，决定以反对帝国主义屠杀中国工人为口号，发动学生和工人在 30 日到租界内举行大规模的反帝示威活动。30 日，上海各校学生 3000 多人到公共租界繁华的马路宣传讲演，抗议帝国主义的

① 中共中央文献研究室、中央档案馆编《建党以来重要文献选编（1921—1949）》（第 2 册），中央文献出版社 2011 年版，第 222 页。

② 中共中央文献研究室、中央档案馆编《建党以来重要文献选编（1921—1949）》（第 2 册），中央文献出版社 2011 年版，第 239 页。

暴行，有100多人先后被捕。于是，数千人奔赴关押被捕学生的南京路老闸捕房，要求释放被捕学生。英国巡捕向群众开枪射击，当场打死学生5人，市民11人，重伤10多人，造成震惊全国的五卅惨案。当晚，中共中央召开紧急会议，决定在上海开展以罢工、罢课、罢市为主体的“三罢”斗争，开展全市人民总联合的反帝大运动。紧接着，上海市总工会和上海工商学联合会成立，召开了20万市民参加的大会，对帝国主义的暴行进行了有力声讨，提出了惩凶、赔偿、取消领事裁判权等交涉条件。五卅风暴迅速席卷全国。北京、天津、武汉、南京、济南、长沙、广州、重庆、郑州等30多个大中城市的市民、学生和工矿区的工人投入斗争，广东、湖南、河南等省部分农民也参加了运动。全国约有1700万民众直接参加了这场斗争。其中规模最大、影响最深远的是广州和香港工人的罢工，即省港大罢工。

6月19日，香港工人为声援上海“三罢”斗争，举行反英罢工，10万香港工人返回广州。23日，广州各界10万人举行示威，抗议帝国主义屠杀中国人民的暴行。当游行队伍途经沙基时，遭到沙面租界英国军警的排枪射击，死伤200余人，造成沙基惨案。惨案发生后，更加激起了广州、香港人民的愤怒，罢工人数迅速增加到25万。中国共产党为加强对省港罢工的领导，在广州举行省港罢工工人代表大会，成立省港罢工委员会，苏兆征、邓中夏分别担任正、副委员长，处理罢工一切事宜。广州革命政府宣布同英国经济绝交，组织了2000余人的工人武装纠察队，对香港实行封锁，把“香港”变成“死港”。帝国主义勾结上海总商会采取威逼利诱等手段，迫使民族资产阶级退出“三罢”斗争。为保存革命的有生力量，巩固已取得的胜利，中共决定停止同盟罢工。省港大罢工一直持续到1926年10月，前后达16个月之久。

五卅运动沉重地打击了帝国主义，提高了中国共产党在全国人民中的威望，推动了中国革命运动的深入发展，全国革命高潮由此出现。中国共产党在领导五卅运动的过程中，也得到极大的锻炼和发展。中共四大召开时全国有994名党员，到年底就达到了1万人，一年之内增加了

10 倍。五卅运动以后，工人运动迅速发展，1926 年上半年，全国已有 699 个工会组织，会员达 124 万余人。

在国民会议运动的高潮期间，1925 年 3 月 12 日，孙中山在北京东城铁狮子胡同行辕逝世。为适应新形势的要求，广东革命政府于 1925 年 7 月将大元帅府改组为委员制的国民政府，将所辖各军统一组编为国民革命军。

五卅运动以来的实践，使共产党人进一步从时代条件、领导力量和斗争目标等方面，把中国的国民革命同欧美国家的资产阶级革命区别开来，这是认识上的巨大进步。从五卅运动到 1926 年上半年，中共中央和党的一些领导人从总结五卅运动以来的革命实践经验出发，对中国革命一系列理论和策略作了广泛论述和多方面探索。毛泽东在《中国社会各阶级的分析》等文章中，精辟阐述了无产阶级在中国革命中的领导地位，赞颂农民特别是贫农是无产阶级“最接近的朋友”，并对资产阶级进行了科学的分析。瞿秋白、邓中夏、李大钊等著文对中国革命的领导权等进行了阐述。这些都是中国共产党人在坚持把马克思主义普遍原理同中国革命具体实践相结合方面的重大进步，是中国共产党新民主主义革命理论的萌芽，为后来形成新民主主义革命理论作了准备。

三、北伐战争势如破竹和空前高涨的工农运动

1926 年 2 月，中共中央在北京召开特别会议，分析了当时敌我斗争形势，认为中国革命的根本出路在于广东国民政府北伐的胜利，只有举行北伐才能巩固和发展国民革命胜利的局面，确定党在现时的主要的任务“是从各方面准备广东政府的北伐”，并决定要在北伐经过的湖南、湖北、河南、河北等地加紧群众工作，特别要注意发动和组织农民群众。会议还决定“中央应建立一强有力的军委”，以加强党的军事工作。5 月，第三次全国劳动大会和广东省第二次农民代表大会在广州召开，对发动工农群众支援北伐战争作了具体部署。

北伐战争的直接目标是推翻帝国主义支持下的北洋军阀的反动统治，打击的主要对象有 3 个：直系军阀吴佩孚，兵力约 20 万人；从直系分化出来的军阀孙传芳，军队有 20 多万人；奉系军阀张作霖，兵力为 30 万人。当时广东国民革命军约 10 万人。虽然北洋军阀在数量上占着优势，但从军队的士气和人心向背来看，北洋军阀之间矛盾重重，互相倾轧，人心背离，士气低落；而国民革命军士气高涨，人心归向。在以加伦为首的苏联军事顾问的帮助下，国民革命军制定了集中兵力、各个歼敌的战略方针，首先向湖南、湖北进军，迅速消灭吴佩孚，然后消灭孙传芳，最后再消灭张作霖，统一全中国。后来的实践证明，这一战略方针是正确的。

1926 年 5 月，国民革命军第七军一部和第四军叶挺独立团作为先头部队进军湖南，揭开了北伐战争的序幕。7 月 9 日，国民革命军在广州誓师北伐。北伐战争开始后，两湖战场是北伐军的主攻方向。北伐军相继攻占株洲、醴陵、湘潭、长沙等地；8 月，乘胜北上，进入湖北，攻克敌人重兵设防的汀泗桥和贺胜桥；9 月初，攻占汉口、汉阳；10 月 10 日，攻克武昌。至此，北伐军歼灭了吴佩孚部的主力，在两湖战场取得了重大胜利。

北伐军在江西战场集中兵力攻击孙传芳。1926 年 11 月上旬，相继占领九江、南昌。在北伐军节节胜利的影响下，孙传芳在福建的部队纷纷倒戈，12 月，北伐军进占福州。1927 年初，北伐军继续向长江下游进军，3 月，连克安庆、芜湖、南京、杭州，进逼上海，孙传芳的反动势力基本被消灭。在革命胜利发展的形势下，原依附北洋军阀的贵州、四川、山西等地方军阀，也先后宣布归顺广东国民政府。

在南方北伐军取得重大胜利的同时，退守绥远的冯玉祥国民军，在苏联和中国共产党的帮助下，于 1926 年 9 月在绥远五原誓师，发表宣言，实行孙中山倡导的三民主义，全体将士集体参加国民党，改西北国民军为国民军联军。冯玉祥接着率军经甘肃、陕西，进军河南，策应北伐军。

从1926年5月至1927年的北伐战争，不仅直接击败了吴佩孚和孙传芳两支军阀势力，还把奉系军阀张作霖逐回到黄河以北地区，革命势力从珠江流域发展到长江流域，相继占领湖南、湖北、江西、安徽、福建等省，控制了大半个中国，动摇了帝国主义和封建势力在中国统治的基础，推动着国民革命在全国范围内出现高潮。北伐战争是国共合作发动的一场空前规模的反帝反封建的革命正义战争，是一场翻天覆地的大革命，推动国民革命的发展并取得重大胜利。在北伐战争中，共产党人在军队政治工作和发动工农群众方面作出了巨大的贡献，北伐军建立了政治工作制度，以共产党员和国民党左派为骨干的政治工作人员，进行了卓有成效的政治工作，得到全国人民的拥护和工农群众的有力支援。北伐战争获得了工农群众的积极支援，北伐军所到之处，摧毁了北洋军阀统治的地方政权，广大工农群众得到了集会、结社、罢工和示威的自由。于是，工农运动以空前的规模迅速高涨起来。

此时，工会组织从大中城市逐步扩大到县城和集镇，工会会员迅速增加。1927年春，全国工会会员达到280万人。工人运动迅猛地发展起来。长沙、武汉、九江、南昌等城市相继发生了大规模的经济罢工和政治罢工，其中以汉口、九江工人收回英租界的斗争和上海工人的三次武装起义最为突出。

工人阶级力量的壮大和工人运动的发展，引起帝国主义的恐惧与仇视。1927年1月初，汉口市民集会庆祝北伐战争的胜利。会后革命群众上街演讲，英国水兵登陆用刺刀刺死、刺伤在江汉关附近讲演的革命群众30余人，接着又在九江打死、打伤多名罢工工人。为抗议英帝国主义的暴行，在李立三、刘少奇等领导下，武汉工人和市民占领了汉口英租界。国民革命军独立第二师也接管了九江英租界。经武汉国民政府与英国驻华公使的谈判，2月19日、20日，英驻华公使代表英国政府分别在收回汉口、九江英租界的协定上签了字，正式承认汉口、九江英租界归还中国，这是中国人民反帝斗争史上的一大壮举。

长江下游地区特别是上海的工人斗争也迅速发展起来。1926年10

月至1927年3月，上海工人阶级为配合北伐的胜利进军，在中国共产党领导下先后进行了三次武装起义。前两次武装起义因准备不足、工人武装力量弱小和起义过程中客观形势发生了变化而失败。中共中央和中共上海区委举行联席会议，总结了两次武装起义失败的教训，成立了以陈独秀、罗亦农、赵世炎、周恩来、汪寿华等组成的中央特别委员会。同时成立了由周恩来、赵世炎等组成的中央军委，具体负责准备和指导第三次武装起义。1927年3月21日，当北伐军进至上海近郊龙华时，党领导上海80万工人发动全市总同盟罢工，随即在全市7个区同时举行武装起义。工人武装纠察队经过30小时的浴血奋战，击溃北洋军警，于3月22日下午全部占领上海，取得了起义的胜利，成立了上海市人民政府。上海工人第三次武装起义的胜利，沉重地打击了帝国主义和封建军阀势力，充分体现了中国工人阶级的英雄气概和伟大力量，在全国工人运动史和近代革命史上谱写了光辉的一页。

在国民革命时期，中国工人运动高潮迭起，势如潮涌，影响甚远。这些斗争的胜利是与中国共产党在理论上的指导、在行动上的指挥分不开的。中国共产党在第一次国内革命战争时期先后颁布了一系列的决议案和纲领，指导工人运动开展。这些决议和纲领的贯彻执行和工人运动取得的巨大胜利证明了中国工人阶级是中国民主革命的领导者，是中国民主革命重任的承担者和执行者。

在工人运动高涨的同时，在中国共产党的正确领导下，全国农民运动迅速地发展起来，有力地促进了革命运动的发展。为了加强对农民运动的领导，1926年8月，中共中央发出通告要求各区委从速建立各级地方农民运动委员会，扩大农会组织。11月，中共中央制定《关于农民政纲的草案》，提出推翻农村劣绅政权，建立农民政权等主张。同月，中共中央成立农民运动委员会，由毛泽东任书记，领导全国农民运动。不久，他前往武汉，参加主持全国农协工作，并在武昌创办中央农民运动讲习所，为农民运动培养干部。在党的领导下，湖南、湖北、江西等省迅速掀起了轰轰烈烈的农村大革命。至1927年初，农民运动遍及全国 16 个省区，组织起来的农民近千万人。

湖南是全国农民运动的中心。在中共湖南区委领导下，1926 年 12 月，召开了湖南省第一次农民代表大会，成立了湖南省农民协会。至 1927 年 4 月，全省有 65 个县成立了农民协会，会员达 518 万人。农民运动迅猛兴起，动摇了帝国主义和封建主义的统治基础。毛泽东指出："国民革命需要一个大的农村变动。辛亥革命没有这个变动，所以失败了。现在有了这个变动，乃是革命完成的重要因素。"①

在农民运动猛烈兴起的同时，工人运动蓬勃发展起来。毛泽东与彭湃等都是指导农民运动的杰出代表。1926 年 9 月，毛泽东写了《国民革命与农民运动》一文，强调"农民问题乃国民革命的中心问题，农民不起来参加并拥护国民革命，国民革命不会成功"②。1926 年 11 月，毛泽东担任中央农民运动委员会书记，主持制定《目前农运计划》，确定农民运动以湖南、湖北、江西、河南等省为重点。随着北伐军的胜利推进，农民运动也由南向北迅猛发展。到 1927 年初，全国农会会员已达 900 多万人，湖南农民协会的会员激增到 200 万人，能直接领导的群众达 1000 万人。农民一经组织起来，就在农村掀起了一场空前深刻的大革命。他们在农会的领导下，向封建地主和土豪劣绅开展了减租减息、清算罚款、严厉取缔高利贷剥削等斗争，同时进行了经济、文化建设。总之，这场农村大革命，把几千年地主阶级的特权打得落花流水，使广大农村发生了巨大变化，从根本上动摇了帝国主义和封建势力统治中国的社会基础，充分显示了农民在国民革命中的伟大力量。

在工农群众运动迅猛发展的过程中，中国共产党的组织也发展起来。到 1926 年 12 月，中共党员增加到 18 500 余人。全国绝大部分省区都有了党的地方组织或有了共产党员的活动，党在广大群众中的威望得到很大的提高。但也在此时，这些城市工人运动中出现了工人、店员的工资增加过速，工时减少过多，对中小工商业者进行过火斗争等"左"

① 《毛泽东选集》（第 1 卷），人民出版社 1991 年版，第 16 页。
② 《毛泽东文集》（第 1 卷），人民出版社 1993 年版，第 37 页。

的倾向，对国民经济和人民生活造成不良影响。

四、国共合作的破裂和大革命的失败

第一次国共合作形成后，共产党在实践中遇到许多尖锐而复杂的问题。国共两党之间，中国共产党同共产国际及其代表之间以及中国共产党内部，都存在着各种各样的矛盾。当年国民党内一些老右派对孙中山决心吸纳共产党的建议进行抵制，以致国共合作后矛盾依然不断。随着国民革命进入高潮，革命阵营内部的矛盾逐渐暴露出来，国共关系更为复杂化，革命联合战线的分裂趋势也逐渐明显。作为中国共产党领导人的陈独秀和其他一些领袖，在蒋介石进一步加紧对军队和政权控制之时，右倾思想在逐步发展。工农群众运动的不断高涨，引起国民党右派的恐惧和仇视。尤其在孙中山逝世后，国民党右派分子加紧了反动活动，统一战线中争夺领导权的斗争逐渐激烈化。在革命阵营内部发生了围绕着坚持还是反对国民党一大的政治纲领，坚持还是反对孙中山的联俄、联共、扶助农工的三大政策等问题的激烈斗争。

国民党右派一方面进行理论攻击，另一方面用暗杀等方式直接破坏国共合作。1925 年 8 月，国民党右派指使暴徒刺杀了支持国共合作的国民党左派领袖廖仲恺，对国共合作造成了严重损失。由于廖仲恺在国民党内的特殊重要地位，他的牺牲对国民党内左右派之间势力消长和力量对比产生了深远影响。

同年 11 月，谢持、张继、邹鲁、林森等国民党老右派在北京西山碧云寺非法召开国民党一届四中全会。会议决定取消共产党员的国民党党籍，开除国民党中央执行委员会中的共产党员，解除苏联顾问鲍罗廷的职务。会议公开反对孙中山的联俄、联共、扶助农工的三大政策，形成了西山会议派。他们在上海另立国民党中央党部，与广州国民党中央对抗，公开进行分裂革命统一战线的活动。共产党人和国民党左派对此坚决回击。1926 年 1 月，国民党第二次全国代表大会在广州召开，共产党人和国民党左派代表占了多数，大会继续坚持反帝国主义和军阀势力的政治主张，继续坚持联俄、联共、扶助农工的政策，对参加西山会议的国民党老右派分子予以弹劾，决定永远开除邹鲁、谢持党籍，对石青阳等12人提出书面警告，责令与西山会议派有联系的戴季陶作出书面检查。国民党二大对维持国共合作，对革命的继续发展和随后的北伐战争起了积极作用。但是，大会选出的36名国民党中央执行委员中，国民党右派、中派占到了15人，蒋介石在国民党二大上第一次当选为国民党中央执行委员，在二届一中全会上当选为中央执行委员会常务委员，接着被任命为国民革命军总监。蒋介石在国民党和国民革命军中的地位大大提高。

1926年3月20日，蒋介石借“中山”号军舰调动一事，在广州实行紧急戒严，监视并软禁共产党人。22日，蒋介石在国民党中央政治会议上提出在黄埔军校和国民革命军第一军中排除共产党的提案，并获得通过。汪精卫被迫辞职。事件发生后，毛泽东、周恩来等主张依靠中国共产党直接领导的武装力量，发动工农群众，联合国民党左派和一切可能联合的力量，给蒋介石以坚决回击。但是，陈独秀和在广东的苏联顾问季山嘉等人主张退让。鲍罗廷也主张对蒋介石采取和解政策。中共中央撤回了第一军中所有共产党员。毛泽东、周恩来主张将这批人派到其他军中去，但没有被中共中央所接受。这就使蒋介石更加放胆地开始了限共的活动。

1926年5月15日，在国民党二届二中全会上，蒋介石以“消释疑虑，杜绝纠纷”，改善国共关系为借口，提出所谓《整理党务决议案》，规定：共产党员在国民党省、市以上高级党部任执行委员的人数不得超过总数的1/3；共产党员不能担任国民党中央各部部长；加入国民党的共产党员名单全部交出；共产党对参加国民党的共产党员的指示，须事先提交国共两党联席会议通过；等等。鲍罗廷在未同中共中央协商的情况下，同意了蒋介石的要求，《整理党务决议案》获得通过。于是担任国民党中央部长的共产党员辞职，换上了国民党右派，蒋介石当上了国民党中央组织部部长兼军人部部长，随后当上了国民党中央常务委员会主席和国民革命军总司令，蒋介石基本上掌握了国民党的党政军大权。从国民党二大，到中山舰事件再到《整理党务决议案》，充分说明了革命中已埋伏着严重的危机。在对待阶级关系的分析上，共产党的一些领导人犯了“公式化”“定型化”的错误①。

1926 年 7 月，陈独秀为党的四届三中全会起草的决议中，对北伐战争特别是对农民运动表现出许多右倾错误，认为刚刚兴起的农民运动在各地均发生“左”倾的毛病，规定现有农民协会“不能带有阶级色彩”；农民武装“不可有常备的组织”，“不要超出自卫的范围”。蒋介石在北伐中继续扩充自己的军事力量，但中央并没有采取削弱蒋介石的政策。据周恩来回忆，他请示中央如何对待，陈独秀让张国焘开会讨论，张国焘只说了句模棱两可的话：北伐中我们的方针，是反对蒋介石，也不反对蒋介石。所以“在北伐战争中，一直到国民党三中全会前，对蒋介石的方针是不明确的，结果就是客观上帮助了蒋介石，而助成了蒋介石地位的提高”②。

在革命阵营急速分化的同时，帝国主义势力加紧武力干涉中国革命，加紧分化国共合作的革命统一战线，引诱中国资产阶级叛变革命。蒋介石叛变革命的活动日益加快，在各地杀害共产党干部，破坏各地党组织。当联共（布）中央政治局从中共中央电报中得知蒋介石将发动反革命政变后，指示中共中央暂不进行公开作战，不要交出武器。在大革命陷入危机的关键时刻，共产国际代表罗易仍对汪精卫寄予过高的期望。据当时担任罗易秘书的王佐龙回忆：“罗易依赖汪精卫，可说是推心置腹，毫无保留。”③ 罗易认为，汪精卫革命意志坚决，有世界眼光，就把莫斯科发来的“五月紧急指示”向汪精卫出示。1927 年 4 月 5 日，汪精卫、陈独秀发表联合宣言：现在流传的蒋介石将驱逐共产党等说

---

① 《周恩来选集》（上卷），人民出版社 1980 年版，第 167 页。
② 《周恩来选集》（上卷），人民出版社 1980 年版，第 124 页。
③ 王佐龙：《我所认识的罗易》，《党史研究资料》1989 年第 4 期。

法，都是谣言；国共两党党员应该抛弃相互间的怀疑，事事开诚进行协商。4 月 12 日，罗易致电蒋介石劝告蒋介石不要分裂国民党，应该把党内一切有争论的问题提交中央委员会来解决，并服从全会的决定。而就在当日，蒋介石在上海公开发动了四一二反革命政变，向工人群众举起了屠刀。据党的六大统计，在此期间被国民党屠杀的共产党员和革命群众有 31 万人之多，革命势力受到极大的损失。大革命遭到了局部的严重失败。

在中国革命的危急关头，4 月 27 日至 5 月 9 日，中国共产党第五次全国代表大会在武汉召开。大会明确提出现阶段革命的主要任务，“是土地问题的急进的解决”，“现在革命的趋势，是要推翻土豪乡绅的政权，没收大地主及反革命派的土地，以贫农为中坚，建立农民的政权，实行改良农民的经济地位，一直到分配土地”[①]。但是大会在面临危机的时刻，没有制定应对危机的有力措施。

党的五大后，武汉地区的形势更趋严重，反革命活动日益猖獗。在反革命势力的内外夹击下，以汪精卫为首的武汉政府，也由动摇走向反动，下令压制工农运动。革命形势急转直下。此时，共产国际发来“五月紧急指示”，要求中国共产党发动农民没收土地；改组国民党领导机关，充实工农领袖；动员 2 万共产党员、5 万工农，编成新的军队；组织以有声望的国民党人为首的革命军事法庭，惩办反动军官。以陈独秀为首的中共中央认为“五月紧急指示”提出的任务都是难以实行的。

鲍罗廷、陈独秀拒绝毛泽东、蔡和森、任弼时等人的正确意见，跟着武汉政府压制工农运动，对汪精卫集团的反动活动继续妥协退让。1927 年 6 月底，中共中央和苏联顾问鲍罗廷以不给反动军官反共口实为由，下令解散工人纠察队。7 月 3 日，中共中央举行扩大会议，通过关于国共关系的决议。决议承认国民党处于国民革命的领导地位，工农群众

---

① 中共中央文献研究室、中央档案馆编《建党以来重要文献选编（1921—1949）》（第 6 册），中央文献出版社 2011 年版，第 183、193 页。

团体和工农武装必须受国民党的领导；提出共产党人可以“请假”名义，暂时退出武汉国民政府。陈独秀等企图以这种让步政策拉拢汪精卫，结果却助长了汪精卫的反革命气焰。

7月4日，中共中央政治局常委召开扩大会议，讨论湖南武装起义计划取消后的善后问题。毛泽东在会上提出必须“保存武力”，农民自卫军应该“上山”，或参加到同党有联系的军队中去，“造成军事势力的基础”。这个建议没有受到重视。7月12日，根据共产国际的指示，中共中央改组，由张国焘、李维汉、周恩来、李立三、张太雷组成临时中央常务委员会，实际上停止了陈独秀的领导职务。7月14日，国民党左派代表宋庆龄以国民党中央执行委员的身份发表声明，坚决抗议武汉国民党中央违反孙中山的革命原则和革命政策，推行反动的“新政策”。但汪精卫不顾宋庆龄等左派的反对，于7月15日在汉口召开武汉国民党中央常务委员会扩大会议，正式作出“分共”的决定，公开背叛了孙中山的三大政策和反帝反封建的纲领。随后，汪精卫集团对共产党员和革命群众实行血腥的屠杀。至此，第一次大革命遭到惨重失败。

中国共产党成立后不久，就同国民党建立起革命统一战线，发动了轰轰烈烈的第一次大革命，推动了全国工农运动的发展，基本上推翻了北洋军阀的反动统治，促进了民族的进步和国家的统一，这场大革命具有伟大的意义。

蒋介石叛变革命以后，革命事业面临着极大的考验。由于中国共产党的领导人没能及时采取应急措施，加上共产国际的错误指导，致使大革命走向失败。从客观上看，敌我力量对比悬殊，帝国主义和封建势力的力量大大超过了革命联合力量；同盟者国民党内的反动集团背信弃义地叛变革命，投入反革命营垒，这就更增大了反革命的联合力量。而革命力量特别是中国共产党直接领导的武装力量过于弱小，还不能战胜强大敌人的联合进攻。瞿秋白在共产国际六大上指出：“不能断言，如果共产党人没犯这些错误，那中国革命一定就胜利了。还必须估计到帝国主义者的力量，特别是中国革命中独特的阶级力量对比关系。应该看到，封建资产阶级有一整套雇佣军队，这支军队在大部分情况下是其驯服的工具。所以，当斗争在以工农为一方同以民族资产阶级和封建主为另一方——这两种势力之间开始发展的时候，革命的敌对营垒拥有相当大的、不易击败的军事实力。”①

从主观上看，处于幼年时期的中国共产党缺乏革命经验，对马克思列宁主义和中国国情都了解得不多，对于马克思列宁主义理论和中国革命的具体实践还没有完整的、统一的认识。大革命后期，陈独秀右倾错误在党中央占了统治地位，其右倾错误源自他的“二次革命论”，核心则是在于放弃了无产阶级在民主革命中的领导权。陈独秀承认自己对大革命的失败负有主要责任，自己是忠实执行了共产国际和斯大林等的机会主义错误政策。

当时共产国际及其代表犯了不少脱离中国实际的右倾错误，对中共中央产生了很大影响，这是大革命失败的一个重要原因。在大革命时期，中国共产党受共产国际、联共（布）的双重领导。陈独秀为首的中共中央领导人的右倾错误是在共产国际和联共（布）及其代表指导下形成的，他们是错误政策的执行者。共产国际和联共（布）对中国共产党的指导中坚持一种右倾政策，如中山舰事件、《整理党务决计案》上的退让，对蒋介石、汪精卫的妥协态度，不重视中国共产党直接领导的军队建设等。

孙中山逝世后，汪精卫曾被认为是国民党的左派领袖，他叛变革命后对国共分裂作过解释：“国共两党为国民革命而合作时，可以打一个譬喻，如大家共坐一艘船，由香港到上海，但是到了上海，有的是要到天津去的，有的是要到日本去的。……到了上海之后，——各走各的。”此时，“已到了争船的时候了，已到了争把舵的时候了。——要将国民革命带往三民主义那条路去的，不能不将共产党变做国民党，否则只有消灭共产党之法”。所以，“容共之后，必定分共，是不可免

① 《共产国际有关中国革命的文献资料（1919—1928）》（第1辑），中国社会科学出版社1981年版，第449页。

的”。“一切政策都因时代环境的变化而推移的，容共政策当然也是如此。”[①]

第一次国内革命战争给中国共产党和革命人民留下了极其深刻的经验教训，其中最突出的问题就是如何处理国共两个政党的关系问题，也是为完成当时的革命任务应采取何种联合和斗争方式的问题。

第一，坚持无产阶级领导权是革命成功的关键。大革命的历史表明，当中国共产党坚持了革命领导权，并制定了正确的政策和策略时，革命就发展，就取得胜利；当以陈独秀为代表的中国共产党人犯了右倾主义错误，放弃无产阶级领导权，革命就遭到严重挫折，以致失败。首先是共产党放弃了对农民运动的领导。实现对农民的领导是无产阶级领导权的中心问题。必须放手发动农民进行土地革命，必须坚决把广大农民作为自己的可靠同盟军，无产阶级革命领导权才能保持和巩固。“各地农民运动只有下级党部及党员群众领导着，中央只是时时阻滞革命的农民运动，甚至于拉它向后转。”[②] 由于没有中共中央的指导，农民运动处于自发状态，出现了违反政策和简单化做法的“左”倾倾向。其次是共产党放弃了对武装力量的领导权。中国革命的主要形式是武装斗争，主要组织形式是军队。没有革命的军队就没有一切，共产党必须掌握革命武装，否则，就不可能实现和保持无产阶级的领导权，不可能取得革命的胜利。正如毛泽东说：“1927 年北伐战争达到高潮的时期”，我党领导机关“自愿地放弃对于农民群众、城市小资产阶级和中等资产阶级的领导权，尤其是放弃对于武装力量的领导权”[③]；对国民党则“一切联合，否认斗争”[④]，所以失败了。周恩来曾讲过：“领导权的问题，是统一战线中最集中的一个问题。右的是放弃领导权，‘左’的是把自己孤立起来，成了‘无兵司令’、‘空军司令’。可以说右倾是把整

① 罗家伦主编《革命文献》（第 16 辑），台湾中央文物供应社 1984 年影印，第 2856、2862 页。

② 《中共党史教学参考资料（一）》，人民出版社 1957 年版，第 96 页。

③ 《毛泽东选集》（第 4 卷），人民出版社 1991 年版，第 1257—1258 页。

④ 《毛泽东选集》（第 2 卷），人民出版社 1991 年版，第 763 页。

个队伍送出去，‘左’倾是把整个队伍推出去。”① 所以，在党内要反对右的和“左”的错误倾向。

第二，中国革命必须建立包括工人、农民、城市小资产阶级和民族资产阶级在内的广泛的革命统一战线。在统一战线中，必须坚持无产阶级的领导权，必须对资产阶级实行又联合又斗争的政策，否则，统一战线就不可能巩固。在统一战线中坚持何种立场的问题，至关重要。毛泽东后来提出的关于党的三大法宝——统一战线、武装斗争和党的建设三个重要问题，在大革命时期有所体现。所谓统一战线的问题，就是如何正确处理无产阶级与资产阶级的关系问题。而国共合作是统一战线的主要表现形式之一。国共合作的程度如何，直接影响到革命的成败，第一次大革命用铁的历史事实证明了这一点。当时，中共中央一直以促成国民会议为革命中心，“主张国民会议是解决中国政治问题的道路”，热衷于走议会道路。在与国民党关系的问题上，有时不讲斗争方法，有时只讲统一、不讲独立，有时只讲联合、不讲斗争。为此出现了没有“坚决的自觉的来干我们自己的事，来找我们自己的地盘和武力”，只能“为他人作嫁衣裳，伐来伐去，依然两袖清风，一无所得”。② 正是由于这“几个放弃”，才导致革命的失败。

第三，必须加强党的建设。坚持马克思列宁主义基本原理与中国革命具体实践相结合的原则，把中国共产党建设成为一个坚强的、有一条马克思主义路线的无产阶级的革命政党，这是取得革命胜利的根本保证。大革命时期的中国共产党，是处于幼年时期的党，“是在统一战线、武装斗争和党的建设三个基本问题上都没有经验的党，是对于中国的历史状况和社会状况、中国革命的特点、中国革命的规律都懂得不多的党，是对于马克思列宁主义的理论和中国革命的实践还没有完整的、

① 《周恩来选集》(上卷)，人民出版社 1980 年版，第 220 页。

② 蔡和森：《党的机会主义》，载《中共党史报告选编》，中共中央党校出版社 1982 年版，第 116 页。

统一的了解的党”①。

中国共产党创立伊始，对于马克思列宁主义的理论认识尚不够完整，党的建设尚不够深入，不过在马克思主义基本理论尤其是列宁民族殖民地问题理论的指导下，在长期的革命实践中，党的建设取得了新的进步。

一是明确了党的性质和宗旨，制定了党的最高纲领和最低纲领。1922 年 7 月党的二大通过的宣言及其他文件中指出，中国共产党是中国无产阶级政党，是所有阶级觉悟的无产阶级分子的组合，是为代表中国无产阶级及贫苦农群众的利益而奋斗的先锋军，从而明确了中国共产党是中国无产阶级的先锋队组织这一党的性质。党的二大制定了党的最高纲领和最低纲领，具有重要的理论指导意义。

二是明确提出了无产阶级在民主革命中的领导权问题。1925 年 1 月，党的四大明确提出了无产阶级在民主革命中的领导权问题。大会分析了中国社会各阶级在民主革命中的态度，认为资产阶级虽能参加民族解放运动，但当运动发展到决定胜负时，他们往往欺骗无产阶级而与敌人妥协；最受压迫而最有集合力的无产阶级是最有革命性的阶级，中国的民族革命运动，“必须最革命的无产阶级有力的参加，并且取得领导的地位，才能够得到胜利”。无产阶级在革命斗争中的领导权对于中国革命的最终胜利至关重要。

三是加强工人阶级队伍建设，明确了建立工农联盟的问题。加强党的组织工作，第一次明确规定了民主集中制的组织原则。党十分注重加强工人阶级的队伍建设，专门成立中国劳动组合书记部，以领导工人运动。从 1922 年 1 月至 1923 年 2 月，在党的直接领导下，掀起了中国工人运动第一次高潮，先后发生了 100 余次罢工，充分显示了中国工人阶级革命的坚定性，进一步密切了党同工人阶级的联系，加强了党的阶级基础，促进了党的自身建设，并锻炼和培养了大批党和工人干部。

党的四大提出了工农联盟问题，指出中国的民族民主革命需要工

---

① 《毛泽东选集》（第 2 卷），人民出版社 1991 年版，第 610 页。

人、农民及城市小资产阶级普遍的参加，约占全国人口 80% 的农民则是中国革命运动中的重要成分，他们天然是工人阶级之同盟者。中国共产党与工人阶级要领导中国革命成功，必须尽可能地、系统地鼓动并组织各地农民逐渐从事经济的和政治的争斗。没有这种努力，希望中国革命成功以及在民族运动中取得领导地位，都是不可能的。

中国共产党十分重视自身的组织工作，它关系到党的生存和发展及党的政策的落实。党的五大闭幕后不久，中共中央政治局会议通过了《中国共产党第三次修正章程决案》，首次提出了“党部的指导原则为民主集中制”，这是在党章中第一次明确规定民主集中制是党的根本组织原则；同时重申了历届党章中少数服从多数的条文，为贯彻民主集中制提出了一些措施，对加强党的建设具有深远的指导意义。

四是中国共产党明确了建立革命统一战线的问题，制定了国共合作的正确方针。党的三大制定了关于国共合作的方针，决定全体共产党员以个人名义加入国民党，把国民党改造成为各革命阶级的联盟，并强调，共产党员加入国民党，仍旧保存自身的组织，并努力从各工人团体和国民党各派中，吸收真有阶级觉悟的革命分子，以壮大共产党的群众基础。大会通过的建立革命统一战线的方针，有利于把国民党改造成为资产阶级、小资产阶级、工人阶级和农民阶级的阶级联盟，以利于集合一切反帝反封建的革命力量；有利于党从政治上、思想上、组织上给国民党以帮助和支持，推动国民党的革新，使它在反帝反封建的革命过程中更好地发挥作用；有利于党在广东革命政府所辖区域内及国民党有影响的地区，广泛深入地发动工农运动，发展和壮大党的组织和革命力量。

这场大革命风潮，极大地唤起了中国人民的革命觉悟，把近代中国革命推进到了崭新的阶段。通过这场革命，中国共产党提出的“反帝反封建”的口号成了广大人民的共同呼声，党在群众中的政治影响迅速扩大，党的组织得到很大发展，党还掌握着一支军队。尤其是通过革命胜利和失败的反复，党经历了深刻的锻炼和严峻的考验，初步积累了正反两方面的经验。

第三章

中国革命新道路的开辟与红军长征的胜利

轰轰烈烈的大革命失败了，但在残酷斗争中，中国共产党和中国人民的觉悟程度有了显著提高，为把中国革命推进到一个新的阶段——土地革命战争时期准备了必要条件。在极为严重的白色恐怖中，年轻的中国共产党遭受自成立以来从未遇到过的考验。面对反动派的血腥屠杀，中国共产党和中国人民没有被吓倒、被征服、被杀绝。他们从地上爬起来，揩干净身上的血迹，掩埋好同伴的尸首，又继续战斗了。在引导中国革命走向复兴的征途中，以毛泽东为代表的中国共产党人，经过艰辛探索，把马克思主义的普遍原理与中国革命的具体实践相结合，成功开创了一条适合中国国情的以农村包围城市、最后夺取全国胜利的革命道路。但是党的扩大的六届四中全会后，以王明为代表的“左”倾教条主义错误在党的领导机关内开始了长达 4 年的统治，给中国革命带来重大损失。1934 年 10 月，中央红军踏上战略转移的漫漫征程。在生死攸关的重大关头，1935 年 1 月召开的遵义会议事实上确立了毛泽东在党中央和红军的领导地位，开启了党独立自主解决中国革命实际问题的新阶段，成为党的历史上一个生死攸关的转折点。遵义会议后，中央红军在毛泽东等的指挥下，灵活变换作战方向，最终摆脱了几十万国民党军队的围追堵截，胜利结束了长征，迎接着抗日高潮的到来。

一、三大起义：以武装斗争反抗国民党的反动统治

大革命失败后，中国共产党遇到了前所未有的生死考验。在一个半殖民地半封建的东方大国进行革命，有着特殊的国情，即农民占人口的绝大多数，落后分散的小农经济、小生产及其社会影响根深蒂固，又遭受着西方列强的侵略和压迫，经济文化十分落后，选择一条什么样的道路才能把中国革命引向胜利成为首要问题，也是马克思主义发展史上前所未有过的难题。

但就在此时，1927 年春、夏，蒋介石和汪精卫先后叛变革命，中国共产党及其领导的革命运动遭到严厉镇压。共产党被宣布为“非法”，党的组织遭到破坏，大批共产党员和党的领导干部被杀害，工农运动走向低沉。大革命失败了。

在严峻的生死考验面前，在革命前途仿佛已变得十分黯淡的时刻，中国共产党和中国人民并没有被吓倒、被征服、被杀绝。一些追求进步、向往真理的人士，在革命的危急时刻加入了共产党的队伍，有年逾半百的教育家徐特立，文学家郭沫若，在国民革命军中担任过领导职务的贺龙、彭德怀等，都在这时加入了中国共产党。受尽压迫的工农群众，重新在它的周围逐步聚集起来。

面对国民党的白色恐怖，为了应付危局，也为了亡羊补牢，1927 年 7 月共产国际提出改组中共中央，并明确要求共产党公开宣布退出国民政府，开展土地革命、武装工农。为此，7 月 12 日，就在汪精卫公开“分共”前夕，由张国焘、李维汉、周恩来、李立三、张太雷组成了临时中央常务委员会。临时中央常务委员会果断决定了三件大事：将党所掌握和影响的部队向南昌集中，准备起义；组织湘、鄂、赣、粤四省的农民，在秋收季节举行暴动；召集中央会议，讨论和决定新时期的方针和政策。

为了彻底清算并纠正党在过去工作中的严重错误，制定新的方针，

中共中央于1927年8月7日在汉口秘密召开紧急会议，即著名的八七会议。毛泽东总结大革命失败的教训，其中一条就是没有自己的“枪杆子”，他提出了“枪杆子里面出政权”的著名论断，当时可谓语惊四座，与会者后来都曾忆及此语。会议彻底清算了大革命后期陈独秀的右倾机会主义错误，确定了土地革命和武装起义的方针，并选出以瞿秋白为首的中央临时政治局。正是从北伐战争到大革命的失败，才使中国共产党人深刻认识到了“枪杆子里面出政权”的道理。从此中国共产党义无反顾地走上了独立创建人民军队和武装反抗国民党反动统治的革命道路，给中国共产党指明了新的出路。凝聚全党的力量，去探索一条适合国情的夺取革命胜利的道路，成为全党的当务之急。

按照中共中央的部署，党派出许多干部分赴各地，恢复和整顿党的组织，组织以夺取中心城市为目标的武装起义，其中著名的起义就是八一南昌起义、九九秋收起义和十二月广州起义。

周恩来等同志到南昌组织起义，成立了由周恩来、李立三、恽代英、彭湃组成的前敌委员会，作为南昌起义的领导机构。起义成功后，以宋庆龄等人的名义发表了《中央委员宣言》，揭露蒋介石、汪精卫背叛革命，弃毁孙中山“三大政策”的种种罪行。起义后按照原计划是先到广东去占领出海口，接受苏联许诺的武器援助，而没有深入农村去独立自主地建设根据地，结果劳师远征，在潮汕地区被国民党军队打败。南昌起义“打响了武装反抗国民党反动派的第一枪，党领导的人民军队从此诞生”①，标志着中国共产党独立领导革命战争、创建革命军队的开始。

12月的广州起义也是想占领大城市，但在敌我力量悬殊的条件下，也不可避免地遭到失败。

到1928年初，党在全国各地领导和发动了100多次武装起义，基本上都以夺取和占领中心城市为主要目标，但大部分都因为时间和条件

---

① 习近平：《在纪念周恩来同志诞辰120周年座谈会上的讲话》，《人民日报》2018年3月2日。

不成熟，敌我力量过于悬殊，而很快归于失败。这就说明了在敌人拥有强大武力的情况下，企图在短时期内通过城市武装暴动，占领大城市来夺取革命胜利是不可能的；即使取得暂时胜利，也不可能在城市长期坚持下去。如毛泽东所言：“这时的党终究还是幼年的党，是在统一战线、武装斗争和党的建设三个基本问题上都没有经验的党。”①

二、创建井冈山革命根据地，开辟中国革命新道路

八七会议后，毛泽东以中央特派员身份回到湖南。1927 年 8 月 18 日，改组后的湖南省委在长沙市郊的沈家大屋召开会议，讨论制定秋收起义的计划，决定以中国共产党的名义号召群众，并确定集中力量在湘东赣西发动以长沙为中心的武装起义。为了领导秋收起义，中共湖南省委确定成立由各军事负责人组成的党的前敌委员会，任命毛泽东为书记，作为武装起义的军事指挥机关；并成立党的行动委员会，由起义地区各地方党委负责人组成，任命易礼容为书记，负责地方工作。前委将参加起义的 5000 多人统一编为工农革命军第一军第一师。

1927 年 9 月 9 日，湘赣边界秋收起义爆发，“取浏阳直攻长沙”，以夺取湖南长沙为目标。由于敌人力量强大，各路起义军的进攻先后受挫。毛泽东当机立断，下令起义各部队调整进攻，通知到浏阳县文家市集中。9 月 19 日，各路起义部队到达湖南省浏阳县文家市，毛泽东主持召开了前敌委员会，改变了攻打长沙的计划，决定将部队向南带到敌人统战力量薄弱的农村山区，寻求立足之地，保存革命力量，再图发展。

除了这几支较大规模的起义，还有一些坚持下来的起义军，大多活动在位于数省边界、距离国民党统治的中心城市较远的偏僻农村地区，坚持游击战争。这就为后来红军和革命根据地的发展保存下来革命的种

---

① 《毛泽东选集》（第 2 卷），人民出版社 1991 年版，第 610 页。

子，也为红色区域的建立和发展打下了很好的群众基础。

9月29日，起义军到达永新县三湾村。由于起义部队不足千人，部队思想混乱，组织纪律性差。毛泽东主持召开了前敌委员会，对部队进行整编，这就是著名的三湾改编。前委将原来的1个师缩编为1个团，称工农革命军第一军第一师第一团，下辖两个营七个连；从组织上建立党的各级组织，设立党代表制度，党的支部建在连上，班、排有小组，连以上设党代表，营、团以上有党委；在军队内部实行民主制度，连以上建立士兵委员会，在政治上官兵平等，经济上公开。这是中国共产党建设新型人民军队的重要开端。

10月上旬，毛泽东率领部队到达井冈山北麓的宁冈县茅坪，在当地农民武装袁文才、王佐的帮助下，把部队拉上井冈山安了家。从1927年11月到1928年3月，先后恢复重建了中共茶陵县委、遂川县委、永新县委、宁冈县委，及酃县特别区委。1927年11月，湘赣边界第一个县级红色政权——茶陵县工农兵政府诞生。在各县工农兵政府建立的基础上，成立了湘赣边界工农兵政府，毛泽东担任政府主席。工农兵政权的建立，改变了中国几千年来由王公贵族、地主豪绅统治人民的历史。1928年5月在宁冈茅坪召开了中共湘赣边界第一次代表大会，成立了以毛泽东为书记的中共湘赣边界特委。湘赣边界的党组织得到了全面恢复和发展，党员人数增加到1万余人。同时，毛泽东对袁文才、王佐部进行团结改造，将其改编为工农革命军第一军第一师第二团。1928年4月，朱德、陈毅率领的湘南起义部队来到井冈山，与毛泽东领导的秋收起义部队胜利会师，使根据地正规红军由2000余人增加到1万余人，革命武装扩大了。5月，成立了工农革命军第四军，下辖3个师9个团。

毛泽东开始了创建井冈山革命根据地的伟大斗争，为中国革命开辟了一条正确的道路。井冈山革命根据地的创立和发展，促进了全国各地工农武装割据局面的形成。到1930年上半年，全国已建立十几个农村革命根据地；红军发展到7万余人，连同地方革命武装共10万余人，分布在湖南、湖北、江西、广东等十几个省的边界地区或远离中心城市的偏僻山区。这些根据地的建立，进一步促进了党对中国革命特色道路的探索。

毛泽东领导部队上井冈山，实现工农武装割据，并认识到工农武装割据是取得革命胜利的一个有效途径，是一条符合中国国情的正确革命道路。他开始总结斗争的经验，提出了“工农武装割据”的思想。1928 年 10 月、11 月，毛泽东先后写成了《中国的红色政权为什么能够存在?》和《井冈山的斗争》两篇重要著述，在《中国的红色政权为什么能够存在?》中写道：“不但小块红色区域的长期存在没有疑义，而且这些红色区域将继续发展，日渐接近于全国政权的取得。”从国情出发揭示了红色政权产生和发展的历史必然性，系统阐述了工农武装割据的内容，提出了红军和红色政权发展的一系列政策。

毛泽东思考着中国革命的出路到底在何方的问题，形成了把党的工作重心由城市转移到农村，在农村地区开展游击战争，深入进行土地革命，建立发展红色政权，待条件成熟时再夺取全国政权的革命思路。

在农村游击战争环境下，红军以农民为主要成分，在这种的情况下，如何克服党内和红军内的非无产阶级的思想，把党建设成为无产阶级先锋队，把军队建设成为一支无产阶级领导的人民军队，是摆在中国共产党人面前的一个根本性问题。这个问题在共产国际的一切文献中都没有讲到，但又必须回答和解决好，否则中国共产党和中国革命难以前进一步。

毛泽东在连城新泉、上杭古田接连召开支队长、大队长调查会，战士座谈会，群众座谈会，又召集有红四军党内各级党组织的书记、组织委员、宣传委员参加的联席会议，再次进行广泛、深入的调查。毛泽东在新泉调查研究中采用“请进来”与“走出去”相结合的办法，收集了多方面的材料，初步摸清了红四军内存在问题的种类、性质和根源，听取各种不同意见，对持有错误观点的同志进行耐心的说服和帮助，启发他们自觉提高认识。[1] 同时，揭露红四军党内存在的各种不良倾向，分析研究各种错误思想产生的根源、危害和解决办法，在总结经验教训的基础上，提出了思想建设的任务和途径。

1929 年 12 月 28 日至 29 日，红四军党的第九次代表大会在福建上杭县古田村召开，这就是古田会议。该会议解决了如何把一支以农民为主要成分的军队建设成为中共领导下的新型人民军队的问题，确定了着重从思想上建党和从政治上建军的原则。古田会议通过了《中国共产党红军第四军第九次代表大会决议案》，又称《古田会议决议》，它集中了从中央到红四军党内的集体智慧，总结了红军创建以来军队建设的经验，确立了中国共产党领导下人民军队建设的根本原则，是中国共产党建党建军的纲领性文献，也是第一次比较系统地论述思想建党的历史性文献。它与当时中国革命所必须回答的问题紧密相联。

《古田会议决议》开宗明义地指出："红军第四军的共产党内存在着各种非无产阶级的思想，这对于执行党的正确路线，妨碍极大。"[2] 由于红四军刚建立不久，其主要成分是北伐军的雇佣士兵和大量的农民出身及解放过来的兵员，旧军队作风和各种非无产阶级思想大量地反映到红军中来。在古田会议上，毛泽东针对党内和军队中存在的种种非无产阶级思想及其危害，提出了思想建党的原则，要经常注意用无产阶级思想改造和克服各种非无产阶级思想。红军党内最迫切的问题，要算是教育的问题。解决错误倾向的具体办法就是加紧教育，批评不正确的思想。他还提出了党的思想建设的根本任务是进行马列主义和党的正确路线教育，用马克思列宁主义的立场、观点、方法去分析问题；坚持党的民主集中制原则；经常开展批评和自我批评。只有彻底纠正不正确的思想，才能树立对共产主义和社会主义的坚定信仰，进而担负起中国伟大革命斗争给予的任务。

---

① 《欧阳毅回忆录》，中共党史出版社 1998 年版，第 111 页。

② 中共中央文献研究室、中央档案馆编《建党以来重要文献选编（1921—1949）》（第 6 册），中央文献出版社 2011 年版，第 726 页。

《古田会议决议》规定了党的思想建设的原则措施，使党终于找到了适合自己国情和党情的建党新路，解决了在农民人口占绝大多数的中国，战争环境下党的工作重点又长期在农村的情况下，保持党的先进性和纯洁性，以及建设一支党领导下的新型人民军队的重要问题，使走农村包围城市的道路有了可靠的政治思想保证。《古田会议决议》详细列出了进行党员思想教育的 10 种材料，还规定了开展政治思想教育和学习的 18 种方法，古田会议后在红四军党内运用这些材料和方法进行思想教育，取得了显著效果。坚持正确的建军路线，用无产阶级思想教育党员、武装军队，加强军队中党的思想建设，使红军置于党的绝对领导之下，成为执行革命的政治任务的武装集团。红军思想政治教育各项基本制度得到确立和完善，初步建立了军队思想政治教育的体系。这一决议深刻揭示了思想建党的重要性和紧迫性，还把党的思想建设同执行党的政治路线和完成党的政治任务紧密结合起来，使党内教育和党的思想政治工作逐步走向规范化、制度化和具体化，保证了我军始终是党的绝对领导下的革命军队。

《古田会议决议》明确了红军的宣传工作是红军第一个重大工作。为了处理好红四军的外部关系，必须解决宣传员成分差的问题，决议提出了改造宣传员成分的方法，即“除请地方政府选派进步分子参加红军的宣传队之外，从各部队士兵中挑选优秀分子（尽可能不调班长）作为宣传员。政治部应经常地作出训练宣传队的计划，规定训练的材料、方法、时间、教授人等，积极地改进宣传员的质量”①。在古田会议结束后不到半年时间里，为加强宣传队伍的建设，红四军政治部发布了新制定的《宣传员工作纲要》，采取群众易于接受的形式，加强红四军宣传队的组织和工作。提出宣传鼓动重于指派命令，反对命令主义；宣传要切合群众的斗争情绪，除一般地发布暴动口号外，还要有适合群众斗争情绪尚低地方的日常生活的口号，以发动日常斗争，去联系着那

① 中共中央文献研究室、中央档案馆编《建党以来重要文献选编（1921—1949）》（第 6 册），中央文献出版社 2011 年版，第 747 页。

些暴动口号；用宣传鼓动提高战士的阶级觉悟，启发大家的革命英雄主义。[①]

《古田会议决议》明确了人民军队"是一个执行革命的政治任务的武装集团"，开始排除和克服各种非无产阶级思想的干扰，加强组织、宣传和纪律，部队的精神面貌为之一新，大大提高了战斗力。当时红四军党的组织存在的主要问题是党员的质量差，"党员加入太随便，许多不够党员资格的也拉了进来，特别是官长，不要任何条件，一概拉进"[②]。决议从加强党员队伍建设着手，重视党员发展的源泉问题，大力发展优秀且具有发展潜力的人才，尽量挖掘学习能力强、综合素质比较高、思想积极上进的人。决议一方面批判了片面强调工人阶级成分，不愿意向非无产阶级成分打开党的大门的教条思想；另一方面明确了发展党员的组织路线是"以战斗兵为主要对象"。红四军制定了新分子入党的五个条件，要求"以上五个条件完备的人，才能够介绍他进党"。介绍人要事先审查被介绍人是否确实具备上列条件，并对所介绍的人负相当责任，支委也要考察是否具备入党条件。同时，红四军开始洗除旧的基础，坚决清除不符合条件的党内人员，对"政治观念错误，吃食鸦片，发洋财及赌博等，屡戒不改的，不论干部及非干部，一律清洗出党"，做到畅通"出口关"[③]。先是保证党员的质量进而保证党的质量，做到改造旧基础与发展新基础要同时并进。

为了加强红四军党的组织建设，《古田会议决议》要求在组织上厉行集中指导下的民主生活，并具体规定了实行民主集中制的办法。当时红四军党的组织存在的另一主要问题是组织松懈，严重影响到红军的领导与政策的执行。决议规定在对"旧的基础厉行洗除"的同时，还明

① 中共中央文献研究室、中央档案馆编《建党以来重要文献选编（1921—1949）》（第6册），中央文献出版社2011年版，第745页。

② 中共中央文献研究室、中央档案馆编《建党以来重要文献选编（1921—1949）》（第6册），中央文献出版社2011年版，第736页。

③ 中共中央文献研究室、中央档案馆编《建党以来重要文献选编（1921—1949）》（第6册），中央文献出版社2011年版，第737页。

确规定了“每连建设一个支部，每班建设一个小组”[①] 的重要组织原则。同时强调了党小组的建设问题，指出小组要建设在班上，有目的地充实和发挥党支部的“火车头”和“战斗堡垒”作用。各种训练同志的会议及其他训练办法，如训练班、讨论会等，都要有机会地举行起来，这就明确了各级党支部的职责和负责的具体工作问题。决议确定了红四军党内少数服从多数的原则，少数在自己的意见被否决之后，必须拥护多数人所通过的决议。除必要时得在下一次会议再提出讨论外，不得在行动上有任何反对的表示。决议还强调红四军党的组织必须建立领导中枢，有正确的指导路线，上级机关的决议不仅必须执行，而且应当迅速传达到下级机关和党员群众中去。这就体现了民主基础上的集中和集中指导下的民主的根本方针，正是通过健全党在红军中的领导体系和组织机构，建立了以党委制为核心的根本领导制度。决议还要求红四军全体党员站在马克思主义立场上，努力去改造党的组织，务使党的组织确实能够担负党的政治任务，才算成功。

古田会议始终把群众工作放在首位，要求红军必须担负打仗、筹款、做群众工作三项任务，并且明确提出党的一切工作要在党的讨论和决议后，再经过群众去执行。决议规定红军“除了打仗消灭敌人军事力量之外，还要负担宣传群众、组织群众、武装群众、帮助群众建立革命政权以至于建立共产党的组织等项重大的任务”[②]，这从根本上明确了红军的无产阶级性质和全心全意为人民服务的宗旨。

古田会议是中国共产党建党建军史上一次里程碑意义的会议，它对于中国共产党加强党内教育、纯洁干部队伍，坚持党员标准、严肃组织纪律，深入调查研究、牢固树立群众观，最终铸造党对军队的绝对领导这一军魂，具有重要的指导意义，为后来的农村包围城市、武装夺取政

---

① 中共中央文献研究室、中央档案馆编《建党以来重要文献选编（1921—1949）》（第6册），中央文献出版社2011年版，第736页。

② 中共中央文献研究室、中央档案馆编《建党以来重要文献选编（1921—1949）》（第6册），中央文献出版社2011年版，第727页。

权道路思想的形成、发展和成功实践奠定了基础。

三、红军反“围剿”斗争和农村革命根据地建设

红军进军赣南、闽西，工农武装割据进一步发展。通过武装斗争、土地革命和政权建设，中国革命走向复兴。

土地革命是中国革命的中心内容。在红军占领并建立起苏维埃政权的地方，党领导广大农民“打土豪、分田地”，让广大农民翻身得解放。1928 年党的六大明确规定没收地主阶级的一切土地，确定了依靠贫雇农、联合中农的阶级路线，对富农的策略也有调整，但土地所有权等问题依然没有得到解决。在赣南、闽西根据地，毛泽东提出一系列深入进行土地革命的政策和原则。1929 年 4 月，他主持制定兴国县《土地法》，将井冈山《土地法》规定的“没收一切土地”改为“没收一切公共土地及地主阶级的土地”。7 月，在他的指导下，闽西党的第一次代表大会通过的决议中作出“自耕农的田地不没收”“抽多补少”的原则规定。1930 年 2 月，在按人口平均分配土地的原则指导下，兴国等六县全境和永丰等县部分地区全面开展分田运动。1931 年 2 月，毛泽东又修改井冈山《土地法》中关于农民只有土地使用权、禁止土地买卖的规定，肯定农民对土地的所有权。赣东北、湘鄂西、鄂豫皖、湘鄂赣、广西右江、广东琼崖等革命根据地也轰轰烈烈开展了土地革命。在三年多土地革命实践中，基本上形成一套比较切实可行的土地革命路线、政策和方法。主要是：依靠贫农、雇农，联合中农，限制富农，消灭地主阶级，变封建土地所有制为农民土地所有制；以乡为单位，按人口平均分配土地在原耕地基础上，抽多补少，抽肥补瘦；等等。经过三年多的土地革命实践，到 1931 年前后，土地所有权问题基本上得到解决。通过土地革命，中国共产党极大地调动了农民支援红军进行革命战争、保卫和建设根据地的积极性。

1931 年 1 月和 5 月，毛泽东先后发表了《星星之火，可以燎原》

《反对本本主义》，从理论上提出了农村包围城市、武装夺取政权道路的可能性和必要性。毛泽东创造性地解决了马克思列宁主义基本原理同中国实际相结合的一系列重大问题，深刻分析中国社会形态和阶级状况，经过不懈探索，弄清了中国革命的性质、对象、任务、动力，提出通过新民主主义革命走向社会主义的两步走战略，制定了新民主主义革命总路线，开辟了以农村包围城市、最后夺取全国胜利的革命道路。[①]

旧中国的社会性质是半封建半殖民地，中国革命的敌人异常强大且长期占据城市，农民占全国总人口 80% 以上，这一基本国情决定了无产阶级要以武装的革命对武装的反革命为主要斗争形式，而且要在农村开展土地革命，积蓄力量，建立革命根据地和革命政权，把落后的农村改造成为先进的巩固的革命根据地，最后实现农村包围城市、夺取全国政权的胜利。毛泽东论证了农村革命根据地能够长期存在和发展的可能性。旧中国是多个帝国主义国家间接统治的半殖民地半封建的大国，这就造成了中国政治经济发展的多样性和不平衡的特点。从地理特征来看，中国幅员辽阔，革命势力有着充分的回旋余地，正所谓“东方不亮西方亮，黑了南方有北方”。中国社会的主要矛盾不断激化，使中国革命的形势不断发展，这是红色政权必然要存在和发展的理由。毛泽东论证了必须处理好武装斗争、土地革命和根据地建设三者之间的关系。土地革命、武装斗争、根据地建设三者是相辅相成、相互联系的统一体，缺一不可。土地革命是中国民主革命的基本内容，满足了农民的土地要求，可以广泛动员组织农民参加武装斗争，巩固扩大根据地；武装斗争是开展土地革命、建立农村革命根据地的强有力工具和根本保障；根据地是开展土地革命、进行武装斗争的基础和依托。有一支相当实力的正式红军的存在，是实现红色割据的武装保证。正确认识和处理这三者之间的关系，革命才能成功；否则，革命就会挫折，甚至陷入失败的境地。农村包围城市、武装夺取政权道路的开辟，以及有关这条道路的

① 习近平：《在纪念毛泽东同志诞辰 120 周年座谈会上的讲话》，《人民日报》2013 年 12 月 27 日。

理论的初步阐明，是一个伟大创造。周恩来曾指出：“当时要党不去用主要的力量与城市无产阶级联系，而把主要力量放在农村，这是史无前例的。”① 无论从国际共产主义运动的理论看，还是从实践来看这都是史无前例的。创新理论不容易，让人们接受这样一个新的理论更需要时间，需要过程，也需要实践的检验。毛泽东在探索这一正确道路的过程中，遭遇了来自党内教条主义者的多重障碍。正是党内出现的马克思主义教条化，把共产国际指示和苏联经验神圣化的“左”倾错误，给革命造成巨大危害。

从 1930 年 10 月起，蒋介石在结束了中原大战后，集中重兵，向南方各根据地发动大规模“围剿”，重点是毛泽东、朱德率领的红一方面军。从 1930 年 11 月到 1931 年 9 月，红一方面军在毛泽东、朱德等指挥下，贯彻积极防御的方针，实行“诱敌深入”等一整套行之有效的战术原则，先后粉碎国民党军队的三次“围剿”。这期间，鄂豫皖、湘鄂西等根据地的反“围剿”也先后取得重大胜利。相隔一年后，1933 年二、三月间，朱德、周恩来领导粉碎了国民党的第四次军事“围剿”。通过四次反“围剿”战争，保卫和巩固了根据地。1933 年 9 月，蒋介石对中央根据地等发动第五次“围剿”。由于博古、李德等领导人在军事冒险主义、军事保守主义的错误指导下，红军苦战一年也未能打破“围剿”，屡战失利，致使中央苏区日益缩小，丢失了几乎所有的根据地，形势日益严重，最后被迫进行了长征。这是党在土地革命时期经历的最严重挫折。

20 世纪 30 年代，国民党政府执行“攘外必先安内”的政策，置民族危亡于不顾，向革命根据地连续发动多次大规模的军事“围剿”。国民党军队“围剿”的重点是中央革命根据地和毛泽东、朱德率领的红一方面军。1930 年 10 月起，蒋介石调集 10 万多人，发动对中央革命根据地的第一次“围剿”。红一方面军 4 万多人，采取“诱敌深入”的作

① 《周恩来选集》（上卷），人民出版社 1980 年版，第 178 页。

战方针，歼敌 1.3 万人，成功打破国民党军队的第一次“围剿”。不久，蒋介石又指挥20万军队，对中央革命根据地发动第二次“围剿”。红一方面军仍坚持“诱敌深入”方针，在 1931 年 5 月连打 5 个胜仗，自赣江之畔直达福建建宁，共歼敌 3 万多人，打破了国民党军队的第二次“围剿”，进一步扩大了中央革命根据地。6 月间，蒋介石自任“围剿”军总司令，调集 30 万人，发动第三次“围剿”。红一方面军历时 3 个月歼敌 3 万多人，粉碎了国民党军队第三次“围剿”。此后，赣南、闽西两块根据地基本连成一片，扩大到跨 20 余县的广大地区。受红军胜利的影响，国民党军第二十六路军 1.7 万余人于 1931 年 12 月 14 日在江西宁都起义，后被改编为中国工农红军第五军团，在国民党军队中引起很大震动。鄂豫皖、湘鄂西、赣东北、湘赣、湘鄂赣、琼崖等根据地也都取得反“围剿”的胜利。红军在反“围剿”斗争中，形成了消灭敌人的有生力量，集中兵力、各个歼敌，“打得赢就打，打不赢就走”，在运动中发现敌军弱点，速战速决等战略战术思想。这些战略战术思想建立在人民战争的基础之上，解决了红军以劣势兵力和落后装备战胜强大敌人的问题，是对马克思主义军事学说的杰出贡献。

在各根据地和红军不断发展的形势下，1931 年 11 月，中华苏维埃第一次全国代表大会在江西瑞金召开，选举产生中华苏维埃共和国中央执行委员会，宣布成立中华苏维埃共和国临时中央政府。毛泽东当选为中央执行委员会主席和中央执行委员会人民委员会主席。中华苏维埃共和国是中国历史上第一个全国性的工农民主政权，是中国共产党在局部地区执政的重要尝试。

中华苏维埃共和国实行工农兵代表大会制度，选举产生各级苏维埃政府，广泛吸收工农群众代表参加政权管理，行使当家作主的权利。苏维埃政府重视廉政建设和司法建设，1933 年 12 月，中央执行委员会发布惩治贪污浪费行为的训令，严肃查处腐败案件。苏维埃政府领导根据地军民积极进行经济建设，开展打破敌人经济封锁的斗争，使农业、工业、商业、交通、邮电、财政和金融等经济工作都有一定发展。党的自身建设也得到加强，铸就了以坚定信念、求真务实、一心为民、清正廉洁、艰苦奋斗、争创一流、无私奉献等为主要内涵的苏区精神。中国共产党领导的农村革命根据地生机勃勃的景象，同国民党统治区民不聊生的悲惨景象形成鲜明对照。

四、第五次反“围剿”失败，遵义会议和长征胜利

1931 年 1 月，党的扩大的六届四中全会后，以王明为代表的“左”倾教条主义错误在党的领导机关内开始了长达 4 年的统治。1931 年 9 月下半月成立临时中央政治局（临时中央），由博古（秦邦宪）负总的责任。在教条主义错误支配下，毛泽东的正确主张受到指责，他在红军中的领导职务被错误撤销。

1933 年下半年，蒋介石发动对革命根据地的第五次“围剿”，调集 100 万军队向各地红军进攻，其中 50 万军队于 9 月下旬开始向中央革命根据地发动进攻。这时，博古把军事指挥权交给共产国际派来的军事顾问李德。他们不了解中国实际情况，主张“御敌于国门之外”，又采取消极防御方针和“短促突击”的战术，同装备优良的敌人打阵地战、堡垒战，使红军日益陷于被动。1934 年 4 月中下旬，国民党军队集中力量进攻中央苏区的北大门广昌。由于战术策略失误，经过 18 天血战，红军遭受重大伤亡，广昌失守。

1934 年 9 月上旬，国民党军队加紧对中央革命根据地腹地发动进攻，红军已无在原地扭转战局的可能。10 月，中共中央、中革军委率中央红军主力 8.6 万多人，踏上战略转移的漫漫征程，开始了世界历史上前所未有的壮举。原来推行“左”倾错误的中央领导人，在实行这次突围和战略转移的时候，又犯了退却中的逃跑主义错误，并且把战略转移变成搬家式的行动，全军 8 万多人在山中羊肠小道上行进，拥挤不堪，常常是一夜只过一个山坳。而国民党“追剿”军达 16 个师、77 个团，布置了四道封锁线。1934 年 11 月 27 日至 12 月 1 日，中央红军苦

战五昼夜，从广西全州、兴安间抢渡湘江，突破了国民党军的第四道封锁线。但担任后卫的红五军团第三十四师、红三军团第六师第十八团为掩护主力红军及中央纵队过江，被国民党军队阻隔在湘江东岸，大部在和敌人作战中牺牲；红八军团一部被击溃。红军面对的不仅是数量上占绝对优势的敌人，而且要以血肉之躯抵挡敌人飞机和重炮的狂轰滥炸，战斗的残酷可想而知。突破湘江粉碎了蒋介石的企图，但是中央红军也为此付出了极为惨重的代价。部队指战员和中央机关人员由长征出发时的 8 万多人锐减至 3 万余人。对军事指挥官的怀疑和不信任、对军队领导人是否应该更换的疑问，逐渐在人们心目中产生，特别是在一些党和军队的高级领导人中首先生长起来了。各种挫折使红军干部逐步认识到，这是“左”倾教条主义在延续错误的军事指挥路线、方针的后果。因此，中共的一些领导人开始重视以毛泽东同志为代表的实事求是的科学思维方式，实事求是地研究和确立红军的行军路线和方向。

通道会议的顺利召开决定了红军西进贵州。1934 年 12 月 12 日，中革军委在湖南省通道县举行紧急会议，重点在于讨论红军战略转移的方向。博古、李德认为，依靠贺龙、萧克的第二军团，能在广阔的地区进攻敌人，同时，在湘、黔、川三省的交接处建立一个大范围的新苏区。毛泽东则建议放弃与红二、红六军团的会合，改为向贵州进军。通道会议是中央红军在危机中召开的紧急会议，拯救了超过 3 万的中央红军。

黎平会议的顺利召开，采纳了毛泽东西进乌江、进军贵州西北的建议。1934 年 12 月 18 日，中共中央政治局在黎平召开会议。会议主要讨论了红军的行军路线。大多数与会者肯定了毛泽东的正确思想，主持会议的周恩来采纳了毛泽东的建议，会议通过了《中央政治局关于战略方针之决定》，决定放弃与红二、红六军的会合。黎平会议是党内的最高层会议，决定了红军长征战略转折的大政策，它直接决定了中共和红军的命运。在黎平会议上，党中央第一次否认了博古、李德的错误战略政策、方针，为之后的遵义会议确立毛泽东同志在党中央和红军中的领导地位奠定了基础。黎平会议是中国共产党独立解决自身问题的尝试，是中国共产党形成自发到自觉的独立思考的转折点。

1934 年 12 月 21 日，猴场会议再次否定与红二、红六军团会合的原计划，《关于渡江后新的行动方针的决定》基本上取消了红军军事指挥的“三人团”的权力，毛泽东重新回到军事指挥的中心，为遵义会议的召开创造了有利条件。另外，猴场会议还通过了一系列的有益决议，例如作出了渡乌江进而占领遵义的决定；一改以往的消极作战为主动作战，尤其是在运动和前进中与敌进行战斗，从而开启了红军战争的一个新阶段。

中共中央政治局于 1935 年 1 月 15 日至 17 日在遵义召开了扩大会议，集中解决当时具有决定意义的军事和组织问题。会议增选毛泽东为中央政治局常委，委托张闻天起草《中央关于反对敌人五次“围剿”的总结的决议》，取消长征前成立的“三人团”。会后不久，在向云南扎西地区进军途中，中央政治局常委决定由张闻天代替博古负总的责任，毛泽东为周恩来在军事指挥上的帮助者，后成立由毛泽东、周恩来、王稼祥组成的三人小组，负责全军的军事行动。

遵义会议是党的历史上一个生死攸关的转折点。这次会议在红军第五次反“围剿”失败和长征初期严重受挫的历史关头召开，事实上确立了毛泽东在党中央和红军的领导地位，开始确立了以毛泽东为主要代表的马克思主义正确路线在党中央的领导地位，开始形成以毛泽东为核心的第一代中央领导集体，开启了党独立自主解决中国革命实际问题的新阶段，在最危急关头挽救了党、挽救了红军、挽救了中国革命。在遵义会议上，中国共产党独立自主解决自身的革命问题，成为在政治上走向成熟的重要标志。

随后，中共中央政治局召开了扎西会议、苟坝会议，建立了高度的军事指挥体制，完善了党领导军队的体制。苟坝会议围绕是否进军打鼓新场的问题展开争论，最终否决了这一建议；还成立了新的军事“三人组”，确立了毛泽东同志的军事领导地位，不仅完成了军事指挥权的转移，还在一定程度上使红军免去了一场灭顶之灾，为后续一系列正确的政策和战略的制定及出台、为长征战略转移的胜利奠定了良好基础。此时，中央红军领导层在战略方针上存在不同的认识，因此又召开了会理会议，平息了这种抵触情绪，确定了中央红军渡过金沙江后的任务，统一了领导核心和高级干部的认识，维护了毛泽东在党中央和红军中的领导地位，维护了遵义会议确立的政治和军事领导的团结。

军事路线是否正确，要经历革命战争的检验。四渡赤水就是对遵义会议成果的一次真正检验。遵义会议之后，以毛泽东为代表的党中央、中革军委，改变了以往呆板的军事打法，根据革命战争的实际，敌变我亦变，在变化中寻找战机。此时，敌强我弱，又没有后方根据地的保障，怎么以少胜多、以弱胜强呢？只有虚实结合，实行大范围的机动作战，灵活用兵，才能在机动中歼敌；只有兵不厌诈，才会从被动走向主动。为此，毛泽东领导红军队伍时而声东击西，时而忽南忽北，时而即打即离，反复迂回曲折，不断纵横穿插于敌方重军之间，把国民党的整个作战部署打乱了。红军一渡赤水，轻装向西；二渡赤水，占领娄山关、遵义，取得长征以来最大的胜利；三渡赤水，虚晃一枪；四渡赤水，威逼贵阳，兵临昆明，巧渡金沙江，将计就计，红军出兵石鼓渡口，终于突围成功，跳出了几十万敌人的包围圈，实现了从被动到主动的转变。

红一方面军和红四方面军于 1935 年 6 月 18 日在四川懋功胜利会师，两军为之欢欣鼓舞。6 月 26 日，中共中央政治局在懋功北部的两河口召开会议。会议的召开是为了统一北上建立川陕甘根据地的战略方针。中央认为，“总的方针应是占领川陕甘三省，建立三省苏维埃政权”，目前应当先夺取松潘、平武，消灭胡宗南部。张国焘却认为，革命形势低落了，红军是在退却。因此，他主张向西康发展，建立“川康政府”，实现其所谓“川康计划”。

6 月 28 日，中央政治局作出了《关于一、四方面军会合后战略方针的决定》，明确了创造川陕甘苏区根据地的目标，同时提出“必须坚决反对避免战争、退却逃跑以及保守偷安、停止不动的倾向”。中共中央确定了北上抗日的战略方针。两河口会议为实现党和红军北上抗日及领导全国抗日运动的伟大战略目标奠定了基础。为了增强红一、红四方面军的团结和信任，进一步统一两大主力红军的行动，中央政治局于7月21日至22日在芦花召开了政治局扩大会议，要求张国焘指挥红四方面军迅速北进。中央政治局于8月4日至6日在沙窝召开会议，通过了《中央关于一四方面军会合后的政治形势与任务的决议》，再次强调了必须在红一、红四方面军中更进一步地加强党的绝对领导，提高党中央在红军中的威信，强调必须坚决反对“对于党中央所决定的战略方针表现怀疑”，“对革命前途悲观失望”，这都是当时“最大的危险”。

面对张国焘一再迟缓的行动，党中央进行了大量的说服教育工作，采取了“一发电报催，二派部队接”的措施。在发生北上与南下之争并暂时难以扭转僵局的情况下，毛泽东当即带领红一方面军主力先行北上。党中央在哈达铺明确了向陕北挺进的战略，最后落脚陕北，奠基大西北。

此时，红二、红六军团与红四方面军在甘孜会师后，改称为中国工农红军第二方面军，配合朱德、刘伯承及红四方面军广大指战员维护与执行了党中央的正确路线；同时对于削弱与牵制蒋介石的部队，配合红一方面军发挥了重大的战略作用。在党中央的命令下，在红二方面军的推动下，在朱德、任弼时、贺龙等反复劝说下，红二、红四方面军共同北上陕北，实现了三大主力红军的胜利会师。西北是中国革命全盘战略中的薄弱环节，三军会师于此，可谓上策之举。

1935年12月，毛泽东在陕北瓦窑堡党的活动分子会议上明确指出：“谁使长征胜利的呢？是共产党。没有共产党，这样的长征是不可能设想的。”① 理想与信念的最终体现和落脚点，就是坚决执行党的领导。跟党走，这是长征胜利的重要力量源泉。党的政治纪律，最核心的，就是坚持党的领导。所以，坚持党的领导，是红军创造长征奇迹的最重要原因。

---

① 《毛泽东选集》（第1卷），人民出版社1991年版，第150页。

长征的胜利之所以被世界称为奇迹，不仅因其路程之遥远，更是因其面临着众多难以计数之困难：道路难行、自然条件恶劣、数倍于自己的敌人以及长征初期党内的错误路线和错误政策，每一项都足以使红军面临石达开式的灭顶之灾。那么是什么力量激励和支撑着红军指战员跨过了激流汹涌的条条江河，翻越了陡峭险峻的座座高山，穿过了沼泽密布的茫茫草地，克服了数不清的艰难险阻，取得长征胜利的呢？1938年4月，张闻天在陕北公学演讲时指出："原因就在于中国共产党在这次长征中充分地表现出了她为了自己的理想而牺牲奋斗与坚持到底的精神。"如果没有这种为理想而牺牲的精神，一千里的长征也是不可能的。中国共产党人的崇高理想就是北上抗日，实现民族独立，建立人民当家作主的政权。它激励着无数的红军战士，不管是如何残酷的战争环境，还是如何恶劣的自然条件，都坚信只要跟党走，就会有前途。只要听从党中央的指挥，红军就能打胜仗。在长征中，正是有了党的坚强领导，红军广大指战员在极端艰难的条件下，毫不动摇地保持着革命必胜的信念，以惊人的智慧和毅力，冲破国民党军队的重兵追堵，克服雪山草地的艰险，经受饥寒伤病的折磨，战胜党内分裂的危机，胜利地完成了长征，创造了战争史上的奇迹。

坚定的革命信念是红军胜利之根，铁的纪律则是其胜利之本。在艰苦卓绝的万里长征中，面对数十万国民党军队的围追堵截，面对严酷的自然环境和复杂的斗争生活，中国共产党领导工农红军坚守铁的纪律，锤炼了红军队伍铁的纪律观念。无论环境多么艰苦，官兵都能严守纪律；无论情况多么危急，都不忘执行纪律；无论职务多么高，都能自觉遵守纪律。严守铁的纪律，是长征取得最终胜利至关重要的因素。

一个党要立于不败之地，必须立于时代潮头，紧扣新的历史特点，科学谋划全局，牢牢把握战略主动，坚定不移实现党制定的战略目标；人民军队是革命的依托、民族的希望，党对军队的绝对领导是人民军队赢得胜利的根本保证。长征锻炼了人民军队，长征磨练了人民军队，最终成就了一支攻坚克难、无往而不胜的人民军队，从而开启了人民军队发展的新起点。革命队伍的亲密团结是长征精神发展的基本保证。红二、红六军团坚持原则，服从大局，放弃了在滇黔建立根据地的计划，北上与红四方面军会师，并奉中央命令改为中国工农红军第二方面军，配合朱德、刘伯承和红四方面军广大指战员维护与执行党中央的正确路线，成为维护党的团结与统一的光辉典范。

在中国共产党的领导下，充分发扬民主集中制，制定正确的战略方针，发现问题及时解决，遇到失误及时纠正，并尽量避免与减少失误，以尽可能地减少革命的损失。在长征过程中，以毛泽东为代表的中国共产党人力挽狂澜，绝地逢生，以非凡的智慧和大无畏的英雄气概，领导红军战胜千难万险，付出巨大牺牲，胜利完成震撼世界、彪炳史册的长征，在中华民族伟大复兴的历史进程中，具有极其重大的历史意义。

长征的胜利，是中国革命转危为安的关键。毛泽东曾形象地指出："长征是历史纪录上的第一次，长征是宣言书，长征是宣传队，长征是播种机。"它宣告了国民党反动派消灭中国共产党和红军的图谋彻底失败，宣告了中国共产党和红军肩负着民族希望胜利实现了北上抗日的战略转移，实现了中国共产党和中国革命事业从挫折走向胜利的伟大转折，开启了中国共产党为实现民族独立、人民解放而斗争的新的伟大进军。

长征铸就了伟大的长征精神，这就是：把全国人民和中华民族的根本利益看得高于一切，坚定革命的理想和信念，坚信正义事业必然胜利的精神；为了救国救民，不怕任何艰难险阻，不惜付出一切牺牲的精神；坚持独立自主、实事求是，一切从实际出发的精神；顾全大局、严守纪律、紧密团结的精神；紧紧依靠人民群众，同人民群众生死相依、患难与共、艰苦奋斗的精神。伟大的长征精神，是中国共产党人及其领导的人民军队革命风范的生动反映，是中华民族自强不息的民族品格的集中展示，是以爱国主义为核心的民族精神的最高体现。

以毛泽东为代表的共产党人创建的这条中国特色革命道路，是中国共产党夺取全国政权的唯一的正确道路。在成功开创中国特色革命道路的过程中，中国共产党积累了以党建为核心的党、政、军建设的宝贵经验，培养了一大批领导骨干和组织管理人才。在探索中国革命道路的过程中，中国共产党领导根据地军民心怀“星星之火，可以燎原”的信念，坚信中国革命必然胜利，不断战胜各种艰难困苦，前仆后继，勇往直前。实践证明，由坚定的政治信仰产生的百折不挠的革命意志，是中国共产党人战胜一切艰难险阻、走向胜利的强大力量源泉。在革命发展的过程中，中国共产党人坚持实事求是的思想路线，反对本本主义、教条主义，注重调查研究，根据中国实际，创造性地发展和运用马克思主义。

从大革命失败到全民族抗日战争前夕这十年，是中国共产党在极端困难的条件下坚持斗争并达到政治上成熟的重要时期。中国共产党人在常人难以想象的险恶环境中，始终表现出对未来充满信心的革命乐观主义和不屈不挠的顽强毅力，奇迹般地度过最黑暗的时刻，开创出新的局面。这十年中，虽然党在指导思想上几度犯过急躁冒进的错误，使革命事业遭受严重挫折，但党最终依靠自己的力量克服了这种错误，并以更加成熟的姿态迈向了全民族抗日战争的新的历史时期。

第四章

在全民族抗日战争中发挥中流砥柱作用

1937 年 7 月 7 日夜，日本侵略军悍然发动卢沟桥事变，当地中国驻军奋起抵抗，一场决定中华民族命运的殊死搏斗拉开帷幕。抗日战争是在国共合作的历史条件下进行的，共产党领导的敌后战场和国民党坚持的正面战场组成世界反法西斯战争的中国战场，并成为世界反法西斯战争的东方主战场。在这场深刻改变中国和影响世界历史进程的战争中，中国共产党和中国国民党都作出了重大的贡献，而中国共产党在其中发挥了中流砥柱的作用。

一、号召全国人民奋起抗日，推动走向全国抗战

1931 年 9 月 18 日，日本帝国主义制造九一八事变，发动了侵占中国东北的大规模战争。这是日本对中国的侵略战争，是日本帝国主义发动侵华战争的开端，性质非常严重。但东北军统帅张学良，根据蒋介石的“此非对日作战之时”，“宜隐忍自重，以待机会”的指示，下令东北军“不抵抗”。结果日本非常轻易地侵占了东北三省 128 万平方公里（相当于日本国土面积的 3.5 倍）的大好河山，东北变成日本的殖民地。

日本在侵占东北后，继续发动对中国关内的侵略。蒋介石把“攘外必先安内”作为应对方针，集中力量“围剿”共产党和打击国民党

内的异己力量。对于日本的侵略，就是屈从、妥协、退让，相继签订了丧权辱国的《淞沪协定》、《塘沽协定》、“何梅协定”、《秦土协定》等。由此，中国陷入一个严重危机循环演进的危险境况：日本的侵略越来越猖狂，国民党政府对日妥协、对内战争的幅度越来越大，中华民族的灾难和危机一步步加深。

与国民党的不抵抗主义截然不同，中国共产党在九一八事变后旗帜鲜明地提出了坚决抗日的主张。1931 年 9 月 20 日，中共中央就九一八事变发表宣言，明确号召全中国工农兵及劳苦民众，“实行坚决的斗争，一致反对日本强暴占领东三省，实行变帝国主义压迫的战争，为拥护苏维埃中国反帝国主义反国民党的革命战争，以解放中国”[①]。其后，中国共产党一直秉持抗日的主张，并在 1932 年 4 月 15 日公开发表《对日战争宣言》：“正式宣布对日战争……以民族革命战争驱逐日本帝国主义出中国。”

其时，中国共产党遭受国民党大军的“围剿”和严酷镇压，面临非常险恶的环境，但仍艰难而坚定地推进全国抗日局面的形成。

第一，不断号召全国人民奋起抗日。举凡发生日本侵略的事件，中共中央都发表宣言、通电和文告一类文件，呼吁抗日救亡。如在 1932 年：1 月 5 日，发表《中国共产党为反对日帝国主义占领锦州号召民族的革命战争的宣言》；1 月 27 日，发表《中国共产党中央委员会为武装保卫中国革命告全国民众（书）》；淞沪抗战爆发后，1 月 31 日，发表《中国共产党中央为上海事变第二次宣言》；3 月 24 日，针对英美等国使节设立上海“中立区”的提议和国民党对此的筹划，中共发表反对此议的《中国共产党中央委员会告全国工农兵及劳苦民众书》；4 月 5 日，针对《淞沪协定》发出《中国共产党中央委员会为以民族的革命战争反对帝国主义进攻苏联与瓜分中国告民众书》；5 月 9 日，发出《中华苏维埃共和国临时中央政府反对国民党出卖淞沪协定通电》。其

① 中央档案馆编《中共中央文件选集》（第 7 册），中共中央党校出版社 1989 年版，第 398 页。

后，在国民党与日本的秘密交涉、华北事变等问题上，中共中央无一例外地发表抗日宣言，反复阐述了中国共产党实行民族革命战争、反对日本帝国主义侵略的主张。

第二，部署在东北发动直接的抗日斗争。九一八事变后，中共中央指示中共满洲省委："加紧在北满军队中的工作，组织它的兵变与游击战争，直接给日本帝国主义以严重的打击"[①]。据此，中共满洲省委领导东北各地党组织全力以赴，迅速掀起反抗日本侵略的武装斗争。1932年5月，巴彦游击队成立，这是中共在东北组建的第一支抗日武装。继而，在磐石、汤原、饶河、珠河、密山、宁安等地相继组建了抗日游击队。从1933年起，中国共产党领导的抗日游击队成为东北抗日斗争的主力，并在艰苦卓绝的抗日斗争中不断发展。

1936年2月至1937年12月，中共领导的抗日部队统一整编为"东北抗日联军"，共编为11个军，总兵力达到3万多人，游击区扩大到70余县，形成了东南满、吉东和北满三个大游击区，并建立了20余块游击根据地。东北抗日联军在非常艰苦的环境中坚持抗战到最后胜利。

第三，指示全党开展反对日本帝国主义侵略的斗争。中共中央频繁指示全党，对于日本帝国主义的野蛮侵略给予坚决的回击。九一八事变后，中共中央在1931年9月22日决议中指出："党应该特别加紧反帝斗争，尤其是反日斗争的领导，……尤其是'工农武装起来，反对日本帝国主义'应该是党目前的中心鼓动口号。"1932年一·二八事变前夕，中共中央针对日军即将进攻上海的形势，指示："党应该动员无产阶级与一切劳苦群众给敌人的进攻以致命的打击。"这年8月30日，在获悉日军侵略山海关、热河的行动一触即发态势，中共中央指示全党："最迅速敏捷的动员无产阶级及劳苦群众给日本帝国主义的进攻以无产阶级的抵抗与回答。"并且具体指示河北省委："最迅速的动员广大的无产阶级及劳苦群众开展武装民众的民族革命战争"，"加紧去发展义

---

① 《关于日本帝国主义强占满洲事变的决议》，载中共辽宁省委办公厅、中共辽宁省地方党史编委办公室《中共满洲省委重要文件汇编》，1962年，第78页。

勇军、兵士、农民、学生的运动”，“必须十倍的开展反帝反日的群众工作”。1933年5月25日针对国民党即将与日本签订《塘沽协定》的情况，发出《关于中日秘密谈判与国民党出卖平津及华北的问题》的党内紧急通知，指出：“在目前这样严重的时机，全党须战斗地动员起来，在组织民众进行武装的民族革命战争的中心口号之下，来组织广大群众反帝和反国民党的斗争。”8月10日，中共中央在纪念“九一八”二周年的决定中规定，各级党组织“必须以战斗的动员来进行”抗日斗争。如：抓紧对群众反日运动的宣传、鼓动、组织，“进行一切反日的组织与斗争”；“必须加紧开展领导反日的民族革命的战争”；有力地进行反日的斗争与罢工，特别抓紧日本企业中的反日的罢工运动。

第四，掀起抗日救亡运动。九一八事变后，抗日救亡运动很快在全国许多城市和村镇兴起。根据中共中央的指示，各地中共党组织积极参加和组织了这些抗日救亡运动，并在其中发挥了重要作用。九一八事变后，全国学生蜂拥南京，向国民党中央政府请愿，要求抗日。其时，因国民党的白色恐怖和压迫，已经没有全国性的学生组织，但分散在各地的共产党员、共青团员以及一些地方党的组织，在救亡运动的高潮中起了重要的作用。比如以北京大学南下示威团为核心的北京学生南下示威运动，一开始就是在中共直接领导下，在各左翼文化团体广大盟员的积极参加下进行的。在北京大学南下示威团中，共产党员发挥了骨干作用，南下示威宣言是共产党员千家驹起草，陈沂同志担任示威团的纠察队长，林枫任北平学生南下示威团党团成员。南京是学生抗日救亡运动的主要场地，中共党员汪楚宝被选为南京市学生抗日救国会主席。中央大学是学生抗日救亡运动的最重要阵地，它接待各地的学生请愿团和示威团，同时以该校为核心，组织南京及全国赴南京的学生一次又一次开展斗争，中央大学的地下支部在这中间曾起了一定的领导和组织作用，杨晋豪、王枫、狄幽青等都是中大抗日救国会的骨干力量。上海交大的地下党员许邦和、乔魁贤等在运动中都起骨干作用。共青团员、北大法学院学生李时雨是1935年12月14日全国学生大示威的总指挥，共产党员、南开中学学生会执委会主席张敬载是向国民党政府请愿的学生代表。

1935年12月爆发的一二·九运动，是在中共河北省委、北平临时市委和北平学联的领导下进行的。一二·九运动震动全国，得到天津、上海、南京、武汉等全国70多个大中城市的爱国学生的响应和声援，形成全国范围抗日救亡运动。“一二九运动是动员全民族抗战的运动，它准备了抗战的思想，准备了抗战的人心，准备了抗战的干部”①，强劲地推动了全国抗日的进程。

第五，积极支持和参与局部抗战。九一八事变后，针对日本帝国主义的侵略，中国军民举行了许多抗日斗争，如一·二八淞沪抗战、察哈尔民众抗日同盟军、绥远抗战等，史称“局部抗战”。中共积极与国民党地方当局和抗日军队进行了抗日合作。1932年淞沪抗战爆发后，中共中央指示：目前上海所进行的反日战争，“它很明显的带有民族革命战争的意义”，因此我们党的任务“是积极的加入这一战争”。据此，中共江苏省委、上海地下党组织策动各界人民积极支援十九路军抗战。对此，指挥淞沪抗战的十九路军领导人感受很深：“淞沪抗战爆发后，中国共产党在上海的地下组织，通过工会、学生会及其他群众组织，展开了对十九路军的热烈支前工作。他们策动各界人民组织义勇军、敢死队、情报队、救护队、担架队、通信队、运输队等。有的在前线配合作战，有的担任后方勤务的任务，对作战、供应各方面，起了积极有效的作用。”冯玉祥在1933年组织的察哈尔民众抗日同盟军，是和中共党组织积极推动紧密联系在一起的。中共党组织北方特科先后派出武止戈、张存实、许权中、张慕陶、吴化之、王霖、赵作霖等帮助冯玉祥开展抗日救亡工作，300余名共产党员参加了察哈尔民众抗日同盟军的工作，共产党领导的蒙古人民抗日武装也加入了同盟军。对于傅作义的绥远抗战，中国共产党给予了很多支持。比如，针对德王降日叛国的活动，中

① 《毛泽东文集》（第2卷），人民出版社1993年版，第253页。

共西蒙工委指示打入德王“百灵庙蒙政会”保安队的中共党员云继光、朱实夫等，率1000余人脱离德王，归属傅作义。此举，既削弱了德王的实力，使之失去从日军领受的大部分武器，并且失去日军特务机关的信任，以至于再未从日军手中得到武器，此为傅作义将军领导的绥远抗战创造了一定的有利条件。再如当绥远形势紧急之时，毛泽东两次致函傅作义，呼吁和激励傅奋起抗击日军的进攻，表示红军愿配合傅作义抗战。中国共产党的支持，对傅作义的绥远抗战起了重要作用：一是起了激励作用，二是傅作义得以把原用于对付红军的部队尽数东调，开赴抗日第一线。傅作义后来在《纪念抗日战争胜利二十周年》一文中写道：“就我个人的抗日经历来说，是始终受到中国共产党和毛主席的鼓励和支持的。”

上述这些实践，不仅对局部抗战是有力的支持，而且对推动全国抗战的发展产生了重要影响。

第六，首倡并全力推进抗日民族统一战线。中共中央部署抗日救亡斗争时，把反帝统一战线作为发动反对日本帝国主义侵略的民族革命战争的重要途径，并且在开展抗日斗争的实践中不断扩大统一战线的范围。1935年发表的著名的“八一宣言”，呼吁停止内战，抗日救国，极大地鼓舞了全国人民，有力地促进了抗日救亡运动的发展。同年12月召开的瓦窑堡会议，明确提出了建立抗日民族统一战线的策略总方针，修改了与此不相适应、带有“左”倾错误的政策，实际实现了党的整个政治路线的转变。据此，经过一系列工作，中国共产党和张学良东北军、杨虎城第十七路军形成“三位一体”的合作抗日的新局面。中共还同地方实力派，如广西桂系、四川刘湘、华北的宋哲元和阎锡山、甘肃的于学忠、新疆的盛世才、山东的韩复榘等直接或间接地建立了联系。中共倡导和推进的抗日民族统一战线，取得重大成果，为全民族团结抗日局面的形成作了重要的准备。

第七，主张并实行与国民党合作抗日。中共在倡导抗日民族统一战线之初，是把国民党排除在外的，但随着抗日民族统一战线的实践，中共中央调整了对国民党、蒋介石的政策。针对华北事变后，国民党调整其对日政策、表示不再对日本侵略让步的情况，1936 年 8 月 10 日，中共中央政治局决定放弃“抗日必须反蒋”的主张。8 月 25 日，中共中央发出致中国国民党书，正式提出愿与国民党“结成一个坚固的革命的统一战线”，公开宣示了中共与国民党合作抗日的意愿。据此，中共中央明确实行“逼蒋抗日”“联蒋抗日”的方针。西安事变的和平解决，就是其重大的结果。由此，在卢沟桥事变后，国共两党在抗日目标下实现了第二次合作。而国共第二次合作的建立，标志着抗日民族统一战线的形成。这是一个对中国抗日战争有着全局性和意义深远的事件，是全国抗战形成的决定性因素。

二、提出制胜强敌的全面抗战路线和持久战的战略总方针

全国抗战爆发后，如何进行抗日战争并争取抗战的胜利，非常现实地、急迫地、尖锐地摆在中国社会面前。中日国力、军力悬殊，中国面对的是一个强大而凶恶的敌人，处于弱国和劣势的中国要与之搏斗并战胜之，需要有一整套超乎寻常的制敌取胜的战略、战术和策略。但国民党没有提出行之有效、克敌制胜的方案，而中国共产党在此关键时刻，鲜明地提出了一系列符合抗日战争规律、足以制敌死命而夺取最后胜利的路线、方针、政策和策略，正确地回答了中国抗日战争迫切需要解答的现实问题。党的深邃的战略思考和切合中国抗日战争实际的理论，为这场伟大的民族解放战争提供了正确的指导。

（一）实行全民族抗战的全面抗战路线

全国抗战爆发后，执政的国民党在如何进行抗战、关系抗战全局的重大问题上，却存在严重的偏差。它不相信依靠中国自己的力量能够战胜日本，把抗战希望寄托在国际大国的干预上，并且从巩固其一党专政的利益出发，忽略对国内各种力量的动员和发动，压制中国共产党和其

他党派，压制民众的抗日活动，结果实行的是由其政府和军队包办抗战的片面抗战路线。国民党的片面抗战路线是不能正确指导中国抗日战争的，并且会严重损害抗日大业的发展。

而全国抗战一开始，中国共产党就提出了实行全体人民参加战争、支援战争的全面抗战路线。1937 年 8 月 22 日至 25 日召开的中共中央政治局扩大会议（洛川会议），明确指出：争取抗战胜利的中心关键，是使已经发动的抗战发展为全面的全民族的抗战。“只有这种全面的全民族的抗战，才能使抗战得到最后的胜利。”同时明确规定中国共产党的中心任务是：“动员一切力量争取抗战胜利”①。会议通过的《中国共产党抗日救国十大纲领》，提出“打倒日本帝国主义”，实行全国人民、全国军队总动员和抗日的政治、经济、外交文化和教育政策等，其中心是中华民族全体动员和参加抗日战争，全国所有活动和工作都围绕抗日战争并为抗日战争服务。简言之，就是实行人民的抗日战争。实践证明，中国共产党的全面抗战路线，是中国坚持长期抗战、争取最后胜利的正确道路。

（二）持久战理论

全国抗战爆发后，在如何抗日及其抗日前途等问题上，国内流行一些严重影响中国抗日战争、严重侵蚀抗日斗志的错误论调。一是只看到日本帝国主义强大一面而产生失败情绪的“亡国论”；二是寄希望于美、英等国际大国干预而迅速结束战争的“速胜论”；三是一种消极的“持久战”，主张利用中国地大人众的优势来“拖”，然后等待国际形势变化而战胜日本。“亡国论”是民族失败主义；“速胜论”对中国抗战的艰难性和长期性认识不足，因此当期盼的制胜因素不能出现时，就会因希望破灭而转化为“亡国论”；消极的“持久战”缺乏对中国抗战胜利的自信，忽略潜在优势的挖掘和培养，是不能支持和夺取抗战胜利的。

---

① 中央档案馆编《中共中央文件选集》（第 11 册），中共中央党校出版社 1991 年版，第 324、325 页。

这些观点极大地影响了人们对抗战的信心和抗战事业。

鉴于人们对持久战战略认识的严重偏差，为了澄清党内外的混乱思想，揭示抗日战争发展的客观规律，给全国人民指明抗日战争的进程和光明的前途，1938 年 5 月，毛泽东集中全党的智慧，写了《论持久战》，阐明了中国抗战的战略方针和争取抗战胜利的正确道路。

第一，《论持久战》明确论证了抗日战争是持久战、最后胜利属于中国的论断。毛泽东根据中日战争的性质及时代特征，具体分析了中日双方存在着互相矛盾的四个基本特点：敌强我弱，敌小我大，敌退步我进步，敌寡助我多助。其第一个特点决定日本的进攻能在中国横行一时，而中国不能速胜，中国的抗战不可避免地要走一段艰难的路程。而第二、第三、第四个特点，决定中国能够在持久战中取得最后的胜利。即中国在进步的历史时期所进行的抗日战争是进步的、正义的战争，因而能够唤起全国人民的抗战热情，同仇敌忾，利用中国地大、人多的有利条件来支持长期的战争，并将得到国际上的广大援助。而日本帝国主义发动的侵略战争是非正义的、退步的，它所进行的疯狂的战争冒险，只会加剧其本身的内外矛盾；其小国的人力、物力不足以支持长期战争；其推行侵略扩张政策，威胁和损害着其他国家的利益，这就必然会受到国际反对力量的遏制。中日双方的这些基本特点规定了抗日战争是持久战，最后的胜利是中国的。

通过上述论述，毛泽东批驳了“亡国论”和“速胜论”，论证中国抗日战争的前途：中国决不会亡，但也不能速胜，而是一场持久战。

第二，《论持久战》预见持久的抗日战争将经过战略防御、战略相持和战略反攻三个阶段。“第一个阶段，是敌之战略进攻、我之战略防御的时期。第二个阶段，是敌之战略保守、我之准备反攻的时期。第三个阶段，是我之战略反攻、敌之战略退却的时期。”① 其演化的过程是：“中国由劣势到平衡到优势，日本由优势到平衡到劣势，中国由防御到

① 毛泽东：《论持久战》（1938 年 5—6 月），载《毛泽东选集》（第 2 卷），人民出版社 1991 年版，第 462 页。

相持到反攻，日本由进攻到保守到退却——这就是中日战争的过程、中日战争的必然趋势。”①

毛泽东强调了战略相持阶段的极端重要性：“这个第二阶段是整个战争的过渡阶段，也将是最困难的时期，然而它是转变的枢纽，中国将变为独立国，还是沦为殖民地，不决定于第一阶段大城市之是否丧失，而决定于第二阶段全民族努力的程度。如能坚持抗战，坚持统一战线和坚持持久战，中国将在此阶段中获得转弱为强的力量。”②

第三，《论持久战》阐明了夺取抗战胜利的基本途径。一是实施持久战战略的具体战略方针，这就是主动地、灵活地、有计划地执行防御战中的进攻战，持久战中的速决战，内线作战中的外线作战。二是实施持久战的基础在于广大民众。毛泽东强调指出：“兵民是胜利之本”，“战争的伟力之最深厚的根源，存在于民众之中”。争取抗战胜利的唯一正确道路是充分动员和依靠群众，实行人民战争。动员了全国的老百姓，就造成了陷敌于灭顶之灾的汪洋大海，造成了弥补武器等缺陷的补救条件，造成了克服一切战争困难的前提。

毛泽东关于持久战的论述，揭示了抗日战争发展的客观规律，清晰而有说服力地描绘了战争发展全过程的蓝图。《论持久战》回答了人们思想中存在的种种问题，澄清党内外的混乱思想，阐发了弱国战胜强国的战略理论，对坚定中国人民的抗日信心、坚持持久抗战、争取抗日战争的最后胜利，产生了极大的动员和指导作用。

（三）广泛发动抗日游击战的战略思想

人们熟知中国共产党的抗日游击战及其巨大作用，但可能不了解，游击战不仅是中共抗日力量进行军事斗争的方针，而且是中共筹谋全国

---

① 毛泽东：《论持久战》（1938 年 5—6 月），载《毛泽东选集》（第 2 卷），人民出版社 1991 年版，第 468—469 页。

② 毛泽东：《论持久战》（1938 年 5—6 月），载《毛泽东选集》（第 2 卷），人民出版社 1991 年版，第 465 页。

抗战的重大军事战略。

1937 年 7 月 23 日，毛泽东在《反对日本进攻的方针、办法和前途》中，把游击战列为“坚决抗战的方针”之一：“确定游击战争担负战略任务的一个方面，使游击战争和正规战争配合起来。”① 洛川会议上通过的《中国共产党抗日救国十大纲领》明确提出要“武装人民，发展抗日的游击战争，配合主力军作战”②，把游击战列为战胜日本的一个主要政策。其时，毛泽东反复论证了游击战对中国抗日战争的重要性。1937 年 10 月下旬，他在与英国记者贝特兰的谈话中，把游击战列为抗战的“政治上军事上必需的条件”之一，提议把“单单正规军作战的局面，改变为发展广泛的人民游击战争配合正规军作战的局面”③。他指出：游击战具有非常重要的战略战术意义，“使用若干兵力于敌人后方，其威力特别强大，因为捣乱了敌人的运输线和根据地”。他分析说：“应以一部守正面及以另一部分散进行游击战，主力也应经常集中地使用于敌之翼侧。军事上的第一要义是保存自己消灭敌人，而要达到此目的，必须采用独立自主的游击战和运动战，避免一切被动的呆板的战法。”④ 在党的六届六中全会的政治报告中，毛泽东把“广大地发展敌后游击战争，创立和巩固我之根据地，缩小敌之占领地”列为“全民族的当前紧急任务”之一⑤。他特别强调游击战是抗战相持阶段全国抗战的重大任务，“在敌人后方，一定要坚持游击战争，粉碎敌人的‘扫荡’，破坏敌人的经济侵略”⑥。

基于这样的认识，中共中央屡屡建议国民党部署和实行游击战。1937 年 8 月 4 日，中共中央在向国民政府国防会议提交的对整个国防

---

① 《毛泽东选集》（第 2 卷），人民出版社 1991 年版，第 346 页。

② 《毛泽东选集》（第 2 卷），人民出版社 1991 年版，第 354 页。

③ 《毛泽东选集》（第 2 卷），人民出版社 1991 年版，第 377 页。

④ 《毛泽东选集》（第 2 卷），人民出版社 1991 年版，第 378、379 页。

⑤ 中央档案馆编《中共中央文件选集》（第 11 册），中共中央党校出版社 1991 年版，第 608 页。

⑥ 《毛泽东选集》（第 2 卷），人民出版社 1991 年版，第 588 页。

问题的建议中，指出："正规战与游击战相配合"，"发动人民的武装自卫战，是保证军队作战胜利的中心一环。对此方针游移是必败之道"[①]。1938 年 2 月 23 日，毛泽东在就保卫武汉作战的建议中，建议国民党在外线部署大量军队，实行游击战："我们认为必须告诉国民党，如果近百万军队均退至黄河以南平汉以西之内线，而陇海、平汉尽为敌占，则将形成极大困难。故总的方针，在敌深入进攻条件下，必须部署足够力量于外线，方能配合内线主力作战，增加敌人困难，减少自己困难，造成有利于持久战之军事政治形势。"[②] 3 月 17 日，毛泽东致电周叶朱彭，指示在与蒋白何陈等谈华北军事时，应说明："在敌人后方创设许多抗日根据地是完全可能的，是十分必要的。国共两党均须用极大努力去干，对此不应有任何猜疑。"[③] 1938 年 3 月，中共中央向国民党临时全国代表大会建议："在前线，澈（彻）底执行阵地战，运动战，游击战三者适当配合的新战略，以击破敌人前进部队，消耗敌人力量。在敌人后方坚决援助与发展广泛的人民的自卫战，以达到收复失地，创立许多抗日根据地与支点的目的。""用最大力量普遍组织民众的自卫队，联庄队，游击队。"[④]

历史已经证明，抗日游击战，在强弱力量悬殊的形势下，成为抵抗强敌、与之对决并战胜之的主要途径之一，这是中国共产党抗日游击战理论的最大功绩。中国共产党对此出神入化的运用，极大地打击、消灭、牵制和消耗了庞大的日军，铸就了惊天地、泣鬼神的抗日业绩。可惜的是，尽管有中国共产党关于抗日游击战的反复宣示、建议和成功实践，国民党却没有很好地运用。

---

① 中共中央文献研究室编《毛泽东年谱（1893—1949）》（修订本）（中卷），中央文献出版社 2013 年版，第 9、10 页。

② 《毛泽东军事文集》（第 2 卷），军事科学出版社、中央文献出版社 1993 年版，第 164 页。

③ 《毛泽东军事文集》（第 2 卷），军事科学出版社、中央文献出版社 1993 年版，第 197—198 页。周叶朱彭，指周恩来、叶剑英、朱德和彭德怀。蒋白何陈，指蒋介石、白崇禧、何应钦和陈诚。

④ 中央档案馆编《中共中央文件选集》（第 11 册），中共中央党校出版社 1991 年版，第 482、483 页。

三、敌后战场成为中国抗日的一个主战场

全国抗战爆发后，八路军迅速开赴山西抗日前线，配合国民党军保卫山西。1937 年 9 月 25 日，八路军 115 师取得平型关大捷，消灭日军 1000 余人。这是抗战以来中国军队获得的第一个大胜仗，因此轰动国内外。蒋介石曾就此两次致电朱德、彭德怀，称赞说："有日一战，歼寇如麻，足证官兵用命，指挥得宜。捷报南来，良深嘉慰，尚希益励所部，继续努力，是为至盼。""接诵捷报无任欣慰，着即传谕嘉奖。"① 继而，在配合忻口会战的过程中，八路军连续取得雁门关伏击战、夜袭阳明堡机场和长生口、马山村、七亘村、黄崖底、广阳、户封村伏击战的胜利。八路军作战 100 余次，歼灭日军 1. 1 万余人，毁伤敌机 24 架，击毁敌汽车、坦克、装甲车 400 余辆，有力地支援了正面作战的国民党军。率部参加忻口会战的国民党军军长何柱国在致蒋介石的密电中称："窃以晋北方面中路突入之敌已受挫折，我林（彪）师在广灵、灵丘、平型关、沙河镇等处将敌背后截断，宁武、朔县、岱岳及其以北地区有贺（龙）师宋（时轮）支队及职军屡次迂回截击，敌人已大感恐慌。"蒋介石也对八路军的游击战赞誉有加，在 10 月 22 日给何柱国的复电中，说"所见极是，八路军已发挥机动效能"②。他致电朱德、彭德怀："贵部林师及张旅，屡建奇功，强寇迭遭重创，深堪嘉慰。"③

1937 年 11 月 8 日，太原失守，国民党军向晋南、晋西撤退，其在华北的正规作战结束。毛泽东立即指示八路军："发挥进一步的独立自主原则，坚持华北游击战争，同日寇力争山西全省的大多数乡村，使之

---

① 《第十八集团军平型关战役电文选编》，中国第二历史档案馆藏。

② 《何柱国致蒋介石密电》（1937 年 10 月 17 日），《蒋介石致何柱国致蒋介石密电稿》（1937 年 10 月 22 日），载中国第二历史档案馆编《抗日战争正面战场》（上），凤凰出版传媒集团出版社 2005 年版，第 563 页。

③ 电文中的"林师"，指林彪为师长的八路军第 115 师；"张旅"，指张宗逊为旅长的八路军第 120 师第 358 旅。参见《民国档案》1985 年第 2 期，第 34 页。

化为游击根据地”，从而“克服危机，实现全面抗战之新局面”[①]。八路军随即开展大规模的敌后游击战。八路军115师聂荣臻部迅速开辟了晋察冀根据地，至1938年1月晋察冀边区行政委员会成立，这是中国共产党在敌后建立的第一个统一战线性质的抗日民主政权。随后，八路军相继建立晋西北、晋鲁豫、晋西南敌后抗日根据地。1938年4月，中共中央发出开展平原游击战争的指示，八路军据此大规模分兵，挺进冀中、冀南、山东及大青山地区，帮助当地抗日武装建立、巩固和扩大抗日根据地。战斗至1940年7月，相继建立晋察冀、晋西北、晋冀豫、冀鲁豫、冀中、冀南、鲁西（含湖西）、鲁中、鲁南、滨海、胶东、清河、冀鲁边等抗日根据地，把游击战扩大到整个华北。在3年的抗日作战中，八路军进行大小战斗9000余次，毙伤日军13万人，击毙日军“名将之花”阿部规秀及其他将佐10余人，曾收复县城150座。

1940年8月至1941年1月间，八路军总部发动百团大战（105个团20余万兵力），对华北日军的交通线、据点展开大规模的破袭作战。这次战役共进行战斗1824次，攻克据点2993个，毙伤日、伪军2.5万余人，给日伪军以沉重打击。其时，德国法西斯横扫欧洲，法国战败投降，日军占领宜昌、对重庆狂轰滥炸。在国内外反法西斯形势低迷的形势下，百团大战极大地鼓舞了中国军民抗战的斗志。

1938年4月，新四军刚刚集结，就在当月下旬派出先遣支队挺进苏南敌后。5月之后，除第三支队坚持皖南江防的抗日阵地外，第一、第二、第四支队和中共河南省委组建的新四军游击支队迅速深入敌后，开展游击战。至1938年底，初步建立了苏南、皖南和皖中抗日根据地。根据中共中央“发展华中”的战略要求，1939年起，新四军执行“向南巩固，向东作战，向北发展”的战略方针，在八路军的配合、支持下，大规模展开于南京、上海、武汉、徐州、开封外围，直接威胁日军

---

① 中共中央文献研究室编《毛泽东年谱（1893—1949）》（中卷），人民出版社、中央文献出版社1993年版，第36、38页；中共中央文献研究室编《朱德年谱（新编本）（1886—1976）》（中），中央文献出版社2006年版，第710页。

的统治中心地区，至1940年底，共对日、伪军作战2700次，毙伤俘敌5.5万人；在华中建立了皖东、豫皖苏、皖东北、苏北等抗日根据地，扩大了苏南、皖中根据地，沟通了华北与华中抗日根据地的联系。

1938年10月，广州沦陷后，经香港八路军办事处和中共广东省委部署，中共党组织领导开展了东江抗日武装斗争。12月，惠（阳）宝（安）人民抗日游击总队成立；1939年1月，东（莞）宝（安）惠（阳）边人民抗日游击大队成立，分别在当地开展游击战争。1940年9月，这两支武装合编为广东人民抗日游击队，开辟了以大岭山和阳台山为中心的抗日根据地。同时期，长期在海南坚持斗争的琼崖游击队，抗日斗争颇为活跃。华南的敌后抗日斗争蓬勃发展。

与此同时，中国共产党领导的东北抗日斗争发展到鼎盛阶段。举国抗日的形势激励了东北抗日联军的斗志，为了配合全国抗战，他们主动出击，积极牵制与打击日伪军，奇袭日军正在修筑中的通（化）辑（安）铁路老岭隧道工程，重创伪军景索清旅，歼其300余人，先后取得了袭击宝清县凉水泉子伪警察所、桦川县孟家岗伏击战、奇袭聚宝山警察署、五道岗伏击战等战斗的胜利。此时，东北抗日联军总兵力达到3万多人，游击区也由40余县扩大到70余县，有的游击区已经连接成片，形成了东南满、吉东和北满三个大游击区，并建立了20余块游击根据地。东北抗联的斗争环境非常艰苦，他们的英勇抗日，牵制和消耗了大量日军。

这样，中国共产党领导的抗日游击战争，形成一个遍及全国、纵贯南北、大量牵制和消耗日军的敌后战场。

敌后战场是在战略防御阶段后逐步形成的，得到了正面战场的掩护，而它在形成过程中的作战同时给予正面战场强有力的战略支援。比如武汉会战期间，八路军积极地策应和配合国民党军的大小战斗近1000次，给日军以沉重打击。1938年9月15日，日本华北方面军司令官寺内寿一向前来视察的侍从武官承认：在日本占领区，中共领导的游击活动“十分猖獗，破坏铁路、袭击各地等不祥事件反复发生，实际上恢复治安地区只不过是主要交通线两侧数公里而已”。时任日本华北方面军副参谋长的武藤章回忆说，1938 年秋，日本在华北占领区内的“治安恶化，每天都听到炸毁铁路的消息，连北平也受到威胁。尤其是共产党军队以山西省山区为根据地，向平汉线和津浦线之间、山东省山区地带，继而向冀东地区扩大组织，巧妙地开展游击战，在日军防守的缝隙中猖狂地扰乱治安”。正是因为八路军的突出战绩，1938 年 11 月 2 日，国民政府军事委员会军令部以八路军“忠实奋发、迭予敌重创”，致电朱德、彭德怀，对部队“传谕嘉奖”①。日军大量兵力用于和敌后八路军的作战，自然就削减了其对正面战场的攻击力，八路军敌后游击战之功效由此可见一斑。

众所周知，日军在占领武汉之后，因战线太长、兵力不足而停止战略进攻。而其中一个主要的原因是八路军、新四军在敌后大规模的游击战，搅得其占领区颇不安宁，因此需要大量兵力分兵把守，并用前线兵力回填，结果造成进攻的兵力不足。也就是说，敌后广泛的游击战是日军停止战略进攻的一个主要原因。事实证明了这一点。1938 年 12 月 2 日，日军大本营命令：“华北方面军司令官应负责确保已占领的华北地区的安定，特别应首先设法迅速恢复河北省北部、山东省、山西省北部及蒙疆等重要地区的治安，确保主要交通线。”② 为此，日军大本营从各方面抽调兵力，加强华北方面军，使其由 1938 年 7 月的 2 个军（第一军、驻蒙军）、7 个师团、4 个旅团，增加到 1939 年 5 月上旬的 3 个军（增加第 12 军）、15 个师团、9 个旅团、1 个骑兵集团。③ 1940 年在遭受八路军百团大战的沉重打击后，日军被迫又向华北增加 2 个师团。1940 年日本军方报告称：“日军在华北有 9 个师团和 12 个旅团的强大兵力被钉死在那里。”“华北治安的症结所在，并非国民党政

① 郭汝瑰、黄玉章主编《中国抗日战争正面战场作战记》（上），江苏人民出版社 2005 年版，第 38 页。

② 防卫厅战史室：《中国事变陆军作战》（2），朝云新闻社 1976 年版，第 389 页。

③ 防卫厅战史室：《中国事变陆军作战》（2），朝云新闻社 1976 年版，第 212、388—389 页。

府，而是中共。”

由此，在抗日战争进入相持阶段后，敌后战场在中国抗日战争中的作用越来越大，逐渐成为中国抗日的一个主战场。

第一，牵制和消耗大量日军的兵力。敌后十分广泛和活跃的游击战，给日本侵略军形成巨大的威胁。1939 年 12 月初，日本华北方面军情报主任会议认为：“共产党势力渗透到了华北全境，就连北平周围，共产党组织也深入到了通县、黄村（大兴）县的民众之中。在山东方面，共产党势力的扩张更为剧烈。山西、河北的共产党军队，以前的行动目的是扰乱我后方，消耗我战力，牵制我兵力，乘机进行游击战争。最近他们接受的任务，规模既大而且行动积极。”这种形势随着中共抗日力量在敌后的发展，对日军的打击越来越大。日本华北方面军第一课高级参谋寒川吉溢回忆说：在 1944 年秋，日本所侵占华北的 400 多个县中，139 个县已经为中共收复，295 个县只有县城和几个村庄仍为日本所控制，其余广大农村地区已经为中共所控制，只有 7 个县才几乎完全为日本控制。1944 年 6 月 8 日，汪伪政府官员江亢虎在《反共方案》的文章中哀叹：“事棘矣！寇深矣！八路军已弥漫华北，新四军已遍布江淮，京沪一带，均受威胁。”1945 年 3 月 25 日，汪伪政权的二号人物陈公博也惊恐地对属下人员说：“现在共产党非常‘猖獗’，新四军到处扰乱。”中共抗日力量积极作战，给日本侵略者沉重打击的情况，从日伪官员的惊恐描述中可见一斑。因此，1941 年 1 月 18 日，由日本天皇批准的《对华长期作战指导计划》规定：“作战以维持治安与占领地区的肃正为主要目的。”陆军大臣东条英机同参谋总长杉山元商定的日本对华战略基本方向，也把“彻底肃正华北治安”列为“当前对华作战纲要”的第一项内容[①]。由此在 1941 年后，日军在华北连续 5 次实行“治安强化运动”。而日军华北方面军 1941 年初制定的当年肃正计划及其注意事项，明确把作战对象规定为“肃正的重点，仍然在于剿

① 防卫厅战史室：《华北治安战》（1），朝云新闻社 1968 年版，第 453 页。

共”①。

为了防范敌后军民的抗日斗争、维持其统治秩序，日军被迫大量调用军队于占领区。1942 年，日军用于华北、华中的兵力有 55 万余人，其中用于巩固占领区的约有 33.2 万人。据统计，敌后战场抗击侵华日军的比例，1938 年是 58.8%，1939 年是 62%，1940 年是 58%，1941 年是 75%，1942 年是 63%。这 5 年中，还一直抗击着几乎全部伪军。1943 年抗击侵华日军的 58%，伪军的 90%；1944 年抗击侵华日军的 64%，伪军的 95%；1945 年则抗击侵华日军的 69%，伪军的 95%。虽然战时军队流动性很大，其战略意图很复杂，这些统计中也可能存在误差，但相持阶段之后，经常有超过半数的侵华日军被牵制到敌后战场上，应该是确定的。

第二，迫使日军动用庞大的兵力“扫荡”。由于面临抗日武装的巨大威胁，日军就频繁动用重兵疯狂“扫荡”敌后抗日根据地。比如日军对华北抗日根据地的“扫荡”，在 1939 年至 1940 年的两年中，出动主力千人以上的大规模“扫荡”达 109 次，使用总兵力在 50 万人以上；1941 年和 1942 年的“扫荡”更甚，一次使用兵力在千人以上至万人的达 132 次，万人以上至 7 万人的达 27 次，总计使用兵力达 83.9 万余人；1943 和 1944 年的“扫荡”，千人以上者 177 次，使用兵力 66 万多人，其中万人以上的大“扫荡”22 次，使用兵力 29.7 万余人。日军屡屡动用重兵频繁“扫荡”说明，敌后战场使之头疼和恐惧，而敌后军民在与日军不断的斗争中，在承受了巨大的危险、牺牲和损失的同时，给日本侵略军造成重大的伤亡，使其消耗巨大。

第三，沉重打击了日本“以战养战”的战略。日本国内资源匮乏，战略物资主要依靠进口，因此经不起长期战争的消耗。在其“速战速决”企图破产后，掠夺占领区物资，成为其维持战争的主要手段。而敌后军民频繁的游击战，破袭日军交通线、攻拔日军据点、破坏日军设

① 防卫厅战史室:《华北治安战》(1)，朝云新闻社 1968 年版，第 467 页。

施、扰乱日军统治秩序等，在给日军造成重大杀伤和消耗的同时，有力地打击了其“以战养战”的战略。如百团大战破坏日军控制的铁路474公里、公路2600余公里、桥梁和车站及隧道261处。[①] 1940年10月15日，日军华北方面军在向日本陆军省的《破坏修复情况》报告中说：“石太线被破坏之广泛及其规模之大，远非其他地方可比，敌人采用爆炸、焚烧、破坏等方法，企图对桥梁、轨道、通信网、火车站设施等重要技术设备，予以彻底摧毁。在进行破坏时，隐秘伪装得极为巧妙。”[②] 国民政府军事委员会军令部也判断：“正太线自经我军破坏，估计该路长期不能通车者当在三分之二以上。平汉，同蒲两路亦破坏多处，短期当难恢复交通。沧石、石德、邯济、平辽各路与白晋公路等亦均大部破坏，现仍继续破坏中。”[③] 百团大战破坏日军控制的煤矿5所，特别是严重破坏了日军的燃料基地井陉煤矿，使之在很长时间不能出煤矿。日军独立混成第八旅参谋团泉可畏翁回忆说：“井陉煤是炼钢用煤，当时为供应满洲鞍山制铁所的重要原料。井陉三矿井中最重要的新矿井损害最大，至少半年以上不能出煤。”[④] 正因如此，日军华北方面军承认：百团大战使日军“三年来惨淡经营积累的资材几乎全部耗尽”[⑤]。“这次奇袭完全出乎我军意料之外，损失重大，恢复建设需要相当时间与大量资金”[⑥]。百团大战还沉重地打击了日本占领区的经济，百团大战“使平、津、太原、石家庄等大城市人民大为兴奋，影响伪币大跌价”[⑦]。

---

① 袁旭：《百团大战》，新华出版社1991年版，第47页。一般著作都称百团大战破坏公路3044里。

② 中国人民革命军事博物馆《百团大战历史文献资料选编》编审组编《百团大战历史文献资料选编》，解放军出版社1991年版，第602页。

③ 《军令部关于第二战区有关部队作战战报（摘录）》（1940年9月20日），载中国人民革命军事博物馆《百团大战历史文献资料选编》编审组编《百团大战历史文献资料选编》，解放军出版社1991年版，第240页。

④ 中国人民革命军事博物馆《百团大战历史文献资料选编》编审组编《百团大战历史文献资料选编》，解放军出版社1991年版，第602页。

⑤ 日本防卫厅战史室编《华北治安战》（上册），天津人民出版社1982年版，第342页。

⑥ 彭德怀传记组：《彭德怀全传》（二），中国大百科全书出版社2009年版，第473页。

⑦ 彭德怀传记组：《彭德怀全传》（二），中国大百科全书出版社2009年版，第476页。

应重视敌后游击战在打击日本“以战养战”的战略方面的重大作用，在一定程度上，它对日军的打击、削弱和消耗更沉重。

第四，敌后战场对正面战场形成有力的支持。不能否认国民党抗战的功绩，正面战场国民党军的抗日行动，无论成败均是对着民族敌人的，应当肯定。但是，在相持阶段之后，由于国民党军队固有的问题越来越突出，如蒋介石所批评的：“上层官兵不知奋发补进，而且弛懈偷安”，士气低落，军队“真是一天不如一天”，“敌人来了，不能抵抗，敌人退了，不能追击。几次战斗，毫无俘获”①。国民党军作战的积极性较之战略防御阶段大为减弱，对日作战主要呈现出敌攻我防、敌退我守的态势。较之正面战场，敌后军民主动作战的积极性很高，游击战十分活跃，使日军防不胜防，穷于应对，不断增兵防守，其对主战场的作用就非常突出。敌后战场和正面战场是互相支持的，敌后游击战牵制、消耗大量的日军，就大大减轻了正面战场的压力，形成对正面战场的重大支持。

日本帝国主义是因为长期深陷中国战场、被严重削弱而遭遇灭顶之灾的，敌后战场无疑就是致其失败的一个主要因素。

四、坚持抗战、团结、进步方针，维护国共合作抗日局面

国共合作之始，中国共产党就坚定地认识到：以国共合作为主干的抗日民族统一战线，“将给予中国革命以广大的深刻的影响，将对于打倒日本帝国主义发生决定的作用”②。因此，坚持、充实、维护和完善的立场非常明确：“我们的政策，无论如何要一个长期的民族统一战

---

① 蒋介石：《柳州军事会议闭幕训词》（1940 年 4 月 25 日），《第三次南岳军事会议训词》（1941 年 10 月 22 日），《国军入缅作战经过和决心与我军对世界战局演变应有之认识与准备》（1942 年 5 月 3 日）。

② 《毛泽东选集》（第 2 卷），人民出版社 1991 年版，第 364 页。

线，要一个长期合作"[①]，"在整个抗日战争时期，无论在何种情况下，我党的抗日民族统一战线的政策是决不会变更的"[②]。在中共六届六中全会上，毛泽东提出了"巩固和扩大抗日民族统一战线，巩固和扩大国共合作"的任务，号召全党为抗日民族统一战线的"广大的发展与高度的巩固"而不懈努力[③]。在这样的方针指导下，中国共产党努力完善国共合作，多次提出了发展两党合作的具体方案，建议国共两党共同组成"民族革命联盟"，或恢复第一次国共合作的方式，或拟定其他的方法和方式，制定两党合作的纲领，但均遭到国民党的拒绝。尽管如此，中国共产党还是采取了有原则地帮助国民党的政策，以推动其进步。中共曾多次就抗战的战略战术向国民党提出建议，如南京最高国防会议周恩来、朱德的建议；1938 年 3 月，针对国民党死守一城一地、大打阵地战的战法，中共中央决定向国民党提出军事建议书，建议：战略方针以运动战为主，包括阵地战，以游击战为辅。[④] 在军事斗争方面，先是直接的军事配合，全力协助国民党保卫山西，其后通过敌后战场的积极作战，从战略上配合正面战场。再如派代表参加国民参政会，周恩来接受国民党邀请出任国民政府军事委员会政治部副部长，派出叶剑英等干部帮助国民党开办南岳游击干部训练班等。对国民党的抗战建国纲领，中共"站在主动的积极地位，赞助国民党实施这个纲领，在实施中发展与提高他"[⑤]。

1938 年 10 月日军占领广州、武汉后，已无力再发动大规模的战略进攻。全民族抗日战争由战略防御阶段进入战略相持阶段。此后，日本

---

① 中央档案馆编《中共中央文件选集》(第 11 册)，中共中央党校出版社 1991 年版，第 623 页。

② 《毛泽东选集》(第 2 卷)，人民出版社 1991 年版，第 762 页。

③ 中央档案馆编《中共中央文件选集》(第 11 册)，中共中央党校出版社 1991 年版，第 604 页。

④ 中共中央文献研究室编《周恩来年谱（1898—1949）》，人民出版社、中央文献出版社 1989 年版，第 406 页。

⑤ 中央档案馆编《中共中央文件选集》(第 11 册)，中共中央党校出版社 1991 年版，第 509 页。

侵略者在坚持灭亡中国的总方针下调整侵华策略，逐渐将主要兵力用于打击敌后战场的八路军和新四军；对国民政府，从以军事进攻为主、政治诱降为辅转变为以政治诱降为主、军事打击为辅，同时加紧扶植傀儡政权，建立和发展汉奸组织。1938 年 12 月，以国民党副总裁汪精卫为代表的国民党亲日派公开投降，并开始拼凑伪中央政权。以蒋介石为代表的国民党亲英美派集团虽然继续抗日，但态度日趋消极，反共倾向明显增长。1939 年 1 月召开的国民党五届五中全会，主题是“强化”国民党，“与共产党作积极之斗争”，会议制定了“溶共”、“防共”和“限共”的方针。由此，国民党的反共行为愈演愈烈，从到处制造摩擦，发展到制造大量惨案，进而在 1939 年冬至 1940 年春掀起第一次反共高潮，1941 年制造皖南事变，掀起第二次反共高潮。这些反共行为，严重地破坏合作、破坏抗战，危及中共抗日力量的生存。

针对国民党顽固派的反共行径，中共中央采取了准备自卫和争取好转两方面的措施。一是提醒“全党努力从思想上组织上准备自己，并准备舆论，准备群众，随时可以对付事变——各种意料之外的袭击，各种大小事变”。二是推动国民党向好的方面转化，“积极帮助蒋与督促蒋向好的一边走，仍然是我们的方针”[①]。为此，中共采取了革命的两面政策：一方面，坚持团结抗战，坚持国共合作，帮助和推动国民党进步，使局势向好的方向发展。1939 年 7 月 7 日，党中央发出《为抗战两周年纪念对时局宣言》，旗帜鲜明地提出：“坚持抗战到底——反对中途妥协！巩固国内团结——反对内部分裂！力求全国进步——反对向后倒退！”在全民族抗日战争的关键时刻，党举起了团结抗战到底的鲜明旗帜。另一方面，对其妥协动摇和倒行逆施，进行坚决的斗争，以便通过斗争，求得团结。毛泽东指出：“对于一切反共顽固派的防共、限共、反共的法律、命令、宣传、批评，不论是理论上的、政治上的、军事上的，原则上均应坚决地反抗之，均应采取坚决斗争的态度。”“对

① 金冲及主编《毛泽东传（1893—1949）》，中央文献出版社 2004 年版，第 559 页。

于反共顽固派的一切反动的法律、命令、宣传、批评，我们应提出针锋相对的办法和他们作坚决的斗争。”① 同时，毛泽东又指出：这种斗争，“必须严格站在自卫立场上，决不能过此限度，给挑衅者以破裂统一战线之口实。这种自卫的防御的反磨擦斗争之目的，在于巩固国共合作。为此目的，一定条件下缓和、退让，也是必要的”。“统一不忘斗争，斗争不忘统一，二者不可偏废，但以统一为主。‘磨而不裂’。”② 中共在斗争中坚持有理、有利、有节的原则，其本身就包含着求团结的目的，而且在斗争之后又要团结。打退国民党第一次反共高潮后，1940年2月，毛泽东给阎锡山写信，表示愿意和平解决山西发生的磨擦事件，并派萧劲光、王若飞同阎锡山谈判。3月20日，毛泽东、王稼祥致电朱德等，指出：“山西、河北两省反磨擦行动，全部告一段落，在此期间内，偃旗息鼓，一枪不打，向一切国民党军队表示友谊，求得恢复感情，推动时局好转。”③ 皖南事变严重地损害了国共关系，进一步暴露了国民党独裁、反共的面目。但为团结国民党继续抗战，中国共产党从抗日的大局出发，坚持“和国”的方针，力图缓和同国民党的关系。1941年4月下旬，毛泽东致电周恩来，要他在见蒋介石时，“表示我党愿意同国民党继续团结抗日，惟望国民党改变对内政策，并对八路军发饷，合理解决新四军问题”④。毛泽东在《一九四二年的中心工作任务》中指出：“对国民党以疏通团结为主，以防制其反共为辅。”⑤ 1942年7月9日，毛泽东又致电在华中的刘少奇：“我们的方针是极力团结国民党，设法改善两党关系，并强调战后仍须合作建国。”⑥ 1943年在打退国民党第三次反共高潮后，中国共产党继续采取“拉蒋抗日”

① 《毛泽东选集》（第2卷），人民出版社1991年版，第754页。

② 《毛泽东文集》（第2卷），人民出版社1993年版，第221—222页。

③ 中共中央文献研究室编《毛泽东年谱（1893—1949）》（中卷），人民出版社、中央文献出版社1993年版，第179页。

④ 中央档案馆编《皖南事变（资料选辑）》，中共中央党校出版社1982年版，第240页。

⑤ 《毛泽东文集》（第2卷），人民出版社1993年版，第386页。

⑥ 中共中央文献研究室编《毛泽东年谱（1893—1949）》（中卷），人民出版社、中央文献出版社1993年版，第393页。

的方针。8月13日，毛泽东致电各中央局、中央分局："我党政策是尽一切方法避免和国民党破裂，避免大内战，同时揭露国民党的抗战不力与反共阴谋，对抗国民党的反共言论，并准备自卫实力。"① 1944年初，根据蒋介石希望中共派代表到重庆谈判的信息，中共中央决定派林伯渠赴重庆谈判。关于这次谈判的方针，毛泽东说：总的态度是不卑不亢，表示我们是求和，要求抗战到底，团结到底。

1944年9月，中共中央根据豫湘桂战役后的中国抗日的严峻形势，提出了建立民主联合政府的主张。但其基本立场仍然是和国民党合作。"联合政府仍然是蒋介石的政府，不过我们入了股，造成一种条件。为着大局，可能还要忍耐一点。"② 联合政府主张实质上提出了新的形势下国共合作的一种新形式。

国共合作是抗日民族统一战线的基础，虽然抗战时期国共矛盾丛生，两党关系复杂多变，曾一再发生冲突，尤其是国民党曾发动了三次反共高潮，把国共关系推动危险的边缘，但中国共产党不计前嫌，顾全抗日大局，努力维护和国民党的关系。特别是，中国共产党虽然屡受国民党的压迫和进攻，但不因此而改变合作的立场，从防御的角度而不是主动进攻的方式处理两党之间的冲突，这是保全全国合作抗日的重要原因。

以国共合作为主干的抗日民族统一战线，是抗日战争坚持、发展和胜利的前提条件和基础。中国共产党为此的努力和牺牲，保障了抗日民族统一战线，保障了全国的抗战局面。这是中国共产党对中国抗日战争作出的最大贡献，也是其在抗日战争中发挥的极其重大的作用。

国民党实施正面战场的作战，是中国抗日战争的主要组成部分之一。它抗日自有其内在原因，但中国共产党的推动、团结和制约，无疑

---

① 中共中央文献研究室编《毛泽东年谱（1893—1949）》（中卷），人民出版社、中央文献出版社1993年版，第465页。

② 中共中央文献研究室编《毛泽东年谱（1893—1949）》（中卷），人民出版社、中央文献出版社1993年版，第587、576页。

是一个重要的外在原因。

应该强调的是，中国共产党是在极端困难、严重缺少必需资源的情况下，开辟敌后战场的。仅靠几万人的军队，仅有极其简陋的武器，就建立一个和强大的敌人抗衡并相持到最后的战场。中国共产党在抗日战争时期面临的困难是巨大的，所遇到的挑战是前所未有的：敌人是以前所没有遇到过的日本帝国主义，是一个强大的、训练有素的、异常凶恶的敌人，需要针对它有一整套的战略战术。国民党及其军队由过去的敌人成了友党友军，但他们又包藏祸心，准备在合作的过程中搞垮共产党，并不断制造摩擦，如何处理和他们的关系，既维护合作抗日的大局又防止和避免他们的破坏，是难度非常大的问题。土地革命时期发动农民的方式，因和国民党合作而不能采用了，但抗日必须发动农民，发动农民就必须解放农民，因此在新的历史条件下如何解决农民问题，仍是非常困难的问题。抗战时期，国民党千方百计打压共产党，如武器、弹药、军需品及军饷等方面，始终苛刻，1940 年 10 月后完全停发，中国共产党缺乏抗日斗争的基本物质资源，但又必须坚决贯彻自己的抗日主张，领导人民群众坚持抗战，不断开创抗日的新局面，如何解决这一矛盾，是非常现实且关系抗日全局的重大问题。另外，在敌后建立抗日根据地，涉及政治、经济、文化、军事、社会等一系列的问题；抗日战争是在世界反法西斯战争的整个形势下进行的，还要处理国际关系方面的问题。

中国共产党坚毅地迎接了这些挑战，经受住了格外严峻的考验，战胜了无数难以述说的困难，正确地处理了各种矛盾、问题，开创了一个令世界惊奇不已的大好抗日局面。在这场为人类文明、进步而战，为中华民族生存、自强而战的残酷较量中，中国共产党以其巨大贡献，彰显了抗日战争中流砥柱的作用。

第五章

夺取新民主主义革命的全国性胜利

抗日战争胜利后，中国人民热切希望和平民主，建设一个新的中国。为了争取和平民主，为了使新中国有一个光明的前途，毛泽东等亲赴重庆同蒋介石进行和平谈判。但就在举国上下翘首以盼和平民主之际，国民党部队重兵围攻中原解放区，悍然发动了全面内战。面对强敌，人民解放军英勇作战，很快从战略防御转为战略进攻，经过辽沈、淮海、平津三大战役的战略决战，从根本上消灭了国民党赖以维持其反动统治的主要军事力量。1949 年 9 月，中国人民政治协商会议第一届全体会议在北平隆重召开；10 月 1 日，中华人民共和国成立，标志着 100 多年来中国人民争取民族独立和人民解放运动取得了历史性的伟大胜利。

一、重庆谈判和争取和平民主的斗争

抗日战争胜利后，和平民主成为全体中国人民的共同心声。在经历了战火的破坏之后，广大民众迫切需要休养生息、重建家园。为此，文学家郑振铎大声疾呼："国民们在十五年喋血作战，流离迁徙，九死一生，家破人亡之余，需要的第一件事，便是休养生息。我们决不愿再看见血，再看见战争，再听到炮声枪声！谁要再行发动内战，谁便是冒天下之大不韪。"[①] 与此同时，要求民主的呼声也日益高涨。中国民主同

① 郑振铎：《读国共会议记录》，《民主》（第 2 期），1945 年 10 月 20 日。

盟在《抗战胜利声中的紧急呼吁》中直言不讳地说："我们坚决的要求民主，一切反民主的都是我们所不赞成的。"鉴于抗战胜利后中国国际地位的大幅提高，民族复兴面临着前所有未有的契机，还有很多人呼吁抓住历史机遇，认为"中国现在面临着空前伟大的黄金时代，肩负着空前重大的国际责任。中国的平民是必须及时奋起，来迎接这一个黄金时代，来负起这一个国际责任了"[①]。

与国内民众的期盼相呼应，国际舆论也普遍呼吁和平。当时，尽管美苏对峙的冷战格局已经初露端倪，然而，无论是美国，还是苏联，均不希望中国发生内战。在他们看来，保持中国国内政局稳定，对双方都是有利的。鉴于此，他们呼吁国共进行谈判。杜鲁门在战后对华政策声明中明确指出："一个强盛的、团结的和民主的中国"，对世界和平极为重要，"为了美国和联合国家最重大的利益，中国人民不应放过任何机会，迅速用和平协商的方法结束内部的不和"。他认为，国共和谈要想真正有所成效，国民党就必须筹划构建各党派参加的联合政府，即"在中国召开一个包括中国主要政党的国民会议，以期解决中国问题，即不仅要结束内争，并且要使全国团结一致，使各重要党派人士在中国政府里均有公平有效的代表参加工作"[②]。苏联政府也于 1945 年 8 月 14 日与国民政府签订了《中苏友好同盟条约》，强调"维持和平与安全"，并承诺"给予中国以道义上与军需品以及其他物资之援助，此项援助当完全供给中国中央政府即国民党政府"；在东北"一俟收复区内任何地方停止为直接军事行动之地带时，中华民国国民政府即担负管理公务之全权"[③]。后来，斯大林甚至两次致电中共中央，要求毛泽东同蒋介石

① 彭明主编《中国现代史资料选辑》（第 6 册），中国人民大学出版社 1989 年版，第 4、26 页。

② 杜鲁门：《总统对华政策的声明》，载《中美关系资料汇编》（第 1 辑），世界知识出版社 1957 年版，第 193 页。

③ 中国第二历史档案馆编《中华民国史档案资料汇编 · 外交》（第 5 辑第 2 编），江苏古籍出版社 1997 年版，第 302、304、313 页。

谈判，指出：日本投降，国共应言归于好，共商建国大事。[①] 显而易见，美国、苏联的战后对华政策，具有明显的双重性。他们既希望国共和谈，维持和平局面，又均以支持蒋介石国民政府为外交基本政策。这种态度和政策，一方面有利于国共和谈的进行，另一方面也助涨了蒋介石的气焰，使得战后局势更加扑朔迷离。

在和平民主呼声日益高涨的背景下，蒋介石虽然在内心希望尽快以武力消灭共产党，但是迫于国内外舆论压力，还是采取了“和”“战”并用的两手政策。长期以来，蒋介石一直图谋消灭或者吞并共产党。早在抗战处于相持阶段时，他就曾表示：“我的责任是将共产党合并国民党成一个组织。”“此事乃我的生死问题，此目的如达不到，我死了心也不安，抗战胜利了也没有什么意义。”[②] 随着抗战胜利的到来，蒋介石想消灭共产党的企图与日俱增。在蒋介石的督促下，从 1945 年 8 月中旬起，阎锡山部队先后占领了太岳解放区的东峪、长治、屯留等地。不过，由于国民党的精锐部队当时还在大西南、大西北，无法立即部署到前线，因此，作为缓兵之计，蒋介石先打出了“和谈”牌。1945 年 8 月 14 日、20 日、23 日，当举国上下还在庆祝胜利时，他先后三次致电邀请毛泽东到重庆进行谈判，指出：“倭寇投降，世界永久和平局面，可期实现，举凡国际国内各种重要问题，亟待解决，特请先生克日惠临陪都，共同商讨，事关国家大计，幸勿吝驾，临电不胜迫切悬盼之至。”[③] 蒋介石的电报表面上是言辞恳切，而实际上是一种一箭双雕的策略。对此，时任蒋介石侍从室第六组组长唐纵就在日记中这样写道：“希望中共领袖来渝共商进行。如毛泽东果来，则可使其就范；如其不

① 中共中央文献研究室编《毛泽东年谱（1893—1949）》（修订本）（下卷），中央文献出版社 2013 年版，第 13 页。

② 中共中央文献研究室、中央档案馆编《建党以来重要文献选编（1921—1949）》（第 15 册），中央文献出版社 2011 年版，第 793 页。

③ 重庆市党史工作委员会等编《重庆谈判纪实（1945 年 8—10 月）》，重庆出版社 1983 年版，第 21 页。

来，则中央可以昭示宽大天下，而中共将负破坏统一之责。”①

面对蒋介石的再三邀请，为了使中国有一个光明的前途和命运，毛泽东在8月23日的中共中央政治局会议上明确提出“和平、民主、团结”口号，指出：“和平是可能取得的，因为中国人民需要和平，苏、美、英也需要和平，不赞成中国打内战。中国过去是大敌当前，现在是疮痍满目，前方各解放区损失严重，人民需要和平，我们党需要和平。国民党暂时也不能下决心打内战，因为它的摊子没有摆好，兵力分散。”他重申与国民党合作的意愿，表示愿意参加联合政府，认为“中国如果成立联合政府，可能有几种形式。其中一种就是现在的独裁加若干民主，并将存在相当长的时期。对于这种形式的联合政府，我们还是要参加进去，进去是给蒋介石‘洗脸’，而不是‘砍头’”。会上，他明确表示要去重庆进行谈判。他说：“这回不能拖，应该去，而且估计也不会有什么大的危险。”经过激烈讨论，政治局会议决定毛泽东去重庆进行谈判，并决定：在重庆谈判期间，由刘少奇代理中共中央主席；增补陈云、彭真为中央书记处候补书记；毛泽东任中共中央军委主席；朱德、刘少奇、周恩来、彭德怀任军委副主席。8月24日，毛泽东复电蒋介石，表示同意去重庆。他说：“鄙人亟愿与先生会见，共商和平建国之大计，俟飞机到，恩来同志立即赴渝进谒，弟亦准备随即赴渝。”②

听说毛泽东要去重庆进行谈判，解放区广大军民十分担心。他们将重庆谈判视为“鸿门宴”，认为此行凶多吉少。为此，大家纷纷劝说毛泽东不要去。据吴玉章回忆：“听说毛主席要去重庆，延安的广大军民都非常担心。因为中国历史上曾有过许多‘鸿门宴’之类的故事，而蒋介石对待李济深、胡汉民等人的流氓手段，人们记忆犹新，人民为毛主席担心并不是没有根据的。”③ 李维汉后来也说：“开始，大家没有

① 唐纵：《在蒋介石身边八年》，群众出版社1991年版，第688页。

② 《毛泽东文集》（第4卷），人民出版社1996年版，第5、7、8、2页。

③ 吴玉章：《解放战争初期的一段回忆》，载《星火燎原全集》（第8卷），解放军出版社2009年版，第2页。

估计到毛泽东会去重庆，消息传开后都很紧张，许多解放区负责同志为他的安全计，或者口头劝说，或者打电报来，认为不去为好。我当时也是担心他的安全的。”①

对于人们的担心和顾虑，毛泽东进行了耐心说服，然后态度坚决地说：“去，这样可以取得全部主动权。”他甚至表示，谈不成就“准备坐班房”，认为“如果是软禁，那倒不怕，正是要在那里办点事”。他坚信“由于有我们的力量、全国的人心、蒋介石自己的困难和外国的干预四个条件，这次去重庆是可以解决一些问题的”。考虑到谈判期间蒋介石有可能向解放区发起进攻，毛泽东提出，我们的方针是“针锋相对”，以斗争达到团结，做到有理、有利、有节。他说：“谈判如果不成功，国民党进攻我们，我们是否要打？应该打，但必须打胜仗。”②

经过充分准备，1945 年 8 月 28 日，毛泽东、周恩来、王若飞在美驻华大使赫尔利和国民党代表张治中的陪同下，乘坐美国飞机赴重庆参加谈判。毛泽东到达重庆，使广大民众看到了和平的希望，人们欢欣鼓舞，翘首以待。8 月 29 日，《大公报》发表社论，认为“这是中国的一件大喜事”，指出：“现在毛泽东先生来到重庆，他与蒋主席有十九年的阔别，经长期内争，八年抗战，多少离合悲欢，今于国家大胜利之日，一旦重行握手，真是一幕空前的大团圆！”③ 柳亚子甚至赋诗称赞毛泽东到重庆是“弥天大勇”，“霖雨苍生”。张治中作为国民党方面代表，对于毛泽东的重庆之行，感触尤为深刻，指出：“这是中国历史上一件大事。毛先生之到重庆，在当时说，是象征着中国内部的团结，是意味着国共两党新关系的开始。胜利与团结，正是双喜临门，不但全国人民为之欢欣鼓舞，而全世界人士亦寄予热切的期望，当时中国的国际地位突然为之提高了许多。”④

---

① 李维汉：《回忆与研究》（下册），中共党史出版社 2013 年版，第 483 页。
② 《毛泽东文集》（第 4 卷），人民出版社 1996 年版，第 15、16、9 页。
③ 《毛泽东先生来了！》，《大公报》1945 年 8 月 29 日。
④ 《张治中回忆录》，华文出版社 2014 年版，第 512 页。

重庆谈判主要分两个层次进行。一个层次是两党最高领导人毛泽东和蒋介石之间的见面和会谈，共计10余次。两人会谈中间，蒋介石更多地是向毛泽东施加压力，试图让中共屈服。据毛泽东后来说，蒋介石曾告诉他：我们二人能合作，世界就好办；我们都是五六十岁的人了，十年之内总要搞个名堂；共产党最好不搞军队，如你们专在政治上竞争，那你们就可以被接受。对此，毛泽东针锋相对地说，解放区的努力应该承认，应该帮助。①

谈判的另一个层次，是中共谈判代表周恩来、王若飞同国民党谈判代表张群、邵力子、王世杰、张治中之间的较量。9月3日，中共代表团向国民党方面递交了11条意见。其中包括承认国共两党及抗日党派的合法平等地位，确立长期合作、和平建国方针；承认解放区部队及地方政权在抗日战争中的功绩和合法地位；严惩汉奸，解散伪军；重划受降地区，解放区抗日军队参加受降工作；停止一切武装冲突，各部暂留原地待命；实现政治民主化、军队国家化、党派平等合法；由国民政府召集各党派及无党派代表人物的政治会议，各党派参加政府，重选国民大会；公平合理地整编全国军队，确定分期实施计划，解放区部队编成16个军48个师，中共人员任北平行营及北方政治委员会主任；党派平等合作办法：释放政治犯，保障自由，取消特务机关；等等。自9月4日至10月5日，国共代表团共进行了12轮谈判。谈判的核心问题是解放区政权及人民军队的地位问题。为了使谈判得以继续进行，中国共产党在谈判中作出了一些实质性的让步：让出了分布在广东、浙江、苏南、皖南、皖中、湖南、湖北、河南（豫北不在内）等8个省区内的解放区；同意按照1∶7比例缩编军队；同意谈判过程不公开。

当国共两党代表团在谈判桌上唇枪舌战之际，谈判桌外也在进行着激烈交锋。特别是面对阎锡山部队的进攻，刘伯承、邓小平指挥晋冀鲁豫军区主力部队及地方部队3万余人，在上党地区开展自卫反击，共歼

① 《胡乔木回忆毛泽东》，人民出版社2003年版，第417页。

敌3.5万余人，生俘第十九军军长史泽波及师长多名。这有力打击了阎锡山部队，加强了中共代表团在谈判中的地位。

在重庆期间，毛泽东、周恩来还在重庆会见了宋庆龄、冯玉祥、谭平山、柳亚子、张伯苓、张澜、沈钧儒、罗隆基、章伯钧、黄炎培、郭沫若、章士钊、马寅初等民主人士和社会贤达，以及孙科、于右任、陈诚、白崇禧、何应钦、陈立夫、戴季陶等国民党内部各派代表。通过同他们深入交谈，中国共产党的和平主张得到了广泛宣传。一些曾经对中国共产党抱有成见或者敌意的人，在毛泽东拜访之后，态度也有所变化。例如陈立夫原本是积极主战的，9月20日，毛泽东特意登门拜访了他。见面后，在谈到国共十年内战时，毛泽东说："我们上山打游击，是国民党剿共逼出来的，是逼上梁山。就像孙悟空大闹天宫，玉皇大帝封他为弼马温，孙悟空不服气，自己鉴定是齐天大圣。可是你们却连弼马温也不给我们做，我们只好扛枪上山了。"听完毛泽东的话后，陈立夫表示要为国共和谈"尽心效力"①。

虽然国共两党在军队整编、解放区问题等很多方面存在很大分歧，但是，经过43天的艰苦谈判，双方代表团最终还是在和平建国方针、召开政治协商会议等问题上达成了共识，并于1945年10月10日签订了《政府与中共代表会谈纪要》（即"双十协定"）。"双十协定"共12条，明确了和平建国方针，强调"必须共同努力，以和平、民主、团结、统一为基础"，"长期合作，坚决避免内战，建设独立、自由和富强的新中国"。同时，确定召开各党派代表及无党派人士参加的政治协商会议。② 这是国共会谈取得的主要成就，其积极意义在于"这个会谈纪要，第一个好处是采取平等的方式双方正式签订，这是历史上没有过的。第二，有成议的六条，都是有益于中国人民的"③。

---

① 王炳南：《阳光普照雾山城》，《人民文学》1977年第9期。

② 重庆市党史工作委员会等编《重庆谈判纪实（1945年8—10月）》，重庆出版社1983年版，第250—254页。

③ 中共中央文献研究室编《毛泽东年谱（1893—1949）》（修订本）（下卷），中央文献出版社2013年版，第34页。

重庆谈判是战后国共两党的一次政治博弈。通过谈判，中国共产党表明了和平诚意，宣传了政治主张，不仅争取到了大后方人民群众的支持，而且赢得了政治上的主动权。正如毛泽东后来所说：“大后方的人民都希望和平，需要民主。我这次在重庆，就深深地感到广大的人民热烈地支持我们，他们不满意国民党政府，把希望寄托在我们方面。”他认为，“谈判的结果，国民党承认了和平团结的方针。这样很好。国民党再发动内战，他们就在全国和全世界面前输了理”①。

重庆谈判期间，当国共两党代表团就解放区及解放区人民军队的地位问题陷入僵局时，中共中央根据形势发展，对战后战略方针进行了及时调整。在同毛泽东、周恩来协商之后，9 月 19 日晚上，刘少奇为中共中央起草了《目前任务和战略部署》的指示电，并向全党发出，指出：“全国战略方针是向北发展，向南防御，只要我能控制东北及热、察两省，并有全国各解放区及全国人民配合斗争，即能保障中国人民的胜利。”② 根据指示，各解放区陆续抽调约 11 万人的部队，以及 2 万余名干部赶赴东北。这对于建立巩固的东北根据地创造了条件。

重庆谈判之后，经过多方努力，1946 年 1 月 10 日，政治协商会议在重庆召开。参加会议的代表共 38 名。其中，中国国民党代表 8 名，中国共产党代表 7 名，中国青年党代表 5 名，中国民主同盟代表 9 名，社会贤达代表 9 名。周恩来、董必武、王若飞、叶剑英、吴玉章、陆定一、邓颖超代表中国共产党参加了会议。会议的中心议题是政治民主化和军队国家化。政协会议历时 22 天，于 1 月 31 日闭幕。经过激烈讨论，会议最终通过了《政府组织案》《和平建国纲领》《国民大会案》《宪法草案》《军事问题案》。这五项协议虽然不同于中国共产党所主张的新民主主义纲领，但对于国民党的一党专政、个人独裁的政治制度和反人民的内战政策，具有明显的限制作用。为落实政协五项协议，中国共产党做了最大努力。会后，中共中央不仅提出了参加政府人员的名

① 《毛泽东选集》(第 4 卷)，人民出版社 1991 年版，第 1157、1159 页。
② 《刘少奇选集》(上卷)，人民出版社 1981 年版，第 371、372 页。

单，而且在各解放区积极开展了复员整军工作。为了便于到南京参加政府工作，中共中央甚至一度打算将驻地搬到淮阴。据时任苏皖边区临时行政委员会主席李一氓回忆："在淮阴的时候，我曾经得到华中局一个通知，说党中央要从延安搬到淮阴来。参加南京工作的同志有事情要开会就去南京，没有事情又不开会就可以回到淮阴的总部。中共中央的总部就要建在淮阴，就由我负责找一个适当的地方，建立中共中央总部。当时我的设想是砖木结构的平房，地势要高，不会被水淹。我也曾和少数同志到淮阴城外走过几遍，看了些地势较高的位置。"①

然而与之形成鲜明对比的是，国民党方面并不打算真正执行政协协议。为此，国民党特务先后制造了"沧白堂事件""较场口惨案""下关惨案"等一系列殴打民主人士的事件。这使得广大民主人士感到无比愤怒。马寅初说："现在火已经烧到了国内各界各级的人民头上，连他们自己推选出的代表，亦遭法西斯野心家的毒手，这是老百姓莫大的耻辱，是可忍孰不可忍！"② 与此同时，国民党部队加快了进攻解放区的步伐。据不完全统计，从 1946 年 1 月 10 日政治协商会议召开到 6 月，国民党军队进犯解放区达 4300 多次，使用兵力达 270 万人，占领解放区城市 40 余座，村镇 2500 余个，一度形成"关外大打，关内小打"的局面③。在这种情况下，内战不可避免地爆发了。

二、全面内战爆发；人民解放军转入战略进攻

政治协商会议闭幕后不久，1946 年 3 月 1 日至 17 日，国民党召开了六届二中全会。会上，强硬派对政协协议大肆攻击。随着强硬派在国民党中枢逐渐取得主导地位，内战的危险日益临近。6 月 26 日，国民

---

① 《李一氓回忆录》，人民出版社 2001 年版，第 346—347 页。

② 马寅初：《勉人民代表》，《周报》（第 44 期），1946 年 7 月 6 日。

③ 《中国人民解放军军史》编写组编《中国人民解放军军史》（第 3 卷），军事科学出版社 2010 年版，第 60 页。

党军调集10个整编师22万人，向鄂豫边境的中原解放区发起总攻，标志着全国规模的内战爆发。当时，国共力量十分悬殊。据统计，内战爆发时，国民党军队拥有装备较好的陆、海、空军，总兵力约430万人，而中国共产党所指挥的军队只有127万人，没有空军和海军。在这种情况下，敢不敢打、能不能胜，对于毛泽东来说是极大的挑战。胡乔木回忆说："我在毛主席身边工作20多年，记得有两件事是毛主席很难下决心的。一件是1950年派志愿军入朝作战，再一件就是1946年我们准备同国民党决裂。"①

经过深思熟虑，毛泽东决定采取针锋相对方针，以斗争求和平。7月20日，他向党内作了《以自卫战争粉碎蒋介石的进攻》的指示，明确指出："我党我军正准备一切，粉碎蒋介石的进攻，借此以争取和平。蒋介石虽有美国援助，但是人心不顺，士气不高，经济困难。我们虽无外国援助，但是人心归向，士气高涨，经济亦有办法。因此，我们是能够战胜蒋介石的。全党对此应当有充分的信心。"② 8月6日，他在同美国记者斯特朗的谈话中，提出了"一切反动派都是纸老虎"的论断。9月16日，他又进一步强调"集中兵力各个歼敌的原则"，要求"以歼灭敌军有生力量为主要目标，不以保守或夺取地方为主要目标"③。

根据这一作战方针，各解放区在反击国民党军事进攻的过程中，消灭了敌人大批有生力量。特别是，华东各野战部队在苏中地区连续七战七捷，歼敌共6万余人。紧接着，又在山东地区取得莱芜战役胜利，仅用3天时间一举歼敌5.6万人。这使得时任山东省政府主席王耀武震惊不已。他说："五万多人，不知不觉在三天就被消灭光了。老子就是放五万头猪，叫共军抓，三天也抓捕不完呀。"④ 与此同时，晋冀鲁豫解

---

① 《胡乔木回忆毛泽东》，人民出版社2003年版，第92页。

② 《毛泽东选集》（第4卷），人民出版社1991年版，第1186—1187页。

③ 《毛泽东选集》（第4卷），人民出版社1991年版，第1197、1199页。

④ 陈士榘：《天翻地覆三年间——解放战争回忆录》，中共中央党校出版社1995年版，第112页。

放军在刘伯承、邓小平的指挥下，出击开封至徐州陇海线，先后发动定陶战役、鄄城战役、临沂战役，歼敌近5万人；晋察冀部队也在平汉铁路北段和张家口地区连续出击，歼敌4万余人；东北民主联军发起新开岭战役之后，接着又进行了三下江南四保临江战役，共歼敌约6万人。据统计，自1946年6月底至1947年3月，解放区各部队经过160多次重要战役战斗，共歼灭国民党军队71万人。[1] 这使得国民党军队对解放区的全面进攻难以为继。

在这种情况下，1947年3月，蒋介石决定停止全面进攻，开始集中94个旅对山东和陕北两大解放区发起重点进攻。其中，山东解放区是国民党军队重点进攻的重心。为了消灭华东野战军主力，1947年3月，国民党军队集中了24个整编师（军）共60个旅，约45万人，采取密集靠拢、稳扎稳打、逐步推进的战术，向鲁中山区发动进攻。5月12日，当被称为“御林军”的整编第74师脱离两翼、孤军冒进之际，华东野战军及时抓住战机，将整编第74师从敌人重兵集团中割裂出来，将其歼灭于孟良崮地区，击毙其中将师长张灵甫，歼敌3.2万余人。孟良崮战役是人民解放军集中优势兵力歼灭强敌的典范。陈毅曾形象地称之为“百万军中取上将首级”。经过孟良崮战役，国民党军队士气低落，对山东解放区的进攻暂停一个月。至此，国民党军队的对山东重点进攻宣告失败。

在进攻山东解放区的同时，蒋介石也集结34个旅约25万人向中共中央所在地延安发起进攻。在这关键时刻，时任胡宗南机要秘书的熊向晖及时将国民党军进攻延安的计划秘密传递给了中共中央。得知敌军要进攻延安的消息后，毛泽东在指导和部署延安保卫战的同时，决定主动撤离延安。撤出前，毛泽东对参加保卫延安的部分领导干部说：“敌人要来了，我们准备给他打扫房子。我军打仗，不在一城一地的得失，而在于消灭敌人的有生力量。存人失地，人地皆存；存地失人，人地皆

① 《中国人民解放军军史》编写组编《中国人民解放军军史》（第3卷），军事科学出版社2010年版，第135页。

失。敌人进延安是握着拳头的，他到了延安，就要把指头伸开，这样就便于我们一个一个地切掉它。要告诉同志们：少则一年，多则二年，我们就要回来，我们要以一个延安换取全中国。”① 撤出延安后，毛泽东、周恩来、任弼时率领中共中央机关部分干部转战于陕北黄土高原的千沟万壑。其间，共历时 1 年零 5 天，途径了 12 个县，居住过 38 个村庄，行程 1000 多公里。同时，彭德怀、习仲勋率领西北野战兵团灵活运用“蘑菇”战术，先后取得了青化砭、羊马河、蟠龙镇大捷，共歼敌 10 万余人。当时的情形正如新华社发表评论所说：“蒋介石最后的一张牌——胡宗南，现在在陕北卡着了，进又进不得，退又退不得，胡宗南现在是骑上了老虎背。”“胡宗南‘西北王’的幻梦必将破灭在西北，命运注定，这位野心十足、志大才疏、阴险虚伪的常败将军，其一生劣迹必在这次的军事冒险中得到清算。”② 这彻底破灭了蒋介石试图消灭中共中央的幻想，从根本上粉碎了敌人的重点进攻战略。

随着国民党军队的全面进攻、重点进攻被相继挫败，国共军事力量消长发生了很大变化。据统计，到 1947 年 6 月，国民党军队人数从 430 万人下降到 373 万人，而人民解放军的总兵力从 127 万人增加到 195 万余人。在这种背景下，为了减轻山东和陕北的军事压力，毛泽东决定让刘邓大军渡过黄河，直出大别山地区。对此，毛泽东形象地比喻说：“蒋介石两个拳头（指陕北和山东）这么一伸，他的胸膛（指中原）就露出来了。所以，我们的战略就是要把这两个拳头紧紧拖住，对准他的胸膛插上一刀！这一刀就是我刘邓大军挺进中原。”③ 对于毛泽东的军事部署，晋冀鲁豫野战军司令刘伯承心领神会，十分赞同。他说：“我军占据大别山，就可以东慑南京，西逼武汉，南扼长江，瞰制中原，‘卧榻之侧，岂容他人鼾睡？’蒋介石必然会调动其进攻山东、陕北的

---

① 中共中央文献研究室编《毛泽东年谱（1893—1949）》（修订本）（下卷），中央文献出版社 2013 年版，第 176 页。

② 《志大才疏阴险虚伪的胡宗南》，《人民日报》1947 年 5 月 12 日。

③ 《胡乔木回忆毛泽东》（增订本），人民出版社 2003 年版，第 477 页。

部队回援，同我们争夺这块战略要地，这就恰恰可以达到我们预期的战略目的。”①

在做了充分动员和准备之后，6 月 30 日夜，刘伯承、邓小平率领晋冀鲁豫野战军主力 12 万人，在东阿至濮县、横宽 300 余里的地段上，突然发起渡河作战，一举突破黄河天险。接着，又发起鲁西南战役，共歼灭敌军 5.6 万余人，取得了战略进攻初战的胜利。8 月 8 日夜，刘邓大军主力部队突然甩开围追之敌，兵分三路向南疾驰，以锐不可当之势，先后跨越陇海路、黄泛区、沙河、涡河、洪河、汝河、淮河等重重障碍，于 8 月底陆续进入大别山区。刘邓大军千里跃进大别山，揭开了人民解放军战略进攻的序幕。

在刘邓大军千里跃进大别山期间，为了牵制敌军，中共中央还命令山东的陈粟大军和陕北的陈谢大军，从两侧进行配合，从而使三路大军成“品”字形布阵，互为犄角，机动作战，给敌军以严重威胁。与此同时，在陕北，彭德怀、习仲勋率领西北野战兵团挥师北上攻打榆林，吸引了胡宗南向南进攻陕北的全部机动兵力 12 个旅，有力支援了陈赓兵团挺进豫西；在山东，华东野战军组织了东兵团司令部，由许世友、谭震林指挥 4 个纵队向胶东发起进攻，吸引了敌人 15 个旅，配合了陈粟大军在山东西线的军事行动。

三路大军转战中原，有力遏制了国民党军队对解放区的进攻态势。人民解放战争由此进入战略进攻阶段。截至 1948 年 3 月，共歼敌 20 万余人，解放县城近百座，吸引和调动敌南线部队约 90 个旅，初步建立了拥有 3000 万人口的新的中原解放区，使国民党的战略要地南京、武汉直接暴露于解放军的威胁之下。对此，毛泽东给予了高度评价，他说：“我刘邓、陈粟、陈谢三路野战大军，从去年夏秋起渡河南进，纵横驰骋于江淮河汉之间，歼灭大量敌人，调动和吸引蒋军南线全部兵力一百六十多个旅中约九十个旅左右于自己的周围，迫使蒋军处于被动地

---

① 刘伯承：《千里跃进大别山》，载《星火燎原全集》（第 9 册），解放军出版社 2009 年版，第 2—3 页。

位，起了决定性的战略作用，获得全国人民的称赞。”① 邓小平也认为新的中原解放区的建立至关重要，指出：“中原战略地位非常重要，正当敌人的大门，其中大别山是大门边。我们反攻以后，它代替了敌人重点进攻的山东和陕北，是敌人兵力集中最多的战场。”②

随着人民解放战争已经进入战略进攻阶段，1947 年 10 月 10 日，中国人民解放军总部公布了毛泽东起草的《中国人民解放军宣言》，首次提出了“打倒蒋介石，解放全中国”的口号。同一天，新华社公布了毛泽东起草的《中国人民解放军总部关于重行颁布三大纪律八项注意的训令》。在宣言和训令的激励鼓舞下，中国人民解放军势如破竹，在各个战场均取得了明显进展。10 月 22 日，晋察冀野战军取得清风店大捷，共歼敌 1.3 万余人；11 月 12 日，又攻下素有“晋燕咽喉、南北通衢”的华北重镇石家庄，歼敌 2.4 万余人，开创了人民解放军攻克大城市之先例。同时，东北野战军于 9 月 14 日至 11 月 3 日发动冬季攻势，历时 50 天，歼敌 6.9 万余人。这都大大加快了解放战争的进程，为发起战略决战创造了条件。

三、深入开展土地制度改革，扩大人民民主统一战线

人民解放战争进入战略进攻阶段之后，为了争取广大农民的支持，1947 年 7 月 17 日，全国土地会议在河北平山县西柏坡召开。9 月 13 日，会议通过了《中国土地法大纲（草案）》。10 月 10 日，中共中央在陕北神泉堡正式公布《中国土地法大纲》，规定：“乡村中一切地主的土地及公地，由乡村农会接收，连同乡村中其他一切土地，按乡村全部人口，不分男女老幼，统一平均分配，在土地数量上抽多补少，质量上抽肥补瘦，使全乡村人民均获得同等的土地，并归各人所有。”为了团结更多人支持和参加革命，《中国土地法大纲》还规定：“家居乡村的

① 《毛泽东选集》（第 4 卷），人民出版社 1991 年版，第 1293 页。
② 《邓小平文选》（第 1 卷），人民出版社 1994 年版，第 99 页。

一切人民解放军、民主政府及人民团体的人员，其本人及其家庭，分给与农民同样的土地及财产”；“地主及其家庭，分给与农民同样的土地及财产”；“家居乡村的国民党军队官兵、国民党政府官员、国民党党员及敌方其他人员，其家庭分给与农民同样的土地及财产”；“保护工商业者的财产及其合法的营业，不受侵犯”。①

《中国土地法大纲》是一个彻底的反封建的土地改革纲领，其基本精神是废除封建、半封建剥削的土地制度，实行耕者有其田的土地制度，保护工商业者的财产及其合法经营。伴随着《中国土地法大纲》的公布，一场波澜壮阔的土地改革运动在解放区轰轰烈烈地展开。鉴于当时一些地区一度发生了“左”的错误，1948 年上半年，中共中央先后发布《关于目前党的政策中的几个重要问题的决定》《纠正土地改革宣传中的“左”倾错误》《新解放区土地改革要点》等指示，并重新发布了 1933 年的两个文件：《怎样分析农村阶级》和《关于土地斗争中一些问题的决定》。这在很大程度上保证了土地改革的顺利开展。到 1949 年上半年，在拥有 2.7 亿人口、面积约 230 万平方公里（内蒙古自治区和华南未包含在内）的解放区内，约有 1.51 亿人口（其中农业人口约 1.25 亿）的地区完成了土地改革，大约有 1 亿农民分得 3.75 亿亩土地。

通过土地改革，贫苦农民获得了梦寐以求的土地，在政治、经济上实现了“翻身”。这进一步激发了农民发展生产、参军参战、支援前线的积极性，从而为解放战争提供了物质基础和人力资源。据不完全统计，土地改革后，华北解放区有近 100 万农民参军；东北解放区共有 160 万农民参军。对此，毛泽东给予了很高评价。他说：“我们的解放战争，主要就是靠这一亿六千万人民打胜的。有了土地改革这个胜利，才有了打倒蒋介石的胜利。”② 周恩来也强调，土地改革后农民积极参

① 中央档案馆编《中共中央文件选集》（第 16 册），中共中央党校出版社 1992 年版，第 547—549 页。

② 《毛泽东文集》（第 6 卷），人民出版社 1999 年版，第 73 页。

军参战和支援前线，是人民解放战争胜利的力量源泉，指出："在三年的人民战争的高潮中，两万万农民是最伟大的支持力量。""在土地改革的基础上，伟大的中国农民贡献给战争的是些什么呢？他们把他们的子弟、丈夫送去参加人民解放战争，他们把生产节约的粮食供给我们的前方后方，他们当民兵，当民工，不但在后方维持秩序，并且大批地随着部队出发到前线去做种种协助战争的工作。"①

在通过土地改革争取农民的同时，中国共产党还在城市积极支持和推动学生运动，广泛团结中间党派和民主人士，开辟了第二条战线，进一步巩固和扩大了全民族统一战线。

抗日战争胜利后，广大民众对于国民党政府寄予很高期望。然而，国民党在战后不仅没有为广大民众提供和平安宁的环境，而且以接收为名，巧取豪夺，导致生产停滞，民怨沸腾；之后，又为了发动内战，横征暴敛，鱼肉百姓，致使物价飞涨、民不聊生。对此，时人用"五子登科"（金子、房子、车子、票子、女子），"三迷成风"（财迷、色迷、官迷），"三洋开泰"（捧西洋、爱东洋、要现洋），来讽刺官场的腐败。这都加深了国民党统治区的政治、经济危机，为中国共产党开辟第二条战线创造了条件。

学生运动是第二条战线斗争的先锋和主体。在严重的政治、经济危机逼迫下，青年学生坚决反对国民党政府的内战政策，喊出了"挽救教育危机""向炮口要饭吃"的口号。他们愤怒地指出："在印钞机无休止的周转下，已迫使我们学生及极大多数的人民，从人的生活水准，降低到畜牲的生活水准。而现在，这个畜牲的生活水准也无法维持了。面临着我们是严重的饥饿失学危机，是使难民的行列增加新的伙伴，是使饿死的骷髅中增加新的骨骼！"② 历史学家翦伯赞就说："饥饿和内战是一个问题的两个方面，因为饥饿是内战的结果，内战是饥饿的原因。

---

① 《周恩来选集》（上卷），人民出版社1980年版，第348页。

② 中共北京市委党史研究室：《解放战争时期第二条战线·学生运动卷》（中册），中共党史出版社1997年版，第199页。

当一个人在饥饿当中，他一定会要想到，他为什么陷于饥饿，只要他这样一想，立刻就会喊出反内战的口号。所以反内战的口号，也不是要人煽动才能知道的秘密。”①

面对饥饿与内战，自1945年底到1947年8月，先后爆发了云南昆明的一二·一运动，北平的抗议美军暴行运动，南京、上海的五二〇运动等。这标志着第二条战线正式形成。对于如火如荼的学生运动，国民党政府不思改弦更张、改善民生，反而倒行逆施，先后制造了一二·一惨案、五二〇血案。这激起了学生的更大愤怒。特别是南京五二〇血案之后，武汉、西安、长沙、重庆、成都等60余个城市的大中学生纷纷响应，从而使国民党统治区的学生运动达到高潮。正因为如此，所以毛泽东指出：“中国境内已有了两条战线。蒋介石进犯军和人民解放军的战争，这是第一条战线。现在又出现了第二条战线，这就是伟大的正义的学生运动和蒋介石反动政府之间的尖锐斗争。”他认为，“学生运动是整个人民运动的一部分。学生运动的高涨，不可避免地促进整个人民运动的高涨”②。在学生运动的带动下，国民党统治区的民主运动空前高涨。1947年，仅上海、北平、天津等20多个大中城市，就有320万工人参加了反抗国民党统治的斗争。

面对日益高涨的学生运动和民主运动，国民党政府采取了疯狂镇压的政策，先后暗杀了民主人士李公朴、闻一多、杜斌丞等。以至于1947年10月宣布民盟为非法团体，民盟总部被迫解散。在这种情况下，1948年1月，民盟领导人在香港宣布恢复活动，并指出“中间路线”行不通，民盟必须站在人民的、民主的、革命的立场上，与中国共产党“携手合作”。其他各民主党派也陆续表达了参加中国共产党领导的新民主主义革命的态度。

针对国民党政府的镇压政策，1948年8月，周恩来为中共中央起草《蒋管区斗争要有清醒头脑和灵活策略》的指示，明确要求：“在城

① 翦伯赞：《学潮评议》，《时与文》（第13期），1947年5月30日。

② 《毛泽东选集》（第4卷），人民出版社1991年版，第1224—1225页。

市方面，应坚决实行疏散隐蔽、积蓄力量、以待时机的方针。”指出：“一切蒋管区的城市，尤其是上海，应实行有秩序的疏散。不论党内党外，凡是已经暴露或为敌特注意的分子，都应设法离开岗位，首先向解放区撤退。”[①] 根据中共中央指示，各地把已经暴露的党员和进步分子陆续撤退到解放区。据不完全统计，从上海撤到解放区的约有2000人，北平撤出的有1000人，天津撤出的有200多人。

另外，为了团结民族资产阶级和城市工商业者，1947年12月25日，中共中央在陕北杨家沟召开扩大会议，毛泽东在会上明确指出：“新民主主义革命所要消灭的对象，只是封建主义和垄断资本主义，只是地主阶级和官僚资产阶级（大资产阶级），而不是一般地消灭资本主义，不是消灭上层小资产阶级和中等资产阶级。”他认为，“由于中国经济的落后性，广大的上层小资产阶级和中等资产阶级所代表的资本主义经济，即使革命在全国胜利以后，在一个长时期内，还是必须允许它们存在；并且按照国民经济的分工，还需要它们中一切有益于国民经济的部分有一个发展；它们在整个国民经济中，还是不可缺少的一部分”。会上，他提出“新民主主义国民经济的指导方针，必须紧紧追随着发展生产、繁荣经济、公私兼顾、劳资两利这个总目标”。之后，他又再三强调“一切民族资产阶级经营的企业，严禁侵犯”[②]。

所有这些政策方针都极大地团结了各方面进步人士，巩固和扩大了中国共产党领导的民族统一战线，使得蒋介石和国民党政府在政治上完全陷于孤立，有力地支持了人民解放战争的军事前线。其意义正如毛泽东所说：“党在国民党区域的工作，有了很大的成绩，这表现在各大城市中争取了广大的工人、学生、教员、教授、文化人、市民和民族资本家站在我党方面，争取了一切民主党派、人民团体站在我党方面，抗拒了国民党的压迫，使国民党完全陷于孤立。”[③]

---

① 《周恩来选集》（上卷），人民出版社1980年版，第311—312页。
② 《毛泽东选集》（第4卷），人民出版社1991年版，第1254—1256、1323—1324页。
③ 《毛泽东选集》（第4卷），人民出版社1991年版，第1344页。

四、伟大的战略决战和国民党反动统治的覆灭

人民解放战争进入战略进攻阶段之后，各战场歼敌人数迅速地增多。到1948年3月中旬，已经消灭国民党军队200余万人。在这种情况下，毛泽东估计“五年左右（一九四六年七月算起）消灭国民党全军的可能性是存在的”[①]。3月23日，中共中央东渡黄河，前往晋察冀根据地。渡过黄河后，毛泽东对战争形势的判断进一步明确。他曾对杨尚昆说：“同蒋介石的这场战争，可能要打六十个月，六十个月者，五年也。这六十个月又可分为两个三十个月：前三十个月是我们‘爬坡’、‘到顶’，也就是打到我们占优势；后三十个月，叫做‘传檄而定’，那时候，我们是‘下坡’，有的时候不用打仗，喊一声，敌人就投降了！”[②] 为了加快解放战争进程，4月30日至5月7日，中共中央在河北省阜平县城南庄召开了书记处扩大会议。会上，毛泽东提出“军队向前进，生产长一寸，加强纪律性”三项任务。其间，他在听取了陈毅、粟裕的意见后，同意粟裕兵团暂不渡江南进，而先集中兵力在中原黄淮地区打大仗。[③] 这为之后的战略决战创造了有利条件。

城南庄会议之后，随着解放战争取得节节胜利，敌我之间的差距进一步缩小。到1948年6月中旬，国民党军队锐减至365万人，而人民解放军总兵力已经发展到280万人。当时，为了避免被包围歼灭，国民党军队被迫放弃“全面防御”和“分区防御”的计划，而以精锐部队为核心，将主要兵力集中于东北、华北、华东、中原、西北五个战场，试图依靠坚固设防，控制全国主要地区。在这种情况下，中共中央决定发起战略决战。1948年9月8日至13日，中共中央在西柏坡召开政治

---

① 《毛泽东选集》（第4卷），人民出版社1991年版，第1302—1303页。

② 《杨尚昆回忆录》，人民出版社2007年版，第257页。

③ 中共中央文献研究室编《毛泽东年谱（1893—1949）》（修订本）（下卷），中央文献出版社2013年版，第307—308页。

局扩大会议（又称“九月会议”）。会上，毛泽东明确提出：“我们的战略方针是打倒国民党，战略任务是军队向前进，生产长一寸，加强纪律性，由游击战争过渡到正规战争，建军五百万，歼敌正规军五百个旅，五年左右根本上打倒国民党。”① 经过讨论，会议要求做好打若干次带决定性的大会战的准备。鉴于当时国民党总兵力的70%主要集中在长江以北、华北及东北地区作战，因此，会议决定人民解放军在战争第三年仍全部在长江以北、华北及东北地区。这为人民解放军与国民党军进行战略决战作了重要准备和动员。

九月会议后，为了完成预定战略目标，人民解放军先后在东北、华东、中原、华北和西北战场发起了秋季攻势。其中，济南战役拉开了人民解放战争战略决战的序幕。当时，济南地处津浦、胶济两铁路的交汇点，是连接华东、东北地区的枢纽，地理位置十分重要。为了守卫济南，国民党政府一方面命令第2绥靖区司令王耀武率领11万余人重兵固守，另一方面调遣徐州及其附近地区的三个兵团17万人准备北援。鉴于此，毛泽东指示华东野战军前线部队在组织部队攻城的时候，要部署足够兵力打击敌人援军，指出：“如果以多数兵力打济南，以少数兵力打援敌，则因援敌甚多，势必阻不住，不能歼其一部，因而不能取得攻济的必要时间，则攻济必不成功。”② 根据中央军委指示的战略方针，华东野战军以6个半纵队配属特种兵纵队共14万人，组成攻城集团，而以8个半纵队共18万人，组成阻援、打援集团。9月16日，华东野战军攻城部队在许世友、谭震林的指挥下发起济南战役。当天晚上，攻城部队分为东、西两兵团，以突然动作迅速突破济南外围防线。19日，国民党第96军军长吴化文率3个旅2万余人起义，解放军乘势进攻。23日晚，东、西两兵团同时向内城发起总攻。至24日黄昏，歼灭内城守敌10.4万人，生俘王耀武等23名国民党高级将领。济南战役开创了人民解放军攻坚并解放大城市的新纪录，使华北和华东各解放区连成一

① 《毛泽东文集》（第5卷），人民出版社1996年版，第133页。
② 《毛泽东文集》（第5卷），人民出版社1996年版，第151页。

片。这标志着国民党“重点防御”体系总崩溃的开始，在国内外舆论界产生了很大震动。9 月 30 日，新华社发表毛泽东修改审定的社论，指出：“胜利影响已动摇了蒋介石反动军队的内部。这是两年多革命战争发展中给予敌人最严重的打击之一。”[①] 9 月 26 日，美联社评论道：“自今而后，共产党要到何处，就到何处，要攻何城，就攻何城，再没有什么阻挡了。”同一天，日本《朝日新闻》写道：“中国的内战进入了一个极重要的阶段。”[②] 随着济南战役拉开战略决战序幕，中共中央又先后发起了辽沈、淮海、平津三大战役。

三大决战首先从东北开始。当时，东北地区的国民党部队共有 55 万余人，由东北“剿总”司令卫立煌率领，主要驻守锦州、沈阳、长春三大城市，且被分割孤立，物资供应主要依靠空投。而林彪、罗荣桓、刘亚楼等人率领的东北野战军有 100 余万人，物资装备比较充分。鉴于歼灭敌军的时机已经成熟，1948 年 9 月 7 日，毛泽东提出“争取将卫立煌全军就地歼灭”的战役总目标，命令东北野战军主力南下，攻克锦州，从而造成“关门打狗”之势。为全歼国民党在东北的守军，他要求东北野战军确立打“前所未有的大歼灭战的决心”，指出：“你们的中心注意力必须放在锦州作战方面，求得尽可能迅速地攻克该城。即使一切其他目的都未达到，只要攻克了锦州，你们就有了主动权，就是一个伟大的胜利。”[③]

根据中共中央军委部署，东北野战军发起辽沈战役。9 月 12 日，东北野战军先包围了锦州南北两面的绥中、兴城和义县，并向这些地区的守军发起进攻。与此同时，东北野战军以 5 个纵队又一个师，以及炮兵纵队主力、一个坦克营，完成对锦州的合围。为了防止被敌军反包围，东北野战军在塔山、虹螺岘一线，以及黑山、大虎山一线，浴血奋

① 中共中央文献研究室编《毛泽东年谱（1893—1949）》（修订本）（下卷），中央文献出版社 2013 年版，第 346—347 页。

② 金冲及主编《毛泽东传（1893—1949）》，中央文献出版社 2004 年版，第 899—900 页。

③ 《毛泽东选集》（第 4 卷），人民出版社 1991 年版，第 1335、1336、1337 页。

战，阻击敌人援军，使敌军无法推进。10月14日，在韩先楚、邓华等人指挥下，东北野战军攻城部队共25万人，向锦州发起总攻。经过31小时激战，于15日晚，攻克锦州，全歼守敌近9万人，俘虏东北“剿总”副司令范汉杰。锦州被攻克后，进出东北的大门被东北野战军牢牢控制。这使得驻守沈阳、长春的国民党军队惊慌失措，进退失据。对此，范汉杰被俘后说：“这一着非雄才大略之人是作不出来的，锦州好比一条扁担，一头挑东北，一头挑华北，现在是中间折断了。”①

面对人民解放军的重兵包围，10月17日，国民党第60军军长曾泽生率部2.6万人悄然撤防，将长春市区东半部完全交给解放军。10月19日，东北“剿总”副司令郑洞国被迫率部投降，长春和平解放。为了稳住阵脚，蒋介石亲自到东北督战，将杜聿明由徐州调到沈阳，任东北“剿总”副司令，并严令廖耀湘兵团继续向锦州、营口方向前进。当敌军在南下和回撤之间徘徊时，10月26日，东北野战军将廖耀湘兵团合围于黑山、大虎山、新民地区，经两日一夜的激战，全歼该敌10万余人，俘虏敌兵团司令廖耀湘，取得了辽沈战役的决定性胜利。廖耀湘兵团是国民党军队的精锐所在，其所辖新一军、新六军均属于国民党军队的主力部队，装备精良，颇具战斗力。廖耀湘兵团被歼灭，使东北国民党军队斗志全无、四处溃逃。11月2日，沈阳、营口宣告解放，辽沈战役遂落下帷幕。

辽沈战役历时52天，歼敌47.2万人。这使国民党军队遭受重创，士气十分低落，蒋介石也因此在北平和南京两次吐血。更为重要的是，经过辽沈战役，敌我力量对比发生了根本性的变化，人民解放军总数量达到310万人，而国民党军队的数量降到290万人。人民解放军不仅在质量上占有优势，而且在数量上也超过了国民党军队。这对于全国的解放具有重要的意义。为此，毛泽东在1948年11月14日新华社评论中这样写道：“中国的军事形势现已进入一个新的转折点，即战争双方力

① 韩先楚：《东北战场与辽沈战役》，载《辽沈决战》（上），人民出版社1988年版，第127页。

量对比已经发生了根本的变化。人民解放军不但在质量上早已占有优势，而且在数量上现在也已经占有优势。这是中国革命的成功和中国和平的实现已经迫近的标志。”①

辽沈战役胜利后，东北解放区成为全国解放战争的巩固的后方，东北野战军也成为全国性的战略机动部队。在这种背景下，在辽沈战役结束后的第 4 天，为了防止华北的傅作义集团南逃，华东野战军、中原野战军及部分地方部队，于 11 月 6 日发起了淮海战役。

当时，国民党部队主要集中在以徐州为中心的陇海和津浦路沿线，呈“十”字形铺开，由国民党徐州“剿总”司令刘峙指挥，下辖邱清泉、黄百韬、李弥、孙元良 4 个兵团，以及冯治安、刘汝明、李延年 3 个绥靖区。加上后来北上增援的黄维兵团，总兵力达到 80 万人。国民党部队虽然在总兵力及武器装备方面居于优势，但是，从战争的总体部署来看，却是“到处挨打”的态势。时任徐州“剿总”副司令的杜聿明就十分悲观地说：“自徐州至蚌埠间二百多公里的铁路两侧，摆了数十万大军，既弃置徐州既设永久工事而不守（徐州那样庞大纵深的据点工事，只留一两个军，几乎等于不守），又将各兵团置于铁路两侧毫无既设永久阵地的一条长形地带，形成鼠头蛇尾、到处挨打的态势。据我了解，古今中外的战史还找不到这样一种集中会战的战略先例。”②

面对为数众多的敌军，为了牵制和消灭徐州之敌，中共中央军委调动了华东野战军和中原野战军两支大军，以及地方武装，共 60 万人投入战斗。为了加强领导，11 月 16 日，中共中央决定，由刘伯承、陈毅、邓小平、粟裕、谭震林组成总前敌委员会，以邓小平为书记，统一指挥作战。两大野战军联合作战，使得人民解放军的战斗力大为提高，为淮海战役胜利作了重要准备。正如毛泽东所说：“两个野战军联合在

① 《毛泽东选集》（第 4 卷），人民出版社 1991 年版，第 1360、1361 页。

② 杜聿明：《淮海战役始末》，载《淮海战役亲历记》，文史资料出版社 1983 年版，第 10 页。

一起，就不是增加一倍力量，而是增加了好几倍的力量。”①

淮海战役共分为三个阶段。其中，第一阶段，自 11 月 6 日至 22 日，其作战重心是歼灭集结于新安镇、阿湖一线的黄百韬兵团。黄百韬兵团所属部队共有 12 万人，最初这支部队驻扎在徐州和海州之间、运河以东的新安镇。11 月 6 日战斗打响后，该部队为了等待西撤的第 44 军，直到第二天才撤出新安镇。在向徐州方向西逃的途中，又因为道路拥挤，行动迟缓。恰在此时，中共地下党员、国民党第 3 绥靖区副司令官何基沣和张克侠率部 2. 3 万人在贾汪、台儿庄地区起义，为华东野战军直插徐州近郊、截断黄百韬兵团后路创造了条件。当黄百韬兵团被迫撤回碾庄时，各路解放军已对其完成包围之势。19 日，华东野战军强攻碾庄圩，22 日全歼第七兵团，黄百韬兵败自杀。与此同时，中原野战军也于 15 日攻克了宿县，彻底切断了徐州守敌向南撤退到蚌埠的退路。这样徐州守敌就成了一支身陷重围的孤军，危机四伏。

淮海战役第二阶段，自 11 月 23 日至 12 月 15 日，其作战目标是歼灭黄维兵团。黄维兵团共 12 万人，是蒋介石嫡系部队中的精锐之师，其中第 18 军号称蒋介石的五大主力之一。为了挽救黄百韬兵团，蒋介石命黄维兵团由确山和驻马店出兵。按照“围三缺一，网开一面，虚留生路，暗设口袋”的作战方针，中原野战军、华东野战军 11 个纵队协同作战，于 25 日将黄维兵团围困于双堆集地区。12 月 6 日至 15 日，解放军发起总攻，全歼黄维兵团，黄维被俘。黄维兵团被围困和歼灭，使徐州的杜聿明集团彻底失去了希望，被迫南撤突围，在这个过程中，华东野战军加紧围击，最终将这支 30 万人的部队围堵在陈官庄地区，为之后合围歼灭创造了条件。

淮海战役第三阶段，自 12 月 16 日至 1949 年 1 月 10 日，其作战目标是歼灭杜聿明部。杜聿明集团被围于陈官庄一带之后，鉴于平津战役已经打响，为了防止华北傅作义集团逃窜，淮海战役前线部队一度暂停

---

① 李达：《回顾淮海战役中的中原野战军》，载《李达军事文选》，解放军出版社 1993 年版，第 283 页。

对杜聿明集团的进攻，而是采取了政治攻势，劝其投降。待平津战场完成对傅作义集团的分割包围之后，1949 年 1 月 6 日，解放军发起总攻，于 1 月 10 日全歼杜聿明集团，生俘杜聿明，胜利结束淮海战役。

淮海战役历时 66 天，共歼灭敌军 55.5 万人，是三大战役中唯一的以少胜多的战役。这使得长江以北的华东和中原地区基本获得解放，并同华北解放区连成一片。对于淮海战役胜利的意义，毛泽东给予了很高评价。他说："淮海战役既然消灭了南线国民党军的主力，这就奠定了你们渡江南进夺取国民党匪巢南京，并解放江南各省的巩固的基础。"①

正当淮海战役胜利发展之际，东北野战军、华北军区第 2、第 3 兵团及部分地方部队共 100 万人，在北平、天津、张家口地区，联合发动了平津战役。平津战役的目标在于就地消灭华北傅作义集团。傅作义集团共有 4 个兵团、12 个军，连同地方部队，共 60 多万人。当时，其主力部队摆成一字长蛇阵，主要分布在东起山海关、西至张家口共 500 余公里的狭长地带上。考虑到傅作义集团有可能南逃或西窜，辽沈战役结束后不久，中共中央军委就急令东北野战军 80 万余人，提前结束休整，隐蔽挥师入关。后来为了加强领导，中共中央决定成立由林彪、罗荣桓、聂荣臻组成的平津前线总前委，以林彪为书记，统一指挥平津战役。

1948 年 11 月 29 日，杨成武率领华北军区第 3 兵团包围了张家口，率先打响了平津决战的第一枪。张家口是傅作义集团西逃的必经之地。得知张家口被围后，傅作义急忙命令其最精锐的嫡系主力第 35 军郭景云部和第 104 军的一个师，分别乘坐汽车、火车前往增援。但是，此时东北野战军先遣兵团突然出现在北平东北，并占领密云。在这种情况下，为保卫北平，傅作义又被迫命令第 35 军回撤，并命怀来、南口的第 104 军、第 16 军向西接应。结果第 35 军被华北军区第 2 兵团 6 万余人包围于新保安，前往接应的部队也被歼灭。这样一来，傅作义的主力

① 《毛泽东文集》（第 5 卷），人民出版社 1996 年版，第 240 页。

部队被围困于张家口、新保安、北平、天津、塘沽，陷入首尾不顾、欲逃无路的绝境。

12 月 11 日，毛泽东在为中共中央军委起草给林彪、罗荣桓的电文中，进一步明确了平津战役的作战方针，指出："我们的真正目的不是首先包围北平，而是首先包围天津、塘沽、芦台、唐山诸点。""只要塘沽（最重要）、新保安两点攻克，就全局皆活了。""唯一的或主要的是怕敌人从海上逃跑。因此，在目前两星期内一般应采围而不打或隔而不围的办法。"[①] 根据毛泽东"先取两头、后打中间""围而不打""隔而不围"的部署，12 月 22 日，杨得志指挥华北军区第 2 兵团向新保安发起进攻，第 35 军被全歼，军长郭景云兵败自杀。该军是傅作义赖以起家的"王牌"部队。据该军副军长王雷震回忆："第三十五军本来是一支战斗力较强的部队，但在八年抗日战争以后投入内战，士气就开始低落，出现厌战情绪，军官请长假，士兵要回家，都难以说服。"[②]

第 35 军被歼灭，使傅作义集团的其他部队军心大乱，士气日趋低落。12 月 23 日，华北军区杨成武兵团解放了张家口。1949 年 1 月 14 日，人民解放军围城部队集中 22 个师 34 万人和 1260 门大炮，对天津发起强攻。按照"东西对进，拦腰斩断，先南后北，先吃肉后啃骨头"的作战部署，攻城部队经过 29 小时鏖战，胜利攻克天津，全歼守敌 13 万人，俘获天津警备司令陈长捷。天津解放后，为使古都免遭战火，毛泽东力争通过和平方式解放北平。在解放军强大攻势之下，经过地下党耐心细致的工作，傅作义最终于 1 月 21 日与中国共产党达成《关于和平解决北平问题的协议》，同意接受和平改编。1 月 31 日，人民解放军进入北平，北平宣告和平解放。平津战役也就此取得最终胜利。平津决战历时 64 天，歼灭和改编国民党军 52 余万人，基本上解放了华北全境。

---

① 《毛泽东选集》（第 4 卷），人民出版社 1991 年版，第 1364—1366 页。

② 王雷震：《第三十五军在新保安被歼纪实》，载《平津战役亲历记》，中国文史出版社 1989 年版，第 58 页。

同时，平津战役中产生的“天津方式”、“北平方式”和“绥远方式”，为之后解决国民党军队问题提供了借鉴。对此，毛泽东给予了很高评价，他说：“辽沈、淮海、平津三战役以后，国民党军队的主力已被消灭。国民党的作战部队仅仅剩下一百多万人，分布在新疆到台湾的广大的地区内和漫长的战线上。今后解决这一百多万国民党军队的方式，不外天津、北平、绥远三种。”①

三大战役共历时 142 天、歼敌 154 万余人。这在根本上歼灭了国民党部队的主力。之后，国民党的兵力虽然尚有 204 万人，但在战略上已经失去了有效的防御能力。而与此同时，人民解放军已经发展到 350 万余人，在力量对比上占有巨大优势。这都为全国性胜利的到来创造了条件。

面对军事上的接连失败，蒋介石和国民党政府接连抛出“和谈”烟幕。在这种背景下，1948 年 12 月 30 日，毛泽东亲自为新华社撰写题为《将革命进行到底》的新年献词，向全国民众公开宣布了中国共产党推翻国民党政权、建立人民民主专政的共和国的决心，指出：“已经有了充分经验的中国人民及其总参谋部中国共产党，一定会像粉碎敌人的军事进攻一样，粉碎敌人的政治阴谋，把伟大的人民解放战争进行到底。”② 考虑到当时不少人民群众并没有认清这一点，并且和平也是人民群众的利益所在，中共中央还是决定在有条件的基础上同国民党进行谈判。为此，1949 年 1 月 14 日，毛泽东在关于时局的声明中，提出了和谈的八项条件。

1 月 21 日，蒋介石宣布下野后，由李宗仁任代总统。他对和谈采取了积极的态度。根据国共双方达成的协议，1949 年 4 月 1 日，北平和谈正式开始。15 日，中共代表团在广泛听取国民政府代表团提出的意见后，提出了《国内和平协定最后修正案》8 条 24 款。16 日，南京政府谈判代表黄绍竑和顾问屈武携带《国内和平协定》文本，飞回南京

① 《毛泽东选集》（第 4 卷），人民出版社 1991 年版，第 1424—1425 页。
② 《毛泽东选集》（第 4 卷），人民出版社 1991 年版，第 1372、1375—1380 页。

请示签字。4 月 20 日夜，在协定签字期限的最后时刻，李宗仁、何应钦复电张治中并各代表，表示拒绝接收《国内和平协定》。鉴于和谈破裂，4 月 21 日，中国人民革命军事委员会主席毛泽东和中国人民解放军总司令朱德发布向全国进军的命令，指出："奋勇前进，坚决、彻底、干净、全部地歼灭中国境内一切敢于抵抗的国民党反动派，解放全国人民，保卫中国领土主权的独立和完整。"① 4 月 20 日夜至 21 日，在以邓小平为书记的总前委统一指挥下，第二、第三野战军和第四野战军先遣兵团和中原军区部队发起了渡江战役。在江北人民的支援和江南游击队的策应下，人民解放军百万雄师分中、东、西三路，在西起九江东北的湖口，东至江阴，长达 500 余公里的战线上，强渡长江，使国民党军队苦心经营了 3 个多月的长江防线顷刻土崩瓦解。

在渡江战役进行的关键时刻，侵入中国内河长江的"紫石英"号等 4 艘英国军舰驶入人民解放军防区，并不顾警告强行溯江行驶，引发双方激烈炮战。炮战中，中国人民解放军伤亡 252 人，"紫石英"号军舰也被人民解放军击伤，搁浅镇江江面，其余 3 艘英国军舰仓皇逃离。事发后，英国政府强词夺理为英舰暴行进行辩护，甚至扬言要进行军事报复。对此，中国人民解放军总部发表声明，严词批驳，指出："长江是中国的内河，你们英国人有什么权利将军舰开进来？没有这种权利。中国的领土主权，中国人民必须保卫，绝对不允许外国政府来侵犯。"② 这一严正立场极大地鼓舞了人民解放军指战员的士气，增强了海内外中国人的自信心和爱国心。著名化学家傅鹰教授当时正在美国，正是在了解了人民解放军的坚定态度后，他才下决心回国。他说："我这一辈子见过革命不止一次。我想：是真革命，就回去；假革命，就不回去。等到大军南下，过江时打了英国炮舰一炮，我看到了这消息大吃一惊，怕这回又要来个道歉，革命也要到此为止了。等到第二天打开报纸，周恩来发表声明，不但没有道歉，反而提出抗议，骂了英国一通。我这才相

① 《毛泽东选集》（第 4 卷），人民出版社 1991 年版，第 1451 页。
② 《毛泽东选集》（第 4 卷），人民出版社 1991 年版，第 1460—1461 页。

信是真革命，决定回国。”[①]

国民党军队的长江防线被突破后，国民党政府留在南京的许多机构迁移广州，代总统李宗仁逃往桂林。4 月 23 日，人民解放军占领国民党政府的统治中心南京，标志着国民党在大陆统治的崩溃。4 月 25 日，毛泽东在香山双清别墅凉亭中读报，当他看到天津《进步日报》关于南京解放的新闻报道时，兴奋不已，随即写下了《七律 · 人民解放军占领南京》：“钟山风雨起苍黄，百万雄师过大江。虎踞龙盘今胜昔，天翻地覆慨而慷。宜将剩勇追穷寇，不可沽名学霸王。天若有情天亦老，人间正道是沧桑。”

人民解放军占领南京后，又相继解放了无锡、镇江、杭州、武汉、九江、南昌。5 月 27 日，解放上海。6 月 2 日，解放长江口的崇明岛。至此，渡江战役历时 42 天、共歼敌 43 万余人，胜利结束。这为解放全华东及向中南、西南地区进军创造了条件。与此同时，华北军区部队和第四野战军一部在 4 月下旬至 5 月上旬，先后占领太原、大同、安阳、新乡等地，基本解放华北全境。5 月 20 日，第一野战军占领西安和陕西中部部分县城，为随后向甘、青、宁、新进军扫清了障碍。

渡江战役后，人民解放战争进入战略追击阶段。7 月 16 日，毛泽东和中共中央根据客观情势的需要，提出了“大迂回”“大包围”的作战方针。毛泽东认为，白崇禧部“本钱小，极机灵，非万不得已决不会和我作战”，对其作战方法，“均不要采近距离包围迂回方法，而应采取远距离包围迂回方法，方能掌握主动，即完全不理白部的临时部署，而远远地超过他，占领他的后方，迫其最后不得不和我作战”[②]。根据这一作战方针，人民解放军第一、第二、第四野战军迅速地歼灭了胡宗南、白崇禧等部。据统计，至 1949 年 7 月，人民解放军在三年解放战争中共伤亡 143 万人，共消灭敌人 569 万人，其中，消灭敌人正规编制的军队 495 个师，连非正规部队加在一起，共消灭敌人 2150 个团，俘

---

① 王澈：《傅鹰教授一席谈》，《人民日报》1957 年 5 月 25 日。

② 《毛泽东文集》（第 5 卷），人民出版社 1996 年版，第 308—309 页。

虏的将级军官，加上上校级的师长，达到 927 人。同时还缴获了大量武器与弹药。[①] 之后，为迅速肃清残余的国民党军队，人民解放军又继续向尚未解放的地区进军。到 1950 年 6 月，解放了除西藏、台湾和少数几个岛屿以外的全部中国领土。

随着党领导的人民革命在全国胜利已成定局，建立新中国的任务被提上日程。

① 《周恩来选集》（上卷），人民出版社 1980 年版，第 346—347 页。

第六章

“中国人从此站立起来了”与新政权的巩固

1949年10月1日下午，首都北京30万军民在天安门广场隆重举行开国大典。毛泽东庄严宣告：“中华人民共和国中央人民政府今天成立了。”中华人民共和国的成立，揭开了中国历史新的篇章。领导和组织人民革命取得胜利的中国共产党，成为在全国范围执掌政权的党，党的历史也揭开了新的篇章。新中国成立后，为了巩固新生的人民政权，党和政府成功进行了稳定物价和统一财经的重大斗争，组织并取得了抗美援朝战争的伟大胜利，推进土地制度改革和其他民主改革，开展“三反”“五反”斗争，恢复和发展国民经济，有力地巩固了新政权的根基。

一、“中国的历史，从此开辟了一个新的时代”

在整个抗日战争时期，中华民国国民政府是中国唯一的合法中央政权，中国国民党作为第一大党居于统治地位。中国共产党、中国民主同盟等其他政党与国民党合作，共同接受国民政府的领导。抗战胜利前夕，中共中央衡诸自身实力和现状，希望国民政府进行改组，容纳中共等各抗日党派，成立“联合政府”。

1946年1月，以国民党为首，吸收中国共产党、中国民主同盟等各党各派及社会贤达，召开政治协商会议，擘画中国未来的民主化政治架构。这次会议，经过激烈争论，最终通过施政纲领、宪法草案等一系列原则，决定改组现有的中央政府，召开立宪国民大会，整编全国军队，实行军党分立、军民分治、以政治军以及议会制、内阁制、地方自治、民选省长等原则。政治协商会议通过的上述诸多民主化原则，意味着国民党的许多部门必须从既得政治利益中拿出一部分，来与其他政党分享，这是他们无法容忍的。政治协商会议结束半年后，国民党发动全面内战。以国民党为主导，建立“联合政府”的这次尝试，以失败告终。但让人始料不及的是，这次内战很快朝着有利于共产党的方向疾速发展。1947 年底，晋察冀部队攻占石家庄，首开解放军攻坚大城市的先例，华北解放区连成一片。之后，晋冀鲁豫野战军再次占领洛阳，西北野战军夺回延安，东北野战军通过冬季攻势把国民党军压缩于长春、沈阳、锦州三个孤立的城市，华东野战军也捷报频传。从军队人数来看，国民党军已经由内战爆发之初的 430 万人下降到 365 万人，解放军则从 127 万人增长到 280 万人；从武器装备来看，得益于东北根据地雄厚的重工业和军事工业，解放军补充到大量的枪弹、大炮，与国民党军队的实力空前接近。到 1948 年上半年，共产党胜、国民党败的形势，几无悬念。

随着全国性革命胜利日益临近，中共中央加快了筹建新中国的步伐。中共中央离开陕北，到达河北省阜平县城南庄，就近领导日益高涨的革命潮流。1948 年 4 月 30 日，中共中央讨论通过“庆祝五一节口号”，并指定新华社当天播发。《晋察冀日报》、晋冀鲁豫解放区《人民日报》、《东北日报》及在香港主办的《华商报》随后公开刊载。“庆祝五一节口号”共 23 条，其中第 5 条写道：“各民主党派、各人民团体、各社会贤达迅速召开政治协商会议，讨论并实现召集人民代表大会，成立民主联合政府”。[1] 毛泽东亲自加写的这条口号，可谓中国共产党审时度势、吹响独立领导建国的冲锋号。

---

① 《中国共产党中央委员会发布五一劳动节口号》，《晋察冀日报》1948 年 5 月 1 日。

对于中国共产党领导建立“民主联合政府”的号召，当时中国的民主党派、无党派民主人士反应热烈。5 月 5 日，李济深、何香凝、沈钧儒、章伯钧、马叙伦等人致电毛泽东，称赞五一劳动节口号“适合人民时势的要求，尤符同人等之本旨”①。从 1948 年 8 月起，在地下党的秘密安排下，大批民主人士通过各种途径，来到解放区。关于新中国的性质，1948 年 9 月，毛泽东强调新中国的国体是“无产阶级领导的以工农联盟为基础的人民民主专政”。他说：“我们是人民民主专政，各级政府都要加上‘人民’二字，各种政权机关都要加上‘人民’二字，如法院叫人民法院，军队叫人民解放军，以示和蒋介石政权不同。我们有广大的统一战线，我们政权的任务是打倒帝国主义、封建主义和官僚资本主义，要打倒它们，就要打倒它们的国家，建立人民民主专政的国家。”②

1949 年 3 月 5 日，在党的七届二中全会上，他重申了建立人民民主专政的新中国的目标，并宣布党的工作重心由乡村移到城市，指出：“从现在起，开始了由城市到乡村并由城市领导乡村的时期。党的工作重心由乡村移到了城市。”会上，他还阐明了全国胜利以后党的政治、经济、外交政策，并提出“两个务必”口号。他说：“夺取全国胜利，这只是万里长征走完了第一步。如果这一步也值得骄傲，那是比较渺小的，更值得骄傲的还在后头。在过了几十年之后来看中国人民民主革命的胜利，就会使人们感觉那好像只是一出长剧的一个短小的序幕。剧是必须从序幕开始的，但序幕还不是高潮。中国的革命是伟大的，但革命以后的路程更长，工作更伟大，更艰苦。这一点现在就必须向党内讲明白，务必使同志们继续地保持谦虚、谨慎、不骄、不躁的作风，务必使同志们继续地保持艰苦奋斗的作风。”最后，他满怀信心地指出：“我

① 中共中央文献研究室编《毛泽东年谱（1893—1949）》（修订本）（下卷），中央文献出版社 2013 年版，第 307 页。

② 《毛泽东文集》（第 5 卷），人民出版社 1996 年版，第 135—136 页。

们不但善于破坏一个旧世界，我们还将善于建设一个新世界。”① 为了防止党员干部骄傲自满、腐化变质，会议还根据毛泽东的提议，通过了六条规定：“一、不做寿；二、不送礼；三、少敬酒；四、少拍掌；五、不以人名作地名；六、不要把中国同志和马、恩、列、斯平列。”

1949 年 3 月 23 日上午，毛泽东率领中共中央机关离开西柏坡向北平进发。临行前，毛泽东对周恩来说：“今天是进京‘赶考’的日子，不睡觉也高兴啊。今天是进京‘赶考’嘛。进京‘赶考’去，精神不好怎么行呀？”周恩来说：“我们应当都能考试及格，不要退回来。”毛泽东说：“退回去就失败了。我们决不当李自成，我们都希望考个好成绩。”② 3 月 25 日，毛泽东等中央领导人与中央机关、人民解放军总部进驻北平。党中央和毛泽东进驻北平香山，标志着中国革命重心从农村转向城市。这里成为领导解放战争走向全国胜利、新民主主义革命取得伟大胜利的总指挥部。

为了使参加新政治协商会议的代表能够安然到达，在中共中央和周恩来的指挥下，在中共中央香港分局、香港工委的周密组织下，李济深、沈钧儒、谭平山、蔡廷锴、章伯钧、郭沫若、马叙伦、茅盾、黄炎培、马寅初等民主人士从香港和国民党统治区秘密前往解放区，之后相继到达北平。

随着参加新政治协商会议的代表相继到达北平，6 月 15 日至 19 日，新政协筹备会第一次会议在北平召开。参加这次会议的代表共 134 人，包括中国共产党和各民主党派、各人民团体、各界民主人士、国内少数民族、海外华侨等 23 个单位。会上，毛泽东指出：“这个筹备会的任务，就是：完成各项必要的准备工作，迅速召开新的政治协商会议，成立民主联合政府。”他认为“中国的革命是全民族人民大众的革命，除了帝国主义者、封建主义者、官僚资产阶级分子、国民党反动派及其帮凶们而外，其余的一切人都是我们的朋友，我们有一个广大的和巩固

---

① 《毛泽东选集》（第 4 卷），人民出版社 1991 年版，第 1427、1438、1439 页。
② 阎长林：《在大决战的日子里》，中国青年出版社 1986 年版，第 224—225 页。

的革命统一战线。”针对外国列强有可能干扰甚至干涉中国人民的解放事业，他强调，“中国必须独立，中国必须解放，中国的事情必须由中国人民自己作主张，自己来处理，不容许任何帝国主义国家再有一丝一毫的干涉”。同时，他阐明了新中国的基本外交方针政策，指出：“我们所反对的只是帝国主义制度及其反对中国人民的阴谋计划。任何外国政府，只要它愿意断绝对于中国反动派的关系，不再勾结或援助中国反动派，并向人民的中国采取真正的而不是虚伪的友好态度，我们就愿意同它在平等、互利和互相尊重领土主权的原则的基础之上，谈判建立外交关系的问题。”最后，他豪迈地宣布：“中国人民将会看见，中国的命运一经操在人民自己的手里，中国就将如太阳升起在东方那样，以自己的辉煌的光焰普照大地，迅速地荡涤反动政府留下来的污泥浊水，治好战争的创伤，建设起一个崭新的强盛的名副其实的人民共和国。”①

根据组织条例规定，筹备会设常委会，并选出毛泽东任常委会主任，周恩来、李济深、沈钧儒、郭沫若、陈叔通为副主任。常委会下设六个小组，分别完成下列各项任务：一、拟定参加新政治协商会议的单位及其代表名额；二、起草新政治协商会议组织条例；三、起草共同纲领；四、拟定中华人民民主共和国政府方案；五、起草宣言；六、拟定国旗、国歌及国徽方案。其中，第三小组负责起草《中国人民政治协商会议共同纲领》（以下简称《共同纲领》），由周恩来担任组长。

6月底，为了进一步阐明新中国的性质，毛泽东用两天时间撰写了《论人民民主专政》。在文章中，毛泽东强调，新中国之所以要实行人民民主专政不是偶然的，这是五四运动以后中国革命发展的必然结果，指出：“中国人民在几十年中积累起来的一切经验，都叫我们实行人民民主专政。”在他看来，人民的涵盖范围比较广泛，在中国现阶段，包括工人阶级、农民阶级、城市小资产阶级和民族资产阶级。这些阶级在工人阶级和共产党的领导之下，团结起来，组成自己的国家，选举自己

① 《毛泽东选集》（第4卷），人民出版社1991年版，第1463、1465—1467页。

的政府，“向着帝国主义的走狗即地主阶级和官僚资产阶级以及代表这些阶级的国民党反动派及其帮凶们实行专政”，对于人民内部，则实行民主制度，“这两方面，对人民内部的民主方面和对反动派的专政方面互相结合起来，就是人民民主专政”。回顾中国共产党28年的历史，他指出：“总结我们的经验，集中到一点，就是工人阶级（经过共产党）领导的以工农联盟为基础的人民民主专政。”①

经过充分酝酿和准备，9月21日，中国人民政治协商会议在北平召开。参加会议代表总数662人，各单位正式代表510人，候补代表77人，特别邀请代表75人。毛泽东致开幕词，庄严宣告“占人类总数四分之一的中国人从此站立起来了”。他说：“我们的民族将从此列入爱好和平自由的世界各民族的大家庭，以勇敢而勤劳的姿态工作着，创造自己的文明和幸福，同时也促进世界的和平和自由。我们的民族将再也不是一个被人侮辱的民族了，我们已经站起来了。”考虑到当时全国尚未解放，召开全国人民代表大会尚不具备条件，他还郑重宣布，由中国人民政治协商会议执行全国人民代表大会的职权，肩负起筹建新中国的各项责任，指出：“现在的中国人民政治协商会议是在完全新的基础之上召开的，它具有代表全国人民的性质，它获得全国人民的信任和拥护。因此，中国人民政治协商会议宣布自己执行全国人民代表大会的职权。中国人民政治协商会议在自己的议程中将要制定中国人民政治协商会议的组织法，制定中华人民共和国中央人民政府的组织法，制定中国人民政治协商会议的共同纲领，选举中国人民政治协商会议的全国委员会，选举中华人民共和国中央人民政府委员会，制定中华人民共和国的国旗和国徽，决定中华人民共和国国都的所在地以及采取和世界大多数国家一样的年号。”②

在充分讨论的基础上，会议讨论通过《共同纲领》。这个《共同纲领》作为中国人民的大宪章，在一个时期内起着临时宪法的作用。

---

① 《毛泽东选集》（第4卷），人民出版社1991年版，第1475、1480页。
② 《毛泽东文集》（第5卷），人民出版社1996年版，第343—344页。

会议讨论通过《中华人民共和国中央人民政府组织法》，一致选举毛泽东为中央人民政府主席，朱德、刘少奇、宋庆龄、李济深、张澜、高岗为副主席，陈毅等56人为中央人民政府委员。在中国人民政治协商会议全体会议闭幕期间，中央人民政府委员会为国家最高权力机关。

会议讨论通过四个决议案，确定：北平为中华人民共和国首都，将北平改名为北京；采用公元纪年；以《义勇军进行曲》为代国歌；国旗为五星红旗。

在最后一天，大会一致通过《中国人民政治协商会议第一届全体会议宣言》。该宣言向海内外庄严宣布：“中华人民共和国现已宣告成立，中国人民业已有了自己的中央政府。”“中国的历史，从此开辟了一个新的时代。”

10月1日14时，中央人民政府委员会在中南海勤政殿召开第一次全体会议。会议决议接受《中国人民政治协商会议共同纲领》为中央人民政府施政方针；推选林伯渠为中央人民政府委员会秘书长；任命周恩来为中央人民政府政务院总理兼外交部长、毛泽东为中央人民政府人民革命军事委员会主席、朱德为中国人民解放军总司令、沈钧儒为最高人民法院院长、罗荣桓为最高人民检察署检察长；通过《中华人民共和国中央人民政府公告》。15时，在天安门广场举行“庆祝中华人民共和国中央人民政府成立典礼”，即开国大典。毛泽东首先宣布：“中华人民共和国中央人民政府今天成立了。”接着，举行盛大的阅兵典礼仪式。同年12月2日，应中国人民政治协商会议第一届全体委员会的建议，中央人民政府委员会第四次会议通过决议，宣布从1950年起，每年10月1日为中华人民共和国国庆日。

中华人民共和国的成立，是中国共产党领导的中国新民主主义革命的伟大成就、伟大胜利，这个胜利，“彻底结束了旧中国半殖民地半封建社会的历史，彻底结束了旧中国一盘散沙的局面，彻底废除了列强强加给中国的不平等条约和帝国主义在中国的一切特权，为实现中华民族伟大复兴创造了根本社会条件。中国共产党和中国人民以英勇顽强的奋斗向世界庄严宣告，中国人民站起来了，中华民族任人宰割、饱受欺凌的时代一去不复返了！”①

在中国历史上，“天下大势，分久必合，合久必分”。可自秦灭六国，总的趋势和发展逻辑，一直是统一。进入近代以后，经济成分、新闻教育、社会阶层、思想文化以及外部环境，无一不在经历着“千年未有之大变局”，这种趋势和逻辑仍旧没有丝毫改变。不论哪个军阀在哪里搞割据，最终谁也不敢公然脱离中华民国，公开搞独立。

中华人民共和国成立时，东北、华北全境早已解放，西北地区的解放战争已经基本结束，对国民党的战争取得决定性的胜利。可是，西南、中南的广大地区，仍然处在100多万国民党残余军事力量的占据之下，如广东、广西、湖南南部，及四川、贵州、云南、西康②、西藏的全部。

对于国民党的残余势力，怎么办？早在1949年元旦，毛泽东就在《人民日报》发表“新年献词”，号召“将革命进行到底”。中国人民政治协商会议第一次全体会议通过的《共同纲领》，以临时宪章的权威形式规定：“中华人民共和国中央人民政府必须负责将人民解放战争进行到底，解放中国全部领土，完成统一中国的事业。”据此，在中华人民共和国宣告成立的当天，中国人民解放军总司令朱德就发布命令：“中国人民解放军全体指战员、工作员，坚决执行中央人民政府和伟大的人民领袖毛主席的一切命令，迅速肃清国民党反动军队的残余，解放一切尚未解放的国土。”

至于进军部署，早在1949年5月人民解放军突破长江防线后不久，中共中央就已定下大盘子。即第二野战军应准备于两个月后以主力或以全军向西进军，经营四川、贵州、西康；第一野战军分出一路，由贺龙

① 习近平：《在庆祝中国共产党成立100周年大会上的讲话》，《人民日报》2021年7月2日。

② 西康是中国原省级行政区，是内地进藏的要道。1955年9月，第一届全国人大第二次会议决议撤销西康省。

率领，经营川北，以便与二野协作解决贵州、四川、西康三省；第四野战军渡江后，占领两湖，十月即可尾随白崇禧退路向两广前进，十一月或十二月可能占领两广。

根据全国战争新的局势，毛泽东打破常规，以诗人的气质，创造出“大迂回、大包围”战略方针。一野、二野、四野各路军队采取大迂回动作，远插到敌后，完成包围，再向回打，争取全歼国民党的残余兵力。到1950年10月，又经过一年作战，人民解放军歼灭国民党正规军128万余人，收编改造170余万人，占领大陆除西藏之外的所有领土。次年5月，中央人民政府与西藏地方政府达成《关于和平解放西藏办法的协议》，人民解放军进藏部队先后进驻拉萨、日喀则、江孜等军事重镇。从此，西藏长期有边无防的历史成为过去，帝国主义及西藏少数分子制造“独立”的图谋宣告破产，中国的领土完整基本上得到维护。自辛亥革命以来开启的民族国家建设，取得历史性突破。

旧中国的“半殖民地”性质，源自帝国主义在中国攫取的特权、势力和影响，以及由此造成的中国国家主权的受侵害状态。为彻底改变这种局面，中共中央制定“另起炉灶”和“打扫干净屋子再请客”的方针，不承认旧中国政府与外国订立的一切条约，肃清帝国主义在不平等条约保护下的各种特权、势力和影响。再在平等的基础上，与外国谈判，重新建立外交关系。根据这个方针，中央人民政府政务院先后成立海关总署，发布新的海关税则，对外贸实行国家管制，实行进出口许可证制度，从而把海关完全掌握在中国人自己手中。对于美国、英国等西方列强在北京、天津、上海等地的兵营，各地军事管制委员会先后宣布收回或征用。以往，外国轮船可以在中国的内河自由航行。1949年4月英国“紫石英”号军舰强行闯入长江，就是以为自己依旧享有这种特权。不期然，该舰遭到解放军炮击搁浅。1950年7月，政务院规定，外国轮船一般不准在中国内河航行，并逐步接管在华外轮公司。至此，自第一次鸦片战争以来外国在中国大陆掠夺的军事特权和经济特权，统统归于消灭，国家独立、主权和经济利益得到全面维护，“半殖民地”

彻底成为历史。

1950年6月25日，朝鲜内战爆发。三天后，美国政府从其全球战略和冷战思维出发，决定武装干涉朝鲜，并派遣第七舰队侵入台湾海峡，阻挠中国人民解放军解放台湾。10月初，美军不顾中国政府一再警告，悍然越过三八线，把战火烧到中朝边境。“联合国军”总司令麦克阿瑟叫嚣，要打过鸭绿江；美国飞机则不断袭扰和轰炸中国东北边境城市。此时，如果中国不出兵，任由朝鲜军败退，缘于东北亚复杂的地缘政治格局，中国的国家安全和主权完整就将面临严重的威胁。而要解决这一问题，唯一的做法，当然是把战争阻止在国门之外。正如中国《各民主党派联合宣言》所指出的：“朝鲜的存亡与中国的安危是密切关联的。唇亡则齿寒，户破则堂危。中国人民支援朝鲜人民的抗美战争不止是道义上的责任，而且和我国全体人民的切身利害密切地关联着，是为自卫的必要性所决定的。救邻即是自救，保卫祖国必须支援朝鲜人民。”[①] 再说，根据国际主义义务，中国已经完成民主革命，应当多承担一些对东亚国家革命的帮助。

这些道理，毛泽东懂得，其他领导人同样懂得。问题在于，中美国力实在相差悬殊。1950年，美国的工农业总产值为中国的28倍，还有着包括原子弹在内的大量先进武器和现代化的后勤保障。反观中国，刚刚从近百年的战火中获得新生，百废待兴，亟待在和平的环境中休养生息。人民解放军，尽管在解放战争中缴获大量的国民党装备，但毕竟杂乱不一，海军、空军更是处于初创阶段，海空掩护一概谈不上。工业化之后的战争，大不同于之前刀剑弓弩等冷兵器的格斗，而在很大程度上是对垒双方经济（特别是重工业）、科技间的较量。刚刚成立一年的新中国，要同世界上最强大的美国直接兵戎相见，需要考量现实的方方面面，需要预判战局各种可能的演进。毛泽东分析说，美国军队有强项，也有弱点。后者主要是战线太长、运输路线太远、战斗力太弱。抓住美

① 《各民主党派联合宣言》，《人民日报》1950年11月5日。

军的软肋，人民解放军就有可能打败它，避免对中国局势造成更严重的威胁。最终，应朝鲜党和政府的请求，毛泽东以非凡的气魄和胆略，作出一生中最难的决策之一：抗美援朝，保家卫国。

对于这个艰难的出兵决策，毛泽东后来曾回忆道：“我们虽然摆了五个军在鸭绿江边，可是我们政治局总是定不了，这么一翻，那么一翻，这么一翻，那么一翻，嗯！最后还是决定了。”

1950 年 10 月 8 日，中国人民革命军事委员会主席毛泽东发布命令，组成中国人民志愿军，任命彭德怀为司令员兼政治委员。10 月 19 日，志愿军跨过鸭绿江，赴朝参战。

对于进入朝鲜后可能遇到的困难，中国人民志愿军是有充分的思想准备的。可当真的踏上异国的土地时，意想不到的各种麻烦还是扑面而来：气候严寒，许多士兵缺少御寒的衣被；交通不便，后勤供应不上；美军的机动性能、反应能力奇敏，缺少反制的条件。就是在这样极不对称、极为艰难的情况下，到 1951 年 6 月 10 日，经过 5 次大的战役，志愿军歼敌 23 万人，把战线稳定在三八线附近。此后两年，双方谈谈打打，打打谈谈。拖到 1953 年 7 月 27 日，朝鲜停战协定才在板门店签订。

抗美援朝战争，使中国从一个尽人皆知的病夫弱国，恢复一个大国、强国的形象。“西方侵略者几百年来只要在东方一个海岸上架起几尊大炮就可霸占一个国家的时代是一去不复返了”①。长期积弱、一盘散沙的中国人民，面对最强大的美国，空前地团结起来。那种万众一心、意气风发的民心士气，在中国历史上是不曾有过的。“现在中国人民已经组织起来了，是惹不得的。如果惹翻了，是不好办的。”② 当然，这场战争也不可避免地对中国的经济建设产生严重影响。三年战争经

① 彭德怀：《关于中国人民志愿军抗美援朝工作的报告》，载中共中央文献研究室《建国以来重要文献选编》（第 4 册），中央文献出版社 2011 年版，第 327 页。

② 毛泽东：《抗美援朝的胜利和意义》（1953 年 9 月 12 日），载中共中央文献研究室、中国人民解放军军事科学院编《建国以来毛泽东军事文稿》（中卷），军事科学出版社、中央文献出版社 2010 年版，第 175 页。

费，约等于1950年的全国预算总收入。1951年的军费开支在预算总支出中的比例，也从原来预计的30%提高到45.64%。不过，从历史的长程来看，此后对中国经济建设有利的国际和平环境，在相当程度上是由抗美援朝战争所赢得的。

二、土地改革、镇压反革命和“三反”“五反”运动

对国民党的战争取得胜利后，新中国仍然面临着严峻的考验，存在着重重的困难。在军事上，在广大的新解放地区，国民党败退时遗留下的大批残余力量、长期肆虐横行的大小股匪，严重威胁着新政权的安全；在党内，从农村来到城市，从革命转为建设，党员干部们原来熟悉的许多经验和做法，现在不管用了，城市中繁华的物质利益，更对掌握权力的各级干部构成巨大的诱惑；在国际上，新中国虽然得到苏联等社会主义国家的承认和支持，但在当时冷战的背景下，遭到以美国为首的西方各国的敌视和经济封锁、军事包围。能否站得住脚，能否管得好国家，一股脑儿地摆在新生的人民政权面前。

土地改革运动是新中国建立初期对新解放区土地制度开展的改革斗争。没收封建地主阶级的土地归农民所有，是中国民主革命的一项基本任务。在解放战争过程中，东北、华北等老新解放区已经实行土地改革，消灭封建剥削制度。新中国成立后，广大新解放区则尚未实行土地改革。

1950年6月底，中央人民政府委员会公布《中华人民共和国土地改革法》（以下简称《土地改革法》），决定从1950年冬季开始，用两年半或三年左右的时间，根据各地区的不同情况，在全国分期分批地完成土地改革。《土地改革法》还规定，在开展土地改革运动之前，县以上的领导机关要选择少数地区，进行典型试验，以点带面、点面结合，借以总结经验、培训干部；在此基础上，再组成土改工作队，分批大面积铺开。在新区土改的三年期间，各地的工作队员加起来，每年都在

30万人以上。

之所以在土地问题上，中共中央如此慎重，关键在于这是一场涉及几亿人切身利益的大事情。特别是要剥夺地主阶级的土地，动他们的奶酪，肯定会引起他们的反对。何况，过去在枪炮声中搞土改，相对不那么扎眼，人们的容忍度也高；而这时战争已经基本结束，在和平时期进行土改，就会显得比较突出，“地主叫唤的声音将特别显得尖锐”。“人割疮还要上麻药，要休养，何况一个阶级，有几千万人口，哪能不叫呢?”① 尽量减轻社会震荡，保证农村经济社会的平稳发展，不能不成为党在考虑土地改革运动时的重点之一。

从1950年冬开始，新解放区的土改分批分期陆续展开。到1953年春，除新疆、西藏和某些边远少数民族地区外，全国各地基本完成土改。加上老解放区土地改革，全国大约有3亿多无地和少地的农民分得大约7亿亩土地和其他一些生产资料。

经过土地改革，农村中的地主所有制被摧毁，农民得到梦寐以求的土地，在经济上实现翻身；打倒地主、恶霸、汉奸等，摧毁农村中原有的政治格局，农民更在政治上和心理上获得解放，成为新社会的主人；农民获得土地、财富和权威，认识到中国共产党与其切身利益之间的密切关联，阶级觉悟得到提高；建立起新的以翻身农民为主体的农会、农民代表会以及自上而下的各级基层党组织和乡村政权体系，从而在农村确立起中国共产党的领导地位。在中国的历史上，党第一次把政权的触角真正深入每一个村庄，第一次把民族国家的意识灌输给每一个农民。从这个意义上说，土地改革更具有政治革命的意义。

镇压反革命运动，与抗美援朝、土地改革并称为新中国成立初期的三大运动，号称“三套锣鼓一齐敲”。

从1948年秋转入战略决战开始，人民解放军从东北地区，横扫华

---

① 《周恩来同志对出席中国民主同盟一届四中全会（扩大）会议人员的讲话》（1949年12月6日），载中国民主同盟中央文史委员会编《中国民主同盟历史文献》（下册），文物出版社1991年版，第17页。

北、华东、华中、华南、西南和西北，仅两年左右时间，就占据中国大陆绝大部分地区。但是，军事的胜利并不足以保证新生政权的巩固与长治久安。无论城市还是乡村，也无论新区还是老区，新政权不断遇到局部的却相当激烈的反抗。1950 年 3 月，西南局初步估计，仅川西地区，各种公开活动的土匪就达 104 股之多，小股数十、数百余人，大股万余人一起活动，总计不下 6 万余人，并且还有继续以极其迅猛的速度蔓延发展之势。抗美援朝战争爆发，特别是美国及其联合国军的大举卷入，在社会上造成一定的恐慌心理。特务分子以及各种不满新政权的旧势力纷纷散布各种谣言，民众更加惊恐不安。甚至在一些地方，少数被剥夺的地主和旧富农乘机反攻倒算。最严重的地方，一个省平均一个县就发生七八起。据统计，1950 年，全国各地遭到杀害的干部和群众积极分子达到 4 万人。只有坚决镇压反革命活动，才能稳定社会局面，为即将展开的经济恢复和发展提供必要的前提条件，并保证土地改革和抗美援朝战争的顺利进行。

在正式作出出兵朝鲜的决策后，1950 年 10 月 10 日，中共中央通过《关于镇压反革命活动的指示》（又称“双十”指示）。这一指示要求各级党委抓住对美战争这一时机，纠正过往对反革命分子“宽大无边”的偏向，大张旗鼓地镇压反革命分子。

镇压反革命运动借鉴革命年代的经验，采取群众路线的方法。在各级党委领导下，动员全党，动员群众，公安、司法机关与群众相结合，并吸收各民主党派和民主人士参加。作为中共中央的机关报，《人民日报》连续发表社论，《为什么必须镇压反革命》《镇压反革命必须大张旗鼓》《再论镇压反革命必须大张旗鼓》等。各级地方政府召开各种代表会、干部会、座谈会、各界联席会、控诉会及公审大会，利用电影、幻灯、戏剧、报纸、广播、小册子等形式，揭露反革命罪行，说明运动意义，讲解方针政策，号召广大群众积极参加。一时间，全国大小城镇群情激昂，形成强大的镇压声势。据统计，仅在运动的发动阶段，北京市就召开各种群众会议近 3 万次，参加者达到 338 万人次。东北地区在

10个月内共收到群众检举信16万件。

在运动中，中共中央要求全面贯彻“镇压与宽大相结合”的方针，首恶必办，胁从不问，立功者受奖。打击的重点，是土匪（匪首、惯匪）、特务、恶霸、反动党团骨干和反动会道门头子。其中，对那些罪大恶极、怙恶不悛、为群众所十分痛恨的反革命分子，集中力量予以打击，坚决镇压；对于那些罪恶尚不十分严重而又悔改的反革命分子，给予宽大处理。为此，毛泽东形象地提出“稳、准、狠”三字诀。打得稳，就是要注意策略；打得准，就是不要杀错；打得狠，就是要坚决杀掉一切应杀的反动分子。①

对于镇压反革命运动，毛泽东亲自领导，仅批发的文电就有100多件。毛泽东规定，镇压反革命主要包括三层：外层、中层和内层。外层，指土匪、恶霸、反动会道门等社会上的反革命分子；中层，指在军政机关的旧人员和新知识分子中隐藏的反革命分子；内层，指隐藏在党内的反革命分子。从1951年春开始，镇压反革命转向谨慎地清理中层和内层的反革命。到1951年10月下旬，毛泽东在全国政协一届三次会议上宣布：“大陆上的反革命残余即将基本肃清。”

仅用了不过一年左右的时间，对新政权构成威胁的各种旧势力，包括恶霸、地主、惯匪、特务、国民党党团及军警政骨干分子，曾经杀害党员干部或给党造成严重损害的分子，大部遭到严厉的惩罚。例如，杀害刘胡兰的凶手张全宝、侯雨寅，制造“李闻血案”的特务王子民等。特别是那些长期为害一方的匪祸，包括旧中国历代政府都未能肃清的土匪，以及许多城市形形色色的黑社会势力，都被基本上肃清。许多地区原本十分动荡和混乱的社会秩序得到全面改善，新生政权的政治地位得到稳固，党的权威极大地树立起来，并在相当程度上得到多数民众的认可和赞同。

在镇压反革命运动开始前后，在工厂、矿山和搬运等行业，还开展

① 《关于镇压反革命》（1951年1月17日），载《毛泽东文集》（第6卷），人民出版社1999年版，第117页。

过民主改革运动。全国各城市解放后，在理论上，工人阶级成为国家的主人，但具体到工厂企业中，职工仍不免受到不合理制度的束缚。特别是在港湾、码头，一群群卖力气的青年男性，为求自保，多加入青红帮及类似的帮派组织，受到把头的严密控制。“把头”，即把持一方或某行业的头目。在各地各行业，叫法不一，如“头佬”（武汉）、“包工头”和“拿摩温”（上海）、“把头”（青岛）、“包工大柜”（煤矿）、“脚行头”（搬运业）等。他们多为帮会、会道门的大小头目，与地方官吏、特务等勾连在一起，把持和垄断某区域厂矿的雇人权。工人要想到该行业或厂矿工作，必须经他们允许，工资要由他们抽成，在逢年过节时还要给他们送礼。同理，某行业或厂矿要想雇到工人，必须由他们介绍。利用这些特权，把头们随意招收和解雇工人，克扣工人工资，盗卖企业资财。工人愤愤不平：“全国解放了，只有我们的厂子还没有解放。”

1950 年初，政务院先后颁布一系列文件，如《关于在国营工厂建立工厂管理委员会的指示》《关于废除搜身制度的决议》《关于废除各地搬运事业中封建把头制度暂行处理办法》等。据此，全国各煤矿、纺织工厂、搬运行业及其他工矿企业都掀起民主改革的浪潮。他们揭露和控诉包工把头制的罪恶，取缔和废除包工把头制，并根据不同情况，一般不再允许把头、包工头继续担任生产班组长。对其中恶迹斑斑并为工人痛恨者，则经过群众斗争，予以严惩。然后，整顿劳动组织，民主选举生产小组长，建立工厂管理委员会和职工代表会议。同时，积极发展党员团员，建立党支部、团支部。这样做，就把一批有觉悟、有技术经验、有威信的工人和职员提拔到生产和管理岗位上来，把各个厂矿经由党团组织整合到国家政权中来。据统计，在华南、华北地区的 8 个煤矿，共有 2000 多名把头受到处理，1.2 万多名工人被提拔为组长、井长、矿长和技术员。上海中纺十二厂在废除搜身制那天，工人们自动在厂门口贴出对联，上书：“五十年枷锁一旦废除，咱们翻身做主人；无数年压迫从此解放，工人齐心忙生产”。

“三反”是指反贪污、反浪费、反官僚主义，主要在党、政、军机关展开。

从农村到城市，是一个天地般的环境转换。原来，党长期在农村搞革命，许多党员干部从小出生、成长在农村。他们对城市陌生得很，根本不熟悉城市的生活，更不用提管理城市。更重要的是，城市有着丰富的物质文化生活条件：又宽又平的柏油马路，十分便利的汽车、黄包车等交通工具，有抽水马桶、电梯、地毯、自来水、电灯的漂亮住房，有电影院、戏院、游戏场、音乐厅、舞场等娱乐场所，还有饭店、宾馆、漂亮的衣服、洋气的化妆品。这一切，对原来一直贫穷的党员干部来说，简直是一种巨大的诱惑。再加上党变成全国范围的执政者，手中的权力，或说身上的责任更加重大。官僚主义、形式主义、享乐腐化风气都可能滋生。

在中国的历史上，农民起义胜利进城后转而失败的例子不胜枚举。西汉末年张角的黄巾军起义、唐末黄巢起义、明末李自成起义、清末太平天国运动，莫不如此。其中的原因之一，就是“农民们从贫穷的农村中一闯进城市，不免目眩神迷。他们感到自己已是支配这一切的主人，就很容易发生志得意满、尽情享受的情绪”。结果，组织松懈、意志涣散这些固有的弱点膨胀起来。换言之，农民战争要取得决定性的最后胜利，必须占领城市。可“城市对于农民却像是‘西游记’中陷害好人的妖山魔洞一样”①。

毛泽东熟读史书，对农民起义军的上述弱点早有警觉。1949 年 3 月，在党的七届二中全会上，他就警告说：“因为胜利，党内的骄傲情绪，以功臣自居的情绪，停顿起来不求进步的情绪，贪图享乐不愿再过艰苦生活的情绪，可能生长。因为胜利，人民感谢我们，资产阶级也会出来捧场……可能有这样一些共产党人，他们是不曾被拿枪的敌人征服过的，他们在这些敌人面前不愧英雄的称号；但是经不起人们用糖衣裹

---

① 蒲韧（胡绳）：《二千年间》，开明书店 1946 年版，第 107—112 页。

着的炮弹的攻击，他们在糖弹面前要打败仗。我们必须预防这种情况。”① 中共中央迁移到北京，毛泽东称之为进京“赶考”，真实地反映出他对未来新征程的谨慎心态。

事实上，从进城第一天起，党员干部贪图享受的倾向确实开始滋长起来。解放军进北京不到两个月后，中央办公厅主任杨尚昆来到北京城内，给中央机关找房子。一天走下来，杨尚昆在日记中这样说：“一进城市，大家对居住、生活条件的要求就提高了，都爱从好的方面去布置，感触甚多。似乎大家都变了。要能维持简朴的作风，恐不容易。城市的引诱实在太大。”②

进入全面恢复时期后，伴随着执政地位的确立，浪费、贪污、官僚主义等现象大范围地慢慢滋长起来。在那些经济部门，这种问题更加突出。例如，北京市第九区联合消费合作社共有 132 名工作人员，其中有贪污行为者达 39 人，占 30%；在东北，铁路系统积压浪费材料价值上千亿元（旧币，1955 年 3 月 1 日中国人民银行发行新版人民币，新币 1 元等于旧币 1 万元），沈阳市工商局各专业公司有 3269 人存在不同程度的贪污行为。

11 月底，河北省天津地委前任书记刘青山和现任书记兼专员张子善案件，以及山西省太原市某区委书记、区长等贪污挪用案件被揭发，使毛泽东和中共中央对贪污问题的估计变得更加严重起来。12 月 1 日，中共中央正式作出《关于精兵简政、增产节约、反对贪污、反对浪费、反对官僚主义的决定》。在起草和修改这份文件的时候，毛泽东还专门对一段话作出修改：“自从我们占领城市两年至三年以来，严重的贪污案件不断发生，证明一九四九年春季党的二中全会严重地指出资产阶级对党的侵蚀的必然性和为防止及克服此种巨大危险的必要性，是完全正确的，现在是全党动员切实执行这项决议的紧要时机了。再不切实执行这项决议，我们就会犯大错误。……一切贪污行为必须揭发，按其情节

① 《毛泽东选集》（第 4 卷），人民出版社 1991 年版，第 1438 页。
② 《杨尚昆日记》（上册），中央文献出版社 2001 年版，第 64 页。

轻重，给以程度不等的处理，从警告、调职、撤职、开除党籍、判处各种徒刑直至枪决。典型的贪污犯，必须动员群众进行公审，依法治罪。”①

有感于形势的紧迫性，中共中央要求把“三反”斗争与镇压反革命运动同等对待，同样大张旗鼓地进行，同样发动包括民主党派及社会各界人士在内的群众参加。为此，从中央到地方，成立各级节约检查委员会，具体负责这项运动。中央人民政府节约检查委员会由党、政、军、民各主要机关负责人10余人组成。其中，薄一波为主任，彭真、李富春和最高人民法院院长沈钧儒、政务院人民监察委员会主任谭平山为副主任。中共中央还决定，各地方、各单位必须限期发动“三反”斗争，每隔数天向中央作出报告；对运动进展较慢的单位，要点名批评。薄一波在“三反”紧张时期，必须每三五天用电话与各大区负责人联络，检查进度。毛泽东统揽全局，夜以继日地亲自批阅各地的报告，全神贯注地指导运动的深入进行。据统计，毛泽东代中央起草、修改的有关决定、指示、批语、电报、信件等达230余件。

当时，贪污犯被称为“老虎”，其中，贪污1亿元（折合新币1万元）以上的贪污犯为“大老虎”，1亿元至1000万元之间的叫“小老虎”。因此，“三反”运动又被称为“打虎”运动。1951年2月1日，北京市举行公审大会，最高人民法院对7名大贪污犯进行宣判。中国畜产公司业务处原副处长薛昆山非法获利23亿元，中央公安部行政处原处长宋德贵贪污6.4亿元，被判处死刑。

对于清查出来的贪污分子，采取改造与惩治相结合的方针。其中，大多数人情节较轻或彻底坦白，或有立功表现，予以从宽处理；少数人情节严重且拒不坦白，则予以严惩。到1952年10月运动结束时，据统计，全国县以上党政机关（军队除外）参加“三反”运动的总人数达384万多人，查处的贪污分子和犯贪污错误者120余万人。上述贪污分

① 《建国以来毛泽东文稿》（第2册），中央文献出版社1988年版，第535页。

子中，只有42人被处以死刑，9人被处以死刑缓期执行。

“三反”运动历时半年多，大大清除了党政机关中的腐化分子，抵制了旧社会恶习和资产阶级的腐蚀。这场运动，可谓在全面执政新环境下，为保持共产党人和国家干部廉洁自律，坚决反对贪污腐败行为所进行的第一场大规模战役。

“五反”，是指反对行贿、反对偷税漏税、反对盗骗国家财产、反对偷工减料、反对盗窃经济情报，对象是私营工商业者，主要针对他们在生产经营中，尤其是在为国家加工订货中的“违法行为”。

“三反”运动开始后，各地在惩治党政干部贪污案件时，发现许多案件与资本家有关。北京市就把反贪污和反行贿结合起来，形成斗争的两条战线。对此，1952年1月初，毛泽东在转发北京市委报告的批语中指出：全国各大、中、小城市“一律仿照办理，一定要使一切与公家发生关系而有贪污、行贿、偷税、盗窃等犯法行为的私人工商业者，坦白或检举其一切犯法行为，……用大力发动这一斗争，借此给资产阶级三年以来在此问题上对于我党的猖狂进攻（这种进攻比战争还要危险和严重）以一个坚决的反攻，给以重大的打击，争取在两个月至三个月内基本上完成此项任务。请各级党委对于此事进行严密的部署，将此项斗争当作一场大规模的阶级斗争看待”。1月底，中共中央发出由毛泽东起草的《关于首先在大中城市开展“五反”斗争的指示》，要求“在全国一切城市，首先在大城市和中等城市中，依靠工人阶级，团结守法的资产阶级及其他市民，向着违法的资产阶级开展一个大规模的坚决的彻底的反对行贿、反对偷税漏税、反对盗骗国家财产、反对偷工减料和反对盗窃经济情报的斗争，以配合党政军民内部的反对贪污、反对浪费、反对官僚主义的斗争”。此后，“五反”运动在全国大中城市迅速展开。

“五反”运动开始后，各大中城市首先通过大量揭露不法资本家严重违法的事实，使资本家在道德形象上自惭形秽并陷于孤立。然后，政府抽调大批干部、产业工人和店员积极分子，组成工作队或检查组，分批进驻私营厂店。工作队以该企业的工人、店员为骨干，团结一般职员，争取高级职员，形成以工人为主体的“五反”统一战线。对重点户，一方面自上而下地重点检查，另一方面自下而上地发动群众，进行面对面的斗争。

“五反”运动来势迅猛，限期展开，很快对经济运行产生了负面影响。一方面，各地出现打击面过宽的情况，一些资本家被扣押或自杀。另一方面，正常的经济生活受到严重冲击，如私营工商业停工歇业，贸易额大大缩小，税收大幅度下降，大量工人失业，城市贫民生活出现困难。为了缩小打击面，维持经济生活的正常运转，1952 年 3 月初，中共中央决定，对违法的工商户进行分类，即守法的、基本守法的、半守法半违法的、严重违法的和完全违法的。在具体处理时，要掌握好比例和分寸，前三类约占 95% 左右，后两类约占 5% 左右。

到 1952 年 10 月“五反”运动结束时，据统计，华北、东北、华东、西南、中南五大区 67 个城市和西南全区，参加“五反”运动的工商户共有 99. 97 万户，受到刑事处分的有 1509 人，占总数的 1. 5‰；经中央批准判处死刑者 19 人（其中 5 人缓期执行）。在运动中，通过对资本家进行普遍的守法经营教育，推动在私营企业中建立工人监督制度和进行民主改革，产生了深远且巨大的影响。后来，毛泽东曾一语道破：“1952 年的三反五反的斗争，开始造成了我们国家有可能完全控制资本主义工商业的局面。”

三、稳定物价，统一财经，恢复发展国民经济

抗日战争全面爆发后，中国东南沿海这片最富庶的区域尽丧敌手，对外经贸通道基本断绝，整个经济活动遇到前所未有的困难。同时，战争这架最烧钱的怪兽，仍在不停地吞噬国民政府少得可怜的财政收入。入不敷出，国民政府依靠大量发行纸币，疲于应付。从 1940 年代初开始，在国民党统治区域，通货膨胀不断加速，物价猛烈上涨。抗日战争

胜利后，接收日占区时，腐败横行，庞大的经济产业陷入一片混乱之中。而发动对共产党的战争，更使国民党的财政状况雪上加霜。到 1949 年 5 月，国民政府的通货发行量比抗日战争爆发前的 1937 年 6 月增加 1400 亿多倍，全国物价上涨 8.5 万亿多倍，上海物价上涨更高达 36.8 万亿倍。对当时的货币贬值，天津一份报纸曾刊载一则短文，形象地描绘说，如果国民政府的法定货币——法币按一元面额计算：

买一斤玉米面，得须一百斤法币；
买玉米面一袋，得须法币六十袋；
买大米一包，得须法币一百包。
二十四斤法币，买一个鸡蛋；
四十斤法币，买一个烧饼。
一屋子法币，买不了一间土屋；
法币首接连二里半，可买粗布一尺。
大便纸一张，卖法币一斤；
厕所中擦屎浸尿之污纸，每斤合廿斤。
一个普通工匠，每月工资合法币约二十吨。
雇人数法币，每日所数之法币，不够其一日工资。①

货币贬值之下，黄金、银元、外币成为市场重要的流通手段。囤积商品、倒卖金银外币，成为最赚钱的事业。在上海、天津、武汉、重庆、广州等大中城市，一大批专门从事投机的商人和行业应运而生。上述畸形经济现象，就是国民党留给中国共产党的“遗产”。

中华人民共和国成立前后，对国民党的战争还在进行，军费支出居高不下。同时，为了减轻新旧政权更迭对社会的震荡，中共中央决定在解放接管城乡后，把原有的公教人员全部包下来，“三个人的饭五个人

① 范元本：《如以单元法币交易》，《真善美日报》1948 年 6 月 11 日。

匀着吃”。到1950年初，全国财政供养人员达到940万人。这些人的吃饭问题，又是一项巨大的开支。结果，国家财政支出急剧增加。更大的麻烦在于，此时，国家财政管理尚未统一，税收体系尚不完备，中央层面收入有限，支出出现巨大亏空。为了弥补财政赤字，国家不得不暂时增发人民币。而增发人民币，又不可避免地带来币值下跌，物价上涨。

在这种情况下，新政权尽管采取各种措施，想方设法平抑物价，可全国各大中城市肆虐近十年的金银投机、商品囤积投机之风仍难以平息。从1949年4月到1950年2月不到一年的时间，全国物价出现四次上涨风潮。上海物价指数，从1949年6月到1950年2月，增高20倍。金融紊乱，物价不稳，成为开展各项经济恢复和建设事业的拦路虎。新政权必须采取有力的经济措施和必要的行政手段，迅速改变这种畸形现象。

在接管城市后，军事管制委员会和市政府一般都会颁布命令，规定人民币为唯一合法货币，严禁金条、银元、外币在市场上自由流通，由人民银行挂牌兑换。在1949年5月之前，在人民解放军占领的城市中，金融活动并没有那么集中和活跃，对全国的影响也没有那么猛烈。可作为当时中国最大的金融中心和工业中心，上海的物价变动如蝴蝶轻轻一扇翅膀，其他城市就要地动山摇，可谓牵一发而动全身。在占领上海后，稳定上海的物价，恢复上海正常金融秩序的问题，一下子摆到新政权面前。

1949年6月10日，上海在解放刚刚半个月后，市军管会采取雷霆办法，查封证券大楼，逮捕投机分子238名。

证券大楼位于上海市汉口路，当时控制着全市的有价证券交易，与全国乃至东亚各大城市都联系紧密。许多投机者利用证券价格的涨落，买空卖空，操纵物价，牟取暴利。上海解放后第二天，一些公司就打着经营证券的幌子，贩卖金银外币。很快，这里人声鼎沸，金融投机再度活跃起来。大投机商手中掌握着巨额银元、黄金，翻云覆雨，哄抬黑市价格，迫得人民币不断贬值。最初，人民银行规定，银元与人民币的比价为1∶100，可到6月3日就涨到1∶720，第二天再升至1∶1100，6月7日更涨到1∶1800。人民币币值急速下跌，引发物价增高，老百姓更加惶惶不安。上海市军管会估计，如果不采取断然措施，不出一个月，人民币有被挤出上海的危险。在向中共中央请示后，中共中央华东局、上海市委、上海市军管会、上海市政府举行联席会议，决定由公安人员、警卫部队包围证券大楼，1.2万名工人、学生在证券大楼外围封堵交通，隔绝内外联系。经此突袭，众多投机分子受到震慑，遍布街头的数万名金银倒卖人员消失得无影无踪。

随后，武汉市政府逮捕银元投机分子200余人，查封两个专门从事金融投机的大钱庄。广州市政府取缔从事投机的地下钱庄87家和街头兑换店377家。同时，政府还加强对私营金融机构的管理和监督，严格取缔专门从事金融投机的“地下钱庄”及其他非法信用机构，从而基本上制止金银投机活动，并将私营钱庄完全置于国家控制之下。这就是“银元之战”。

金融秩序初步稳定后，中共中央着手组织另一场硬仗——“米棉之战”，打击囤积粮食、棉纱、棉布、煤炭等投机活动，以基本上控制物价。这次“战役”的突破口，仍然选择在全国物价的风口城市——上海、武汉等地。

1949年10月中下旬，由中央统一协调，每天至少一列火车，从东北调运1000万至1200万斤粮食入关；同时，加紧华中棉花东运，把陇海路沿线积压的纱布运至西安。在投机比较活跃的天津、武汉、上海、西安等大城市，新政权秘密准备大批的粮食、布匹、棉纱等。11月25日，在市场物价达到新一轮高峰之际，中共中央一声令下，全国各城市统一行动，集中抛售。骤然间，大批物资源源不断地涌入市场。投机商措手不及，根本没办法吞下如此巨量的物资。第二天，物价应声下跌。连续抛售10天后，粮、棉等商品价格猛跌30%至40%。物价下落，商品充足，投机者眼见升值机会渺茫，只能竞相抛出存货。此时，市场已经饱和，愈抛出商品，物价愈下跌，愈不容易脱手。加以人们普遍抱着

“买涨不买跌”的心理，投机商抛出的商品根本没有人接盘，就此形成买方市场，囤积操纵成为明日黄花。再者，原来投机盛行，不少投机商借高利贷，加大杠杆，抢购囤货；现在，不但所囤货物亏本，而且还要付出很高的利息，许多投机者资不抵债，宣告破产。很多私营钱庄也因贷款给投机者，款项无法收回，资金链断裂，关门倒闭。从此，投机商人一蹶不振，很难形成气候了。上海商人感慨道：“六月银元风潮，中共是用政治力量压下去的，此次（米棉之战）则仅用经济力量就能稳住，是上海工商界所料不到的。”

同时，各地政府陆续制定一系列有关私营工商业和交易市场的管理办法和条例，规定私营工商业必须向有关部门登记，未经审查批准者一律不许开业；实行凭证进入市场交易的制度；交易市场内一律使用现金交易，严禁囤积居奇和买空卖空；对大宗采购进行登记，加强市场管理。1949 年 11 月，北京市政府又逮捕和严惩 16 家投机粮商，以威慑投机者。

组合运用行政手段和经济手段，打击银元投机和粮棉投机，收到立竿见影的效果。从 1950 年 3 月开始，全国物价逐渐向下浮动，并日趋稳定。中国十年来物价猛涨、市场混乱的局面，就此结束。

从抗日战争开始，各根据地受制于交通线和城市，基本上处于互相隔绝的状态。相应地，各根据地各有自己的货币、税收和银行，各管收支，分灶吃饭。“如五台山与太行山这两个地方，十多年都是各自为政，石家庄打下来了以后，两地做生意碰了头，但是票子不过铁路，彼此货物流通都要抽税。那时这边涨价，那边落价，有几千个工作人员在彼此斗争，而且双方都是共产党员。”① 各区域之间的调剂补充，多是奉党中央的命令，属于权宜之计。中国革命走向全面胜利之际，新占领区仍然大致沿用这种制度。换言之，原来，国家财政收入的大头，如公粮、税收等都控制在省、地、县等地方政府手中；而国家的主要支出，如行政军事费用、建设投资、救济金等却完全由中央政府负担。中央财

① 中共中央文献研究室编《刘少奇论新中国经济建设》，中央文献出版社 1993 年版，第 129 页。

政入少支多，出现严重赤字。过量发行货币，又引发物价大幅波动。打击投机资本，仅属治标办法；要治本，只能加强财政管理，实现财政平衡。到1950年初，大陆的战争基本结束，社会秩序大体上安定下来，生产有所恢复，中央政府终于具备统一财经、平衡财政收支的基本条件。

1950年3月，政务院颁发《关于统一全国财政经济工作的决定》及一系列配套的具体办法，如《关于统一管理1950年度财政收支的决定》《关于全国仓库物资清理调配的决定》《关于统一国家公粮收支、保管、调度的决定》《关于全国国营贸易实施办法的决定》《关于实行国家机关现金管理的决定》等。

首先，成立全国编制委员会及各大区、省、市编制委员会。该委员会制定各级军政机关人员、马匹、车辆的编制与供给标准，编外和编余人员统一调配。

其次，统一全国财政收支。政务院规定，公粮、关税、盐税、货物税、工商税，所有中央人民政府经营的企业的一部分折旧金和利润等，必须按期解缴中央，归中央统一使用。没有中央人民政府的支付命令，任何人不得动支。其他税种，包括报酬所得税、印花税、遗产税、交易税、屠宰税、房产税、地产税等划归地方留用。同时，迅速建立各级国库，保证所有税款及时入库。建立预决算、审会和财政监察制度。

再次，统一全国贸易和物资调动。按照政务院的规定，中央贸易部陆续组建一批专业公司，如中国粮食公司、花纱布公司、油脂公司、茶叶公司、土产公司、猪鬃公司、蛋业公司、百货公司、皮毛公司等。这些公司受中央贸易部统一领导，在各省区设立分公司，专门负责某一方面商品的收购、加工和运销。

最后，统一全国现金管理。政务院规定，一切公营企业、机关、部队及合作社的所有现金和单据，除按规定准予保留的限额外，必须存入中国人民银行，不得超额留存，更不得存入私营钱庄，或对私人贷款。各公营企业、机关、部队及合作社之间的相互往来，均须使用转账支票；埠际之间往来，须经中国人民银行汇拨，禁止使用和携带现金。在条件成熟后，各公营企业、机关、部队及合作社都要按期编制现金平衡收支计划，以便使现金流转更加有计划。

统一财经管理，不但加强中央对地方政府在财政上的控制和干预，而且以各专业贸易公司以及各公营企业、机关、部队、合作社为纽带，基本控制全国范围内的物资、金融活动。如臂使指，全国财政经济管理初步形成一盘棋。到1950年底，全国财政总收入就超过原概算的31.7%，总支出受到抗美援朝及其他因素拖累，超过原概算9.3%。收支相抵，财政赤字大大缩小，由原概算的18.7%减少到4.4%，收支基本平衡。银行透支也比原概算大大降低，国家已不再依靠过量发行人民币来维持开支。十余年来货币超发、物价膨胀、金融紊乱等顽劣现象，从根本上得到消除。受此影响，普通民众的生活水平没有明显提高，可生活来源基本稳定下来，惶恐不安的社会心态总体上趋于稳定。

鸦片战争以来，“虚胖”的大清帝国面对着工业蒸蒸日上的西方列强，只有挨打受辱的份儿。中国人努力引进近代工商事业，试图自强自卫。可国家的不统一、连年内外战争的困扰，让本就极其落后的中国经济雪上加霜。到1949年，工业总产值比历史上的最高水平减少一半。其中，现代工业产值只占工农业总产值的17%。痛感到工商业落后的现状，早在1949年3月，在党的七届二中全会上，毛泽东就指出：“从我们接管城市的第一天起，我们的眼睛就要向着这个城市的生产事业的恢复和发展”，其他工作“都是围绕着生产建设这一个中心工作并为这个中心工作服务的”。1950年6月，党的七届三中全会召开。中共中央决定“不要四面出击”，集中力量，用三年左右的时间，争取国家财政经济状况基本好转。其中，工商业的调整是一项主要工作。

随着解放战争的进行，在占领各大中城市时，各地政府本着新民主主义革命的经济纲领，遵照“原职、原薪、原制度”的办法，全部接收原国民党官僚资本。到1950年初，全国共接管工厂企业2800余家、金融企业2400余家。以此为主要基础，国营经济迅速建立起来，并掌控铁路等全部近代交通运输事业、银行等大部分金融业务，以及一半以上的电力、原煤、钢铁等基础性工业。在这些企业中，工人无论在政治上，还是在经济上都翻过身来，成为主人，劳动积极性大大高涨，涌现出一大批劳动模范。国营工业的发展，很快支撑起共和国经济的大厦。

私营工商业不但在整个国民经济中占有重要地位，而且在沟通城乡交流、扩大就业、增加税收等方面起着不可或缺的作用。例如，1950年，私营工业产值占全国工业总产值的51%，私营商业商品零售额占全国商品零售额的85%。毛泽东指出："和资产阶级合作是肯定了的，不然《共同纲领》就成了一纸空文，政治上不利，经济上也吃亏。'不看僧面看佛面'，维持了私营工商业，第一维持了生产；第二维持了工人；第三工人还可以得些福利。"①

理想是丰满的，现实却是骨感的。中央有关部门确切地知悉上述有关方针，可在执行时往往缺少具体有效的系统办法，落得这些方针有些不着地甚或走样。如前文所述，为防止通货膨胀和金融紊乱，从1949年中到1950年初，中共中央陆续采取一系列办法。可按下葫芦又起瓢，金融物价初步企稳后，原来虚幻的高频率市场交易戛然而止，商品流通呆滞。随后，货币出现紧缺，市场活跃度降低，一些私营工商业得不到贷款、买不到原料、找不到销路，不可避免地出现阵痛，工厂关门、商店歇业、职工失业。

为了扭转这种局面，党和政府决定给资本家一些"油水"，从贷款、税收、原材料供应、运输等方面，帮助私营企业渡过难关。各级政府调整公私关系，对私营工厂扩大加工订货和统购包销，维持企业运转。加工，指国营企业通过提供原材料或半成品，规定原材料等消耗定额，委托私营工厂进行加工生产。私营工厂必须根据合同规定的产品规格、质量和交货期限完成加工任务；国营企业按规定付给加工费。订货，指国营企业通过合同向私营工厂订购产品，私营工厂根据合同规定进行生产，并按期交货，取得货价。货价包括产品的成本、税金和一定

① 薄一波：《若干重大决策与事件的回顾》（上卷），中共党史出版社2008年版，第70页。

的利润。国营企业在必要时，可预付部分定金或供给部分原料。统购，指对国计民生关系重大的产品，由国家指定国营商业按照规定的价格向私营工厂统一收购，私营工厂不能自行销售。包销，指国营商业与私营工厂签订合同，收购私营工厂所生产的某种产品的全部或一部分。合同对产品的种类、数量、规格、质量、价格和期限等进行规定。

在商业领域，划分公私商业的经营范围。国营商业主攻批发业务，以及关乎民众日常生活的粮食、布匹、煤炭、食油、煤油、食盐等重要物资的零售业务。除此之外，私营商业可以放手经营。

在劳资关系上，采取劳资协商会议、集体合同等方式，化解劳资间的矛盾和冲突。

经过半年调整，私营工商业基本上摆脱困境，经济活动趋于正常。到1951年，全国私营工业、商业户数较上年均增加11%左右，生产总值或零售总额增加1/3。

经过三年的努力，整个国民经济得到全面恢复和发展。1952年，全国工农业总产值810亿元，比1949年增长77.6%，比解放前最高水平的1936年增长23%。其中，工业总产值比1949年增长145.1%，农业总产值增长48.4%。按可比价格计算，1952年的国民收入比1949年增长69.8%。社会总产值，按全国人口平均计算，1949年为101.17元，1950年、1951年、1952年分别为121.75元、143.16元、176.57元。1952年为1949年的174.53%，每年平均增长20.4%。更重要的是，作为领导力量，国营经济和合作社经济在经济大盘子中的比重日益增加；私营工商业的绝对值有所提高，可在整个国民经济中的比重在全面下降，经济所有制结构发生重大变化。也正是在此基础上，中共中央提出过渡时期总路线，决定提前发动社会主义改造。

第七章
三大改造的完成与社会主义制度的建立

在中国实现社会主义，是中国共产党从诞生之时就确立的奋斗目标。在新政权不断巩固的基础上，我们党领导进行社会主义革命，消灭在中国延续几千年的封建剥削压迫制度，确立社会主义基本制度，实现了中华民族有史以来最为广泛而深刻的社会变革，实现了一穷二白、人口众多的东方大国大步迈进社会主义社会的伟大飞跃，为实现中华民族伟大复兴奠定了根本政治前提和制度基础。

一、社会主义政治制度的确立

在领导中国革命的过程中，以毛泽东同志为代表的中国共产党人，把马克思主义普遍原理与中国革命实际相结合，形成了新民主主义革命和社会理论，明确了中国经由新民主主义走向社会主义的发展路径。1945 年毛泽东曾这样说过："没有一个新民主主义的联合统一的国家，没有新民主主义的国家经济的发展，没有私人资本主义经济和合作社经济的发展，没有民族的科学的大众的文化即新民主主义文化的发展，没有几万万人民的个性的解放和个性的发展，一句话，没有一个由共产党领导的新式的资产阶级性质的彻底的民主革命，要想在殖民地半殖民地半封建的废墟上建立起社会主义社会来，那只是完全的空想。”[①] 这段话集中概括了新民主主义社会向社会主义社会过渡所应当具备的基本条件，即只有经过新民主主义社会在政治、经济、文化全面而充分的发展，而且根据中国人民的需要和意愿，才能实现这种过渡。

在中国建立什么样的政治制度，是近代以后中国人民面临的一个历史性课题。为解决这一历史性课题，无数仁人志士进行了持续不懈努力。各派政治人物纷纷登场，尝试了多种制度模式，君主立宪制、议会制、多党制、总统制等各种西式药方，但都未能医治疾病缠身的中国，未能改变“一盘散沙”的中国社会。1921 年中国共产党成立之后，就高高擎起马克思主义大旗，致力于探索适合中华民族振兴、保证人民当家作主的新型政治制度。

新民主主义革命时期，我们党团结带领人民在根据地创建人民政权，探索建立新民主主义经济、政治、文化制度，为新中国建立人民当家作主的新型国家制度积累了宝贵经验。大革命时期，我们党领导工农运动，在城市建立罢工工人代表大会和市民代表会议，在农村组建农民协会，进行了政权建设的最初探索。土地革命战争时期，我们党领导人民建立苏维埃政权，实行工农兵代表大会制度。1931 年 11 月 7 日，中华苏维埃第一次全国代表大会在江西瑞金召开，大会通过《中华苏维埃共和国宪法大纲》，选举产生了中华苏维埃共和国中央执行委员会，宣告了中华苏维埃共和国成立。这是中国历史上第一个全国性的工农民主政权，是中国共产党在局部地区执政的重要尝试。抗日战争时期，我们党领导建立了抗日民族统一战线性质的政权，陕甘宁边区实行了以“三三制”为原则的参议会制度。毛泽东同志在《新民主主义论》《论联合政府》中提出了建立人民代表大会制度的构想，倡议建立一个以全国绝大多数人民为基础而在工人阶级领导之下的统一战线的民主联盟的国家制度，我们把这样的国家制度称为新民主主义的国家制度。解放

① 《毛泽东选集》(第 3 卷)，人民出版社 1991 年版，第 1060 页。

战争时期，我们党在各解放区相继召开人民代表会议。1948 年 4 月 30 日中共中央发出“五一口号”，呼吁全国劳动人民团结起来，联合全国知识分子、自由资产阶级、各民主党派、各人民团体、各社会贤达和其他爱国分子迅速召开政治协商会议，讨论并实现召集人民代表大会，成立民主联合政府。[①]

随着解放战争不断胜利，新中国政治制度的思考日益迫切。国体问题是政治制度中最根本的问题。1948 年 6 月 1 日，中共中央宣传部拟定的关于重印列宁《共产主义运动中的“左派”幼稚病》第二章前言中，第一次提出了“人民民主专政”的概念，并且将其与“无产阶级专政”加以区别；同年 9 月，毛泽东在中央政治局会议上进一步补充说：“我们政权的阶级性是这样：无产阶级领导的，以工农联盟为基础，但不是仅仅工农，还有资产阶级民主分子参加的人民民主专政。”[②] 1949 年初，毛泽东在与斯大林代表米高扬谈话时，就人民民主专政的性质进行了转换，指出在工农联盟基础上的人民民主专政，究其实质就是无产阶级专政，不过对我们这个国家来说，称为人民民主专政更为合适、更为合情合理。[③] 随后，在 1949 年 6 月发表的《论人民民主专政》一文中，他又明确指出：“总结我们的经验，集中到一点，就是工人阶级（经过共产党）领导的以工农联盟为基础的人民民主专政”[④]，这标志着新中国国体理论的正式形成。至于新中国的政体，早在《新民主主义论》和《论联合政府》报告中就已确立为人民代表大会制。1948 年 1 月，毛泽东为中央起草的决定就明确指出：“中华人民共和国的权力机关是各级人

① 中共中央文献研究室、中央档案馆编《建党以来重要文献选编（1921—1949）》（第 25 册），中央文献出版社 2011 年版，第 283—284 页。

② 《毛泽东文集》（第 5 卷），人民出版社 1996 年版，第 135 页。

③ 李海文《在历史巨人身边——师哲回忆录》（增订本），中共中央党校出版社 1998 年版，第 336 页。

④ 中共中央文献研究室、中央档案馆编《建党以来重要文献选编（1921—1949）》（第 26 册），中央文献出版社 2011 年版，第 512 页。

民代表大会及其选出的各级政府。”① 人民代表大会制的核心内容是召开人民代表大会来选举各级政府，这是政权合法性的基本前提。然而，1948年下半年战争形势发生根本变化，使原来预计的胜利时间大大提前了，迅速建立新中国成了当务之急。但由于军事斗争还在继续，国家尚未统一，召开以普选为基础的人民代表大会还存在技术上和时间上的困难。为此，中共中央与民主党派人士不约而同想到了变通原来设计的建国程序，即直接经由政治协商会议产生临时中央政府，在地方实现人民代表会议作为人民代表大会的过渡形式。这一变通办法，在1949年9月第一届中国人民政治协商会议通过的《共同纲领》中得到确认。

《共同纲领》确立人民民主专政为新中国国体，人民代表大会制度为新中国政体，还确立了中国共产党领导的多党合作和政治协商制度，确立了在统一的多民族国家内实行民族区域自治制度。这些关乎全局的顶层设计，奠定了新中国国家制度的基础。《共同纲领》在其序言中规定：“中国人民民主专政是中国工人阶级、农民阶级、小资产阶级、民族资产阶级及其他爱国民主分子的人民民主统一战线的政权，而以工农联盟为基础，以工人阶级为领导。”在其总纲中又规定“中华人民共和国为新民主主义即人民民主主义的国家，实行工人阶级领导的、以工农联盟为基础的、团结各民主阶级和国内各民族的人民民主专政”。还指出“人民行使国家政权的机关为各级人民代表大会和各级人民政府。各级人民代表大会由人民用普选方法产生之。各级人民代表大会选举各级人民政府”。② 这就对新中国的国体和政体作了明确的表述。在政党制度上，确立了中国共产党领导下的多党合作与政治协商制度，发挥民主党派参政议政、民主监督的作用。在民族政策上，《共同纲领》也明确规定：“各少数民族聚居的地区，应实行民族的区域自治，按照民族

---

① 中共中央文献研究室、中央档案馆编《建党以来重要文献选编（1921—1949）》（第25册），中央文献出版社2011年版，第59页。

② 中共中央文献研究室、中央档案馆编《建党以来重要文献选编（1921—1949）》（第26册），中央文献出版社2011年版，第758、759、760页。

聚居的人口多少和区域大小，分别建立各种民族自治机关。凡各民族杂居的地方及民族自治区内，各民族在当地政权机关中均应有相当名额的代表。”① 至此，民族区域自治作为新中国政治制度的重要组成部分，在法律上得到确立。1952 年 8 月 8 日，《中华人民共和国民族区域自治实施纲要》颁布，规定了社会主义新中国民族区域自治制度，推进了各民族的平等团结和共同繁荣。所有这些，都展现了以毛泽东为核心的党的第一代中央领导集体治国理政的政治智慧。

在新中国成立的头几年，中国共产党人基本上是不折不扣地按照《共同纲领》来建设新民主主义政治的。我们党以《共同纲领》为准则，领导多党之间通力合作、民主协商，构筑了一种完全新型的政党关系格局，奠定了民主政治的良好基础。新中国成立之初组成的中央人民政府，完全是一个由中国共产党领导的党派合作的民主联合政府。中央人民政府的主席、副主席共 7 人，其中民主人士 3 人，分别是宋庆龄、李济深和张澜；中央人民政府委员 56 人，其中民主人士 27 人。在随后组建的政务院及其所属机关的负责人中，政务院副总理共 4 人，其中民主人士两人，即郭沫若和黄炎培；各部、委、署主官中，民主人士超过 1/3。此外，最高人民法院院长亦由民主人士沈钧儒担任。1950 年政务院制定的《关于与党外人士合作的综合意见》要求：党组的会议不能代替行政会议，要健全政务院各部门的行政会议制度，不可党内党外不分，要公事公办，保证党外负责人在其分工的职权范围内敢于作主。同年 3 月召开的中共第一次全国统战工作会议，专门研究了党与非党民主人士合作共事的问题。毛泽东在会议上指出，要团结民主党派，使他们进步；把他们当作自己的干部，要给事做，尊重他们；要实行民主，敞开来让他们说话。② 其间，通过加强党对政府工作的领导责任制度安

---

① 中共中央文献研究室、中央档案馆编《建党以来重要文献选编（1921—1949）》（第 26 册），中央文献出版社 2011 年版，第 767—768 页。

② 中共中央统战部研究室编《历次全国统战工作会议概况和文献》，档案出版社 1988 年版，第 6 页。

排，形成了党领导政府、全党服从中央的原则，使“一盘散沙”“山头林立”的中国迅速形成政治统一、决策集中的体制。通过实行大行政区制度，建立起五级地方政府，很快在全国范围内实现了军队管理转向国家和地方治理，对于快速走向和平建设起到积极作用。政治制度建设的成功保证了中国人民意气风发，推动了中国社会面貌得到彻底改观，促进了国民经济迅速恢复和发展。

随着国民经济的逐渐恢复，加强政治建设的任务很快提上日程。为了做好“立国安邦”这件大事，1953 年 1 月初，毛泽东召集党外民主人士座谈会，周恩来召集政协座谈会，广泛听取各方对召开全国人民代表大会、起草宪法等事项的意见。1953 年底，毛泽东乘专列离京前往杭州主持起草新中国的第一部宪法。从 1954 年 3 月 23 日到 6 月 11 日，宪法起草委员会先后召开 7 次会议对宪法草案进行讨论修改，其间全国 8000 名政协委员、党政机关领导、民主党派人士等进行了讨论，提出修改意见 5900 多条。6 月 14 日，毛泽东主持召开中央人民政府委员会第十三次会议，讨论通过了《中华人民共和国宪法草案》和关于公布宪法草案的决议，交付全国人民讨论并征求意见。6 月 16 日开始，一场轰轰烈烈的宪法草案讨论随即遍及全国。参加讨论的人数达 1.5 亿，约占当时全国总人口的 1/4。①

1954 年 9 月，第一届全国人民代表大会第一次会议的召开，是新中国政治生活中一件举世瞩目的大事。这次会议审议通过了新中国第一部宪法，这是一部社会主义类型的宪法。宪法以根本大法形式确立了社会主义国家性质，进一步对人民民主专政的国家性质和人民代表大会制度的根本政治制度，对中国共产党领导的多党合作和政治协商制度、民族区域自治制度等国家基本政治制度作出了更为完备的规定。宪法指出“中华人民共和国是工人阶级领导的、以工农联盟为基础的人民民主国家”，规定中华人民共和国的一切权力属于人民。人民行使权力的机关

① 逄先知：《毛泽东为何删掉宪法中的“国家元首”条文》，《中国经济周刊》2009 年第 46 期。

是全国人民代表大会和地方各级人民代表大会。全国人民代表大会即最高国家权力机关，国务院即中央人民政府，是最高国家权力机关的执行机关，是最高国家行政机关。全国人民代表大会、地方各级人民代表大会和其他国家机关，一律实行民主集中制。全国人民代表大会的召开，标志着人民代表大会制度作为我国的根本政治制度的确立。同时，宪法将民族自治地方规范为自治区、自治州、自治县三级，县以下的少数民族聚居区设民族乡。随着各民族自治区和相关自治州、自治县的先后成立，民族区域自治制度作为我国的基本政治制度得以实现。1954 年 12 月，政协举行第二届全国委员会第一次会议，讨论并通过新的《中国人民政治协商会议章程》，指出人民政协作为团结全国各民族、各民主阶级、各民主党派、各人民团体、国外华侨和其他爱国民主人士的人民民主统一战线的组织，仍然需要存在。本次会议解决了全国人民代表大会召开后人民政协的性质、地位、作用和任务的问题，解决了政协与人大、政府之间的关系和相互配合问题，进一步巩固了人民民主统一战线，为长期坚持中国共产党领导的多党合作和政治协商的基本政治制度奠定了基础。这样，人民代表大会的根本政治制度，中国共产党领导的多党合作和政治协商、民族区域自治的基本政治制度的确立，构成了新中国的政治制度体系，为成功过渡到社会主义提供了根本政治保障。

在社会主义政治制度建立的同时，社会主义文化制度也建立起来。《共同纲领》规定："中华人民共和国的文化教育为新民主主义的，即民族的、科学的、大众的文化教育。人民政府的文化教育工作，应以提高人民文化水平、培养国家建设人才，肃清封建的、买办的、法西斯主义的思想、发展为人民服务的思想为主要任务。"① 新中国成立之初，党的思想文化工作的主要目标是确立马克思主义在国家意识形态中的指导地位，重点清除帝国主义、封建主义和官僚资本主义的思想影响。1951 年 3 月，中共中央下发《关于加强理论教育的决定（草案）》，要

① 中共中央文献研究室、中央档案馆编《建党以来重要文献选编（1921—1949）》（第 26 册），中央文献出版社 2011 年版，第 766 页。

求全党必须有系统地学习马克思列宁主义、毛泽东思想。为了加强全党尤其是党的干部的理论学习，党中央成立了《毛泽东选集》出版委员会，从1951年到1953年相继出版了《毛泽东选集》1—3卷。这一时期，全国参加理论学习的干部达250万余人，相继出现了以学习毛泽东著作为主要内容的政治理论和社会主义经济建设理论的学习高潮。同时，大力开展知识分子思想改造运动，对旧有的教育科学文化事业进行改革。鉴于在全国5.5亿总人口中有80%以上是文盲，文盲众多成为新中国发展道路上的拦路虎，新中国成立伊始党中央就非常重视扫除文盲工作，把扫盲作为工农文化大翻身、提高民族素质的大政方针，并对扫盲工作作出了重大决策和战略部署，颁布了各种指示、决定和条例，采取了各种措施，掀起了大规模、群众性的扫盲活动。

二、党在过渡时期总路线的酝酿和提出

近代以来，中国的国情是半殖民地半封建的社会，决定着中国革命的进程必须分两步走：第一步是新民主主义革命，建立一个独立的民主主义社会；第二步是社会主义革命，建立一个社会主义社会。新中国成立之后实行人民民主专政而不是无产阶级专政，到社会主义制度的建立有一个过渡时期。1948年9月的中共中央政治局会议上，中共领导人对何时转入社会主义问题进行了讨论。在为会议作结论时，毛泽东提出“我国在经济上完成民族独立，还要一二十年时间。我们要努力发展经济，由发展新民主主义经济过渡到社会主义”①。

上述精神在1949年9月中国人民政治协商会议第一届全体会议通过的具有临时宪法作用的《共同纲领》中得到了充分体现。《共同纲领》明确规定“中华人民共和国为新民主主义即人民民主主义的国家”。对于新民主主义社会的经济制度，作出了这样的规定：“中华人

① 《毛泽东文集》（第5卷），人民出版社1996年版，第146页。

民共和国经济建设的根本方针，是以公私兼顾、劳资两利、城乡互助、内外交流的政策，达到发展生产、繁荣经济之目的。国家应在经营范围、原料供给、销售市场、劳动条件、技术设备、财政政策、金融政策等方面，调剂国营经济、合作社经济、农民和手工业者的个体经济、私人资本主义经济和国家资本主义经济，使各种社会经济成分在国营经济领导之下，分工合作，各得其所，以促进整个社会经济的发展。”① 会议期间，当有人问到什么时候开始搞社会主义这个问题的时候，毛泽东回答过“大概二三十年吧”②。

当时之所以主张不立即向社会主义“过渡”，主要是考虑中国当时的生产力非常落后，需要大力发展生产力，必须首先实现国家工业化，只有实现了工业化才能向农民提供组织起来所必需的物质技术支持。例如，1950 年 6 月召开的党的七届三中全会上，毛泽东指出我们的国家“在各种条件具备了以后，在全国人民考虑成熟并在大家同意了以后，就可以从容地和妥善地走进社会主义的新时期”③。对于当时党内有些人想提早消灭资本主义的主张，他强调“这种思想是错误的，是不适合我们国家的情况的”④。1951 年 7 月，刘少奇在给马列学院第一班学员作报告时讲道：经过少则十年、多则十五年建设之后，工业大大发展，农业也有了大的发展，国家经济的领导作用加强了，管理经济工作的干部成熟了，管理干部和技术干部数量也多了，工农联盟在经济上也大大加强了，组织上人民代表会议加强、人民民主政权巩固了，才能采取步骤进入社会主义。⑤ 直到 1952 年上半年，党的领导层还在坚持需要一二十年的新民主主义建设阶段后才能转入社会主义的思想。

---

① 中共中央文献研究室、中央档案馆编《建党以来重要文献选编（1921—1949）》（第 26 册），中央文献出版社 2011 年版，第 763 页。

② 石仲泉：《毛泽东的艰辛开拓》，中共党史出版社 1992 年版，第 148 页。

③ 《毛泽东文集》（第 6 卷），人民出版社 1999 年版，第 80 页。

④ 《毛泽东文集》（第 6 卷），人民出版社 1999 年版，第 61 页、71 页。

⑤ 中共中央文献研究室编《刘少奇论新中国经济建设》，中央文献出版社 1993 年版，第 209—210 页。

但是，1952 年 9 月 24 日的中共中央书记处会议上，毛泽东提出了向社会主义过渡的新主张。他指出："我们现在就要开始用 10 年到 15 年的时间基本上完成到社会主义的过渡，而不是 10 年或者以后才开始过渡。"[①] 很显然，这一提法是对过去主张的修正，表明"从现在逐步过渡到社会主义去"的新认识。从理念上讲，实现社会主义是中国共产党人的奋斗目标，自然希望新民主主义社会存续时间越短越好。在现实社会中，真正对毛泽东思考起决定性影响的，还是经济政治形势出现的下述变化。

第一，经济结构发生了显著变化。1949 年到 1952 年的三年里，在公私兼顾、劳资两利的原则下，社会主义国营经济、合作社经济、国家资本主义经济、个体经济和私人资本主义经济五种经济成分都得到了发展。但由于社会主义经济和半社会主义经济的发展更为迅速，到 1952 年下半年，中国社会经济形态发生了很大变化。国家不仅垄断了金融，统制了对外贸易，掌握了铁路、矿山等经济命脉，而且国营经济在工业中的比重也超过了私人经济，占到了 67.3%；国营商业和合作社商业在批发中已占 63%，在零售中也占到了 43%。[②] 同时，私人企业已在国家的掌控之中，半数以上的私人工业已经被纳入国家资本主义轨道，特别是"五反"运动后，私营企业的生存空间已经十分狭小。这种结构性变化是中共领导人原来所没有料到的，工商业公私营比例的显著变化引起了毛泽东的重视，使他认为中国社会主义过渡不仅已在途中，而且还具备了提前过渡的经济条件。这样的认识，在刘少奇 1952 年 10 月带给斯大林的信中，表述得非常清楚。

第二，经济社会发展产生了新问题。一个问题是土地改革后农村逐渐趋于中农化，老区的互助组织开始涣散，对此党内干部普遍担心。根据老区的调查材料，多数土改前的贫雇农逐渐上升为新中农，雇工经营

① 薄一波：《若干重大决策与事件的回顾》（上卷），中共中央党校出版社 1991 年版，第 22 页。

② 周恩来：《三年来中国国内主要情况及今后五年建设方针的报告提纲》，1952 年 8 月。

的新富农已经出现，也出现了卖地现象，但是数量不多。这本来正是土改后小农经济自然发展的成果，也兑现了共产党对于农民发家致富的承诺。然而，各地领导机关对此不是欣喜。新中农普遍地觉得“单干才能发财，有穷有富才能发财”；农村党员干部思想也出现“退坡”情况，许多人“埋头生产不问政治，只顾个人发财致富，而不顾国家利益”①。这使党内一些人担心，如果农民尝到了个人发家致富的甜头，“习惯了新民主主义秩序”，就不想社会主义了，形成了所谓“自发的资本主义倾向”。另一个问题是城市出现了资本积累与政权清明之间的矛盾。1951 年从各地“三反”情况看，许多贪污分子与资本家的贿赂有着密切关系。② 接着开展的“五反”运动期间，各地揭露出私营工商业中存在的行贿、偷税漏税、盗骗国家财产、偷工减料、盗窃国家经济情报等五毒现象，例如重庆地区一些资本家利用“星四聚餐会”形式进行严重违法活动，增加了广大民众对资产阶级“为富不仁”的憎恶，强化了“很多党员被资产阶级所腐蚀的极大危险现象”③ 的担心。1952 年 6 月，毛泽东在中共中央《关于民主党派工作的决定（草稿）》上批示指出：“在打倒地主阶级和官僚资产阶级以后，中国内部的主要矛盾即是工人阶级与民族资产阶级的矛盾，故不应再将民族资产阶级称为中间阶级。”④ 既然工人阶级与民族资产阶级的矛盾成为社会主要矛盾，那么必然要集中力量解决这一主要矛盾。

第三，重工业优先发展战略的确立。朝鲜战争爆发后，国际形势的急剧变化对当时中国的内政决策产生了极大的影响⑤，抗美援朝战争及其后的东西两大阵营对峙的国际形势，使得巩固国防安全成为国家面临

---

① 《农业集体化重要文件汇编（1949—1957）》（上册），中共中央党校出版社 1982 年版，第 9 页。

② 中共中央文献研究室编《毛泽东年谱（1949—1976）》（第 1 卷），中央文献出版社 2013 年版，第 477、489 页。

③ 《毛泽东文集》（第 6 卷），人民出版社 1999 年版，第 190 页。

④ 《毛泽东文集》（第 6 卷），人民出版社 1999 年版，第 231 页。

⑤ 林蕴晖、范守信、张弓：《凯歌行进的时期》，河南人民出版社 1989 年版，第 404—405 页。

的头等重要的任务。在恶劣的国际环境下，只有优先发展重工业并兼顾进口替代的发展战略，就成了新中国成立初期的不二选择。薄一波曾经回忆"一五"计划制定考量时说："经过对政治、经济、国际环境诸多方面利弊得失的反复权衡和深入讨论之后，大家认为必须从发展原材料、能源、机械制造等重工业入手。"[①] 1952 年 8 月，中财委编制出第一个《五年计划轮廓草案》，提出工业建设以重工业为主、轻工业为辅，在可能条件下建设速度应力求迅速。对于经济基础薄弱的新中国而言，要优先把资金、人力、物力集中投到重工业建设上，就必然要运用国家的权威进行积累，由此提出向社会主义过渡就是自然的事。因为如果不能在"大约三个五年计划的时期内基本上解决农业合作化的问题……我们就不能解决年年增长的商品粮食和工业原料的需要同现时主要农作物一般产量很低之间的矛盾，我们的社会主义工业化事业就会遇到绝大的困难，我们就不可能完成社会主义工业化"[②]。此外，科学技术落后、人才短缺的基本国情，也决定了进行大规模工业化建设必须扩大对外交往，向世界先进国家学习。然而在冷战格局下，美国操纵联合国通过对中国的禁运案，新中国只能选择争取以苏联为首的社会主义阵营的支持和援助。1952 年 8 月下旬，以周恩来为团长，陈云、李富春为副团长的中国政府代表团前往莫斯科，带着试编出的《五年计划轮廓（草案)》几本小册子征询苏联政府的意见，并与苏商谈援助中国"一五"计划建设问题。在得到斯大林表达苏方愿意援助我国"一五"计划的明确意见后[③]，1952 年 9 月 24 日，周恩来、陈云从苏联先期返回北京。就在当晚听取他们汇报访苏结果的中央书记处会议上，毛泽东首次提出"从现在就要过渡"的想法，也就有点紧抓战略机遇的考量。

由上可见，毛泽东对过渡问题的新思考确实打上了世事变迁的烙

① 薄一波：《若干重大决策与事件的回顾》（上卷），中共中央党校出版社 1991 年版，第 285 页。

② 《毛泽东文集》（第 6 卷），人民出版社 1999 年版，第 431—432 页。

③ 史真：《第一个五年计划制定中的周恩来》，《党史文汇》2019 年第 1 期。

印。所谓向社会主义过渡，就是将私有制改造成为公有制，其中关键是将私人资本主义工商业改造为国营企业，将个体农业和个体手工业进行集体化改造。由于这将是一个影响中国经济社会的根本性变革，从提出过渡建议到1953年上半年，毛泽东就一直在进行慎重思考，并在征询国内外反应的过程中酝酿过渡的具体办法。

首先是征询苏联的意见。1952年10月，刘少奇率中共代表团参加苏共十九大，其间受毛泽东委托给斯大林写了一封信，请示中国逐步过渡到社会主义的问题。10月24日，斯大林接见中共代表团，并且表态说："我觉得你们的想法是对的。当我们掌握政权以后，过渡到社会主义去应该采取逐步的办法。你们对中国资产阶级所采取的态度是正确的。"斯大林对中共中央的设想表示赞同，无疑是对毛泽东在理论上的支持，坚定了毛泽东加快过渡的信心。

其次是了解国内干部群众的反应。1953年2月中下旬，毛泽东南下视察工作。其间，有几个重要史实与过渡问题紧密相关：一是2月15日在听河北省邢台县委负责人的汇报中，毛泽东了解到该县已有87%的农户加入了互助组、合作社，而且合作社建社当年就实现了粮食增产的效果，由此进一步加深了他对互助合作"是一条由穷变富的道路"的认识，指出多数农民是愿意走这条道路的，关键是领导者采取什么态度。"农业不先搞机械化，也能实现合作化，中国不一定仿照苏联的做法。"① 二是2月17日他与湖北孝感地委负责人的谈话中，解释了"过渡时期的步骤是走向社会主义"，"十年到十五年走完"；在同湖北省委、武汉市委负责人的谈话中，提出社会主义改造任务"从现在起大约需要三个五年计划的时间"②，强调了逐步过渡到社会主义的重要思想。三是2月19日他在同中南局负责人的谈话中，进一步明确了

---

① 逄先知、金冲及主编《毛泽东传（1949—1976）》（上），中央文献出版社2003年版，第246页。

② 中共中央文献研究室编《毛泽东年谱（1949—1976）》（第2卷），中央文献出版社2013年版，第31—32页。

过渡的办法："个体农业，要用合作社和国营农场去代替，手工业要用现代工业去代替。……对民族资产阶级，可以采取赎买的办法。"① 通过此行，一方面毛泽东增强了从现在开始过渡的决心，另一方面也初步形成了对农业和手工业改造的具体方法。

最后是形成了对资本主义工商业改造的途径。1953 年 5 月下旬，中央统战部部长李维汉向党中央呈送他当年春带领调查组在上海、南京、武汉等地调查后写出的《关于资本主义工业中的公私关系问题》的报告。这个报告总结了几年来资本主义工业实行国家资本主义的情况和经验，提出国家资本主义的各种形式是利用、限制、改造资本主义工业，将其纳入国家计划轨道，使资本主义工业逐步过渡到社会主义的主要形式；公私合营是国家资本主义的高级形式，最有利于将私有企业改造成社会主义企业。调查报告还指出，随着企业的改造，这些企业中的资产阶级分子有可能逐步改造为国营工业的管理或者技术的干部。这个报告得到党中央的高度重视，后经修改形成《关于利用、限制、改造资本主义工商业的若干问题》（未定稿）的文件，从而帮助找到了改造资本主义经济的办法，即"我们对私营资本主义工商业的改造，必须通过国家资本主义逐步过渡到社会主义"②。

经过半年多的酝酿交流后，1953 年 6 月 15 日，毛泽东在中央政治局扩大会议上首次提出了过渡时期总路线。会议期间，他在一个讲话提纲中写道："总路线是照耀一切工作的灯塔。""党的任务是在十年至十五年或者更多一些时间内，基本上完成国家工业化和社会主义的改造。""所谓社会主义改造的部分：（一）农业；（二）手工业；（三）资本主义企业。"12 月底，由中宣部起草、经毛泽东修改的关于过渡时期总路线的学习和宣传提纲，正式公布了总路线的内容，即

① 中共中央文献研究室编《毛泽东年谱（1949—1976）》（第 2 卷），中央文献出版社 2013 年版，第 33 页。

② 中共中央文献研究室编《毛泽东年谱（1949—1976）》（第 2 卷），中央文献出版社 2013 年版，第 139 页。

“从中华人民共和国成立，到社会主义改造基本完成，这是一个过渡时期。党在这个过渡时期的总路线和总任务，是要在一个相当长的时期内，逐步实现国家的社会主义工业化，并逐步实现国家对农业、对手工业和对资本主义工商业的社会主义改造”①。这样，工业化建设和社会主义改造同时并举的战略就正式确立下来了。1954 年 2 月 10 日，党的七届四中全会通过决议，正式批准了中共中央政治局提出的党在过渡时期的总路线。

三、完成三大改造与社会主义经济制度的建立

1953 年 9 月，在庆祝新中国成立四周年的口号中，中共中央向全党和全国人民公布了党在过渡时期的总路线。随后，全国各地开展了大规模的宣传贯彻总路线的活动，启动了大规模地对农业、手工业和资本主义工商业的社会主义改造运动。

党对农业的社会主义改造活动，在土地改革后期就已经开始了。首先是一些完成土改的老解放区的贫苦农民开始组织起来，成立各种形式的互助合作组织。到 1951 年，互助组发展到 467.5 万个，参加农户有 2100 万户；农业生产合作社增加到 130 个。② 1951 年 9 月，全国第一次农业互助合作会议召开，会议通过了《关于农业生产互助合作的决议（草案）》，提出了反对互助合作问题上的两种错误倾向，强调了自愿互利、民主议定和典型示范的指导原则，以及不得歧视、打击单干农民，但其精神侧重点是要求在土改后的广大农村地区，必须通过互助合作的方式发展农业生产，按照积极发展、稳步前进的方针和自愿互利的原则，采取典型示范、逐步推广的方法，大量发展劳动互助组。此后，各地的农业互助合作逐步发展起来。到 1952 年底，全国有 40% 的农户加

① 中共中央文献研究室编《建国以来重要文献选编》（第 4 册），中央文献出版社 1993 年版，第 700—701 页。

② 《中国农业年鉴（1980）》，农业出版社 1981 年版，第 4 页。

入互助组，建立了3600多个农业生产合作社。党在过渡时期的总路线正式公布后，1953年12月，中共中央又通过了《关于发展农业生产合作社的决议》，为推动农业合作化确定了新的指导方针。决议第一次对我国个体农业的改造道路作了明确表述，即引导个体农民经过具有社会主义萌芽的互助组，到半社会主义性质的初级社，再到完全社会主义性质的高级社。在进行社会主义改造过程中，必须坚持自愿互利、典型示范和国家帮助的原则，贯彻“积极领导、稳步前进”的方针，既要反对放任自流，也要反对任何强迫命令和剥夺农民的行为。这一决议发表后，一个以初级社为中心的农业合作化运动普遍开展起来。由于初级社没有废除生产资料的私有制，采取了土地入股分红的形式，比较符合当时农民的觉悟程度和生产力发展水平，因而促进了生产的发展。加之党和国家从各个方面支援合作社，使广大农民看到了合作社的好处，纷纷要求参加合作社。因此，在1953年冬到1955年上半年，农业生产互助合作运动有了很大发展。到1955年秋收前，全国初级社已达63.4万个，为1953年的41.3倍；参加农户数为1692万户，是1953年的61.5倍，占全国农户总数的14.2%。在63万多个合作社中，80%的社都增加了产量，充分显示了互助合作道路的优越性。与此同时，高级社由重点试办阶段转入开始在有条件的地区创造经验、准备逐渐推广。

个体手工业方面，早在1951年和1952年，中共中央就先后两次召开全国手工业合作会议，研究和部署手工业的社会主义改造工作。国家有重点、有步骤地对手工业合作社进行了典型试办，重点是创办手工业供销生产小组或合作社。到1952年底，全国手工业合作社有2700多个，社员25万人，产值达到2.5亿元。1953年进入第一个五年计划的执行时期，各方面对手工业产品的需要大量增加，个体手工业生产同国民经济发展需要之间的矛盾日益突出。为此，1953年11月，中央召开了具有重要历史意义的第三次全国手工业生产合作会议。会议根据党在过渡时期的总路线和总任务的精神，总结了几年来党对手工业社会主义改造的三种组织形式（生产小组、供销生产社、生产合作社）和初步经验，明确提出对手工业改造的方针是坚持“积极领导，稳步前进”，组织形式是由低级形式的手工业生产小组、过渡形式的手工业生产合作社到高级形式的手工业生产合作社，循序渐进，由小到大。这次会议为手工业合作化的全面发展铺平了道路，手工业合作化由此进入了普遍发展阶段。各地在贯彻执行第三次全国手工业合作会议精神时，一般都很注意根据生产发展的需要和手工业劳动者的要求，采用多种多样的灵活组织形式，引导手工业劳动者根据自愿互利原则组织起来，因而工作开展比较健康，进展比较顺利。到 1955 年 6 月，全国手工业合作组织达到 4.98 万个，参加合作社的手工业者达 143.9 万人，占手工业从业人员总数的 17.5%。

私营工商业方面，在新中国成立初期，为了帮助它们克服生产经营上的困难，国家采取了加工订货、统购包销、经销代销等形式，这实际上就开始把私营经济逐步引上了社会主义改造的轨道。到 1952 年底，加工订货、统购包销的产值占到私营工业总产值的 56%，私营工业中有 997 户实行了公私合营。1953 年春，中央统战部部长李维汉率调查组到武汉、南京、上海等地调查后，向中央报送的报告中明确指出，国家资本主义的各种形式是改造资本主义工业并使其逐步过渡到社会主义的主要形式。中共中央研究后采纳了这个意见，并把它作为改造私营工商业的共同办法。[①] 从 1954 年起，对私营工商业的改造转入重点发展公私合营的高级阶段。公私合营后，企业利润分配实行“四马分肥”，即把企业利润分成四份：政府所得税 34.5%、奖金福利费 15%、企业公积金 30%、资方红利 20.5%。这种公私合营企业的生产关系发生了根本的变化：企业的领导权基本上掌握在国家手中，生产资料的所有权，由原来的资本家所有变为公私共有，企业的生产和经营管理克服了资本主义生产的无政府状态，完全纳入了国家的计划，按照社会主义经营的

① 中共中央文献研究室编《毛泽东年谱（1949—1976）》（第 2 卷），中央文献出版社 2013 年版，第 139 页。

方向发展。由于党的政策正确、方法对头、步骤稳妥，公私合营工作进行得比较顺利。到1955年，公私合营的工业产值已占资本主义工业产值的50%，公私合营和合作化商店占私营商业零售额的45%。同时，北京、上海、天津等地也出现了部分行业全行业的公私合营。

从总体情况看，在1955年夏季之前，由于党中央采取的措施得当，社会主义改造工作循序渐进、健康发展，几个领域都取得了比较好的效果。但是，到了1955年5月，党内高层对农业合作化形势估计上产生了较大分歧。毛泽东认为邓子恢和中央农村工作部思想保守了，并在7月召开的省、市、自治区党委书记会议上作了《关于农业合作化问题》的报告，强调在合作化运动中要反“右倾”。会后，农业生产合作化运动迅猛发展，进入了“高潮”。从1955年秋季开始，初级社迅速向全国普及。1956年春，又大办高级社。

在农业合作化进入高潮的影响下，手工业和资本主义工商业社会主义改造步伐也大大加快。仅1955年下半年，全国手工业合作组织就增加1.48万多个，社（组）员人数增加了53.5%。进入1956年，手工业改造活动掀起一个又一个高潮。在工商业改造方面，1955年11月中共中央通过《关于资本主义工商业改造问题的决议（草案)》，确定重点从个别企业公私合营推进到全行业公私合营。1956年1月，全国50多个大中城市宣布实现了全行业的公私合营。在全行业的公私合营企业里，资本家失去了生产资料的所有权、企业的管理权、利润分配权，资本家的权利仅仅限制在获得定息上。同年7月28日，《国务院关于对私营工商业、手工业、私营运输业的社会主义改造中若干问题的指示》中规定：全国公私合营企业的定息户，不分工商、不分大小、不分盈余户亏损户、不分地区、不分行业、不分老合营新合营，统一规定为年息5%，计息期限确定为10年。至此，企业的生产关系已经发生了根本变化，这样的企业实际上成为社会主义的国营企业。

到1956年底，“三大改造”的任务基本完成。农业方面，参加初级社的农户占总农户的96.3%，其中参加高级社的达到总农户的

87.8%；手工业方面，全国手工业生产合作社发展到近10万个，入社人数占手工业从业人员的91.7%；工商业方面，原有私营工业已有99%的户数、98.9%的职工及99%的总资产，以及私营商业82.2%的户数，实现了全行业的公私合营。① 生产资料所有制改造任务完成，标志着新民主主义向社会主义过渡的顺利实现，社会主义经济制度在中国正式建立。为此，在中国共产党第八次全国代表大会上，刘少奇代表中共中央正式宣布："改变生产资料私有制为社会主义公有制这个极其复杂和困难的历史任务，现在在我国已经基本上完成了。我国社会主义和资本主义谁战胜谁的问题，现在已经解决了。""现在这种社会主义改造已经取得决定性的胜利，……几千年来的阶级剥削制度的历史已经基本上结束，社会主义的社会制度在我国已经基本上建立起来了。"②

在新中国建立后的几年时间里，我们党就在一个人口众多的农业国实现了生产资料所有制的社会主义改造，这是一个非常不易的巨大成就。正如1981年6月党的十一届六中全会通过的《关于建国以来党的若干历史问题的决议》所说："在一个几亿人口的大国中比较顺利地实现了如此复杂、困难和深刻的社会变革，促进了工农业和整个国民经济的发展，这的确是伟大的历史性胜利。"三大改造的胜利完成，具有深远的历史意义。第一，社会主义改造将农民、手工业者的个体经济转变为社会主义集体经济，将资本主义私有制转变为社会主义公有制，消灭了剥削制度和剥削阶级，建立起以生产资料公有制和按劳分配为主要形式和特点的社会主义经济制度，从而实现了中国历史上几千年来最伟大最深刻的社会变革，实现了中国共产党领导中国革命的基本目标。第二，作为一场涉及亿万人民的社会制度的大变革，不但没有造成大的社会动荡和生产力的破坏，而且是在国民经济稳定增长和人民普遍拥护的

---

① 董志凯等主编《中华人民共和国经济史（1953—1957）》（上），社会科学文献出版社2011年版，第209、239、259页。

② 中共中央文献研究室编《建国以来重要文献选编》（第9册），中央文献出版社1994年版，第341页。

情况下实现的，促进了社会生产力的发展。1953—1956 年工农业总产值年均递增 11.6%，农业生产增长了 79%，原来私营工业的产值增长了一倍多，私营商业的零售额增长了 25% 左右。第三，从中国国情出发，创造了一系列由低级到高级的改造形式，走出了一条有中国特色的社会主义改造道路。特别是在资本主义工商业改造方面，利用各种形式的国家资本主义，成功地实现了对资产阶级的和平赎买，并把资本家改造成为自食其力的劳动者，这是国际共产主义运动史上的一个创举。但"这项工作中也有缺点和偏差。在 1955 年夏季以后，农业合作化以及手工业和个体商业的改造要求过急，工作过粗，改变过快，形式也过于简单划一，以致在长期间遗留了一些问题。"①

四、社会主义基本制度确立的重大意义

近代以来，为了追求现代化目标，世界各国采取了两种不同类型的制度体系。一种是资本主义的制度体系，另一种是社会主义的制度体系。可以说，社会主义的兴起，其目的就是要解决资本主义发展的弊病，克服资本的逻辑和发展的自发性。新中国成立后，我们党创造性地运用马克思主义国家学说，确立了社会主义国家的国体政体、根本政治制度、基本政治制度、基本经济制度和各方面的重要制度，构建了社会主义国家治理体系，为实现中华民族伟大复兴奠定了根本的政治前提和制度基础。

习近平总书记高度评价我们党完成社会主义革命、建立社会主义制度的伟大意义，指出它"完成了中华民族有史以来最为广泛而深刻的社会变革，为当代中国一切发展进步奠定了根本政治前提和制度基础，为中国发展富强、中国人民生活富裕奠定了坚实基础，实现了中华民族

① 中共中央文献研究室编《关于建国以来党的若干历史问题的决议注释本（修订）》，人民出版社 1985 年版，第 18 页。

由不断衰落到根本扭转命运、持续走向繁荣富强的伟大飞跃”①。党的十九大报告指出，“我们党团结带领人民完成社会主义革命，确立社会主义基本制度，推进社会主义建设，完成了中华民族有史以来最为广泛而深刻的社会变革，为当代中国一切发展进步奠定了根本政治前提和制度基础，实现了中华民族由近代不断衰落到根本扭转命运、持续走向繁荣富强的伟大飞跃”②。在庆祝中国共产党成立100周年大会上的讲话中，习近平总书记又指出：“我们进行社会主义革命，消灭在中国延续几千年的封建剥削压迫制度，确立社会主义基本制度，推进社会主义建设，战胜帝国主义、霸权主义的颠覆破坏和武装挑衅，实现了中华民族有史以来最为广泛而深刻的社会变革，实现了一穷二白、人口众多的东方大国大步迈进社会主义社会的伟大飞跃，为实现中华民族伟大复兴奠定了根本政治前提和制度基础。”③

社会主义基本制度的确立，是中国历史上最深刻最伟大的社会变革。自有文字记载以来，我国经历了多次朝代的更替、社会的变革，但每一次都是以一种私有制代替另一种私有制，以一种剥削制度代替另一种剥削制度。而社会主义三大改造最突出的特点，就是第一次以公有制代替私有制，顺利实现了生产关系的根本变革，把农民、手工业者的个体经济转变为社会主义集体经济，将资本主义私有制转变为社会主义公有制，消灭了剥削制度和剥削阶级，建立起以生产资料公有制和按劳分配为主要形式和特点的社会主义经济制度。这种经济制度与之前建立起来的人民代表大会制度、共产党领导的多党合作和政治协商制度一起，构成了社会主义的基本制度，实现了中国共产党领导中国革命的基本目标。正如党的八大所指出的，“这就表明，我国的无产阶级同资产阶级之间的矛盾已经基本上解决，几千年来的阶级剥削制度的历史已经基本

① 习近平：《在庆祝中国共产党成立95周年大会上的讲话》，《人民日报》2016年7月2日。
② 《中国共产党第十九次全国代表大会文件汇编》，人民出版社2017年版，第12页。
③ 习近平：《在庆祝中国共产党成立100周年大会上的讲话》，《人民日报》2021年7月2日。

上结束，社会主义的社会制度在我国已经基本上建立起来了”①。

社会主义基本制度的确立，为当代中国一切发展奠定了制度基础。社会主义制度从根本上保证了工人、农民、知识分子和一切爱国人士管理国家、社会事务的权力和他们的民主权利，使广大劳动人民真正成为国家的主人和社会生产资料的主人，因而极大地提高了工人阶级和广大劳动人民的积极性和创造性，巩固和扩大了工人阶级领导的、以工农联盟为基础的人民民主专政的国家政权的阶级基础和经济基础。对于中国这样一个经济文化落后的发展中大国来说，选择社会主义制度来推动国家的工业化和现代化，能够提高社会的组织化程度，是比较有效地兼顾政治与经济的国家治理方案，具有尽可能地集中力量办大事的优势。所谓大事，就是在中国现代化进程中最重要的经济社会工程，或者那些卡脖子的关键环节，为发展社会生产力开辟了广阔的道路。中国社会主义制度建立后，我们就是凭借社会主义“大道理”来推进国家现代化和民族复兴的。在中国共产党的领导下，从工业发展到农业发展，从普及教育到基本医疗保障，我国用一个接一个的五年计划来规划部署现代化的重点任务，从而为中国渐进式发展和可持续发展铺平了道路。经过艰苦卓绝的社会主义建设和波澜壮阔的改革开放，中国已经从“一穷二白”变成了“全面小康”，古老的中华民族以崭新的姿态走近世界舞台的中央。这些基本事实告诉人们，中国社会主义基本制度符合中国的国情实际和广大人民的切身利益，具有伟大的生命力。今天中国现代化建设取得的辉煌成就，都离不开选择并且走上了社会主义道路这个最基本的前提条件。

社会主义基本制度的确立，使占世界人口 1/4 的东方大国进入了社会主义社会，这是世界社会主义运动史上又一个历史性的伟大胜利。资本主义的发展建立在对内剥削、对外掠夺的基础上，并用低价商品摧毁弱小国家的民族企业，用坚船利炮把它们变为自己的附属，尤其是对第

① 《中国共产党第八次全国代表大会文件》，人民出版社 1956 年版，第 81 页。

三世界国家实行不等价交换。而我们的社会主义，则主要是靠自力更生、艰苦奋斗，实行对内改革、对外开放，通过充分利用本土资源，不断完善和发展自己。社会主义的制度优势，为中国发展富强、中国人民生活富裕奠定了坚实基础。中华民族由不断衰落到根本扭转命运、持续走向繁荣富强，中华民族和中国人民在中国共产党的领导下实现了从站起来到富起来并走向强起来的伟大飞跃。中国社会主义制度的确立，进一步改变了世界政治经济格局，增强了社会主义的力量，对维护世界和平产生了积极影响。占世界人口 1/4 的东方大国进入了社会主义社会，为其他相对落后的国家探索民族独立、人民解放和走符合本国国情的现代化发展道路提供了重要经验，对这些国家的人民也是一个巨大的鼓舞。

第八章

中国社会主义建设的良好开局和曲折发展

为了推进中华民族伟大复兴，1956 年中国社会主义制度建立后，中国共产党团结带领中国人民，自力更生、发愤图强，进行了中国历史上从来不曾有过的热气腾腾的社会主义建设，虽然在艰辛探索中经历了严重曲折，但仍然取得了社会主义建设的巨大成就，在不长的时间里，我国建立起了独立的比较完整的工业体系和国民经济体系，社会面貌发生了翻天覆地的变化，中华民族风骨铮铮，成为在世界上有重要影响的大国。中国共产党和中国人民以英勇顽强的奋斗向世界庄严宣告，中国人民不但善于破坏一个旧世界、也善于建设一个新世界，只有社会主义才能救中国，只有社会主义才能发展中国！

一、《论十大关系》的发表与党的八大

社会主义制度的建立，是我们党继领导建立新中国后在 20 世纪实现的中国社会又一次历史性变化，对此，全党全国人民精神振奋，急切地想做出一番新的伟大事业。党的主要任务，不再是进行阶级斗争、政治革命，而是要“革技术的命，叫技术革命，叫文化革命，要搞科学，要革愚蠢同无知的命”[①]。我们的目标，“要在几十年内，努力改变我国

---

① 逄先知、金冲及主编《毛泽东传（1949—1976）》（上），中央文献出版社 2003 年版，第 469 页。

在经济上和科学文化上的落后状况，迅速达到世界上的先进水平”①。但是，对于在中国这样一个贫穷落后、人口众多的国家怎样进行社会主义经济、政治、文化等建设，达到以上目标，却是全党面临的一个经验不多、知识甚少的新课题。最初，我们党提出了“以苏联为榜样”的口号，以苏联模式为蓝本，逐步建立了以高度集中为特征的中国社会主义的政治、经济体制。这种体制的主要特点是政治上高度集权，经济上实行高度集中的计划经济，所有制上搞单一的公有制等。但经过一段时间实践发现，苏联模式也有局限，简单照抄照搬苏联，此路不通，中国自己的社会主义建设道路只能在实践探索中解决，只能在对中国国情的深刻把握中解决。党的八大的召开，标志着探索取得重要成果。《论十大关系》的发表，则是这一探索的开始。

还在 1955 年，为准备党的八大报告，刘少奇就分别约请中央和国务院 30 多个部门的负责人座谈，了解各方面情况。受到这个做法的启发，毛泽东也要求听取一些部门的汇报。从 1956 年 2 月 14 日开始到 4 月 24 日结束，毛泽东在两个多月时间里先后听取了国务院 35 个部门的汇报以及国家计委关于第二个五年计划的汇报，实际听汇报的时间为 43 天，对我国社会主义建设的实际情况作了一次深入全面的调研。毛泽东这次听取汇报，是在极为紧张疲劳的状态下进行的，用他自己的话说，几乎每天都是“床上地下，地下床上”。一起床，就开始听汇报。每次都长达四五个小时。各部事先把汇报写成书面材料送给毛泽东。毛泽东听口头汇报时，不断插话，提出问题，为了听汇报，他还不得不改变长期养成的夜间工作的习惯。

汇报从重工业部门开始。2 月 14 日，这是第一天，听主管重工业的国务院第三办公室汇报。2 月 15 日至 17 日，听取电力工业部及第一、第二、第三机械工业部汇报。2 月 19 日、20 日，听取国家建委、建筑工业部汇报。2 月 21 日、22 日，分别听取城市建设局、第二机械

---

① 逄先知、金冲及主编《毛泽东传（1949—1976）》（上），中央文献出版社 2003 年版，第 470 页。

工业部关于原子能问题的汇报。2 月 25 日至 29 日，听取重工业部、石油工业部、地质部、煤炭工业部等汇报。3 月 1 日，听主管轻工业部门的国务院第四办公室和纺织工业部汇报。3 月 2 日至 4 日，听取地方工业部、轻工业部、手工业管理局汇报。3 月 5 日，听取主管交通、邮电部门的国务院第六办公室汇报。3 月 6 日至 9 日，听取铁道部、交通部、邮电部、民航局汇报。3 月 13 日，听取主管农林水利的国务院第七办公室汇报。3 月 15 日至 18 日，听取农业部、水利部、林业部、气象局汇报。3 月 19 日至 21 日，连续听取主管财贸金融的国务院第五办公室汇报。3 月 26 日、27 日，听取商业部、外贸部汇报。4 月 2 日，听全国合作总社汇报。4 月 5 日，听粮食部汇报。4 月 8 日至 10 日，听取农产品采购部、财政部、中国人民银行汇报。从 3 月 15 日到 4 月 11 日，这十几次汇报的具体情况，没有档案可查。

在 3 月 12 日至 4 月 5 日听汇报的这段时间里，毛泽东还同时做着另一件重要而紧迫的工作，就是研究和思考由苏共二十大特别是赫鲁晓夫秘密报告引发的国际共运重大问题。苏共二十大于 1956 年 2 月在莫斯科召开。大会的一个重要内容，是对斯大林个人崇拜问题的揭露和批判。会议即将结束时，赫鲁晓夫突然召集与会苏共代表，作了题为《关于个人崇拜及其后果》的长篇秘密报告，集中揭露和批判了斯大林所犯的一系列严重错误，包括违背民主集中制原则搞个人崇拜，肃反严重扩大化，在反法西斯的卫国战争前夕对德国的进攻丧失警惕，在国内民族问题上的错误处置等。这些揭露和批判，触及了 20 世纪 30 年代以来苏联党和国家政治生活中的一系列深层次问题。毛泽东对苏共二十大揭露和批评斯大林，一则以喜，一则以忧。喜的是揭开了对斯大林神化的盖子，破除了迷信，解放了思想，使大家敢于讲真话，敢想问题；忧的是赫鲁晓夫批判斯大林，过分追究个人品质和个人责任，对斯大林采取“一棍子打死”的做法，由此带来一系列严重后果。美国等西方国家即利用这个秘密报告在全世界掀起了一股反苏反共潮流。为了向全世界表明中国共产党在斯大林评价问题上的基本立场和态度，在继续听取经济部门汇报的同时，毛泽东从3月12日起把更多的注意力转到苏共二十大的问题上，主持发表了《关于无产阶级专政的历史经验》一文，分析了斯大林犯错误的原因、阐述了对国际共产主义运动中所发生错误应采取的正确态度，总结了中国共产党从中应吸取的教训，明确表示："最重要的是要独立思考，把马列主义的基本原理同中国革命和建设的具体实际相结合。民主革命时期，我们吃了大亏之后才成功地实现了这种结合，取得了新民主主义革命的胜利。现在是社会主义革命和建设时期，我们要进行第二次结合，找出在中国怎样建设社会主义的道路。"①

从4月18日至24日，新一轮汇报开始，是李富春向毛泽东汇报第二个五年计划，这一轮汇报是毛泽东向35个部门作系统调查的延续。在新一轮汇报进行之时，毛泽东的思考和认识也不断深化，并着手进行理论归纳和概括工作，《论十大关系》的完整思想呼之欲出。4月19日，毛泽东首先把思考中的问题归纳出三个关系，即"沿海与内地的关系，轻工业与重工业的关系，个人与集体的关系"。4月20日，他进一步把研究中的问题归纳为五个关系，即：轻工业与重工业的关系、沿海与内地的关系、个人与集体的关系、地方与中央的关系、经济与国防的关系。4月24日，毛泽东又进一步归纳出"六大矛盾"，即：一、轻工业与重工业；二、沿海与内地；三、国防、行政与经济、文化；四、个人与集体；五、地方与中央；六、少数民族与汉族。"六大矛盾"也就是六大关系。毛泽东后又增加提出四大关系，成为十大关系。这次调查活动是毛泽东在新中国成立后乃至在他一生中所作的规模最大、时间最长、周密而系统的经济工作调查。在此基础上，1956年4月25日，毛泽东主持召开中共中央政治局扩大会议，首次发表《论十大关系》讲话，出席会议的除中央政治局委员外，还有各省、市、自治区党委第一书记。这次会议的原定议题是讨论农业生产合作社等问题，毛泽东在会上发表《论十大关系》讲话后，从4月25日到28日，会议便集中讨

① 吴冷西：《忆毛主席》，新华出版社1995年版，第9页。

论这篇讲话。根据讨论中提出的意见，毛泽东在1956年5月2日召开的最高国务会议上，又对十大关系作了进一步阐述，其主要内容与4月25日讲话大致相同。

《论十大关系》开篇即提出："特别值得注意的是，最近苏联方面暴露了他们在建设社会主义过程中的一些缺点和错误，他们走过的弯路，你还想走？过去我们就是鉴于他们的经验教训，少走了一些弯路，现在当然更要引以为戒。"根据中国情况探索中国自己的社会主义道路，"以苏为戒"，是贯穿《论十大关系》的基本思想。《论十大关系》的主旨是提出"把党内党外、国内国外的一切积极的因素，直接的、间接的积极因素，全部调动起来，把我国建设成为一个强大的社会主义国家"。"十大关系"的前五条，主要讨论经济问题。前三条讲重工业和轻工业、农业的关系，沿海工业和内地工业的关系，经济建设和国防建设的关系。毛泽东在讲话中强调今后要更多地注意发展农业、轻工业，更多地利用和发展沿海工业，尽量降低军政费用的比重，多搞经济建设。这就实际上意味着要走一条不同于苏联的中国工业化道路。第四、第五条讲国家、生产单位和生产者个人的关系，中央和地方的关系，并开始涉及经济体制的改革，提出要充分调动各方面的积极性，在巩固中央统一领导的前提下，扩大一点地方的权力。"十大关系"的后五条，主要讨论政治关系，涉及汉族和少数民族的关系、党和非党的关系、革命和反革命的关系、是非关系、中国和外国的关系等。讲话提出，在共产党和民主党派的关系上，要实行"长期共存，互相监督"的方针，确认中国共产党领导的统一战线和多党合作要继续存在、发挥作用；在中国与外国的关系中，要学习资本主义国家先进的科学技术和企业管理方法中合乎科学的方面，但也要抵制和批判资产阶级的一切腐败制度和思想作风等。

关于十大关系思想的形成过程，1958年2月18日，毛泽东在中央政治局扩大会议上曾说："那个十大关系怎么出来的呢？我在北京经过一个半月，每天谈一个部，找了34个部的同志谈话，逐渐形成了那个十条。如果没有那些人谈话，那个十大关系怎么会形成呢？不可能形成。”[①]《论十大关系》初步提出了中国社会主义经济、政治建设的若干新方针，表明党和毛泽东对中国社会主义建设有了一个初步的但又比较系统的思路，为党的八大的召开作了重要准备。1958 年 3 月 10 日，毛泽东在成都会议上说：“1956 年 4 月的《论十大关系》，开始提出我们自己的建设路线，原则和苏联相同，但方法有所不同，有我们自己的一套内容。”[②]

1956 年 9 月 15 日至 27 日，中国共产党第八次全国代表大会在北京政协礼堂隆重开幕。出席会议的正式代表 1026 人，代表着全国 1073 万党员，党员人数比党的七大时增加了 8 倍。应邀列席大会的，有国内各民主党派和无党派民主人士的代表，还有苏联、南斯拉夫、法国、意大利等 50 多个国家的共产党、工人党、劳动党和人民革命党等的代表团。毛泽东在会上致开幕词，刘少奇作政治报告，周恩来作关于发展国民经济的第二个五年计划的建议的报告，邓小平作关于修改党章的报告。毛泽东在开幕词中开宗明义地指出：“我们这次大会的任务是：总结从七次大会以来的经验，团结全党，团结国内外一切可能团结的力量，为了建设一个伟大的社会主义的中国而奋斗。”

党的八大正确分析国内形势和国内主要矛盾的变化，明确提出党和全国人民在新形势下的主要任务。大会宣布：我国无产阶级同资产阶级之间的矛盾已经基本上解决，几千年来的阶级剥削制度的历史已经基本上结束，社会主义的社会制度在我国已经基本上建立起来。国内的主要矛盾，已经是人民对于建立先进的工业国的要求同落后的农业国的现实之间的矛盾，已经是人民对于经济文化迅速发展的需要同当前经济文化不能满足人民需要的状况之间的矛盾。党和全国人民当前的主要任务，就是要集中力量解决这个矛盾，把我国尽快地从落后的农业国变为先进的工业国。这些论述的核心观点，是在社会主义条件下全党要集中力量

---

① 据现存档案资料，向毛泽东汇报的实为 35 个部门。见《毛泽东年谱》第 2 卷第 528 页。
② 《毛泽东文集》（第 7 卷），人民出版社 1999 年版，第 369—370 页。

发展生产力。党的八大坚持党中央提出的既反保守又反冒进，即在综合平衡中稳步前进的经济建设方针。周恩来在报告中提出四条重要意见：应根据需要和可能，合理地规定国民经济的发展速度，把计划放在既积极又稳妥可靠的基础上，以保证国民经济比较均衡地发展；重点建设与全面安排相结合；增加后备力量，健全物资储备制度；正确处理经济与财政的关系。大会肯定陈云提出的“三个主体，三个补充”思想，即以国家经营和集体经营、计划生产、国家市场三者为主体，而以个体经营、自由生产、自由市场三者作为补充。这是在理论上试图突破苏联计划经济模式的可贵探索。大会提出在三个五年计划或者再多一点的时间内，在我国建成基本上完整的工业体系的战略设想，为全国人民描绘了社会主义发展的宏伟蓝图。

党的八大还着重提出了执政党的建设问题。邓小平在大会上作《关于修改党的章程的报告》，一方面突出地提出反对党内主观主义、宗派主义、官僚主义，批评那种脱离实际、脱离群众的思想作风；另一方面，根据苏联社会主义建设的经验教训，强调坚持民主集中制。新党章对贯彻党的民主集中制的根本原则作出了许多新规定，要求“党必须采取有效的办法发扬党内民主”，同时强调“党的民主原则不能离开党的集中原则。党是以一切党员都要遵守的纪律联结起来的统一的战斗组织”。新党章在党员义务方面增加“维护党的团结，巩固党的统一”“对党忠诚老实”等内容。

党的八大是一次民主开放的大会，八大制定的路线是正确的，提出的许多新方针和新设想是富于创造精神的。大会的进程、大会的主报告和代表们的发言，通过新闻媒体的迅速传播，为全党和全国人民所了解。这次会议对中国建设社会主义道路的探索，站在比较高的历史起点上，取得的成果对于党和国家事业发展具有重要意义。

以《论十大关系》和党的八大成功召开为标志，党对中国社会主义建设道路的探索有了良好开端。

二、"大跃进"、人民公社化运动和纠"左"的努力

苏共二十大后，1956 年 6 月，波兰西部的波兹南地区发生由于工人的某些要求没有得到满足而引起的流血冲突，波兰局势陷入持续动荡。10 月下旬，匈牙利首都布达佩斯又发生大规模骚乱。这警示人们如果不能正确认识和处理社会主义社会的各种矛盾，特别是人民内部矛盾，社会主义制度将难以巩固，社会主义建设将难以进行。在国内，由于社会主义改造的迅速完成，加上经济建设中出现冒进的影响未能完全消除，领导工作中还存在官僚主义等问题，一些地方出现少数群众闹事等不稳定情况。对少数人闹事的原因，毛泽东认为，主要是"由于领导上存在着官僚主义和主观主义"、"工作方法不对"以及"反革命分子和坏分子的存在"，是社会主义社会敌我矛盾和人民内部矛盾的反映，其中大量表现为人民内部矛盾。毛泽东提出，"凡是人民内部的事情，党内的事情，都要用整风的方法，用批评和自我批评的方法来解决，而不是用武力来解决"①。

1957 年 2 月 27 日，毛泽东在最高国务会议上以《如何处理人民内部的矛盾》为题发表讲话②，系统地阐明了关于严格区分社会主义社会的敌我和人民内部两类矛盾以及正确处理人民内部矛盾的问题。毛泽东指出：矛盾是普遍存在的，社会主义社会也充满着矛盾，正是这些矛盾推动着社会主义社会不断地向前发展。社会主义社会的基本矛盾仍然是生产力和生产关系、经济基础和上层建筑之间的矛盾，这些矛盾可以经过社会主义制度本身的自我调整和完善，不断得到解决。毛泽东还指出：社会主义社会存在着敌我矛盾和人民内部矛盾两类性质根本不同的矛盾。前者需要用强制的、专政的方法去解决，后者只能用民主的、说

---

① 毛泽东在中共八届二中全会上的讲话记录，1956 年 11 月 15 日。

② 这个讲话后来经过整理并作了若干修改与补充，以《关于正确处理人民内部矛盾的问题》为题，在 1957 年 6 月 19 日《人民日报》上公开发表。

服教育的、“团结—批评—团结”的方法去解决。他把正确处理人民内部矛盾提升到国家政治生活主题的高度，强调：革命时期大规模的急风暴雨式的群众阶级斗争基本结束，“我们的根本任务已经由解放生产力变为在新的生产关系下面保护和发展生产力”。《关于正确处理人民内部矛盾的问题》在马克思主义发展史上具有开创性意义，毛泽东提出的关于正确认识和处理社会主义社会矛盾的一整套学说，丰富和发展了科学社会主义理论，对党和社会主义建设事业具有长远指导作用。

《关于正确处理人民内部矛盾的问题》讲话为全党整风作了重要准备。1957 年 4 月 27 日，中共中央正式发出《关于整风运动的指示》，确定整风的主要内容是“反官僚主义、反宗派主义、反主观主义”。毛泽东后来指出，党希望通过整风，达到这样的目标：造成一个又有集中又有民主，又有纪律又有自由，又有统一意志、又有个人心情舒畅、生动活泼，那样一种政治局面。整风开始后，广大干部群众包括许多有影响的党外人士积极响应号召，对党和政府的工作以及党政干部的思想作风提出大量批评和建议。绝大多数意见比较中肯，富有建设性，对我党整风、改正领导工作中的缺点错误是有益处的。但是，随着整风运动的迅猛开展，也出现了极少数人乘机向党和新生的社会主义制度发动进攻的情况。有的人把共产党在国家政治生活中的领导地位攻击为“党天下”，要“轮流坐庄”；有的人抹煞社会主义改造和社会主义建设的成绩，从根本上否定社会主义制度，把人民民主专政制度说成是产生官僚主义、宗派主义和主观主义的根源。这种情况引起党的警觉。6 月，中央要求组织力量反击右派分子进攻。

对极少数右派分子反对党的领导、反对社会主义道路的思潮进行批判和反击，是完全必要的。但是，由于对阶级斗争形势作了过于严重的估计，把大量人民内部矛盾当作敌我矛盾，把大量思想认识问题当作政治问题，反右派斗争被严重地扩大化了，一批知识分子、爱国人士和党内干部被错划为右派分子，造成不幸后果。这是党的历史上的一大教训，使党探索中国社会主义建设道路的良好开端遭受挫折。

中国是一个经济文化落后的“一穷二白”的国家，为了尽快改变中国贫穷落后的面貌，党力图在探索社会主义建设中打开一个新的局面，实现更高的发展速度。经过反右派斗争，党中央认为，政治思想战线上的社会主义革命已取得伟大胜利，1957 年一些工厂、农村出现生产迅速增长的新气象，人民群众建设社会主义的积极性大大提高，因此经济建设也应该搞得更快一些。在国际上，中国共产党在 1957 年 11 月莫斯科各国共产党和工人党代表会议上获得了崇高声誉，再加上苏联成功发射第一颗人造地球卫星以及提出 15 年赶上和超过美国，这些都给包括中国在内的全世界社会主义者以巨大鼓舞。

1957 年 10 月 27 日，《人民日报》发表题为《建设社会主义农村的伟大纲领》的社论，要求“有关农业和农村各方面的工作在十二年内都按照必要和可能，实现一个巨大的跃进”。这是党中央提出“大跃进”的先声。1957 年冬季在全国范围掀起了以兴修水利为中心的农业生产高潮，从行动上拉开了“大跃进”运动的序幕。1958 年上半年，党中央相继召开南宁会议、成都会议等会议，为“大跃进”做了进一步准备。1958 年 5 月，党的八大二次会议正式通过“鼓足干劲，力争上游，多快好省地建设社会主义”的社会主义建设总路线，通过了 15 年赶超英国的目标和“苦干三年，基本改变面貌”等口号，标志着追求高速度、超英赶美的“大跃进”正式发动。会后，“大跃进”运动在全国范围内从各方面开展起来。农业方面提出“以粮为纲”口号，要求 5 年、3 年以至一两年达到规定的粮食产量指标，引发严重的浮夸风。工业方面提出“以钢为纲”口号，要求几年内提前实现 15 年钢产量赶超英国的目标，掀起大炼钢铁的群众运动。

在工农业“大跃进”迅猛发展的同时，农村掀起人民公社化运动高潮。1958 年 8 月，中共中央作出《关于在农村建立人民公社问题的决议》。随后，全国农村只用了一个多月就基本实现公社化。“大跃进”初期建立的人民公社的特点是“一大二公”，实际上是刮“一平二调”的“共产风”，搞平均主义，无偿调拨生产队包括社员个人的财物和劳动力，严重损害了农民的生产积极性。在大办人民公社的高潮中，不少地方喊出了“跑步进入共产主义”的口号，急于向共产主义过渡，严重混淆了社会主义和共产主义的界限。

“大跃进”、人民公社化运动发动的初衷，是希望以最快的建设速度尽快改变中国贫穷落后的面貌，使中国真正发展、强大起来，使人民快一点过上幸福富足的生活。毛泽东在发动“大跃进”之时曾说过：“中国经济落后，物质基础薄弱，使我们至今还处在一种被动状态，精神上感到还是受束缚，在这方面我们还没有得到解放。”① 他甚至说：“1949 年中国解放我是很高兴的，但是觉得中国的问题还没有完全解决，因为中国很落后，很穷，一穷二白。以后对工商业的改造，抗美援朝的胜利，我又愉快又不愉快。只有这次大跃进，我才完全愉快了！按照这个速度发展下去，中国人民的幸福生活完全有指望了。”② 这些话，说出了全党的共同感受，他急于改变中国贫穷落后面貌的愿望，与广大干部群众的普遍愿望也是一致的，广大干部群众在“大跃进”期间付出的辛勤劳动确实也取得了一部分实际成果。但是，经济建设有不以人的主观意志为转移的客观规律，生产力的发展也需要有一个长期积累过程，在“大跃进”酝酿和实施的过程中，由于党对领导大规模社会主义建设的经验不足，对在中国这样一个幅员辽阔、人口众多、经济文化落后的大国建设社会主义的艰巨性、复杂性、长期性缺乏充分估计；由于背离了党一向倡导的实事求是的原则，过分夸大了主观意志和主观努力的作用；也由于简单搬用战争年代大搞群众运动、开展政治军事斗争的方式方法来从事社会主义经济建设，结果事与愿违。“大跃进”和人民公社化运动高潮期间，以高指标、瞎指挥、浮夸风、“共产风”为主要标志的“左”的错误泛滥，给我国经济建设造成了重大损失。

早在 1958 年秋冬之间，党中央和毛泽东就开始发现“大跃进”和人民公社化运动中出了不少乱子。从 1958 年 11 月第一次郑州会议到

---

① 《毛泽东文集》（第 7 卷），人民出版社 1999 年版，第 350 页。

② 引自张素华主编《毛泽东与中共党史重大事件》，中央文献出版社 2001 年版，第 332 页。

1959年7月庐山会议前期，党中央领导整顿人民公社，调整高指标，作了初步纠正“左”倾错误的努力，“共产风”、浮夸风、高指标和瞎指挥得到初步遏制，形势开始有所好转。这期间，通过认真反思，毛泽东就中国社会主义建设规律等问题提出一些新的认识，包括：生产关系一定要适合生产力的性质；价值法则“是一个伟大的学校，只有利用它，才有可能教会我们的几千万干部和几万万人民，才有可能建设我们的社会主义和共产主义”[①]；明确提出“商品生产不能与资本主义混为一谈”，“商品生产，要看它同什么经济制度相联系，同资本主义制度相联系就是资本主义的商品生产，同社会主义制度相联系就是社会主义的商品生产”[②]；提出要以“农、轻、重”为序进行社会主义建设；综合平衡是整个经济工作的根本问题，国民经济应当有计划按比例发展等，这是党探索中国社会主义建设道路的重要成果。但是，由于这一阶段的纠“左”是在肯定“大跃进”和人民公社的大前提下和总框架内进行的，初步好转的形势并很不巩固。1959年出现的“反右倾”斗争中断了纠“左”的进程，加上自然灾害和苏联政府背信弃义撕毁合同，党和人民面临新中国成立以来前所未有的严重经济困难，主要表现为粮、油和蔬菜、副食品等极度缺乏，许多地方城乡居民出现了浮肿病，出生率大幅度大面积降低，死亡率显著增高。

三、五年国民经济调整和十年社会主义建设成就

1960年11月，中央发出《关于农村人民公社当前政策问题的紧急指示信》，要求全党用最大的努力来坚决纠正各种“左”的偏差。1961年1月，党的八届九中全会决定对国民经济实行“调整、巩固、充实、提高”的八字方针。这两件事表明，“大跃进”战略被放弃了，代之而起的是对国民经济进行调整。毛泽东在党的八届九中全会以及为准备这

---

① 《毛泽东文集》（第8卷），人民出版社1999年版，第34页。
② 《毛泽东文集》（第7卷），人民出版社1999年版，第437—439页。

次全会而召开的中央工作会议上，号召全党恢复实事求是、调查研究的作风，把1961年搞成实事求是年。之后，毛泽东、刘少奇、周恩来等中央领导人带头深入基层调查研究，领导制定各项调整政策。在此期间，毛泽东还结合“大跃进”以来急于求成的教训，对中国社会主义建设的长期性、艰巨性问题进行深入思考，郑重提出建设强大的社会主义经济，需要一百年或者更长的时间。在此之前，1959年12月到1960年2月，在读苏联《政治经济学》教科书时，毛泽东还比较集中地谈论了社会主义社会的发展阶段问题，明确提出：“社会主义这个阶段，又可分为两个阶段，第一个阶段是不发达的社会主义，第二个阶段是比较发达的社会主义。后一阶段可能比前一阶段需要更长的时间。”① 这些观点，成为党的十一届三中全会后我们党正确认识国情、确立社会主义初级阶段理论的重要思想来源。

为系统解决农村人民公社存在的问题，毛泽东于1961年3月主持起草《农村人民公社工作条例（草案）》，开始逐步解决农民强烈反映的公共食堂等问题。工业领域调整围绕降低钢产量等指标和整顿企业秩序展开。1961年9月，中央作出《关于当前工业问题的指示》，强调要把工业生产和基本建设的指标降到确实可靠、留有余地的水平上。中央还发布试行《国营工业企业工作条例（草案）》，对于恢复和建立企业正常生产秩序发挥了积极作用。科学、教育、文化等领域也进行了调整，中心内容是调整党和知识分子的关系，落实知识分子政策；坚持“百花齐放、百家争鸣”的方针；健全必要的规章制度等。

为了进一步总结“大跃进”以来的经验教训，统一认识，增强团结，1962年1月11日至2月7日，党中央在北京召开扩大的中央工作会议（七千人大会）。刘少奇代表中央提出的书面报告草稿，总结了“大跃进”以来经济建设工作的经验教训，分析了产生缺点错误的原因。毛泽东在大会上发表讲话，作了自我批评，表示“凡是中央犯的

---

① 逄先知、金冲及主编《毛泽东传（1949—1976）》（下），中央文献出版社2003年版，第1046页。

错误，直接的归我负责，间接的我也有份，因为我是中央主席”。他坦诚地说：“在社会主义建设上，我们还有很大的盲目性。社会主义经济，对于我们来说，还有许多未被认识的必然王国。”“我们应当在今后一段时间内，积累经验，努力学习，在实践中间逐步地加深对它的认识，弄清楚它的规律。”① 邓小平、周恩来分别代表中央书记处和国务院在大会上作自我批评，并提出了恢复党的优良传统和克服目前困难的主要办法。七千人大会在当时历史条件下取得了重要成果。会议虽然未能从根本指导思想上清理“大跃进”和“反右倾”的错误，但对待缺点错误的比较实事求是的态度，以及发扬民主和进行自我批评的精神，给全党以鼓舞，增强了党的凝聚力、号召力。

七千人大会后，刘少奇主持召开政治局常委扩大会议（西楼会议）和中央工作会议，对国民经济面临的困难形势作了进一步分析研判，提出了对国民经济实行“伤筋动骨”② 调整的一系列重大措施，主要是：大力精减职工，减少城镇人口；压缩基本建设规模，停建缓建大批基本建设项目；缩短工业战线，实行必要的关、停、并、转；从人力、物力、财力各方面加强和支援农业战线，加强农村基层的领导力量等。在全党全国人民共同努力下，到 1965 年底，我国逐步克服了由“大跃进”、人民公社化运动造成的困难，工农业生产总值超过历史最高水平；农轻重的比例关系得到改善；积累与消费的比例关系基本恢复正常；财政收支平衡，市场稳定，人民生活水平有所提高，这表明调整国民经济的任务全面完成，党带领人民渡过了严重困难局面。党还在这个过程中适时提出了新的奋斗目标，这就是 1964 年底，周恩来在三届全国人大一次会议上郑重提出的实现“四个现代化”的历史任务，即“在不太长的历史时期内，把我国建设成为一个具有现代农业、现代工

① 逄先知、金冲及主编《毛泽东传（1949—1976）》（下），中央文献出版社 2003 年版，第 1202—1203 页。

② 中共中央文献研究室编《建国以来重要文献选编》（第 15 册），中央文献出版社 1997 年版，第 244 页。

业、现代国防和现代科学技术的社会主义强国，赶上和超过世界先进水平”，这是鼓舞和引领全国人民不懈奋斗的宏伟目标。

从1956年到1966年，是党团结带领人民披荆斩棘、全面建设社会主义的十年，也是党对中国社会主义建设道路艰辛探索的十年，虽然经历曲折，仍然取得了无可否认的巨大成就。工业建设方面，以1966年同1956年相比，全国工业固定资产按原价计算，增长了三倍。在机械工业方面，分别形成了冶金、采矿、电站、石化等工业设备制造以及飞机、汽车、工程机械制造等十几个基本行业，并且能够独立设计和制造一部分现代化大型设备。石油工业发展成为这个时期我国国民经济的支柱产业，到1965年国内需要的石油已经全部自给。交通运输业长足发展。从1958年到1965年，全国新增铁路营业里程9000多公里。鹰厦、包兰、兰青、兰新、川黔、黔桂等线建成通车。全国除西藏外，各省、自治区、直辖市都有了铁路。农田水利建设取得重大成就。科学技术发展成绩显著。1964年10月16日，我国成功爆炸第一颗原子弹，有力打破了大国的核垄断和核讹诈，提高了我国的国际地位。导弹和人造卫星的研制也取得突破性进展。基础科学研究方面，1965年我国在国际上首次人工合成结晶牛胰岛素。教育和卫生事业成就可观。在这十年间，我国还培养了一大批治党治国治军和社会主义建设事业所需要的专门人才，其中大部分成为后来改革开放和现代化建设事业各方面的骨干力量。这些成就是在国内发生严重经济困难，国际上遭到战争威胁和巨大压力的情况下取得的，显得尤其可贵。在严重困难面前，中国人民所表现出来的艰苦奋斗、同自然灾害和物质匮乏作斗争的大无畏气概和团结一致、奋发图强的社会风貌更是一笔值得我们永远珍惜的宝贵精神财富。总之，正如《关于建国以来党的若干历史问题的决议》所指出的：“我们现在赖以进行现代化建设的物质技术基础，很大一部分是这个期间建设起来的；全国经济文化建设等方面的骨干力量和他们的工作经验，大部分也是在这个期间培养和积累起来的。这是这个期间党的工作的主导方面。”

四、“文化大革命”的发动与社会主义建设遭遇曲折

1966年，正当我国克服了严重困难、完成经济调整任务、开始执行发展国民经济第三个五年计划的时候，“文化大革命”发生了。

“文化大革命”的发生，有着复杂的国际国内背景和社会历史原因。新中国成立后，党和国家很长一段时间一直面临严峻的外部环境，帝国主义长期敌视、封锁，苏联在中苏关系恶化后给中国施加巨大压力。我们党是经过长期残酷的战争后迅速进入社会主义历史阶段的，对于如何在一个经济文化落后的国家建设社会主义，缺乏科学认识，也没有充分的思想准备。革命战争时期积累下来的阶级斗争经验，使人们在观察和处理社会主义建设的许多新矛盾时容易沿用和照搬，习惯于运用大规模群众性政治运动的方法和思路来解决新出现的问题。

1965年11月10日，上海《文汇报》发表姚文元的《评新编历史剧〈海瑞罢官〉》的文章。这件事成为“文化大革命”发动的导火线。1966年5月，中央政治局扩大会议通过“五一六通知”，指出：“混进党里、政府里、军队里和各种文化界的资产阶级代表人物，是一批反革命的修正主义分子，一旦时机成熟，他们就会要夺取政权，由无产阶级专政变为资产阶级专政。”8月，党的八届十一中全会通过《中国共产党中央委员会关于无产阶级文化大革命的决定》，提出“这次运动的重点，是整党内那些走资本主义道路的当权派”。这两次会议的召开，标志着“文化大革命”的全面发动。此后，红卫兵运动迅猛兴起，形成席卷全国之势。进入1967年，“文化大革命”的局势急剧变化。1967年1月初，以上海国棉十七厂王洪文等为头头的上海造反派组织夺取了上海市委的领导权，“文化大革命”进入“全面夺权”阶段，很快发展为“打倒一切”以至“全面内战”的严重局面。从1967年2月前后，谭震林、陈毅、叶剑英、李富春、李先念、徐向前、聂荣臻等老一辈革命家在不同的会议上对“文化大革命”的错误做法提出了强烈批评。

到1968年9月，全国各地先后成立革命委员会，在一定程度上结束了“文化大革命”前期的无政府状态。1969年4月召开的党的九大使“文化大革命”的理论和实践进一步系统化、合法化。1971年9月发生了林彪集团阴谋夺取最高权力、策动反革命武装政变的“九一三”事件，客观上宣告了“文化大革命”理论和实践的失败。1972年，周恩来提出批判极左思潮，使得各方面工作有了明显起色。1973年党的十大以后，江青与王洪文、张春桥、姚文元结成“四人帮”，企图全面篡夺党和国家最高权力。1975年1月，四届全国人大一次会议任命周恩来为总理、邓小平为第一副总理。这使身处反复动乱中的广大干部和群众又看到了党和国家的希望。

毛泽东发动“文化大革命”的出发点是防止资本主义复辟、维护党的纯洁性和寻求中国自己的建设社会主义的道路。但是，由于对社会主义社会的建设发展规律认识不清楚，由于“左”的错误在理论和实践上的累积发展，很多关于社会主义建设的正确思想没有得到贯彻落实，“文化大革命”不但没有达到毛泽东追求理想社会主义的目标，反而给我国经济建设和各项工作造成了巨大损失。

必须指出，作为政治运动的“文化大革命”与“文化大革命”历史时期是有区别的。作为政治运动的“文化大革命”在理论和实践上都是错误的，必须彻底否定。但十年“文革”时期，在党和人民的共同努力下，我国社会主义建设在一些方面仍然取得了重要进展。比如，这一时期的三线建设成果引人注目。1970年7月至1973年10月，在极端恶劣的条件下，我国相继建成成昆铁路、湘黔铁路、襄渝铁路，改变了西南地区长期交通梗阻的闭塞落后状况；在建和建成的大型企业还有贵州六盘水、四川宝鼎山等大型煤矿，甘肃刘家峡，湖北丹江口、葛洲坝等大中型水电站等。在金沙江边，依靠人力搬运成千上万吨的大型机械，建起现代化大型企业——四川攀枝花钢铁基地。国防科技业绩更加显著。1966年10月，我国第一次成功进行了发射导弹核武器的试验。1967年6月成功爆炸了第一颗氢弹。1970年4月成功发射第一颗人造地球卫星“东方红一号”。我国第一颗返回式遥感人造地球卫星于1975年11月发射成功。1972年我国科技工作者还成功提取出新型抗疟药青蒿素，挽救了世界上数百万人的生命。

20世纪70年代初，我国外交工作打开新的局面，迎来了新中国成立后第二次建交高潮。中国同美国关系缓和。1969年，尼克松就任美国总统后表示有意改善中美关系。1971年4月，毛泽东同意邀请美国乒乓球队访华。7月，美国总统国家安全事务助理基辛格秘密访华。这一消息震动了世界。1972年2月，美国总统尼克松访华。中美双方经过会谈，于2月28日在上海发表《中美联合公报》，标志着两国关系正常化进程的开始。中美关系的缓和直接推动了中日关系的改善。1972年9月25日，日本首相田中角荣访问中国。中日双方于9月29日签署建立外交关系的《联合声明》。1971年10月25日，第二十六届联合国大会以压倒性多数通过2758号决议，恢复中华人民共和国在联合国的一切合法权利，并立即把台湾国民党当局的代表从联合国的一切机构中驱逐出去。11月1日，中华人民共和国五星红旗第一次在联合国升起。这是中国外交战线的一个重大胜利。毛泽东还在70年代前期，对国际形势逐渐形成关于三个世界划分的估计。他认为苏美两个超级大国属于第一世界，苏美以外的西方发达国家和东欧国家属于第二世界，亚洲、非洲、拉丁美洲的广大发展中国家属于第三世界。在当时的历史条件下，这一思想对指导我国外交工作发挥过重要作用。到1976年，同中国建交的国家已经有110多个，这包括了当时世界上的绝大多数国家。我国外交所取得的成就极大地改善了中国的安全环境，拓展了中国外交活动的舞台，也为“文化大革命”结束后中国实行改革开放政策创造了有利前提，打下了基础。

1975年初四届全国人大一次会议闭幕后，邓小平在毛泽东、周恩来支持下，全面主持中央和国务院的日常工作，大刀阔斧地进行了整顿。邓小平强调：全国各个方面工作都要整顿，核心是党的整顿，关键是领导班子。整顿铁路部门是邓小平在经济领域扭转混乱局面的突破口，带动了整个工业首先是钢铁工业的整顿。经过几个月整顿，经济形势日益好转。军队整顿在解决“肿、散、骄、奢、惰”，调整各大单位领导班子，落实干部政策等方面取得很大进展。文艺工作方面重新强调党的“双百”方针，解除对一些优秀作品发表和演出的限制。特别是《关于加快工业发展的若干问题》和《科学院工作汇报提纲》，是在工业、科技领域系统地提出纠正“左”倾错误、恢复和确立正确政策的重要文件，为后来这两方面的改革作了一定的思想准备。经过全面整顿，形势明显好转，国民经济迅速回升。

1976 年 1 月、7 月、9 月，周恩来、朱德、毛泽东三位党和国家杰出领导人相继逝世。毛泽东同志是伟大的马克思主义者，伟大的无产阶级革命家、战略家、理论家，是马克思主义中国化的伟大开拓者，是近代以来中国伟大的爱国者和民族英雄，是党的第一代中央领导集体的核心，是领导中国人民彻底改变自己命运和国家面貌的一代伟人。毛泽东逝世前后，“四人帮”加紧了夺取党和国家最高领导权的活动。10 月 6 日晚，华国锋、叶剑英等代表中央政治局，执行党和人民的意志，对“四人帮”及其在北京的帮派骨干实行隔离审查。

粉碎“四人帮”，结束了“文化大革命”，我国的社会秩序得以恢复，党和国家的工作开始重新走上健康发展的轨道。1978 年底党的十一届三中全会召开，我们党和国家从严重危难中重新奋起，在改革开放中继续探索并成功开创了中国特色社会主义新道路。

人世间没有一帆风顺的事业。综观世界历史，任何一个国家、一个民族的发展，都会跌宕起伏甚至充满曲折。特别是在中国这样的社会历史条件下建设社会主义，没有先例，犹如攀登一座人迹未至的高山，一切攀登者都要披荆斩棘、开通道路。从 1956 年到 1976 年，我们党团结带领中国人民艰辛探索中国自己的社会主义建设道路并取得了巨大成就，这都为在新的历史时期继续探索并成功开创中国特色社会主义道路提供了宝贵经验、理论准备、物质基础。探索中的成败得失，也给后人留下了很多启示，主要是：在中国从事社会主义建设，必须立足中国国情，一切从实际出发、实事求是，充分认识社会主义建设的长期性、艰巨性；必须以科学的态度正确对待马克思主义，要在坚持马克思主义基本原理的基础上，适应时代的变化创造性地发展马克思主义，推进指导思想的与时俱进；必须科学把握社会主义的本质，始终把解放和发展生产力放在党和国家工作的首要位置，生产关系的变动要适合生产力发展的要求和水平；必须通过改革和对外开放、发展科学技术、提高创新能力来建设和发展社会主义，决不能以阶级斗争为纲；必须建立健全党和国家的民主制度，大胆探索并建立既符合世界政治文明发展潮流又适应中国国情的社会主义民主政治体制和机制，依法治国，不断推进国家治理体系和治理能力现代化。

第九章

对“什么是社会主义”的反思与伟大历史转折

1978年12月18日，是一个必将载入中华民族、中国共产党、中华人民共和国史册的重要日子。这一天，党的十一届三中全会开幕。党的十一届三中全会冲破长期“左”的错误的严重束缚，批评“两个凡是”的错误方针，充分肯定必须完整、准确地掌握毛泽东思想的科学体系，高度评价关于真理标准问题的讨论，果断结束“以阶级斗争为纲”，重新确立马克思主义的思想路线、政治路线、组织路线，实现了新中国成立以来党的历史上具有深远意义的伟大转折，开启了通过改革开放推进中华民族伟大复兴的新的伟大征程。

一、在徘徊中前进和真理标准问题大讨论

实践证明，“文化大革命”没有任何进步意义，它极大损害了马列主义、社会主义和中国共产党的崇高声誉，严重影响了中国社会主义建设事业的进程，这样的悲剧决不能重演。中国共产党依靠自己的力量，最终自己纠正了这一严重错误。历史再次有力地证明，中国人民是伟大的人民，中国共产党有能力靠自己的力量纠正错误，中国共产党和社会主义制度具有强大的生命力和自我修复力。“文化大革命”暴露出党和国家在体制、政策、工作等方面存在的严重缺陷。作为执政党的中国共

产党以史为鉴，痛定思痛，团结带领全国人民从严重挫折中奋起，大踏步赶上时代潮流。

粉碎“四人帮”以后，党中央坚决果断采取了一系列稳定全国局势的重大措施，清查清理“四人帮”帮派体系，纠正冤假错案，调整和配备党政军各级领导班子，部署开展揭发批判“四人帮”的运动。经过艰苦努力，到1977年上半年，由派性造成的武斗和动乱基本被制止，被“四人帮”的帮派势力篡夺的领导权被夺回，问题较多的部分省市党政领导班子得到改组和加强，许多地区的长时期社会动乱逐步平息。到1978年，全国绝大部分地区和单位的清查及干部调整工作取得显著成果，人民群众渴望已久的安定政治局面初步形成。

“四人帮”的粉碎，使得人民群众长期被压抑的生产积极性终于得到解放。党中央在部署揭发批判“四人帮”罪行、稳定全国局势的同时，还立即着手工农业生产的整顿和恢复，要求“努力把国民经济搞上去”，加强生产责任制，推动经济战线的生产和工作秩序逐步走上正轨，一批企业的混乱状况得到改变，工业生产有了较快回升，整个经济形势在摆脱急剧滑坡的危险后，出现明显好转。

但是，要在短期内消除十年“文化大革命”在政治上、思想上造成的混乱并非易事。这种混乱的发生，主要是由于林彪、江青两个反革命集团长期兴风作浪造成的，但是也与党内长期存在的“左”的错误有关。纠正这种严重混乱最突出的阻碍，是1977年2月7日，《人民日报》、《红旗》杂志、《解放军报》发表的《学好文件抓住纲》的社论中提出并推行的“两个凡是”，即“凡是毛主席作出的决策，我们都坚决维护，凡是毛主席的指示，我们都始终不渝地遵循”。“两个凡是”对毛泽东生前的决策和指示拒绝作任何分析，在理论上违背了马克思主义基本原理和实事求是的思想路线，在实践上为新形势下坚持真理、修正错误设置了障碍。

对“两个凡是”，邓小平从一开始就表示了明确反对的态度。1977年2月和4月，尚未恢复领导职务的他在同前来看望他的一些中央负责同志谈话时即表示，“‘两个凡是’不行”，这“不是马克思主义，不是毛泽东思想”。4 月 10 日，他致信华国锋、叶剑英并转党中央，提出“我们必须世世代代地用准确的完整的毛泽东思想来指导我们全党、全军和全国人民”。5 月 24 日，邓小平再次针对“两个凡是”指出：“毛泽东同志说，他自己也犯过错误。一个人讲的每句话都对，一个人绝对正确，没有这回事情。”“毛泽东思想是个思想体系”，“我们要高举旗帜，就是要学习和运用这个思想体系”。[①] 陈云、叶剑英、聂荣臻、徐向前等也反复强调实事求是的优良传统，对“两个凡是”进行了抵制。

1977 年 7 月，党召开十届三中全会，决定恢复邓小平中共中央委员、中央政治局委员、常委，中共中央副主席，中共中央军委副主席，国务院副总理，中国人民解放军总参谋长的职务。邓小平在会上坦诚地表示：“出来工作，可以有两种态度，一个是做官，一个是做点工作。我想，谁叫你当共产党人呢，既然当了，就不能够做官，不能够有私心杂念，不能够有别的选择”[②]。邓小平复出后，主动要求分管科学教育工作，以此作为推动拨乱反正的突破口。他领导批判林彪、江青等人鼓吹的“文艺黑线专政论”“教育黑线专政论”，推翻了多年来压在广大知识分子头上的“两个估计”，号召尊重知识、尊重人才，强调“科学技术是生产力”，指出为社会主义服务的脑力劳动者是劳动人民中的一部分。从此，党扭转了对知识分子的“左”的政策，知识和知识分子重新受到党和国家的重视，科学、教育、文艺等各个领域的知识分子受到极大鼓舞。1977 年底，“文化大革命”中一度中断的高等学校统一招生考试制度得到恢复。参加高考的 570 万人中，27.3 万人被录取，怀着喜悦的心情步入大学校园。

邓小平复出伊始，还以坦荡无私的博大胸襟和对马克思主义、社会

---

① 中共中央文献研究室编《邓小平年谱（1975—1997）》（上），中央文献出版社 2004 年版，第 155、157、159—160 页。

② 中共中央文献研究室编《邓小平年谱（1975—1997）》（上），中央文献出版社 2004 年版，第 162 页。

主义的坚定执着的信念，对“文化大革命”时期以极左面目呈现的社会主义、对这种社会主义给党和人民带来的问题，进行深刻反思。1977年12月26日，在会见澳大利亚共产党（马列）主席希尔和夫人乔伊斯时，邓小平说：“怎样才能体现列宁讲的社会主义的优越性，什么叫优越性？不劳动、不读书叫优越性吗？人民生活水平不是改善而是后退叫优越性吗？如果这叫社会主义优越性，这样的社会主义我们也可以不要。”① 1978年3月2日，在出席第五届全国人民代表大会第一次会议解放军代表团第一小组会议时，邓小平指出：“社会主义不是比资本主义优越吗？不优越叫什么社会主义。‘四人帮’不讲生产。过渡到共产主义不讲生产能行吗？共产主义是什么？是各尽所能，按需分配。按需分配就要物质极大丰富。”② 1978年3月10日，在出席国务院第一次全体会议发言时，他又说：“什么叫社会主义，社会主义总是要表现它的优越性嘛。它比资本主义好在哪里？每个人平均六百几十斤粮食，好多人饭都不够吃，28年只搞了2300万吨钢，能叫社会主义优越性吗？干社会主义，要有具体体现，生产要真正发展起来，相应的全国人民的生活水平能够逐步提高，这才能表现社会主义制度的优越性。”③ 1978年9月，在东北三省视察期间，他说：“我们要想一想，我们给人民究竟做了多少事情呢？”“我们太穷了，太落后了，老实说对不起人民。”“社会主义要表现出它的优越性，哪能像现在这样，搞了20多年还这么穷，那要社会主义干什么？”④ 邓小平提出的这一连串“问号”，实际上是发出了在中国重新思考和探索“什么是社会主义、怎样建设社会主义”的强有力的信号。

---

① 中共中央文献研究室编《邓小平年谱（1975—1997）》（上），中央文献出版社2004年版，第250页。

② 中共中央文献研究室编《邓小平年谱（1975—1997）》（上），中央文献出版社2004年版，第271页。

③ 中共中央文献研究室编《邓小平年谱（1975—1997）》（上），中央文献出版社2004年版，第277页。

④ 中共中央文献研究室编《邓小平年谱（1975—1997）》（上），中央文献出版社2004年版，第380、381、384页。

社会主义道路是人民幸福路，国家富强路，民族振兴路，必须毫不动摇坚持。但是，像“文化大革命”这样未能体现应有的优越性、“以极左面目出现的主张普遍贫穷的假社会主义”① 的理论、实践、体制、做法再也不能继续下去了，必须进行彻底改革。正如邓小平指出的，“从1957年开始我们的主要错误是‘左’，‘文化大革命’是极左。中国社会从1958年到1978年20年时间，实际上处于停滞和徘徊的状态。”②“二十多年的经验尤其是‘文化大革命’的教训告诉我们，不改革不行，不制定新的政治的、经济的、社会的政策不行。”③

在揭批“四人帮”的斗争中，各领域的拨乱反正也在阻力中努力进行。平反“文化大革命”中的冤假错案，为大批无辜遭受迫害的人恢复名誉、落实政策，是粉碎“四人帮”后一项极为紧迫的任务。1976年12月，中共中央发出通知宣布：“凡纯属反对‘四人帮’的人，已拘捕的，应予释放；已立案的，应予销案；正在审查的，解除审查；已判刑的，取消刑期予以释放；给予党籍团籍处分的，应予撤销。”1977年10月7日，《人民日报》发表《把“四人帮”颠倒了的干部路线是非纠正过来》一文，呼吁各级组织部门“要敢于冲破阻力一切强加给干部的诬蔑不实之词一定要推倒，颠倒的干部路线是非一定要纠正”。11月27日，《人民日报》又发表《毛主席的干部政策必须认真落实》的评论员文章，进一步指出，无产阶级的原则是有错必纠，部分错了，部分纠正；全部错了，全部纠正。在落实党的干部政策过程中，凡是符合事实的结论和材料，都应当保留，决不能“一风吹”；一切不符合事实的结论和材料，即使是一个“尾巴”也不能保留。这两篇文章为平反冤假错案、落实干部政策作了舆论准备。12月10日，党中央任命胡耀邦为中央组织部部长。胡耀邦到任后，坚持实事求是、有错必纠，为平反冤假错案、落实干部政策做了大量工作。在胡耀邦的主持

① 《邓小平文选》(第2卷)，人民出版社1994年版，第165页。
② 《邓小平文选》(第3卷)，人民出版社1993年版，第237页。
③ 《邓小平文选》(第3卷)，人民出版社1993年版，第266页。

下，一大批长期受迫害、被关押或被下放劳动的老同志，陆续被解除监禁或接回北京治病，一些重大冤假错案开始重新进行复查。

在经济领域，针对“文化大革命”对我国经济建设造成的严重破坏，从1977年春开始，经济理论工作者就我国经济中的一系列重大理论问题展开讨论，澄清了一些理论是非。在商品经济问题上，纠正否定商品生产和商品交换的错误观点，重新肯定社会主义必须大力发展商品生产和商品交换，重视价值规律的作用。在按劳分配问题上，清算对所谓“资产阶级法权”和按劳分配原则的错误批判，重新强调按劳分配和物质利益原则。在经济规律问题上，批判长官意志、“政治挂帅”，提出按客观经济规律办事，提高经济管理水平。在发展生产力问题上，否定对“唯生产力论”的批判，强调发展社会生产的重要性，提出要“理直气壮地抓经济”①。这个讨论，率先在经济理论领域吹响了思想解放的号角。

根据党中央的部署，各省、自治区、直辖市从1977年10月起相继召开新的一届党代表大会，选举产生新一届党委；中央直属机关和中央国家机关及人民团体也陆续恢复建立党委或党组。各地起用了大批在“文化大革命”中被打倒的久经考验的老干部，使党在各地区、各部门的领导得到充实和加强。从1977年11月起，各省、自治区、直辖市先后召开新一届人民代表大会，选举新一届政府领导人。1978年2月以后，根据宪法的规定，从中央到地方，很快恢复了各级检察机关。各民主党派和工商联陆续调整或重建组织机构，逐渐恢复正常工作。在民族工作中，对少数民族地区影响重大的一些冤案获得平反。在侨务工作中，开始纠正因所谓“海外关系”而歧视、迫害归国华侨和侨眷的现象，对广大侨眷和归侨采取一视同仁、不得歧视、根据特点适当照顾的政策，充分调动他们参与社会主义建设的积极性。在宗教问题上，宪法规定的宗教信仰自由政策得到重申，信教群众的正当宗教活动得到必要

---

① 《李先念文选（1935—1988）》，人民出版社1989年版，第311—312页。

的保护和管理。被拖延了十多年的工会、共青团和妇联的全国代表大会也在1978年下半年相继召开。

1977年8月12日至18日，党的十一大召开。大会宣告“文化大革命”结束，重申党的根本任务是要在20世纪内把我国建设成为社会主义现代化强国。但是，受历史条件的限制，大会仍然肯定“文化大革命”的错误理论和实践，没有能够从根本上纠正“文化大革命”的错误。大会新产生的中央委员会选举华国锋为主席，叶剑英、邓小平、李先念、汪东兴为副主席。

在“文化大革命”结束后的两年间，党和国家各项工作有所前进，一些领域的拨乱反正已经开始，经济建设、社会各项事业和外交工作也有所恢复和发展，这与“文化大革命”时期的停滞和严重混乱形成了对比。在此基础上，人们急切地期待着党能够带领全国各族人民更迅速地摆脱困境，迈开更大的步伐前进。但是，由于“文化大革命”中“左”倾错误的长期影响，特别是受到“两个凡是”的限制，拨乱反正每往前一步都十分艰难，党和国家工作出现了在徘徊中前进的局面。这种状况引起党内党外许多人的思考：究竟应该用什么样的态度对待毛泽东的指示？判定历史实践的是非标准到底是什么？这就不可避免地产生了实事求是与“两个凡是”的争论。

邓小平等老一辈革命家反复强调必须准确完整地理解毛泽东思想，恢复和发扬党的实事求是的优良传统，这为澄清认识混乱和理论是非提供了有力武器。依据这个武器，1978年5月10日，中央党校内部刊物《理论动态》刊登《实践是检验真理的唯一标准》一文。5月11日，《光明日报》以特约评论员名义公开发表这篇文章，新华社向全国转发。文章鲜明地提出，实践不仅是检验真理的标准，而且是唯一的标准。对于“四人帮”设置的禁区“要敢于去触及，敢于去弄清是非”。不能拿现成的公式去限制、宰割、裁剪无限丰富的飞速发展的革命实践，应该勇于研究新的实践中提出的新问题。这篇文章在广大干部群众中激起强烈反响，引发了关于真理标准问题的大讨论。

实践是检验真理的唯一标准，本来是马克思主义的常识。但由于它同“两个凡是”尖锐对立，并且触及盛行多年的思想僵化和个人崇拜，因此真理标准问题讨论一开始就受到一些人的指责。关键时刻，邓小平对这场讨论给予及时而有力的支持。1978 年 6 月 2 日，他在全军政治工作会议的讲话中着重阐述了毛泽东关于实事求是、一切从实际出发、理论与实践相结合的观点，批评在对待毛泽东和毛泽东思想问题上“两个凡是”的错误态度，号召“一定要肃清林彪、‘四人帮’的流毒，拨乱反正，打破精神枷锁，使我们的思想来个大解放”①。6 月 24 日，在罗瑞卿支持下，《解放军报》发表《马克思主义的一个最基本的原则》一文，强调“究竟应该怎样对待马列主义、毛泽东思想，这确实不是一个小问题。这里涉及一个是真捍卫毛泽东思想还是假捍卫毛泽东思想的问题”②。文章的理论性、针对性很强，把讨论继续引向深入。在邓小平的领导和许多老一辈革命家的支持下，关于真理标准问题的大讨论迅速在全党全社会展开。中央及省级报刊共刊登讨论文章 650 多篇，中央各部门，全国绝大多数省、市、自治区党委主要负责人和解放军各大军区、大单位负责人相继表态支持真理标准讨论，不同意“两个凡是”，理论界、学术界、新闻界更是踊跃参与，站到讨论的前沿，大讨论推动形成了思想解放的滚滚大潮。这场深刻而广泛的思想解放运动，成为正本清源、拨乱反正和改革开放的思想先导。这场讨论，批判危害多年的极左思潮，恢复党的马克思主义思想路线，反思过去的曲折，思考未来的出路，使党内外思想日益活跃，开始出现酝酿对外开放和对各方面体制进行改革的新局面。

二、对外交往的扩大与改革开放的酝酿

随着国内政治环境变得相对宽松和对国际形势有了深入客观的认

① 《邓小平文选》（第 2 卷），人民出版社 1994 年版，第 119 页。
② 《马克思主义的一个最基本的原则》，《解放军报》1978 年 6 月 24 日。

识，我国外交工作更加积极主动，对外交往迅速扩大。1977 年 9 月，邓小平在会见外宾时谈道：“国际形势变化很大，许多老的概念、老的公式已不能反映现实，过去老的战略规定也不符合现实了。”[①] 同年 12 月，邓小平在中央军委全体会议上作出世界战争可以延缓爆发的判断，为积极主动开展外交工作、扩大对外交往提供了战略依据。我国邀请多个外国元首和政府首脑访华，党和国家领导人及各地区、各部门的负责人也多次出国访问。通过访问，中国同一些国家的传统友好关系得到加强，与一些国家中断多年的友好合作关系得到恢复，对外部世界有了更加真实和直接的了解。

伴随对外交往的日益活跃，中美和中日关系改善取得重大进展。1978 年 4 月，美国总统卡特公开宣布：美国承认一个中国概念；5 月，美国总统国家安全事务助理布热津斯基访华；7 月初，中美双方开始在北京举行建交谈判，两国关系正常化步伐加快。在中美关系取得进展的同时，中日关系得到进一步改善。1978 年 8 月 12 日，《中日和平友好条约》在北京正式签订。10 月，邓小平访问日本。访问期间，邓小平代表中国政府出席了《中日和平友好条约》互换批准书的仪式，向日本各界人士反复介绍了中国的内外政策，还专门对日本具有国际先进水平的现代化企业、高科技设施等进行详细考察。这次访问，把中日两国的友好关系推进到新的阶段，也为两国进一步加强在政治、经济、文化和科技等方面的交流，打开了局面。中日关系的改善，进一步促进了正在进行的中美建交谈判。经过多次谈判，中美双方达成如下协议：美国承认只有一个中国，台湾是中国的一部分，中华人民共和国政府是中国唯一合法政府，在此范围内，美国人民将同台湾人民保持文化、商务和其他非官方关系；中美建交公报发表后，美国政府立即宣布断绝同台湾的“外交关系”，在 1979 年 4 月 1 日以前从台湾和台湾海峡完全撤出美国军事力量和军事设施，并通知台湾当局终止“共同防御条约”；从

① 中共中央文献研究室编《邓小平年谱（1975—1997）》（上），中央文献出版社 2004 年版，第 200 页。

1979年1月1日起，中美双方互相承认并建立外交关系。以上述协议为基础，1978年12月16日，中美两国发表建交公报，结束了两国关系长达30年的不正常状态。

外交工作取得的积极成果和对外交往的活跃，为打开国门搞建设，大力引进国外先进技术和设备创造了有利条件。1978年3月18日，邓小平在全国科学大会开幕式上的讲话中强调，“独立自主不是闭关自守，自力更生不是盲目排外”。“任何一个民族、一个国家，都需要学习别的民族、别的国家的长处，学习人家的先进科学技术。”① 根据党中央的部署，国家计委等部门拟定了《今后八年发展对外贸易，增加外汇收入的规划要点》，提出到1985年累计外汇收入要达到1050亿美元，其中引进新技术和进口成套设备200亿美元。5月，经党中央批准，国务院专门成立了引进新技术领导小组。1978年出访的一些代表团、考察团回国后，也纷纷向中央提交报告，建议借鉴国外发展经济的经验，利用国际上的有利条件，引进国外的资金和先进技术设备，以加快中国经济建设的速度。6月23日，邓小平指出，“洋为中用是自力更生的一个重要内容”，“我们派了许多代表团到欧洲和日本去考察，发现我们可以利用的东西很多，许多国家都愿意向我们提供资金和技术，条件也不苛刻，从政治、经济角度对我们都有利，为什么不干呢？国际条件有利，国内条件也有利，只要下决心干，就可以加快建设速度”②。在听取谷牧关于出访欧洲五国的汇报时，邓小平明确提出：要尽快争取时间，“下决心向国外借点钱搞建设”③。在党中央的推动下，我国引进先进技术和设备的步伐明显加快。1978年，先后同西方发达国家签订了22个成套引进项目的合同，其中投资规模最大的上海宝山钢铁厂，引进了世界一流的生产技术和管理方式，使我国钢铁工业同世界先进水

① 《邓小平文选》（第2卷），人民出版社1994年版，第91页。

② 中共中央文献研究室编《邓小平年谱（1975—1997）》（上），中央文献出版社2004年版，第329页。

③ 中共中央文献研究室编《回忆邓小平》（上），中央文献出版社1998年版，第156页。

平的差距大为缩短。

真理标准问题大讨论促进了全党思想大解放，对外交往的增加拓展了更广阔的国际视野，在进行历史反思和放眼世界时，人们强烈地感受到了中国在经济和科技上同西方发达国家之间的巨大差距，许多人还意识到我国不但在经济科技水平上落后，而且在管理水平上同样落后，在学习和引进先进科学技术的同时，必须进行管理体制上的改革。邓小平提出：“引进先进技术设备后，一定要按照国际先进的管理方法、先进的经营方法、先进的定额来管理，也就是按照经济规律管理经济。一句话，就是要革命，不要改良，不要修修补补。”①

1978 年 7 月至 9 月，国务院召开了为期两个月的务虚会，专门研究如何加快我国现代化建设速度的问题。与会的 60 多位中央有关部门负责人在认真总结经验教训的基础上，纷纷提出改革僵化的经济管理体制，引进国外先进技术、设备和资金的建议，研讨的内容覆盖了我国经济建设的各重大方面，触及了许多带有全局性的深层次问题——这是在历史大转折的酝酿期我国经济领域里的一次破除禁锢、探索求新的重要会议。在十余次出席会议的讲话和插话中，华国锋围绕会议主题，主要讲了引进技术、外贸出口、发展工农业、加强工业和企业管理等经济工作的方针政策问题，总的倾向就是“四个一点”，即“思想再解放一点，胆子再大一点，办法再多一点，步子再快一点”。这对务虚会所议所论和实际工作产生了很大影响。

李先念在务虚会的总结讲话中指出：实现四个现代化是一场根本改变我国经济和技术落后面貌的伟大革命，这场革命既要大幅度地改变目前落后的生产力，也就必然要多方面地改变生产关系、改变上层建筑。为此，在经济领导工作中，要坚决地摆脱墨守行政层次、行政方式而不讲经济核算、经济效果、经济责任的老框框，打破小生产的狭隘眼界，改变手工业式、小农经济式甚至封建衙门式的管理方法，掌握领导和管

① 《邓小平文选》（第 2 卷），人民出版社 1994 年版，第 129—130 页。

理现代化工农业大生产的本领。他还指出：目前的国际形势对我国十分有利，我们应该有魄力、有能力利用国外的先进技术、设备、资金和组织经验，来加快我们的建设，决不能错过这个非常难得的时机。这比关起门来样样靠自己从头摸索，要快不知多少倍。

国务院务虚会还没有结束，1978 年 9 月 5 日，又召开了全国计划会议（预备会议），会议一直开到 10 月 22 日。各省、自治区、直辖市主管经济工作的书记，计委主任和财政局局长参加了这次会议。由这次会议形成的《一九七九、一九八〇两年经济计划的安排》明确提出经济工作必须实行“三个转变”：一是“从上到下，都要把注意力转到生产斗争和技术革命上来”。会议提出，阶级斗争、生产斗争和科学实验必须一起抓，但是阶级斗争必须促进和保证生产斗争和科学实验任务的完成；企业和各级经济管理机关的中心任务是搞好生产。党的工作，行政工作，群众团体工作，都要服从这个中心，而不能离开这个中心。二是“从那种不计经济效果、不讲工作效率的官僚主义的管理制度和管理方法，转到按照经济规律办事，把民主和集中很好地结合起来的科学管理的轨道上来”。会议提出，要消除经济管理中的无政府现象，加强综合平衡和全国的统一计划；要改变经济管理体制上集中过多的毛病，扩大地方和企业的权力，充分发挥地方和企业的主动性、积极性；要改变用单纯的行政办法管理经济的方式，自觉地运用价值规律，充分发挥经济手段和经济组织的作用，实行严格的经济核算制和经济责任制。三是“从那种不同资本主义国家进行经济技术交流的闭关自守或半闭关自守状态，转到积极地引进国外先进技术，利用国外资金，大胆地进入国际市场”①。会议提出，要在坚持独立自主、自力更生的基础上，采取各种国际上通行而又对我有利的方式，把世界上主要先进技术拿过来，缩短我们赶上世界先进水平的时间；要发挥我们自己的有利条件和特长，通过世界市场，同国外互通有无、取长补短，并且通过对外贸易检验和

① 中央财经领导小组办公室编《中国经济发展五十年大事记》，人民出版社、中共中央党校出版社 1999 年版，第 299 页。

提高自己的技术水平和经济水平。[1]

1978年9月，邓小平到东北三省视察并发表重要谈话，对冲破“两个凡是”禁区、进行体制改革和对外开放、实现全党工作着重点转移，作了又一次重要的思想动员。他说：“我们国家的体制，包括机构体制等，基本上是从苏联来的，人浮于事，机构重叠”，“总的说来，我们的体制不适应现代化，上层建筑不适应新的要求”[2]。“世界天天发生变化，新的事物不断出现，新的问题不断出现，我们关起门来不行，不动脑筋永远陷于落后不行。”[3]“我们要根据现在的国际国内条件，敢于思考问题，提出问题，解决问题。千万不要搞‘禁区’。‘禁区’的害处是使人们思想僵化，不敢根据自己的条件考虑问题。”“要提倡、要教育所有的干部独立思考，不合理的东西可以大胆改革。”[4] 邓小平强调：“我们要在技术上、管理上都来个革命，发展生产，增加职工收入。要加大地方的权力，特别是企业的权力。大大小小的干部都要开动机器，不要当懒汉，头脑僵化。以后既要考虑给企业的干部权力，也要对他们进行考核，要讲责任制，迫使大家想问题。现在我们的上层建筑非改不行。”[5] 结束在东北的考察回到北京后，邓小平继续就改革开放问题进行阐述，1978年10月10日，在会见格奥尔格·内格韦尔为团长的德意志联邦共和国新闻代表团时说：“中国在历史上对世界有过贡献，但是长期停滞，发展很慢。现在是我们向世界各国学习的时候了。”“我们派了不少人出去看看，使更多的人知道世界是什么面貌。关起门来，固步自封，夜郎自大，是发达不起来的。”[6] 10月11日，在

---

① 《当代中国的计划工作》办公室编《中华人民共和国国民经济和社会发展计划大事辑要(1949—1985)》，红旗出版社1987年版，第398页。

② 中共中央文献研究室编《邓小平年谱（1975—1997）》（上），中央文献出版社2004年版，第376页。

③ 《邓小平文选》(第2卷)，人民出版社1994年版，第128页。

④ 中共中央文献研究室编《邓小平年谱（1975—1997）》（上），中央文献出版社2004年版，第381页。

⑤ 中共中央文献研究室编《邓小平年谱（1975—1997）》（上），中央文献出版社2004年版，第384页。

⑥ 《邓小平文选》(第2卷)，人民出版社1994年版，第132页。

中国工会第九次全国代表大会的开幕致辞中，邓小平更加明确地指出：实现四个现代化，是一场根本改变我国经济和技术落后面貌的伟大革命，“这场革命既要大幅度地改变目前落后的生产力，就必然要多方面地改变生产关系，改变上层建筑，改变工农业企业的管理方式和国家对工农业企业的管理方式，使之适应于现代化大经济的需要。为了提高经济发展速度，就必须大大加强企业的专业化，大大提高全体职工的技术水平并且认真实行培训和考核，大大加强企业的经济核算，大大提高劳动生产率和资金利润率。因此，各个经济战线不仅需要进行技术上的重大改革，而且需要进行制度上、组织上的重大改革。进行这些改革，是全国人民的长远利益所在，否则，我们不能摆脱目前生产技术和生产管理的落后状态”①。

邓小平还提出了全党工作着重点转移的问题。他针对军队揭批“四人帮”中的问题，在接见沈阳军区机关及军区师以上干部时指出：“对搞运动，你们可以研究，什么叫底？永远没有彻底的事。……通过运动主要是把班子搞好，把作风搞好，有半年时间就可以了。运动不能搞得时间过长，过长就厌倦了。”“有的单位，搞得差不多了，就可以结束。”② 1978 年 10 月 14 日，邓小平又说，揭批“四人帮”运动，“有几条杠杠作为验收运动的标准是很重要的，不然，要把运动进行到底，底在哪里，摸不着。运动搞久了，容易倦烦，还可能打击面宽了。运动不能老搞下去，到一定时候要转入正常。绝大多数转入正常，少数继续搞。”③ 在中国工会第九次全国代表大会致辞时，邓小平明确提出，揭批“四人帮”的斗争在全国广大范围内已经取得决定性的胜利，“我们已经能够在这一胜利的基础上开始新的战斗任务”。

邓小平的上述意见，在广大干部群众中引起巨大反响，也很快在中

---

① 《邓小平文选》（第 2 卷），人民出版社 1994 年版，第 135、136 页。

② 中共中央文献研究室编《邓小平年谱（1975—1997）》（上），中央文献出版社 2004 年版，第 383 页。

③ 中共中央文献研究室编《邓小平年谱（1975—1997）》（上），中央文献出版社 2004 年版，第 402 页。

央领导层取得共识，从而为改革开放政策的作出、加快全党工作重点的转移，进而实现党和国家各项工作的历史性转折，作了更充分的思想舆论准备。

1977 年以来，特别是进入 1978 年下半年，在加快现代化建设速度的共同呼声中，在出国考察体验到的“咄咄逼人”的差距带来的“震撼”和“信心”面前，由国务院务虚会、全国计划会议集体议论，邓小平、华国锋、李先念等积极倡导、提出的关于改革开放的一系列思考和部署，对人们的思想观念和实际工作产生了重大而直接的影响：1978 年，改革已在安徽农村悄然萌动，封闭半封闭的心态、状态和政策也逐步打破。1977 年《国际贸易问题》杂志第 3 期发表文章还宣称，“我国是社会主义国家，根本不允许外国资本来开发资源，也不同外国资本搞什么联合经营。”① 1978 年 4 月 22 日，外贸部部长李强还强调，“以下几种做法在‘四人帮’干扰时我们不能做，现在可以做：补偿贸易；来料加工、来样加工；用外商商标牌号定牌；协作生产；寄售；分期付款、延期付款。”但有“两种做法，我们是坚决不干的：一是借款，二是不搞合资。”② 1978 年 5 月，由中国社会科学院经济研究所编写出版的《“四人帮”对马克思主义政治经济学的篡改》一书仍表示：“我们既不允许外国资本家同我们办联合企业，更不允许把领土、领海的主权租让给外国”③。但是形势变化很快，到了 1978 年 12 月 15 日，外贸部部长李强在香港向世界公开宣布了中国利用外资政策的重大转变：“不久以前，我们在对外贸易上，还有两个禁区。第一，政府与政府之间的贷款，不干，只有银行与银行之间的商业贷款。现在不是了。第二，外商在中国投资不干。最近我们决定把这两个禁区取消了，基本上国际贸

① 茅文：《宜将剩勇追穷寇——把外贸战线上被“四人帮”颠倒了的路线是非纠正过来》，《国际贸易问题》1977 年第 3 期。

② 《李强同志谈灵活的对外贸易做法》，新华通讯社《内部参考》（第 59 期）1978 年 5 月 29 日。

③ 中国社会科学院经济研究所：《“四人帮”对马克思主义政治经济学的篡改》，山西人民出版社 1978 年版，第 313 页。

易上惯例的做法都可以干。”①

三、党的十一届三中全会实现伟大历史转折

党的十一届三中全会召开前，1978 年 11 月 10 日至 12 月 15 日，党中央在北京召开工作会议。这次会议是在真理标准问题讨论的大背景下、在国务院务虚会和全国计划会议的基础上召开的，是对这两次会议所讨论的议题和所提出的主要观点进一步讨论的继续，同时又为召开党的十一届三中全会作准备。会议原来确定的议题主要是研究经济工作，讨论农业、1979 年和 1980 年国民经济计划、李先念在国务院务虚会上的讲话等议题。由于会前邓小平提出的工作重点转移的建议，已经得到中央政治局常委的赞同，这次会议首先讨论工作重点转移的问题。对于工作重点转移，大家是热烈拥护、一致赞成的。但大家感到，如果不正确解决指导思想问题，不纠正“左”倾错误，包括“文化大革命”的严重错误，不克服教条主义、本本主义和思想僵化，不解决检验真理的标准问题，是不可能真正实现工作重点转移的。从 11 月 11 日分组讨论开始，就已经有人提出为“天安门事件”平反等重大问题。12 日，陈云在东北组发言，系统阐述了解决“文化大革命”中及其以前的历史遗留问题的意见，引起与会者的强烈反响。随后，会议对真理标准问题展开了思想交锋，对经济问题、党的建设、国家的民主法制建设也进行了热烈讨论，使得会议议程发生改变。

这次会议经过深入讨论，取得以下 4 个重要成果和共识。一是一致同意从 1979 年起，把全党工作的着重点转移到社会主义现代化建设上来；二是决定为“天安门事件”，为“薄一波等六十一人叛徒集团”案等错案平反，重新评价一些重要领导人的功过是非；三是经过尖锐思想交锋，充分肯定了真理标准问题讨论的重大意义；四是通过了中央政治

① 《突破“禁区”，为四个现代化大干贸易》，《经济导报》（第 1600 期）1978 年 12 月 20 日。

局关于人事问题和中央纪律检查委员会人选的建议。会议还对推进体制机制改革和实行对外开放的必要性、紧迫性以及方法途径等进行了深入讨论。由于会议所讨论的内容大大超出了原定议题，会期也超出原定的时间。

12月13日，邓小平在会上作了题为《解放思想，实事求是，团结一致向前看》的重要讲话。他开宗明义点出“解放思想是当前的一个重大政治问题”，提出只有思想解放了，我们才能正确地以马列主义、毛泽东思想为指导，解决过去遗留的问题，解决新出现的一系列问题，“一个党，一个国家，一个民族，如果一切从本本出发，思想僵化，迷信盛行，那它就不能前进，它的生机就停止了，就要亡党亡国”①。民主是解放思想的重要条件，为了保障人民民主，必须加强法制，做到有法可依，有法必依，执法必严，违法必究，要“使民主制度化、法律化，使这种制度和法律不因领导人的改变而改变，不因领导人的看法和注意力的改变而改变”②。他强调，处理历史遗留问题为的是向前看，各方面的新情况都要研究，各方面的新问题都要解决，尤其要注意研究和解决管理方法、管理制度、经济政策这三方面的问题。我们的经济管理工作，机构臃肿，层次重叠，手续繁杂，效率极低，“如果现在再不实行改革，我们的现代化事业和社会主义事业就会被葬送”③。讲话明确提出，要学会用经济方法管理经济，自己不懂就要向懂行的人学习，向外国的先进管理方法学习；不仅新引进的企业要按人家的先进方法去办，原有企业的改造也要采用先进的方法；在全国的统一方案拿出来以前，可以先从局部做起，从一个地区、一个行业做起，逐步推开。要加强生产责任制，严格考核，赏罚分明，并同物质利益联系起来。讲话特别提出，要允许一部分地区、一部分企业、一部分工人农民，由于辛勤努力成绩大而收入先多一些，生活先好起来，这样必然产生极大的示范

---

① 《邓小平文选》（第2卷），人民出版社1994年版，第143页。
② 《邓小平文选》（第2卷），人民出版社1994年版，第146页。
③ 《邓小平文选》（第2卷），人民出版社1994年版，第150页。

力量，影响左邻右舍，带动其他地区、其他单位，“使整个国民经济不断地波浪式地向前发展，使全国各族人民都能比较快地富裕起来”，“这是一个大政策，一个能够影响和带动整个国民经济的政策”[①]。这个讲话，是在党和国家历史大转折的关键时期，确定改革开放新道路、阐述改革开放新政策的动员令、宣言书，实际上也是党的十一届三中全会的主题报告。

1978 年 12 月 18 日至 22 日，党的十一届三中全会在北京召开。出席会议的中央委员 169 人，候补中央委员 112 人。在中央工作会议充分讨论并取得共识的基础上，全会顺利完成了各项议程。

全会停止使用“以阶级斗争为纲”的口号，“及时地、果断地结束全国范围的大规模的揭批林彪、‘四人帮’的群众运动”，决定从 1979 年 1 月起，“把全党工作的着重点和全国人民的注意力转移到社会主义现代化建设上来”。全会作出的这一决策，解决了自 1957 年以来一直没有解决好的在无产阶级掌握政权、建立了社会主义基本制度以后，究竟应把党和国家的主要精力放在什么上面的问题，具有重大而深远的意义。依据全党工作着重点转移的新形势，全会提出了改革开放的任务，强调：“实现四个现代化，要求大幅度地提高生产力，也就必然要求多方面地改变同生产力发展不适应的生产关系和上层建筑，改变一切不适应的管理方式、活动方式和思想方式，因而是一场广泛、深刻的革命。”必须“根据新的历史条件和实践经验，采取一系列新的重大的经济措施，对经济管理体制和经营管理方法着手认真的改革，在自力更生的基础上积极发展同世界各国平等互利的经济合作，努力采用世界先进技术和先进设备”[②]。由此，中国开始了从“以阶级斗争为纲”到以经济建设为中心、从僵化半僵化到全面改革、从封闭半封闭到对外开放的历史性转变。

---

① 《邓小平文选》（第 2 卷），人民出版社 1994 年版，第 152 页。

② 中共中央文献研究室编《三中全会以来重要文献选编》（上），人民出版社 1982 年版，第 4—6 页。

全会彻底否定“两个凡是”的错误方针，高度评价关于真理标准问题讨论，重新确立了党的实事求是的思想路线。全会指出，“只有全党同志和全国人民在马列主义、毛泽东思想的指导下，解放思想，努力研究新情况新事物新问题，坚持实事求是、一切从实际出发、理论联系实际的原则，我们党才能顺利地实现工作中心的转变，才能正确解决实现四个现代化的具体道路、方针、方法和措施，正确改革同生产力迅速发展不相适应的生产关系和上层建筑。”①

全会针对我国经济管理体制中存在的权力过于集中的缺点，提出应该有领导地大胆下放权力，让地方和工农业企业在国家统一计划的指导下有更多的经营管理自主权，以“发挥中央部门、地方、企业和劳动者个人四个方面的主动性、积极性、创造性”②；应该着手大力精简各级经济行政机构，把它们的大部分职权转交给企业性的专业公司或联合公司；应该坚决实行按经济规律办事，重视价值规律的作用，认真解决党政企不分、以党代政、以政代企的现象，实行分级分工分人负责，加强管理机构和管理人员的权限和责任，认真实行考核、奖惩、升降等制度。全会要求必须集中主要精力把农业尽快搞上去，并为此提出了发展农业生产的一系列政策措施和经济措施，包括：切实保护人民公社、生产大队和生产队的所有权和自主权；不允许无偿调用和占有生产队的劳力、资金、产品和物资；认真执行按劳分配原则，可以包工到作业组，联系产量计算劳动报酬，实行超产奖励；任何人不得乱加干涉社员自留地、家庭副业和集市贸易；提高粮食统购价格并降低农用工业品销售价格；积极发展农村社队工副业等。

会议认真地讨论了“文化大革命”中发生的一些重大政治事件以及“文化大革命”前遗留下来的某些历史问题，强调加强社会主义民

---

① 中共中央文献研究室编《三中全会以来重要文献选编》（上），人民出版社 1982 年版，第 11 页。

② 中共中央文献研究室编《三中全会以来重要文献选编》（上），人民出版社 1982 年版，第 7 页。

主法治建设的重要性。全会指出，由于国内现在还存在着极少数敌视和破坏我国社会主义现代化建设的反革命分子和刑事犯罪分子，决不能削弱无产阶级专政。对于社会主义社会的阶级斗争，应该按照严格区别和正确处理两类不同性质的矛盾的方针去解决，按照宪法和法律规定的程序去解决，决不允许混淆两类不同性质矛盾的界限。过去那种脱离党和群众的监督，设立专案机构审查干部的方式，弊病极大，必须永远废止。全会强调，在人民内部的思想政治生活中，只能实行民主方法，不能采取压制、打击手段。为了保障人民民主，必须加强社会主义法制，使民主制度化、法律化，使这种制度和法律具有稳定性、连续性和极大的权威，做到有法可依、有法必依、执法必严、违法必究。从现在起，应当把立法工作摆到全国人民代表大会及其常务委员会的重要议程上来。检察机关和司法机关要保持应有的独立性；要忠实于法律和制度，忠实于人民利益，忠实于事实真相；要保证人民在法律面前人人平等，不允许任何人有超越法律之上的特权。

全会充分肯定毛泽东的功绩，认为毛泽东在长期革命斗争中立下的伟大功勋是不可磨灭的，如果没有毛泽东的卓越领导，没有毛泽东思想，中国革命有极大的可能到现在还没有胜利，我们党就还在黑暗中苦斗；要求一个革命领袖没有缺点、错误，那不是马克思主义，也不符合毛泽东历来对自己的评价。总结“文化大革命”的缺点、错误，不应匆忙进行，可留在以后适当时候去做。全会郑重指出，党中央在理论战线上的崇高任务，就是领导、教育全党和全国人民历史地、科学地认识毛泽东的伟大功绩，完整地、准确地掌握毛泽东思想的科学体系，把马列主义、毛泽东思想的普遍原理同社会主义现代化建设的具体实践结合起来，并在新的历史条件下加以发展。

全会决定健全党的民主集中制，健全党规党法，严肃党纪。强调党中央和各级党委实行集体领导，全国报刊宣传和文艺作品要多歌颂工农兵群众，多歌颂党和老一辈革命家，少宣传个人；一定要保障党员在党内对上级领导直至中央常委提出批评性意见的权利，一切不符合党的民主集中制和集体领导原则的做法应该坚决纠正；党的各级领导干部必须带头严守党纪。对于违犯党纪的，不管是什么人，都要执行纪律，做到功过分明，赏罚分明，伸张正气，打击邪气。这些规定和要求，对于克服“文化大革命”给党的组织和纪律造成的破坏，提高党的凝聚力、战斗力，具有重要意义。

全会增选了中央领导机构成员，增选陈云为中央政治局委员、中央政治局常委、中央委员会副主席，增选邓颖超、胡耀邦、王震为中央政治局委员，增补黄克诚、宋任穷、胡乔木、习仲勋、王任重等9人为中央委员；为了切实维护党纪党法，决定恢复成立并选举产生了以陈云为第一书记的中央纪律检查委员会。中央政治局会议随后决定：设立中央秘书长，胡耀邦担任中央秘书长兼中央宣传部部长；免去汪东兴兼任的中央办公厅主任等职务。这些人事安排，从组织上加强了中央领导机构，保证了党的十一届三中全会确定的各项路线方针政策的贯彻执行。这次全会后，虽然华国锋仍担任党中央主席，但就体现党的正确指导思想以及决定改革开放和社会主义现代化建设的重大方针政策来说，邓小平实际上已成为党的中央领导集体的核心。

党的十一届三中全会的胜利召开，标志着粉碎“四人帮”后党和国家工作在徘徊中前进的局面的结束。全会重新确立马克思主义的思想路线、政治路线、组织路线，实现了新中国成立以来党的历史上“具有深远意义的伟大转折”①，开启了我国改革开放和社会主义现代化建设的新时期。全会作出的改革开放历史性决策，“是基于对党和国家前途命运的深刻把握，是基于对社会主义革命和建设实践的深刻总结，是基于对时代潮流的深刻洞察，是基于对人民群众期盼和需要的深刻体悟。”② 改革开放是我们党的一次伟大觉醒，正是这个伟大觉醒孕育了我们党从理论到实践的伟大创造；改革开放是中国人民和中华民族发展

---

① 中共中央文献研究室编《三中全会以来重要文献选编》（下），人民出版社1982年版，第821页。

② 习近平：《在庆祝改革开放40周年大会上的讲话》，《人民日报》2018年12月19日。

史上一次伟大革命，正是这个伟大革命推动了中国特色社会主义事业的伟大飞跃，也推动了民族复兴事业的新飞跃。党的十一届三中全会成为中国共产党发展史、执政史上一座高耸的丰碑，标志着中国共产党在坚持真理、修正错误、自我革命、自我完善的道路上又迈出了坚定清醒的历史性一步。从此，中国共产党带领全国各族人民以一往无前的进取姿态和披荆斩棘的创新实践，开创和发展中国特色社会主义，大踏步走上了追赶时代、引领中华民族伟大复兴的壮阔征程。

第十章

改革开放的起步、展开与中国特色社会主义的开创

党的十一届三中全会以后，以邓小平同志为主要代表的中国共产党人，团结带领全党全国各族人民，认真汲取我国社会主义建设正反两方面经验，借鉴世界社会主义历史经验，解放思想、实事求是，大胆地试、勇敢地改，在改革开放伟大实践中创立邓小平理论，深刻揭示社会主义本质，确立社会主义初级阶段基本路线，明确提出走自己的路、建设中国特色社会主义，科学回答了建设中国特色社会主义的一系列基本问题，制定了到21世纪中叶分三步走、基本实现社会主义现代化的发展战略，成功开创了中国特色社会主义。

一、大规模平反冤假错案与党在指导思想上的拨乱反正胜利完成

按照实事求是、有错必纠的原则，平反“文化大革命”造成的大量冤假错案，有步骤地妥善处理新中国成立以来的历史遗留问题，调整好各方面社会关系，是拨乱反正的一项重要内容。党的十一届三中全会以后，平反冤假错案和解决历史遗留问题的步伐明显加快。

1979年1月，中央纪律检查委员会举行第一次全体会议，全会发表通告强调：“冤案、错案、假案一经发现，就要坚决纠正。一切不实

之词，一切不正确的结论，一切错误的处理，不论是什么时候、什么情况下做出的，不论是哪一级组织、哪个领导人批准的，都要纠正过来。”① 在平反冤假错案工作中，影响最大、最受人关注的是刘少奇的案子。刘少奇是中共中央和中华人民共和国的主要领导人之一，在“文化大革命”中受到错误批判。粉碎“四人帮”后，许多人向中央建议，要求对刘少奇冤案进行复查。党的十一届三中全会后，在邓小平、陈云等的推动下，中共中央决定由中央纪委和中组部成立刘少奇案件复查组。经过周密调查研究，最终以可靠的事实逐条否定了强加给刘少奇的罪名。1980 年 2 月，党的十一届五中全会通过《关于为刘少奇同志平反的决议》，彻底推翻强加给刘少奇的种种罪名，恢复了刘少奇作为伟大的马克思主义者和无产阶级革命家、党和国家主要领导人之一的名誉。这表明中国共产党是一个坚持真理、修正错误、实事求是、光明磊落的马克思主义政党。对刘少奇这一“文化大革命”中最大冤案的平反，极大地推动了平反冤假错案的进程。到 1982 年底，全国大规模的平反冤假错案工作基本结束。全国共平反、纠正了 300 多万名干部的冤假错案，恢复了 47 万多名共产党员的党籍，解脱了数以千万计无辜受株连的干部和群众，使他们心情舒畅地重新走上工作岗位或担任新的领导职务。

在重点对“文化大革命”中冤假错案进行复查平反的同时，特别是在这项工作取得显著进展后，党中央对发生在“文化大革命”前由于历次政治运动中“左”的错误和其他方面的错误而产生的大量案件和历史遗留问题，包括若干重大历史“陈案”“旧账”，也进行了复查清理。1979 年 2 月，中央组织部、中央统战部等部门联合召开全国右派复查改正工作经验交流会，第一次明确提出了“1957 年反右派斗争犯了扩大化错误”的问题，强调对于错划右派，无论哪一级组织或哪一个人批准定案的，凡是错了的都要改正。会后，按照党中央的统一部

---

① 《党中央纪律检查委员会第一次全会通告》，《人民日报》1979 年 3 月 25 日。

署，各地区各部门对反右派斗争严重扩大化中划定的右派分子进行甄别改正。到1980年6月，共改正错划右派54万多人，为他们恢复了名誉，对他们的生活和工作重新作了安排。与此同时，对新中国成立后由于“左”的错误而在党内产生的冤假错案也进行了清理平反，其中影响较大的有为1955年“胡风反革命集团”案平反、为1959年以来在“反右倾”运动中被定为“右倾机会主义分子”的干部和党员平反等。据不完全统计，除“反右倾”运动中的案件以外，在这次平反冤假错案过程中，全国共复查了“文化大革命”前的历史遗留案件242万余件，其规模之大、涉及面之广，在党的历史上是没有的，问题解决得也较为彻底。

党中央对过去因实行“以阶级斗争为纲”的“左”的政策而导致的严重紧张的社会关系，也进行了认真调整，以尽可能化消极因素为积极因素，调动各方面积极力量为改革开放和社会主义现代化建设作贡献。1979年1月11日，中共中央作出《关于地主、富农分子摘帽问题和地、富农子女成分问题的决定》，提出凡是多年来遵守政府法令、老实劳动、不做坏事的地主、富农分子以及反革命分子、坏分子，一律摘掉帽子，给予农村人民公社社员的待遇。全国共有440万人摘掉了地主、富农的帽子。同月起，为国民党起义、投诚人员落实政策，随后宽大释放了在押的原国民党县团以下党、政、军、特人员。从1979年11月起，开始把小商、小贩、小手工业者及其他劳动者从原工商业者中区别出来，到1981年，原86万工商业者中的70万人恢复了劳动者身份；肯定原工商业者已成为社会主义社会中的劳动者，政治上应与干部、工人一视同仁，可以参加工会，可以担任各级领导职务，可以评定相应的职称。

党的民族政策进一步落实，民族工作领域的拨乱反正深入推进。1979年4月，中共中央召开全国边防工作会议，对落实党的民族政策提出7项要求：坚持各民族一律平等的原则；认真执行民族区域自治政策；培养大批少数民族出身的干部；重视使用和发展少数民族的语言文字；尊重少数民族的风俗习惯；做好团结、教育、改造少数民族上层爱国人士的工作；贯彻执行党的民族宗教政策。1980 年至 1981 年，中央书记处先后召开西藏、云南、新疆、内蒙古等省区问题会议，认真解决落实党的民族政策等方面的问题，并先后为被错误定为“地方民族主义分子”的同志摘掉帽子。

党的宗教政策逐步落实，爱国宗教活动逐步恢复。1978 年 12 月 1 日，中央统战部在北京召开全国宗教工作座谈会，提出今后一个时期宗教工作的主要任务是：认真贯彻宗教信仰自由政策，妥善安排宗教活动场所，团结广大信教群众参加社会主义建设。并就恢复和健全宗教工作机构，恢复各爱国宗教团体的活动等问题提出了意见和要求。1980 年，中国伊斯兰教协会、中国道教协会、中国天主教爱国会、中国基督教三自爱国运动委员会、中国佛教协会先后召开会议，恢复了正常工作。省、市一级和教徒比较集中的地、县也相继恢复了宗教机构，配备了专职干部。在部分大中城市，历史上有名的宗教活动圣地，教徒聚居的地方，特别是在少数民族地区，率先有计划、有步骤地恢复了一批寺、观、教堂。1982 年 3 月，中央书记处形成《关于我国社会主义时期宗教问题的基本观点和基本政策》，比较系统地总结了新中国成立以来党在宗教问题上的正反两个方面的历史经验，阐明了党对宗教问题的基本观点和基本政策。这以后，爱国宗教组织的活动进一步得到恢复，宗教政策得到落实。

此外，这个时期对于社会关系的调整还包括：落实党的知识分子政策，注意改善知识分子的工作条件和生活条件；落实台胞、台属政策，对因在台湾有亲属关系而被错误处理的、予以复查改正，冤假错案、一律平反；进一步落实党的侨务政策，鼓励广大侨胞爱祖国爱故乡，为支援祖国和家乡建设作贡献；等等。

平反冤假错案和调整社会关系，正确处理党内和人民内部的一系列矛盾，大大调动了全社会各阶层人员的积极性，对促进社会安定、人民团结，对巩固和发展爱国统一战线，从而推动改革开放和社会主义现代化建设事业发展，起到了十分重要的作用。

在大规模平反冤假错案和调整社会关系的过程中，广大干部群众从过去一个时期内盛行的个人崇拜和教条主义的精神枷锁中解脱出来，党内外思想日益活跃。但同时也出现了极少数人利用党进行拨乱反正的时机，曲解“解放思想”的口号，极端夸大党所犯的错误和发生的失误，企图否定党的领导，否定社会主义制度，否定毛泽东和毛泽东思想的倾向。为了表明党中央在这个大是大非问题上的鲜明态度，1979 年 3 月 30 日，受党中央委托，邓小平在党的理论工作务虚会上发表题为《坚持四项基本原则》的讲话，旗帜鲜明地指出，要在中国实现四个现代化，必须在思想上政治上坚持社会主义道路、坚持无产阶级专政即人民民主专政、坚持共产党的领导、坚持马列主义毛泽东思想这四项基本原则，强调这是“实现四个现代化的根本前提”，“如果动摇了这四项基本原则中的任何一项，那就动摇了整个社会主义事业，整个现代化建设事业”。[①] 讲话深刻揭示了以经济建设为中心、坚持四项基本原则、坚持改革开放的内在联系和互动关系，郑重宣示中国共产党领导的改革开放从一开始就是社会主义性质的改革开放。

实行改革开放，全面拨乱反正，必须对新中国成立以来中国共产党的重大历史问题作出结论，以统一全党和全国人民的思想，团结一致向前看。党的十一届三中全会后，随着拨乱反正的全面展开，党内外要求正确评价毛泽东和毛泽东思想，全面评价“文化大革命”，对新中国成立以来正反经验教训进行反思和总结的呼声高涨。

1979 年 9 月，党的十一届四中全会讨论通过叶剑英代表中共中央、全国人大常委会和国务院在庆祝中华人民共和国成立 30 周年大会上的讲话，对新中国成立后 30 年的历史经验进行了初步总结。同年 11 月，党中央决定，在此基础上着手起草《关于建国以来党的若干历史问题的决议》，并成立了起草小组。在接下来的两年时间里，邓小平先后十

---

① 《邓小平文选》（第 2 卷），人民出版社 1994 年版，第 164、173 页。

多次召集起草组开会，对起草工作作出重要指示。他提出决议要体现三条总的要求，或者说总的原则、总的指导思想："第一，确立毛泽东同志的历史地位，坚持和发展毛泽东思想。这是最核心的一条"，也是"最重要、最根本、最关键"的一条；"第二，对建国30年来历史上的大事，哪些是正确的，哪些是错误的，要进行实事求是的分析，包括一些负责同志的功过是非，要作出公正的评价"；"第三，通过这个决议对过去的事情作个基本的总结"，"这个总结宜粗不宜细。总结过去是为了引导大家团结一致向前看。"① 邓小平强调，对毛泽东的功过评价，要实事求是、恰如其分。"对于毛泽东同志的错误，不能写过头。写过头，给毛泽东同志抹黑，也就是给我们党、我们国家抹黑。""毛泽东思想这个旗帜丢不得。丢掉了这个旗帜，实际上就否定了我们党的光辉历史。"② 他还强调，毛泽东"多次从危机中把党和国家挽救过来。没有毛主席，至少我们中国人民还要在黑暗中摸索更长的时间"③。根据邓小平的意见，决议稿几经起草和修改。1980年9月，中央政治局决定，历史决议稿要组织全党4000名高级干部进行讨论。10月12日，中央办公厅发出组织《关于建国以来若干历史问题的决议（草稿）》讨论的通知。讨论稿约5万字。这次讨论开始时预定参加人数是4000人，故称为"四千人大讨论"，实际参加的人数更多。"四千人大讨论"从10月中旬开始，持续了一个多月，到11月下旬结束。这是一次规模空前的大讨论，是党内民主的大发扬，也是对新中国成立以来历史进行的一次深入、具体的研究。

经过一年多的起草工作和广泛听取意见、反复讨论修改，1981年6月，党的十一届六中全会审议并一致通过了《关于建国以来党的若干历史问题的决议》（以下简称《决议》）。《决议》在对党领导新民主主义革命的28年历史进行简要回顾、对新中国成立以来党的32年历史作

① 《邓小平文选》（第2卷），人民出版社1994年版，第291—293页。
② 《邓小平文选》（第2卷），人民出版社1994年版，第302、298页。
③ 《邓小平文选》（第2卷），人民出版社1994年版，第345页。

出基本估计的基础上，从根本上否定了“文化大革命”和“无产阶级专政下继续革命”的错误理论，对一些重大历史事件和重要历史人物作出了实事求是的评价，科学总结了新中国成立以来社会主义革命和建设的历史经验。《决议》指出，中国共产党在中华人民共和国成立以后的历史，总的说来，是我们党在马克思列宁主义、毛泽东思想指导下，领导全国各族人民进行社会主义革命和社会主义建设并取得巨大成就的历史。《决议》实事求是评价毛泽东的历史地位，充分肯定毛泽东思想作为党的指导思想的伟大意义，指出：毛泽东是伟大的马克思主义者，是伟大的无产阶级革命家、战略家和理论家。就他的一生来看，他对中国革命的功绩远远大于他的过失。他的功绩是第一位的，错误是第二位的。《决议》将毛泽东晚年的错误同毛泽东思想加以区别，指出毛泽东思想是马克思列宁主义在中国的运用和发展，是被实践证明了的关于中国革命的正确的理论原则和经验总结，是中国共产党集体智慧的结晶。《决议》对毛泽东思想多方面的内容和活的灵魂即贯穿于它的各个组成部分的立场观点方法——实事求是、群众路线、独立自主作了系统阐述和概括，强调毛泽东思想是我们党的宝贵的精神财富，它将长期指导我们的行动，必须继续坚持毛泽东思想，以符合实际的新原理新结论丰富和发展我们党的理论。

《决议》还对党的十一届三中全会以来逐步确立的适合我国情况的社会主义现代化建设正确道路的主要点，从 10 个方面作了概括：社会主义改造基本完成以后，我国所需要解决的主要矛盾，是人民日益增长的物质文化需要同落后的社会生产之间的矛盾；社会主义经济建设必须从我国国情出发，量力而行，积极奋斗，有步骤分阶段地实现现代化的目标；社会主义生产关系的变革和完善必须适应于生产力的状况，有利于生产的发展；在剥削阶级作为阶级消灭以后，阶级斗争已经不是主要矛盾；逐步建设高度民主的社会主义政治制度，是社会主义革命的根本任务之一；社会主义必须有高度的精神文明；改善和发展社会主义的民族关系，加强民族团结；必须加强现代化的国防建设，国防建设要同国家的经济建设相适应；在对外关系上，必须继续坚持反对帝国主义、霸权主义、殖民主义和种族主义，维护世界和平；必须把我们党建设成为具有健全的民主集中制的党。这 10 个方面的概括，实质上初步提出了在中国建设什么样的社会主义和怎样建设社会主义的问题，从理论和实践的结合上形成了关于中国社会主义建设的框架，正是沿着这个框架，党对中国特色社会主义的认识和把握越来越清晰、越来越深化。

总之，《决议》既对多年来的“左”倾错误和毛泽东晚年的错误作了实事求是的分析和批评，又坚决维护了毛泽东的历史地位和毛泽东思想的科学体系；既深刻总结了新中国成立以来社会主义建设的经验教训，又科学规划了在改革开放新起点上中国社会主义继续发展的前进方向，表明中国共产党对自己包括领袖人物的失误和错误的态度是郑重的，一是敢于承认，二能正确分析，三是坚决纠正，充分体现了党中央的远见卓识和政治上的成熟。习近平总书记曾就此指出：“试想一下，如果当时全盘否定了毛泽东同志，那我们党还能站得住吗？我们国家的社会主义制度还能站得住吗？那就站不住了，站不住就会天下大乱。”① 《决议》对于统一全党、全军、全国人民的思想认识，同心同德，为实现新的历史任务而不懈奋斗，产生了重大而深远的影响。党的十一届六中全会的召开及取得的重大成果，标志着党在指导思想上拨乱反正任务的胜利完成。

党的十一届六中全会还根据中央政治局的建议，决定同意华国锋辞去中央委员会主席、中央军事委员会主席职务，选举胡耀邦为中央委员会主席，邓小平为中央军事委员会主席。

二、调整国民经济与城乡经济改革和对外开放的起步

（一）调整国民经济与对国情的新认识

为了纠正多年来经济建设指导方针上的偏差，解决“文化大革命”

① 习近平：《关于坚持和发展中国特色社会主义的几个问题》，《求是》2019 年第 7 期。

结束后国民经济比例关系失调，为今后国民经济的发展创造更好的条件，1979 年 4 月 5 日至 28 日，党中央召开工作会议，正式决定对国民经济实行“调整、改革、整顿、提高”的方针，通称新“八字方针”。明确调整的主要任务是：坚决地、逐步地把各方面严重失调的比例关系基本上调整过来，使整个国民经济真正纳入有计划、按比例健康发展的轨道；积极而又稳妥地改革工业管理和经济管理的体制，充分发挥中央、地方、企业和职工的积极性；继续整顿好现有企业，建立健全良好的生产秩序和工作秩序，通过调整、改革和整顿，大大提高管理水平和技术水平，更好地按客观经济规律办事。新“八字方针”的提出，标志着我国经济建设的指导思想开始从长期以来盲目追求高速度的急于求成、急躁冒进向实事求是、一切从中国国情出发、循序渐进、自觉按客观经济规律办事转变。

在讨论国民经济调整问题时，党对中国国情有了更加深刻的认知。实际上，早在再次复出伊始，邓小平即指出：“人们都说中国是个大国，其实只有两点大，一是人口多，二是地方大。就发展水平来说，是个小国，顶多也是个中小国家，连中等国家都算不上。”[①] 1978 年 8 月，他又说：“资本主义要消灭，这是一个很长期的斗争。各国的发展阶段不同，消灭资本主义，建立共产主义，这是一个很长的历史过程。”[②] 1979 年 3 月 21 日，陈云在中央政治局会议上提出：“我们搞四个现代化，建设社会主义强国，是在什么情况下进行的。讲实事求是，先要把‘实事’搞清楚。这个问题不搞清楚，什么事情也搞不好。”最大的“实事”是什么呢？就是“我们国家是一个九亿多人口的大国，百分之八十的人口是农民”，“革命胜利三十年了还有要饭的，需要改善生活。我们是在这种情况下搞四个现代化的”[③]。1979 年 3 月底，在《坚持四项基本原则》的讲话中，邓小平进一步指出：“要使中国实现现代化，

---

① 中共中央文献研究室编《邓小平思想年谱》，中央文献出版社 1998 年版，第 48 页。
② 中共中央文献研究室编《邓小平思想年谱》，中央文献出版社 1998 年版，第 73 页。
③ 中共中央文献研究室编《陈云传》（下），中央文献出版社 2005 年版，第 1557 页。

至少有两个重要特点是必须看到的”：“一个是底子薄”，“现在中国仍然是世界上很贫穷的国家之一”；“第二条是人口多耕地少”，“中国式的现代化，必须从中国的特点出发”。[①]

根据党中央的部署，国民经济调整从1979年起，用3年时间完成。调整的首要任务是加强农业和轻工业，理顺农业与工业的关系。但是，调整开始后，由于许多部门和地方对经济形势的严重性、对经济调整的必要性和迫切性认识不足，落实中央要求不力，使得国民经济比例严重失调的情况非但没有得到根本改变，反而在调整中又出现了一些新的问题和困难。在此情况下，为了进一步统一思想，1980年11月15日至12月21日，国务院召开全国省长、市长、自治区主席会议和全国计划会议，深入讨论经济形势，决定调整1981年国民经济计划和财政预算。12月16日至25日，党中央召开工作会议，决定从1981年起对国民经济实行进一步调整，以争取经济工作全局的稳定和主动。这次会议对新中国成立以来经济建设的经验教训作了进一步总结。陈云在讲话中指出，新中国成立以来“经济建设方面的主要错误是‘左’的错误”，提出对实现四个现代化“决不要再作不切实际的预言，超英赶美”，强调“调整意味着某些方面的后退，而且要退够。不要害怕这个清醒的健康的调整”。[②] 邓小平表示完全同意陈云的意见，指出：“这次调整是三中全会以来的各项正确方针、政策的继续和发展，是三中全会实事求是、纠正‘左’倾错误的指导思想的进一步贯彻。如果要说有什么改变的话，那就是改掉我们工作中还存在的不符合三中全会精神的毛病，那就是下决心去掉不切实际的设想，去掉主观主义的高指标。”[③] 这次会议比较彻底地清理了新中国成立以来经济工作中的“左”倾错误，使全党对于实行经济调整的紧迫性、必要性和社会主义现代化建设的长期性、艰巨性有了更清醒的认识。

---

① 《邓小平文选》（第2卷），人民出版社1994年版，第163—164页。
② 《陈云文选》（第3卷），人民出版社1995年版，第281—282页。
③ 《邓小平文选》（第2卷），人民出版社1994年版，第358页。

根据党中央、国务院的部署，从 1981 年初开始，各地区各部门采取一系列强有力的政策措施推动新“八字方针”的贯彻落实，经济调整的积极效果逐渐显现，积累和消费、农业和工业、轻重工业之间的比例关系逐渐趋于合理，长期存在的积累率过高和农业、轻工业严重落后的情况有了很大改变。1981 年 12 月，五届全国人大四次会议通过的政府工作报告，肯定了经济调整取得的成绩，明确提出我国今后经济发展要切实改变长期以来在“左”的思想指导下的一套老的做法，真正从我国实际情况出发，走出一条速度比较实在、经济效益比较好、人民可以得到更多实惠的新路子，并为此提出了以“提高经济效益”为中心的发展国民经济的十条具体方针。1981 年后，国民经济调整工作继续推进。到 1982 年底，国民经济扭转了重大比例严重失调所造成的不稳定状态，逐步走上健康发展的轨道。国民经济调整的任务大体完成，使我国改革开放和现代化建设有了更加坚实的立足点。

随着国民经济调整的不断深入，城乡经济体制改革和对外开放迅速推进。

（二）农村改革率先突破，城市经济体制改革初步展开

中国是一个农业大国。新中国成立后，特别是农业合作化以后，伴随农村集体经济的建立，我国的农业生产力有了相当提高。但是，1958 年实行“政社合一”的人民公社体制后，由于经营管理过于集中，分配上存在严重的平均主义，损害了广大农民的生产积极性，致使农业生产的发展和农民生活的改善都比较缓慢。“文化大革命”期间推行极左路线，取消家庭副业，关闭集市贸易，“宁要社会主义的草，不要资本主义的苗”，更是把中国农村推到了极其困难的境地。1978 年，按照当时的生活标准，全国还有 2.5 亿人口没有解决温饱问题。

面对农村的贫穷落后，“文化大革命”结束后，广大农村的基层干部群众无不希望尽快恢复和发展农业生产。1977 年邓小平复出后，针对当时一系列“左”的错误做法，明确提出要恢复党的农村政策。当

年11月17日，在广州听取中共广东省委负责人汇报工作时，邓小平指出：“现在农村中好些东西是搞形式主义，……民主评分不能普及，大队核算也不能搞早了。生产没有发展到那个程度，不能随便过渡。同工业一样，过去许多行之有效、多年证明是好的政策要恢复。”① 邓小平后来进一步指出：“大寨有些东西不能学，也不可能学。比如评工记分，它一年搞一次，全国其他人民公社、大队就不可能这样做。取消集贸市场也不能学，自留地完全取消也不能学，小自由完全没有了也不能学。全国调整农业经济政策，好多地方要恢复小自由，这也是实事求是。”② 在邓小平正确主张的影响下，一些省份开始进行恢复党的农村经济政策的努力，中共安徽省委、四川省委大胆实行“放宽政策”“休养生息”的方针，率先进行农村改革。

1977年11月，安徽省委通过《关于当前农村经济政策几个问题的规定》，提出要搞好农村经营管理，允许生产队根据农活建立不同的生产责任制，可以组成作业组，只需个别人完成的农活也可以责任到人；尊重生产队的自主权；减轻社员和社队的负担；落实按劳分配，兼顾国家、集体和个人利益；允许和鼓励社员经营自留地和家庭副业，开放集市贸易等。1978年夏秋之际，安徽省遭受百年不遇的严重旱灾，秋种遇到严重困难。在严峻形势下，一些地方将土地包给农民分组耕种，甚至分户耕种。9月，安徽省委召开紧急会议，果断作出支持“借地度荒”的决定：把凡是集体无法耕种的土地借给社员种麦种菜，鼓励农民多开荒，所产粮菜国家不征购，谁种谁得。这一措施很快调动起群众的生产积极性，当年全省超额完成秋种计划。在“借地度荒”的启发下，一些地方的基层干部和农民更是大胆冲破旧的农村经营体制的束缚，自发实行包干到组或包产到户责任制。凤阳县梨园公社小岗村18

① 中共中央文献研究室编《邓小平年谱（1975—1997）》（上），中央文献出版社2004年版，第238页。

② 中共中央文献研究室编《邓小平年谱（1975—1997）》（上），中央文献出版社2004年版，第378页。

户农民冒着风险，在包干合同书上按下了手印。小岗村创造的“包干到户”的做法，就是“保证国家的、留足集体的、剩下都是自己的”。这个办法简便易行，最受农民欢迎。四川、甘肃、云南、广东等省份的一些地方也放宽政策，采取了类似做法。这些大胆尝试，揭开了我国农村改革的序幕。

对于包产到户、包干到户等农业生产责任制形式，党内外一度出现了不同意见。不少人心存疑虑，担心这样会影响农村集体经济，会偏离农村发展的社会主义方向。对此，邓小平 1980 年 4 月在同中央负责同志谈话时明确指出，农村“政策要放宽，要使每家每户都自己想办法，多找门路，增加生产，增加收入。有的可包给组，有的可包给个人，这个不用怕，这不会影响我们制度的社会主义性质”①。5 月 31 日，他又明确表示：“农村政策放宽以后，一些适宜搞包产到户的地方搞了包产到户，效果很好，变化很快。”“有的同志担心，这样搞会不会影响集体经济。我看这种担心是不必要的。”“只要生产发展了，农村的社会分工和商品经济发展了，低水平的集体化就会发展到高水平的集体化，集体经济不巩固的也会巩固起来。”② 邓小平对“双包”责任制给予明确支持，拨开了阻碍农村改革发展的迷雾，推动家庭联产承包责任制在全国农村迅速铺开。1980 年 7 月，中共贵州省委发出《关于放宽农业政策的指示》，允许在全省农村普遍推行以包干到户为主的家庭联产承包责任制。1980 年 7 月至 8 月，中共内蒙古自治区委召开常委扩大会议，明确提出要允许“包产到户”、“包产到劳”和“口粮田”等一切可以增产的生产责任制长期并存。

1980 年 9 月，中共中央印发《关于进一步加强和完善农业生产责任制的几个问题》，突破多年来把包产到户等同于分田单干和资本主义的观念，肯定了在生产队领导下实行的包产到户。文件特别指出：“在

① 中共中央文献研究室编《邓小平年谱（1975—1997）》（上），中央文献出版社 2004 年版，第 616 页。

② 《邓小平文选》（第 2 卷），人民出版社 1994 年版，第 315 页。

社会主义工业、社会主义商业和集体农业占绝对优势的情况下，在生产队领导下实行的包产到户是依存于社会主义经济，而不会脱离社会主义轨道的，没有什么复辟资本主义的危险，因而并不可怕。”[①] 1982 年，党中央发出“一号文件”，明确指出包括包产到户、包干到户在内的各种责任制，都是社会主义集体经济的生产责任制。此后，各种形式的家庭联产承包责任制不断冲破阻力，迅猛发展。许多地方一年即见成效，粮食产量明显提高，几年就变了个大样。随着新的经营体制在广大农村的推行，农民群众有了更多的生产和经营自主权，各地农村很快涌现出一大批乡镇工业企业，也涌现出一大批生产和经营专业户。这是我国农村向着专业化、商品化、社会化生产方向转变的开始。

改革之所以首先在农村取得突破，是由我国基本国情和当时农村经济发展困境决定的，广大农村基层干部和亿万农民为改变农村面貌和自身命运，发挥首创精神，勇敢冲破不利于生产力发展的旧体制，在党的支持下成功掀起了波澜壮阔的改革洪流的第一波浪潮。

城市经济体制改革也在试点探索中推进。最初的试点是扩大企业自主权。1978 年 4 月，中共中央颁布《关于加快工业发展若干问题的决定（草案）》。1978 年 10 月，四川省委、省政府确定在宁江机床厂、重庆钢铁公司等 6 个具有行业代表性的工业企业中率先进行扩大企业自主权改革试点。1979 年 2 月，四川省委制定《关于扩大企业权利，加快生产建设步伐的试点意见》（简称“十四条”），规定试点企业在全面完成国家下达的生产计划的前提下，可以根据市场供需情况自行组织生产和来料加工，增产增收；可以自主销售商业、物资、供销等部门不收购的产品和试销新产品等。“十四条”试行一年，试点企业的生产经营效益取得了超出预期的良好效果。

党的十一届三中全会后，在借鉴农村改革扩大生产和经营自主权经验的基础上，以扩大企业自主权为主要内容的城市经济体制改革逐步展

---

① 中共中央文献研究室编《三中全会以来重要文献汇编》（上），人民出版社 1982 年版，第 667—668 页。

开。1979 年 4 月召开的中央工作会议，对我国经济体制改革的方向、步骤作了原则规定。1979 年 5 月，国家经委等 6 部门选择首都钢铁公司、天津自行车厂、上海柴油机厂等 8 家大型企业进行扩大经营管理自主权的改革试点，允许它们在完成国家计划的前提下，根据市场需要安排生产，实行利润留成，并在人、财、物方面拥有相应的自主权。7 月，国务院印发《关于扩大国营工业企业经营管理自主权的若干规定》《关于国营企业实行利润留成的规定》等 5 个文件，规范和指导改革。到 1980 年 6 月，全国参与改革的企业增至 6600 多个。扩大企业自主权改革在传统的计划经济体制下打开了一个缺口，初步改变了过去只按照国家指令性计划生产，不了解市场需要，不关心产品销路，不关心盈利亏损的状况，增强了企业的自主经营意识和市场意识。

在扩大企业自主权的基础上，不少企业还围绕国家与企业、企业与职工之间的责、权、利关系，把城市改革逐步推向经济责任制方面。1981 年春，山东省率先在企业中实行经济责任制。主要内容是，政府采取行业利润包干、亏损企业包干和地区包干等办法，明确国家与企业的责权利关系；在企业内部实行多种形式的计件工资制度，明确企业与职工之间的责权利关系，使职工收入和劳动成果直接挂钩。此后，经济责任制很快推行到全国 3.6 万个工业企业。1981 年秋，国务院相继印发《关于实行工业生产经济责任制若干问题的意见》和《关于实行工业生产经济责任制若干问题的暂行规定》。经济责任制的实行，调动了企业和广大职工的积极性，促进了增产增收。

这个时期城市经济体制改革试点的又一重点内容，是商品流通体制改革。从 1979 年起，国务院重新限定农副产品的统购和派购范围，放宽农副产品的购销政策，规定供销合作社基层社可以出县、出省购销，集体所有制商业、个体商贩和农民也可以长途贩运。所有制结构的改革也开始进行。1979 年，全国出现知青返城大潮，劳动就业问题日益突出。为了缓解与日俱增的就业压力，1980 年 8 月，党中央召开全国劳动就业工作会议，提出了“解放思想，放宽政策，发展生产，广开就业门路，实行在国家统筹规划的指导下，劳动就业部门介绍就业、自愿组织起来就业和自谋职业相结合”的解决劳动就业问题的方针，开启了以公有制经济为主体、多种经济形式并存的改革。在这种情形下，“个体户”应运而生。在北京前门，大碗茶青年茶社搭棚盘灶。在安徽芜湖，年广久开始了“傻子瓜子”的规模经营。1981 年 10 月，中共中央、国务院进一步作出《关于广开门路，搞活经济，解决城镇就业问题的若干决定》，强调在我国，国营经济和集体经济是社会主义经济的基本形式，一定范围的劳动者个体经济是社会主义公有制经济的必要补充。在社会主义公有制经济占优势的根本前提下，实行多种经济形式和多种经营方式长期并存，是我们党的一项战略决策，绝不是一种权宜之计。在新的政策指引下，集体经济、个体经济有了新的发展，还出现全民、集体和个体联营共同发展的新经济形式。

（三）利用外资、创办经济特区：对外开放取得重大突破

吸引和利用外资、兴办中外合资经营企业和中外合作经营企业（或项目），是对外开放的重要方式和步骤。1979 年 1 月，邓小平在与胡厥文、胡子昂、荣毅仁等工商界人士谈话时说：“现在搞建设，门路要多一点，可以利用外国的资金和技术，华侨、华裔也可以回来办工厂。吸收外资可以采取补偿贸易的方法，也可以搞合营，先选择资金周转快的行业做起。”① 为了把吸收外商投资工作纳入法制轨道，1979 年 7 月 1 日，五届全国人大二次会议审议通过《中华人民共和国中外合资经营企业法》，并决定设立外国投资管理委员会。1979 年 10 月，中国国际信托投资公司成立，开展国际信托、投资、租赁等业务。从 1979 年起，我国不断拓宽利用外资渠道，除了利用自由外汇和买方信贷进口成套设备的形式，还开始接受世界银行等国际组织和外国政府贷款，先后同日、法、美等国公司签订协议，开展补偿贸易、海上石油合作勘探

① 《邓小平文选》（第 2 卷），人民出版社 1994 年版，第 156 页。

开发和其他资源开发、租赁业务、对外加工装配业务、国际信托投资业务以及兴办中外合资企业等。1979 年 12 月，中国政府与日本政府达成第一批借用日本政府“海外协力基金”贷款 500 亿日元的协议。1980 年 5 月 1 日，经国家外国投资管理委员会批准的第一家中外合资企业北京航空食品有限公司开业。1980 年，我国还恢复了在世界银行、国际货币基金组织的代表权，并加入国际农业发展基金会，开始从这些国际金融机构中得到贷款。旅游业也异军突起，迅速站到了对外开放的前列，发展成为一个新兴产业。

创办经济特区，是我国推进改革开放的伟大创举。早在 1978 年 4 月，国家计委、外贸部派遣的经济贸易考察组赴香港、澳门实地考察后，向中央建议，借鉴港澳经验，对当时靠近港澳的广东宝安县、珠海县实行特殊管理办法，力争经过三五年的努力，把两地建成具有相当水平的工农业结合的对外生产基地、加工基地和吸收港澳游客的游览区。同年 11 月，习仲勋在中央工作会议中南组分组会议上发言，建议中央考虑：“鉴于广东与港澳来往密切，希望能允许广东在香港设立一个办事处，加强调查研究，与港澳厂商建立直接的联系；凡是来料加工、补偿贸易等方面的经济业务，授权广东决断处理，以便减少不必要的层次和手续。”[①] 会上，福建省也提出，要利用侨乡优势，吸收外资侨资，放手大搞出口贸易，建议中央在具体政策上给予支持，开放福州、厦门等港口，为发展福建经济创出一条路子。这些意见引起了中央的重视。1979 年 1 月，广东省和交通部联名向国务院递交报告，提出在蛇口一带设立工业区的设想，得到中央的批准。不久后，蛇口工业区在轰鸣的开山炮声中诞生了。

1979 年 4 月，中央召开工作会议。广东省委第一书记习仲勋提出，希望中央下放若干权力，让广东在对外经济活动中有必要的自主权；允许在毗邻港澳的深圳、珠海和侨乡汕头市举办出口加工区。福建省委也

---

① 《习仲勋文选》，中央文献出版社 1995 年版，第 284—285 页。

提出类似的设想。中央对此表示支持。关于如何命名这几处实行特殊政策的地区，邓小平说：“还是叫特区好，陕甘宁开始就叫特区嘛!”他还表示：“中央没有钱，可以给些政策，你们自己去搞，杀出一条血路来。”[①] 这次会议结束后，中共中央、国务院决定，由主管这方面工作的中央书记处书记、国务院副总理谷牧率中央工作组到广东、福建调研，帮助两省就试办特区作进一步的研究论证工作，并提出具体实施方案。在深入调研论证的基础上，1979 年 6 月，广东、福建两省分别向中央上报了《关于发挥广东优越条件，扩大对外贸易，加快经济发展的报告》和《关于利用侨资、外资，发展对外贸易，加快福建社会主义建设的请示报告》。7 月 15 日，中共中央、国务院批转了这两个报告，确认“对两省对外经济活动实行特殊政策和灵活措施，给地方以更多的主动权，使之发挥优越条件，抓紧当前有利的国际形势，先走一步，把经济尽快搞上去”[②]，同时决定在深圳、珠海划出部分地区试办出口特区。1980 年 5 月，党中央、国务院决定将“出口特区”改为涵盖面更宽的“经济特区”这个名称。8 月 26 日，五届全国人大常委会第十五次会议批准广东、福建两省在深圳、珠海、汕头、厦门设置经济特区，并通过了《广东省经济特区条例》。

经济特区是中国改革开放的重要窗口。在中央决策的推动下，来自四面八方的特区建设者披荆斩棘、艰苦创业，短短几年间，将深圳、珠海这些昔日落后的边陲小镇、荒滩渔村，建设成为生机勃勃的崭新城市，创造了敢闯敢试、敢为人先、埋头苦干的特区精神。

在大胆利用外资和创办经济特区的同时，1979 年至 1981 年，国家有关部门对外贸体制也着手进行了认真改革。

---

① 中共中央文献研究室编《邓小平年谱（1975—1997）》（上），中央文献出版社 2004 年版，第 510 页。

② 中共中央文献研究室编《改革开放三十年重要文献选编》（上），中央文献出版社 2008 年版，第 53 页。

（四）改革党和国家领导制度，政治体制改革起步

党的十一届三中全会后，适应全党工作着重点转移和改革开放的新形势新要求，党中央在加强和改进党的领导的同时，切实加强党的自身建设，同时认真总结和汲取以往党和国家政治生活中的经验教训，以改革党和国家领导制度为主要内容，推动政治体制改革起步。

1979 年 6 月召开的五届全国人大二次会议审议通过了《中华人民共和国地方各级人民代表大会和地方各级人民政府组织法》《中华人民共和国全国人民代表大会和地方各级人民代表大会选举法》《中华人民共和国人民法院组织法》《中华人民共和国人民检察院组织法》《中华人民共和国刑法》《中华人民共和国刑事诉讼法》《中华人民共和国中外合资经营企业法》7 部法律，这是推进社会主义民主法制化迈出的重要步伐。1979 年 10 月，邓小平首次把多党合作提升到我国政治制度的高度，强调在中国共产党的领导下，实行多党派的合作，这是我国具体历史条件和现实条件所决定的，也是我国政治制度中的一个特点和优点。长期共存，互相监督，这是一项长期不变的方针。党中央还在同月批转的中央组织部、中央统战部的报告中指出，各级党委要克服“清一色”思想，切实做好党外人士特别是具有业务和技术专长的党外人士的安排工作，同他们真诚合作，共同把国家的事情办好。

党中央对改革党和国家领导制度采取了一系列举措。1980 年 2 月，党的十一届五中全会通过《关于党内政治生活的若干准则》，并向全国公布。准则把党章的有关规定、党的优良传统和作风、党内政治生活中的重要是非界限、处理党内关系的重要原则等加以具体化、规范化、系统化，对健全党内民主生活、维护党的集中统一、加强以民主集中制为中心的制度建设，发挥了重要作用。全会决定恢复设立中央书记处，作为中央政治局和它的常务委员会领导下的经常工作机构；选举胡耀邦为中央委员会总书记。

1980 年 8 月 18 日至 23 日，中央政治局召开扩大会议，邓小平在会

上作了《党和国家领导制度的改革》的重要讲话，深入论述了改革党和国家领导制度的重要性、必要性以及改革的目的、要求和实施步骤等。强调领导制度、组织制度问题带有根本性、全局性、稳定性和长期性，这种制度问题，关系到党和国家是否改变颜色。为了革除弊端，邓小平着重提出了改革党和国家领导制度的6项重大措施：一是建议修改宪法，使宪法更加完备、周密、准确，切实保证人民真正享有管理国家各级组织和各项企业事业的权力，享有充分的公民权利；二是设立中央顾问委员会，连同中央委员会，都由党的全国代表大会选举产生，并明确规定各自的任务和权限；三是真正建立从国务院到地方各级政府从上到下的强有力的工作系统；四是有准备有步骤地改变党委领导下的厂长负责制、经理负责制，经过试点，逐步推广、分别实行工厂管理委员会、公司董事会、经济联合体的联合委员会领导和监督下的厂长负责制、经理负责制；五是推广和完善企事业单位职工代表大会或职工代表会议；六是各级党委真正实行集体领导和个人分工负责相结合的制度。这个讲话，提出了改革党和国家领导制度的基本思想，指明了我国政治体制改革的努力方向。

在坚持党的领导的前提下，党和政府还着力解决党政职责不清、党委包办一切，以及效率不高、机构臃肿、人浮于事、作风拖拉等问题。1982年1月，邓小平在中央政治局会议上指出，精简机构是一场革命，最关键的问题是选比较年轻的、德才兼备的干部进领导班子。1982年2月，党中央作出《关于建立老干部退休制度的决定》，废除干部领导职务实际上存在的终身制。

党的十一届三中全会后三年多时间里，在党中央坚强领导下，城乡经济体制改革和对外开放开始起步，大规模平反冤假错案和调整社会关系取得决定性进展，党在指导思想上拨乱反正的任务基本完成，政治体制改革启动并扎实推进，中国社会主义各项事业蓬勃发展，这为党的十二大的胜利召开奠定了坚实基础。

三、党的十二大开创改革开放和现代化建设新局面

（一）党的十二大提出“建设有中国特色的社会主义”命题

1982年9月1日至11日，党的十二大在北京召开。出席大会的正式代表1545人，候补代表145人，代表全国3900多万党员。大会的使命是：“通过对过去六年历史性胜利的总结，为进一步肃清十年内乱所遗留的消极后果，全面开创社会主义现代化建设的新局面，确定继续前进的正确道路、战略步骤和方针政策”①。邓小平在大会开幕词中，深刻总结新中国成立以来我国社会主义建设的经验教训，明确提出了“走自己的道路，建设有中国特色的社会主义”的重大命题，强调“我们的现代化建设，必须从中国的实际出发。无论是革命还是建设，都要注意学习和借鉴外国经验。但是，照抄照搬别国经验、别国模式，从来不能得到成功。这方面我们有过不少教训。把马克思主义的普遍真理同我国的具体实际结合起来，走自己的道路，建设有中国特色的社会主义，这就是我们总结长期历史经验得出的基本结论”②。“建设有中国特色的社会主义”回答了进入改革开放新时期后党和国家走什么样的道路这一全党全国人民最为关心的重大问题，成为指引改革开放和社会主义现代化建设的伟大旗帜，也成为此后党和国家各项事业发展的全部理论和实践创造的主题。

大会通过胡耀邦作的《全面开创社会主义现代化建设的新局面》报告，制定了全面开创新局面的奋斗纲领，确定党在新的历史时期的总任务是：团结全国各族人民，自力更生，艰苦奋斗，逐步实现工业、农业、国防和科学技术现代化，把我国建设成为高度文明、高度民主的社会主义国家。大会根据邓小平1979年以来的有关设想和倡议，确定

---

① 中共中央文献研究室编《十二大以来重要文献选编》（上），人民出版社1986年版，第6—7页。

② 《邓小平文选》（第3卷），人民出版社1993年版，第2—3页。

1981年到20世纪末的20年，我国经济建设总的奋斗目标是：在不断提高经济效益的前提下，力争使全国工农业的年总产值翻两番，即由1980年的7100亿元增加到2000年的2.8万亿元左右。大会指出，实现了这个奋斗目标，我国国民收入总额和主要工农业产品的产量将居于世界前列，整个国民经济的现代化过程将取得重大进展，城乡人民的收入将成倍增长，人民的物质文化生活可以达到小康水平。把20世纪末的奋斗目标由之前的实现四个现代化改为实现小康，从战略目标层面解决了新中国成立后几十年来党在社会主义建设发展速度和发展目标上急于求成、结果欲速不达的问题。这是党中央在总结历史经验教训的基础上作出的一个历史性决策。

大会在确定经济建设奋斗目标、突出经济建设这个中心工作的同时，还提出了努力建设高度的社会主义精神文明和高度的社会主义民主政治的重大任务。大会指出：社会主义精神文明是社会主义的重要特征，是社会主义制度优越性的重要表现。建设社会主义的物质文明和精神文明，都要靠继续发展社会主义民主来保证和支持。社会主义民主的建设必须同社会主义法制的建设紧密结合起来。这些任务的提出，体现了社会主义现代化建设的全面性要求，丰富和发展了科学社会主义理论，也标志着党对社会主义认识的深化。

大会制定的新党章清除了党的十一大党章中“左”的错误，对党的性质和党的指导思想，对现阶段我国社会的主要矛盾和党的总任务，对党在国家生活中如何正确地发挥领导作用，都作了符合新的形势要求的规定。新党章规定，党中央不设主席只设总书记，由总书记负责召集中央政治局会议、政治局常委会议和主持中央书记处的工作；中央和省一级设顾问委员会作为新老干部交替的过渡性机构，以发挥从第一线退下来的富有经验的老同志对党的事业的参谋作用。新党章规定了民主集中制的基本原则，强调党要保持思想上政治上的高度一致，党的各级委员会实行集体领导和个人分工负责相结合的制度。在党的纪律面前人人平等，党员除了遵守党纪，还必须严格遵守政纪国法。

（二）深入推进经济体制改革，对外开放形成新格局

党的十二大以后，农村以稳定和完善家庭联产承包责任制为主要任务、城市以推进利改税改革为重点的各项改革不断深入。

1982 年 12 月底，中央政治局审议通过《当前农村经济政策的若干问题》并作为 1983 年中共中央一号文件印发试行。文件把各地实行的“包产到户”和“包干到户”正式概称为联产承包责任制，高度评价这种责任制“是在党的领导下我国农民的伟大创造，是马克思主义农业合作化理论在我国实践中的新发展”。文件还就我国农村经济政策和农村发展问题提出了 14 条意见。1982 年 12 月 4 日，五届全国人大五次会议通过新宪法，决定改变农村人民公社政社合一体制，设立乡政府作为基层政权，成立村民委员会作为农村群众性自治组织。1983 年 10 月 12 日，中共中央、国务院发出《关于实行政社分开建立乡政府的通知》，要求根据新宪法规定，在农村设立乡政权。这一工作，到 1985 年 6 月基本完成。全国 5.6 万多个人民公社改建为 9.2 万多个乡（镇）人民政府，全国 54 万多个生产大队改建为 82 万多个村民委员会。实行了 20 多年的人民公社体制的废除，乡政府的建立，是农村经济和政治体制的一次重大改革。

农村经济、政治体制改革的不断深入，农村劳动效率大大提高，使得广大农户有了利用剩余劳力和资金去发展多种经营的可能，由此推动了乡镇企业的崛起。截至 1983 年，全国农民合资经营的企业达 50 多万个。1983 年 12 月召开的全国农村工作会议，充分肯定越来越多的农民脱离耕地经营，认为“是一个必然的历史性进步”①。1984 年 3 月 1 日，中共中央、国务院转发《关于开创社队企业新局面的报告》，将“社队企业”正式更名为“乡镇企业”，强调乡镇企业“是多种经营的重要组成部分，是农业生产的重要支柱，是广大农民群众走向共同富裕的重要

① 中共中央文献研究室编《十二大以来重要文献选编》（上），人民出版社 1986 年版，第 434 页。

途径，是国家财政收入新的重要来源”。要求各级党委和政府对乡镇企业在发展方向上给予积极引导，使其健康发展，“对乡镇企业要和国营企业一样，一视同仁，给予必要的扶持”[①]。这个报告成为推动和引导乡镇企业持续快速发展的纲领性文件。

在农村改革的推动下，城市经济体制改革也稳步展开。1980 年至 1981 年底，湖北、广西、上海、四川等 18 个省市区的 456 个国有工业企业先后试点利改税。1982 年 12 月，五届全国人大五次会议肯定了利改税试点经验。这次会议之后，国务院决定加快国营企业利改税的步伐。经过利改税改革，国家与企业的分配关系有了很大改进，国家税收收入占财政收入的比重大幅度上升，税收的财政职能和经济杠杆作用得到了较好发挥。为了进一步破除城市经济体制中严重妨碍生产力发展的种种弊端和僵化观，加快经济体制改革步伐，1984 年 10 月，党的十二届三中全会审议通过《中共中央关于经济体制改革的决定》（以下简称《决定》）。《决定》在理论上最重大的贡献，是突破把计划经济同商品经济对立起来的传统观念，明确提出我国社会主义经济是“公有制基础上的有计划的商品经济”，强调“商品经济的充分发展，是社会经济发展的不可逾越的阶段，是实现我国经济现代化的必要条件”。《决定》提出了“制订全面改革蓝图，加快改革步伐，推动以城市为重点的整个经济体制的改革”的任务，强调“具有中国特色的社会主义，首先应该是企业有充分活力的社会主义”，并把增强企业活力作为以城市为重点的整个经济体制改革的中心环节。《决定》还针对长期以来“把全民所有同国家机构直接经营企业混为一谈”的错误认识和做法，明确提出“所有权同经营权是可以适当分开的”[②]，并赋予企业六大生产经营自主权。《决定》在我国经济性质、计划与市场关系问题上提出的新认识以及在扩大企业经营自主权上制定的一系列政策举措，为深入推进

---

① 中共中央文献研究室编《十二大以来重要文献选编》（上），人民出版社 1986 年版，第 439—440 页。

② 《中共中央关于经济体制改革的决定》，《人民日报》1984 年 10 月 21 日。

以城市为重点的全面经济体制改革提供了根本理论指导。以这次会议为标志，我国经济体制改革的重点从农村转向城市。到1987年党的十三大召开前后，整个经济体制改革取得一系列重大进展。

在坚持公有制经济主体地位的前提下，所有制结构改革进一步加快，形成了以公有制为主体，个体经济、私营经济、外资经济和其他经济为补充，多种经济成分共同发展的局面。1984年10月，针对有人主张取缔“傻子瓜子”作坊，邓小平表示，“让‘傻子瓜子’经营一段，怕什么？伤害了社会主义吗？”[①] 这个表态及一系列相关政策的出台，打消了对个体经济及多种经济成分的顾虑，促进了个体私营经济的迅速发展。经过改革，过去那种与现实生产力水平不完全适应的单一公有制结构发生了很大改变。1987年同改革前的1978年相比，在全国工业总产值中，全民所有制企业产值所占比重由77.6%下降到59.7%；集体经济由22.4%上升到34.6%；个体经济、私营经济、外资经济和其他非公有制经济成分则由几乎为零上升到5.7%；全国城镇个体工商等各行业从业人员由15万人增加到569万人。

围绕增强企业活力这一中心环节，扩大企业自主权相关改革不断推进。1984年5月至1985年9月，国务院相继发布或批转《关于进一步扩大国营工业企业自主权的暂行规定》《关于改进计划体制的若干暂行规定》《关于推进国营企业技术进步若干政策的暂行规定》《关于增强大中型国营工业企业活力若干问题的暂行规定》，就进一步搞活国营企业、发挥企业自主功能提出一系列政策措施。到1987年，全国80%以上的国有大中型企业实行了各种形式的承包经营责任制。还有一些国有企业实行租赁经营或个人租赁承包。在企业内部，进行了以实行厂长负责制为主要内容的改革。到1987年12月，全国已有4.4万个全民所有制工业企业实行厂长负责制。1986年12月，六届全国人大常委会第十八次会议通过了《中华人民共和国企业破产法（试行）》，标志着企业

① 《邓小平文选》（第3卷），人民出版社1993年版，第91页。

改革又前进了一大步。

计划管理体制、财税体制、金融体制、工资制度等的改革力度进一步加大。在计划管理体制上，大幅度缩小指令性计划管理范围。在财政税收管理上，按照扩大地方和企业财权，发挥税收的经济调控功能，提高经济效益的原则，调整了国家和企业的分配关系，改革了预算管理体制和税收制度，增强了企业的活力，调动了地方政府发展经济的积极性。在金融管理体制方面，改变了高度集中、以行政管理办法为主的体制，建立了以中央银行为主体、各种金融机构相结合的新型金融体制。在劳动工资改革方面，打破收入分配上的平均主义、“大锅饭”，实行企业工资总额同经济效益挂钩的试点，实行以职务工资为主要内容的结构工资制等。在股份制改革方面，1984 年 7 月 25 日，北京天桥百货股份有限公司成立，在全国国营商业企业中迈出股份制改革第一步。1985 年 10 月，我国第一家证券公司——深圳特区证券公司正式成立。国家还对劳动制度进行重大改革，从 1986 年 10 月起，全民所有制工业企业招收新工人全部实行合同制。改革流通体制，发展商品市场，改革不合理的价格体系。到 1987 年底，全国建立日用工业品贸易中心 990 多个，农副产品贸易中心 646 个，生产资料中心 320 个，城乡农贸市场和小商品批发市场近 6 万个，初步改变了过去单一固定价格和全部产品由国家定价的办法，形成国家定价、国家指导价、市场调节价相结合的新的价格体系。

农村经济体制改革进一步深化。1985 年 1 月，中共中央、国务院发布《关于进一步活跃农村经济的十项政策》的一号文件，提出了进行农村第二步改革的重大任务。文件规定，取消农副产品统购派购制度，对粮食、棉花等少数重要产品，实行尊重农民自主权的国家计划合同收购的新政策，合同收购以外的产品可以自由出售，或以协议价格卖给国家；其余多数产品，逐步放开，自由交易；国家不再向农民下达指令性生产计划；农业税由过去向农民征收实物为主改为折征代金为主。这就基本上改变了实行 30 多年的统购派购政策，把农村经济纳入有计划的商品经济的轨道，促使传统农业向专业化、商品化、现代化方向发展。1985 年 9 月，党中央明确提出，“发展乡镇企业是振兴我国农村经济的必由之路”，并提出了“积极扶持，合理规划，正确引导，加强管理”的指导乡镇企业发展十六字方针。在党和政府大力支持下，我国乡镇企业迅猛发展。1987 年，全国乡镇企业从业人数 8805 万人，总产值 4764 亿元，占当年农村社会总产值的 50.51%，第一次超过农业总产值。这是农村经济一个历史性的重大变化。

在城乡经济体制改革全面展开的同时，科学技术体制和教育体制的改革也提上日程。1985 年 3 月，中共中央作出《关于科学技术体制改革的决定》，提出要按照经济建设必须依靠科学技术、科学技术工作必须面向经济建设的战略方针，尊重科学技术发展规律，对我国的科学技术体制进行改革。为了推动科学技术与经济的紧密结合，1985 年 5 月 22 日，国家科委向国务院提交《关于抓一批“短平快”科技项目促进地方经济振兴的请示》，提出并着手实施“星火计划”，把先进适用的技术引向农村，引导农民依靠科学技术发展经济，引导乡镇企业的科技进步，促进农村劳动者整体素质的提高。1986 年 3 月，王大珩、王淦昌、杨嘉墀、陈芳允等科学家向中共中央提出关于跟踪研究外国战略性高技术发展的建议。邓小平就此批示：“这个建议十分重要”，“此事宜速作决断，不可拖延”。在深入论证的基础上，同年 11 月，中共中央、国务院正式批准实施《高技术研究发展计划纲要》，提出生物技术、航天技术、信息技术、先进防御技术、自动化技术、能源技术和新材料技术 7 个领域的 15 个主题项目，作为我国发展高科技的重点。这个计划后被称作“863 计划”。与此同时，按照经济建设主战场急需的技术开发与推广、发展高新技术及其产业、加强基础性研究 3 个层次，我国还相继提出并实施国家科技攻关计划、“火炬计划”、“攀登计划”、国家科技成果重点推广计划等一系列科技发展计划，推动形成具有中国特色的新时期科技事业发展格局。1987 年 1 月，国务院发布《关于进一步推进科技体制改革的若干规定》，在进一步放活科研机构、放宽放活科研人员管理政策、促进科技与经济结合方面制定了一系列新的具体措施。

科技的发展离不开教育。1983 年 10 月，邓小平提出“教育要面向现代化，面向世界，面向未来”，这为我国教育事业改革发展指明了方向。1985 年 5 月，中共中央作出《关于教育体制改革的决定》，就促进我国教育事业大发展作出一系列重大决策，明确提出：教育体制改革的根本目的是提高民族素质，多出人才、出好人才；要增加教育事业投资，保证“两个增长”，即在今后一定时期内，中央和地方政府的教育拨款的增长要高于财政经常性收入的增长，并使按在校学生人数平均的教育费用逐步增长；要有步骤地实行九年制义务教育，坚持基础教育由地方负责、分级管理的原则；要调整中等教育结构，大力发展职业技术教育；要改革高等学校的招生计划和毕业生分配制度，改变高等学校全部按国家计划统一招生、毕业生全部由国家包下来分配的做法，实行国家计划招生、用人单位委托招生、在国家计划外招收少数自费生 3 种办法。教育体制改革激发了地方和社会办教育的积极性，九年义务教育得到有计划分步骤实施，各级各类教育都得到发展，适应现代化建设需要的各类人才不断涌现。

党的十二届三中全会以后，党和国家积极推进文化体制改革，并取得初步进展。1985 年 4 月，中共中央办公厅、国务院办公厅批转《关于艺术表演团体的改革意见》，要求精简大中城市专业艺术表演团体，合并或撤销重复设置的院团。经过改革，全国专业艺术表演团体有所减少，专业艺术从业人员素质明显提高，结构更趋合理。效仿农村改革经验，广泛推行承包责任制。1984 年 7 月，《街上流行红裙子》摄制组首先向长春电影制片厂提出承包方案，到 1985 年底，全国大部分电影制片厂实行了承包制。广泛开展各种有偿服务和“以文补文”活动。1987 年 2 月，文化部等部门下发《文化事业单位开展有偿服务和经营活动的暂行办法》，号召文化事业单位“发挥各自的特长和优势，积极开展‘以文补文’的有偿服务和经营活动”。承认文化市场的合法地位，引导规范其健康发展。1987 年 2 月，文化部、公安部、国家工商行政管理局联合发布《关于改进舞会管理问题的通知》，解除对曾引起众多争议的营业性舞会（厅）的禁令。

党的十二大以后，我国对外开放迈出新步伐。1984 年初，邓小平视察深圳、珠海、厦门经济特区和广州、上海，对经济特区给予充分肯定。他明确指出，“我们建立经济特区，实行开放政策，有个指导思想要明确，就是不是收，而是放”；“特区是个窗口，是技术的窗口，管理的窗口，知识的窗口，也是对外政策的窗口”。他明确表示：“除现在的特区之外，可以考虑再开放几个港口城市，如大连、青岛。这些地方不叫特区，但可以实行特区的某些政策。我们还要开发海南岛，如果能把海南岛的经济迅速发展起来，那就是很大的胜利。”① 根据邓小平的意见，1984 年 3 月至 4 月，党中央、国务院召开沿海部分城市座谈会，形成《沿海部分城市座谈会纪要》。党中央、国务院随后批转了该纪要，正式确定开放大连、秦皇岛、天津、烟台、青岛、连云港、南通、上海、宁波、温州、福州、广州、湛江、北海 14 个沿海港口城市。14 个沿海城市的对外开放，把对外开放区域由经济特区 4 个相对集中的“点”进一步向北延伸，形成了由 4 个经济特区和 14 个沿海城市组成的对外开放“线”，这对于促进这些城市本身发展和带动全国经济发展，都具有重要意义。为了加速海南岛的开放发展，1984 年 5 月 31 日，六届全国人大二次会议通过决议，决定成立海南行政区人民政府，扩大海南的自主权限。

沿海地区是我国对外联系的窗口，在全国经济建设中占有举足轻重的地位。1985 年 1 月，长江三角洲、珠江三角洲和闽南厦（门）漳（州）泉（州）三角地区座谈会在北京召开。2 月 18 日，中共中央、国务院批转了由这次会议形成的《长江、珠江三角洲和闽南厦漳泉三角地区座谈会纪要》，同意将长江三角洲、珠江三角洲和闽南厦漳泉三角

① 《邓小平文选》（第 3 卷），人民出版社 1993 年版，第 51—52 页。

地区划为沿海经济开放区。这一重大决策，使我国初步形成了由“经济特区—沿海开放城市—沿海经济开放区—内地”构成的多层次、有重点、点面结合的对外开放新格局，在沿海地区形成了包括2个直辖市、25个省辖市、67个县、约1.5亿人口的对外开放前沿地带。这是一个在中国现代化建设全局中具有重要战略意义的格局，对外开放成为我国经济社会发展的重要推动力。在对外开放区域不断扩大的同时，利用外资、引进先进技术、对外贸易工作也取得重要进展。

（三）推进民主法制建设、党的建设和精神文明建设

1982年12月4日，五届全国人大五次会议审议通过了新修改的《中华人民共和国宪法》。新宪法以1954年宪法为基础，纠正了1978年宪法中存在的缺点，以根本大法的形式规定了我国的根本政治制度和基本政治制度、基本经济制度、国家的根本任务、公民的基本权利和义务、国家机构的设置和职责等重大问题。其中，对国家机构设置有许多新规定：加强人民代表大会制度；恢复设立国家主席、副主席；国家设立中央军事委员会，实行主席负责制等。这些规定，为中国特色社会主义制度体系增添了新内容。

新宪法的施行，推动法制建设加快步伐。六届、七届全国人大期间，共审议通过法律96部，重点体现在两个方面：一是制定适应现代化建设、经济体制改革和对外开放需要的法律；二是制定保障公民权利方面的法律。1986年，“一五”普法活动在全国展开。此后，每隔五年制定一次普法规划，法制宣传教育不断加强和深入。

在发展和完善中国共产党领导的多党合作和政治协商制度方面，党的十二大把“长期共存、互相监督”八字方针发展为“长期共存、互相监督、肝胆相照、荣辱与共”十六字方针。各民主党派在国家政治生活中的作用得到进一步发挥，中国共产党与各民主党派的合作进入一个新的阶段。在完善民族区域自治制度方面，1984年5月，《中华人民共和国民族区域自治法》颁布，同年10月1日起实施，从法律上把民

族区域自治制度确立为中国特色社会主义制度的一项基本政治制度。在推进基层民主建设方面，全国企事业单位普遍建立职工代表大会，城市中的居民委员会进一步健全，农村中的村民委员会逐步建立，中国特色社会主义的基层群众自治制度逐步形成。

为了解决党内存在的突出问题，增强党的凝聚力和战斗力，根据党的十二届二中全会《中共中央关于整党的决定》，1983 年 10 月至 1987 年 5 月，全党分期分批开展了以统一思想、整顿作风、加强纪律、纯洁组织为基本任务的全面整党。经过整党，提高了广大党员特别是党的干部在思想上政治上行动上同党中央保持一致的自觉性，查处了一批党员干部严重违法乱纪的案件，清理了“文化大革命”时期追随林彪、江青反革命集团造反起家、帮派思想严重、打砸抢分子等“三种人”。这次整党，对解决“文化大革命”遗留下来的党内思想、作风、组织不纯和纪律松弛的问题，发挥了重要作用。为了实现干部队伍革命化、年轻化、知识化、专业化，使党的事业能够后继有人，党中央加快了选拔中青年干部的步伐。一大批年富力强、有知识、懂业务、德才兼备的中青年干部脱颖而出，担负重任。1985 年 9 月，党的全国代表会议对中央领导层进行较大规模的调整，中央领导层在年轻化方面前进了一大步，推动了干部新老交替和干部队伍结构改善。

精神文明建设是中国特色社会主义的重要内容。20 世纪 80 年代初，以讲文明、讲礼貌、讲卫生、讲秩序、讲道德，心灵美、语言美、行为美、环境美，热爱祖国、热爱社会主义、热爱中国共产党为主要内容的“五讲四美三热爱”活动广泛开展起来。社会主义精神文明建设对促进党风和社会风气好转起了积极作用，为全国人民投身改革开放和现代化建设提供了强大的精神动力。

为了推动精神文明建设，1986 年 9 月，党的十二届六中全会作出《关于社会主义精神文明建设指导方针的决议》，从我国社会主义现代化建设总体布局的高度，深刻阐述了社会主义精神文明建设的战略地位和重大意义，强调社会主义精神文明是社会主义社会的重要特征，加强社会主义精神文明建设，是关系社会主义兴衰成败的大事；社会主义精神文明建设的根本任务，是适应社会主义现代化建设的需要，培育有理想、有道德、有文化、有纪律的社会主义公民，提高整个中华民族的思想道德素质和科学文化素质。该决议成为指导此后一个时期社会主义精神文明建设的纲领性文件。

在此期间，我们党还对外交、国防战略进行了调整，提出了推动祖国和平统一的“一国两制”构想。党的十一届三中全会后，基于国际形势的发展变化，党中央开始对外交政策进行重大调整，实行两个重大转变。第一个转变是改变战争不可避免而且迫在眉睫的观点，对战争与和平问题作出新的科学判断。1984 年，邓小平明确提出了“和平和发展是当代世界的两大问题”的重要论断，为新时期党和国家制定对外政策提供了重要依据。第二个转变是改变过去联美抗苏的“一条线”战略，党的十二大报告郑重申明中国坚持独立自主的对外政策，以和平共处五项原则为指导发展同各国的关系。1986 年 4 月，六届全国人大四次会议批准的国务院《关于第七个五年计划的报告》，从十个方面阐述了中国独立自主和平外交政策的主要内容和基本原则，对改革开放以来中国外交政策的调整作了归纳和总结。

党和国家对战争与和平的新认识以及外交战略的调整，要求国防和军队建设的指导思想也要随之转变。1985 年 5 月至 6 月召开的中央军委扩大会议，基于对国际国内形势和国家安全环境变化的深刻把握，作出了军队建设指导思想实行战略性转变的重大决策，即要求把国防和军队建设的基点，从长期立足于“早打、大打、打核战争”的临战准备状态真正转到和平时期建设的轨道上来，充分利用大仗打不起来的这段和平时期，在服从国家经济建设大局的前提下，实行精兵政策，有计划、有步骤地进行以现代化为中心的根本建设，减少数量、提高质量，增强军队在现代条件下的作战能力。为了适应这一战略性转变，这次中央军委扩大会议还作出了减少军队员额 100 万的决策，通过《军队体制改革、精简整编方案》。1985 年下半年至 1987 年初，举世瞩目的百万大裁军基本完成。通过调整，大军区数量由原来的 11 个调整为 7 个，总参谋部、总政治部、总后勤部和各大军区机关精简近半，人民解放军在精兵、合成、高效方面前进了一大步。

解决香港、澳门和台湾问题，实现祖国完全统一，是海内外全体中国人的共同心愿。1981 年 9 月 30 日，全国人大常委会委员长叶剑英发表谈话，阐明了台湾回归祖国、实现和平统一的九条方针。1982 年 1 月，邓小平首次提出“一个国家，两种制度”的概念。1982 年 12 月五届全国人大五次会议通过的新宪法第三十一条规定：“国家在必要时得设立特别行政区。在特别行政区内实行的制度按照具体情况由全国人民代表大会以法律规定。”这是“一国两制”构想在宪法规定上的具体落实。1983 年 6 月，邓小平进一步提出了实现台湾和祖国大陆和平统一的六条具体构想，充实了“一国两制”的具体内容。“一国两制”构想首先在解决香港、澳门问题上得到实践。经过多轮谈判，1984 年 12 月 19 日，中国与英国两国政府正式签署《关于香港问题的联合声明》，确认中华人民共和国政府于 1997 年 7 月 1 日对香港恢复行使主权。1987 年 4 月 13 日，中国与葡萄牙两国政府正式签署《中葡联合声明》，宣布中华人民共和国政府将于 1999 年 12 月 20 日对澳门恢复行使主权。中国在不长时间内相继解决香港、澳门问题，港澳回归祖国进程启动，有力证明了“一国两制”的可行性。

四、党的十三大和社会主义初级阶段基本路线的确立

改革开放是披荆斩棘、前无古人的创举。到 1987 年，我国改革开放已历时 9 年。改革开放的不断深化，中国特色社会主义事业的不断推进，迫切需要我们党在深刻分析基本国情、总结实践经验基础上，对什么是社会主义、怎样建设社会主义的根本问题，对“在理论上阐述什么是社会主义”，“讲清楚我们的改革是不是社会主义”的问题，以及我国改革开放和社会主义现代化建设应遵循什么样的基本路线和基本方

针的问题，从理论和实践上进一步作出明确回答。

1987 年 10 月 25 日至 11 月 1 日，党的十三大在北京召开。邓小平主持大会开幕式。赵紫阳作题为《沿着有中国特色的社会主义道路前进》的报告。大会审议通过了报告和《中国共产党章程部分条文修正案》。

大会的突出贡献，是比较系统地阐述了社会主义初级阶段理论，明确概括了党在社会主义初级阶段的基本路线。在大会召开前夕，邓小平指出，整个社会主义历史阶段的中心任务是发展生产力。就我们国家来讲，首先是要摆脱贫穷。贫穷不是社会主义，发展太慢也不是社会主义。他还明确提出："社会主义本身是共产主义的初级阶段，而我们中国又处在社会主义的初级阶段，就是不发达的阶段。一切都要从这个实际出发，根据这个实际来制订规划。"党的十三大进一步强调，正确认识我国社会现在所处的历史阶段，是建设有中国特色的社会主义的首要问题，是我们制定和执行正确路线和政策的根本依据。大会指出，社会主义初级阶段论断包括两层含义：其一是说我国社会已经是社会主义社会，我们必须坚持而不能离开社会主义；其二是说我国的社会主义社会还处在初级阶段，我们必须从这个实际出发，而不能超越这个阶段。大会指出，社会主义初级阶段不是泛指任何国家进入社会主义都会经历的起始阶段，而是特指我国在生产力落后、商品经济不发达条件下建设社会主义必然要经历的特定阶段。我国从 20 世纪 50 年代生产资料私有制的社会主义改造基本完成，到社会主义现代化的基本实现，至少需要上百年时间，都属于社会主义初级阶段。在这个阶段中，我国社会的主要矛盾是人民日益增长的物质文化需要同落后的社会生产之间的矛盾，党和国家的主要任务是发展生产力。大会规定了基于社会主义初级阶段实际、我国必须实行的一系列具有长远意义的指导方针，包括：必须集中力量进行现代化建设；必须坚持全面改革；必须坚持对外开放；必须以公有制为主体，大力发展有计划的商品经济；必须以安定团结为前提，努力建设民主政治；必须以马克思主义为指导，努力建设精神文明；等等。

从社会主义初级阶段这一新的认识出发，大会提出党在社会主义初级阶段的基本路线是：领导和团结全国各族人民，以经济建设为中心，坚持四项基本原则，坚持改革开放，自力更生，艰苦创业，为把我国建设成为富强、民主、文明的社会主义现代化国家而奋斗。概括起来，其主要内容就是“一个中心，两个基本点”，即以经济建设为中心，坚持四项基本原则，坚持改革开放。这是党的十一届三中全会以来党一以贯之坚持的基本路线，是党和国家的生命线、人民的幸福线。

党的十三大的另一个重大贡献，是确定了我国现代化建设“三步走”战略部署。早在20世纪60年代，党就提出了在20世纪内全面实现农业、工业、国防和科学技术的现代化的“四个现代化”战略构想。1979年12月6日，基于对中外经济科技发展差距的深刻认知，邓小平在与日本首相大平正芳谈话时指出：“我们要实现的四个现代化，是中国式的四个现代化。我们的四个现代化的概念，不是像你们那样的现代化的概念，而是‘小康之家’。到本世纪末，中国的四个现代化即使达到了某种目标，我们的国民生产总值人均水平也还是很低的……中国到那时也还是一个小康的状态。”① 党的十二大确定了分两步走到20世纪末人民生活达到小康水平的战略目标。1987年4月，邓小平在会见西班牙工人社会党副总书记、政府副总理格拉时，明确提出“三步走”战略构想，这一构想在党的十三大上得到确认。大会指出：“我国经济建设的战略部署分三步走：第一步，实现国民生产总值比1980年翻一番，解决人民的温饱问题。第二步，到本世纪末，使国民生产总值再增长一倍，人民生活达到小康水平。第三步，到下个世纪中叶，人均国民生产总值达到中等发达国家水平，人民生活比较富裕，基本实现现代化。”②“三步走”发展战略，对中华民族百年图强的宏伟目标作了积极而稳妥的规划，是关于中国经济现代化长远发展目标的总构想，它把党

① 《邓小平文选》（第2卷），人民出版社1994年版，第237页。

② 中共中央文献研究室编《十三大以来重要文献选编》（上），人民出版社1991年版，第16页。

的十二大所规定的经济发展战略部署进一步丰富和具体化了，是中国共产党探索中国特色社会主义建设规律的重大成果，集中反映了中国共产党带领中国人民致力于国家富强、民族复兴、人民幸福的雄心壮志。

大会还对深化经济体制改革和政治体制改革作出全面部署。关于经济体制改革，大会重点阐述了 3 个方面的问题：一是针对改革中的某些疑惑和争议性问题，阐述了经济体制改革的社会主义性质。二是在党的十二届三中全会通过的《中共中央关于经济体制改革的决定》的基础上，进一步阐述了社会主义商品经济理论，强调公有制基础上的有计划的商品经济应是计划与市场内在统一的体制，计划和市场的作用范围都是覆盖全社会的；新的经济运行机制，总体上来说应当是“国家调节市场，市场引导企业”的机制。三是围绕转变企业经营机制这个中心环节，阐述了进一步深化经济改革的主要任务。关于政治体制改革，大会认为，进行政治体制改革，就是要兴利除弊，建设有中国特色的社会主义民主政治。改革的长远目标，是建立高度民主、法制完备、富有效率、充满活力的社会主义政治体制。改革的近期目标，是建立有利于提高效率、增强活力和调动各方面积极性的领导体制。达到了这个近期目标，就能为社会主义民主政治奠定良好的基础，进而逐步实现长远目标。大会还对在改革开放中加强党的建设作了深入论述，提出要以党内民主推动人民民主，走出一条不搞政治运动而靠改革和制度建设来加强党的建设的新路子。

党的十三大高度评价党的十一届三中全会以来我们党领导开辟的有中国特色的社会主义道路的重大意义，强调马克思主义与我国实践的结合，有两次历史性飞跃。第一次飞跃，发生在新民主主义革命时期；第二次飞跃，发生在党的十一届三中全会以后，中国共产党人在总结新中国成立 30 多年来正反两方面经验的基础上，在研究国际经验和世界形势的基础上，“开始找到一条建设有中国特色的社会主义的道路，开辟了社会主义建设的新阶段”。大会把党的十一届三中全会以来，我们党在对社会主义再认识的过程中，在哲学、政治经济学和科学社会主义等方面发挥和发展了的一系列科学理论观点，从 12 个方面作出概括，强调“这些观点，构成了建设有中国特色的社会主义理论的轮廓”①，初步回答了我国社会主义建设的阶段、任务、动力、条件、布局和国际环境等基本问题，规划了我们前进的科学轨道。

党的十三大以后，我国改革开放和社会主义现代化建设继续推进。1988 年 2 月，国务院颁布《全民所有制工业企业承包经营责任制暂行条例》。4 月，七届全国人大一次会议通过《中华人民共和国全民所有制工业企业法》，对企业所有权和经营权“两权分离”的改革原则，作了更为明确的规定。会议通过的宪法修正案规定：“国家允许私营经济在法律规定的范围内存在和发展。私营经济是社会主义公有制经济的补充。”私营经济的法律地位得到确认。会议还正式批准设立海南省和建立海南经济特区，体现了党中央加快改革开放的魄力和决心。从此，海南这个祖国的美丽海岛获得了前所未有的发展机遇，进入了深化改革、扩大开放的历史新阶段。

在全面改革的推动下，我国经济加速发展。但是，在经济运行中也暴露出一系列不稳定、不协调的问题，主要是社会总需求远远超过社会总供给、工农业比例以及基础工业与加工工业的比例关系严重失调、经济发展中的高消耗低产出问题严重等，成为进一步深化改革的障碍。对于逐渐暴露出来的矛盾和问题，党和政府力图探索新路子加以解决，但未能达到预期效果。1988 年夏季准备进行“价格闯关”，8 月举行的中央政治局会议通过《关于价格、工资改革的初步方案》，准备用五年左右的时间解决价格问题尽管方案没有正式实施，但消息传开后，引发了人们的高通胀预期和恐慌心理，触发了全国性的挤提储蓄存款和抢购商品的风潮。面对严峻局面，1988 年 9 月下旬，党的十三届三中全会提出治理经济环境、整顿经济秩序、全面深化改革的方针。此后，我国改革开放和现代化建设进入了治理整顿阶段。治理整顿是在坚持改革开放

① 中共中央文献研究室编《十三大以来重要文献选编》（上），中央文献出版社 1991 年版，第 56 页。

的前提下，对国民经济的又一次大调整。经过一年左右的治理整顿，过旺的社会需求得到相当程度的控制，但国民经济发展的难关尚未渡过。就在治理整顿有待进一步深入，党和政府对治理整顿的措施和重点准备拟作进一步调整的时候，1989 年春夏之交国内发生了一场严重政治风波，国际上从 1989 年下半年起，东欧、苏联局势急剧动荡，最终发生东欧剧变、苏联解体，给我国改革开放和社会主义现代化建设事业带来严重冲击，党和国家面临严峻考验。

第十一章

把中国特色社会主义全面推向 21 世纪

由于国际国内多种因素作用，1989 年上半年北京等地发生了一场严重政治风波。政治风波平息后，由党的十三届四中全会产生的新的中央领导集体团结带领全党全国各族人民，坚持党的基本理论、基本路线，在国内外形势十分复杂、世界社会主义出现严重曲折的严峻考验面前，捍卫了中国特色社会主义，确立了社会主义市场经济体制的改革目标和基本框架，确立了社会主义初级阶段的基本经济制度和分配制度，开创全面改革开放新局面，加深了对什么是社会主义、怎样建设社会主义和建设什么样的党、怎样建设党的认识，积累了治党治国新的宝贵经验，推进党的建设新的伟大工程，形成了“三个代表”重要思想，成功把中国特色社会主义推向 21 世纪。

一、经受政治风波考验，完成治理整顿任务

1988 年末至 1989 年初，在一些大城市特别是在北京，极少数人利用党和政府工作中的失误和人民群众对物价上涨的焦虑，以及对一些党员干部中存在腐败现象的不满情绪，进行煽动反对共产党的领导、反对社会主义制度的活动。1989 年 4 月胡耀邦逝世后，极少数人借机散布谣言，利用大小字报和标语指名攻击党和国家主要领导人、攻击党的领

导和社会主义制度、蛊惑群众非法示威游行，最终酿成一场严重的政治风波。在关系党和国家生死存亡的关键时刻，中央政治局在邓小平和其他老一辈革命家坚决有力的支持下，依靠人民，于6月4日采取果断措施，一举平息了北京地区的反革命暴乱。北京和其他大中城市很快恢复了正常秩序。这场斗争的胜利，捍卫了我国社会主义国家政权和10年改革开放成果，维护了人民根本利益。

这场政治风波是国际大气候和国内小气候共同作用的结果。这场风波也给全党留下了值得认真思考的教训，促使全党更加冷静地思考过去、现实和未来。1989年6月，邓小平在反思这场风波的经验教训时，明确指出：不能因为这次事件的发生，就说我们的战略目标错了；党的十三大概括的“一个中心、两个基本点”没有错；四个坚持本身没有错，如果说有错误的话，就是坚持四项基本原则还不够一贯。改革开放这个基本点也没有错，如果说不够，就是改革开放得还不够。对于中国今后的发展，邓小平坚定地指出，我们原来制定的基本路线、方针、政策，照样干下去，坚定不移地干下去。邓小平的讲话，为进一步推进改革开放、坚持和发展中国特色社会主义指明了正确方向。

政治风波的发生，使我国的改革开放和正常的生产生活秩序受到严重干扰，同时也暴露了党中央领导层中存在的问题。1989年6月23日至24日，党的十三届四中全会在北京举行。全会分析了国内发生政治风波的性质和原因，明确了当前和今后一个时期党的方针任务，对中央领导机构成员进行了调整，增选江泽民、宋平、李瑞环为中央政治局常委；选举江泽民为中央委员会总书记。全会强调，要继续坚决执行党的十一届三中全会以来的路线、方针、政策，继续坚决执行党的十三大确定的“一个中心、两个基本点”的基本路线。四项基本原则是立国之本，必须毫不动摇、始终一贯地加以坚持；改革开放是强国之路，必须坚定不移、一如既往地贯彻执行，绝不回到闭关锁国的老路上去。党的十三届四中全会前后，邓小平多次郑重提出：现在要真正建立一个新的第三代领导。第三代的领导集体必须有一个核心，要有意识地维护这个核心，就是江泽民同志。他强调，中国问题的关键在于共产党要有一个好的政治局，特别是好的政治局常委会。只要这个环节不发生问题，就稳如泰山。

全会以后，新的中央领导集体坚决地、全面地贯彻党的基本路线，一手抓治理整顿、深化改革，一手抓党的建设和思想政治工作，认真克服“一手硬，一手软”的现象，推动全国政治局面迅速趋向稳定，经济形势逐步好转，思想战线出现新的转机。

加强党的建设，进一步治理整顿和推进改革。在党的十三届四中全会召开前，邓小平在与江泽民等谈话时就指出，这次政治风波的发生说明，“是否坚持社会主义道路和党的领导是个要害”，他要求“常委会的同志要聚精会神地抓党的建设，这个党该抓了，不抓不行了”[①]。党的十三届四中全会后，党中央下大力气聚精会神抓党的建设。

1989年8月，中央政治局发出《关于加强党的建设的通知》。根据通知精神，1989年秋冬和1990年春，各级党组织对在政治风波中的重点人和重点事认真进行清查、清理，以保证党的队伍的纯洁性。其后又在全党进行了做合格共产党员的教育，以及党员重新登记工作。同时严格党员标准，培养吸收企业、农业生产一线的优秀分子入党。中央提出，为了帮助县处级以上党政干部在复杂环境中明辨是非，把握正确方向，要着重对他们进行马列主义、毛泽东思想基本理论的教育，并使之经常化、制度化；要求凡今后进入领导班子的成员，都要经过相应的党校学习，其他领导成员也要定期到党校接受轮训。

加强党的建设必须弘扬党的优良传统作风，密切党群关系。1989年7月，中央政治局全体会议讨论并通过《关于近期做几件群众关心的事的决定》，要求从党中央和国务院的领导同志做起，在惩治腐败和带头廉洁奉公、艰苦奋斗方面先做七件事，即进一步清理整顿公司；坚决制止高干子女经商；取消对领导同志少量食品的“特供”；严格按规定配车，禁止进口小轿车；严格禁止请客送礼；严格控制领导干部出国；

① 《邓小平文选》（第3卷），人民出版社1993年版，第311—314页。

严肃认真地查处贪污、受贿、投机倒把等犯罪案件，特别是抓紧查处大案要案。1990 年 3 月，党的十三届六中全会通过《关于加强党同人民群众联系的决定》。11 月，中共中央批转中央纪律检查委员会《关于加强党风和廉政建设的意见》，要求各级党委和政府，一定要从党和国家的生死存亡、改革开放的兴衰成败的高度，充分认识党风和廉政建设的重要性和紧迫性，重点解决坚决纠正行业不正之风和认真清理党政干部违纪违法建私房和用公款超标准装修住房两个问题。以上这些举措的实施，取得了良好的社会效果。

为了解决党的领导受到削弱的问题，1989 年 12 月 21 日，中共中央发出《关于加强和改善党对工会、共青团、妇联工作领导的通知》；12 月 30 日，中共中央又发布《关于坚持和完善中国共产党领导的多党合作和政治协商制度的意见》，强调中国共产党领导的多党合作和政治协商制度是我国的一项基本政治制度，重申“长期共存、互相监督、肝胆相照、荣辱与共”是中国共产党同各民主党派合作的基本方针；1990 年 7 月，中共中央发出《关于加强统一战线工作的通知》，强调任何国家政权机关和社会政治组织都不能背离中国共产党的领导，同时必须继续改善党和国家领导制度，不断推进社会主义民主政治建设。在这个过程中，党中央反复强调，必须坚持中国共产党的领导和社会主义基本政治制度，中国的国家性质和基本制度决不能动摇，任何国家政权机关和社会政治组织都不能背离中国共产党的领导，这是我国社会稳定和经济发展的根本保证。党中央在领导体制上进一步调整党同国家政权机关和其他社会政治组织的关系，陆续恢复国家机关、经济组织和文化组织中被撤销的党组，加强企业、农村、高校党的建设，发挥基层党组织的政治核心和战斗堡垒作用。

在大力加强党的建设和党的领导的同时，思想宣传工作、新闻舆论工作、知识分子工作、对青年学生的思想政治工作也得到了切实加强。1989 年 11 月，江泽民在中宣部举办的新闻工作研讨班上发表讲话，阐明了社会主义新闻工作的基本方针，要求报纸、广播、电视做党、政府和人民的喉舌，坚持新闻工作的党性原则，坚持正面宣传为主，发挥舆论的正确导向作用，反对绝对的新闻自由。1990年至1991年，在广大党员干部中开展了马克思主义党建学说和中共党史的学习教育，在广大人民群众中开展了社会主义思想教育。中国近现代史及国情教育也越来越受到各方面重视。思想教育制度和工作方法得到恢复和改进。经过一段时期的努力，一段时间严重存在的“一手硬，一手软”的状况有了明显扭转，为深化改革发展创造了必要的条件。

在经历了政治风波后，保证经济“不滑坡”并保持较高发展速度，是体现党的建设和党的领导成效、维护政治和社会稳定的重要检验尺度和基础。这方面最重要的工作，是把受到政治风波冲击和干扰的治理整顿工作进一步做好。1989年11月，党的十三届五中全会在深入分析经济形势的基础上，审议并通过《关于进一步治理整顿和深化改革的决定》，正式决定把原定的两年改为“用三年或者更长一些时间基本完成治理整顿任务”。这个阶段的治理整顿大体分两步进行。第一步是在调整结构的同时，以启动市场、争取经济适度发展为治理整顿侧重点；第二步是从1990年第四季度起，将治理整顿、深化改革的重点逐步转到调整产业结构、提高经济效益上来，以逐步解决我国经济发展中的深层次矛盾和问题。经过努力，到1991年底，历时3年的治理整顿取得显著成效，基本实现了预期目标。

在集中力量进行治理整顿期间，改革开放的步伐并没有停顿，在某些重要领域还取得了显著进展。在经济改革方面，农业在进一步巩固和完善家庭联产承包责任制的基础上，发展了农业社会化服务体系和农产品市场，建立粮食专项储备制度。工业在继续完善企业承包经营责任制的同时，采取了一系列改善外部环境、转换内部机制、增强国营大中型企业活力的改革措施。股份制、租赁制改革试点进一步扩大。1990年12月19日、1991年7月3日，上海证券交易所和深圳证券交易所相继开业运营，既推动了股份制改革的发展，也表明了我国坚定不移推进改革开放的决心和意志。此外，以逐步实现外贸企业自主经营、自负盈亏为主要内容的外贸体制改革，以调整煤炭、电力、原油、运输、钢铁等重要商品和劳务价格以及粮食、食油统销价格为主要内容的价格改革，也迈出了重大步伐。在此期间，我国以公有制经济为主体的多种经济成分继续发展，非公有制经济在国民经济中所占的比重继续有所上升。在对外开放方面，为了向世界进一步展示中国坚持改革开放的决心和行动，1990 年 4 月，党中央、国务院批准开发开放浦东，在浦东实行经济技术开发区和经济特区的某些政策。6 月，中国第一保税区——上海外高桥保税区经国务院批准成立。上海浦东的开发开放，是 20 世纪 90 年代初党中央深化改革、扩大开放的重大标志性举措，不但有力促进了上海振兴崛起，而且对带动整个长江流域乃至全国改革发展都具有重大的辐射作用和深远意义。

在治理整顿和深化改革的推动下，到 1990 年底，我国胜利实现了“七五”计划指标。1990 年 12 月，党中央召开十三届七中全会，审议并通过了《中共中央关于制定国民经济和社会发展十年规划和“八五”计划的建议》。提出从 1991 年到 2000 年的十年，是我国社会主义现代化建设历史进程中非常关键的时期，我们要抓住历史机遇，迎接挑战，努力实现现代化建设的第二步战略目标，把国民经济的整体素质提高到一个新水平，使我国以更加昂扬的姿态跨入 21 世纪。全会在总结历史和现实经验教训的基础上，确定了制定与实施十年规划和“八五”计划的基本指导方针。全会还对党的十一届三中全会以来，全党对于建设有中国特色的社会主义的基本理论和基本实践所形成的共同认识进行了科学总结，提出 12 条主要原则，标志着党对中国特色社会主义发展规律认识的深化。在党的十三届七中全会闭幕会上，江泽民发表讲话，宣布：“尽管国际风云变幻，尽管我们在前进的道路上遇到这样那样的困难，但是我们党、国家和人民经受住了考验，我们胜利地走过来了。”①

① 中共中央文献研究室编《十三大以来重要文献选编》（中），人民出版社 1991 年版，第 1428 页。

二、国际风云变幻，打破西方“制裁”

1989年中国平息国内政治风波后，以美国为首的西方国家借口维护“人权”“自由”“民主”，纷纷宣布对中国实行“制裁”。1989年6月5日，即政治风波平息后第二天，美国政府宣布5项对华制裁措施，包括中止与中国领导人的高层互访；停止向中国出售武器及相关的高科技产品；禁用中国火箭发射美国卫星；中止中美核能合作；推迟国际金融机构向中国提供新的贷款等。这期间，美国国会先后通过了20多项干涉中国内政的议案。澳大利亚、丹麦、法国、英国、联邦德国、日本、意大利、加拿大等西方国家也追随美国对中国采取中止高层接触、延缓世界银行贷款、武器禁售等“制裁”措施。英国还单方面推迟了关于香港问题的中英谈判。

在西方国家对华“制裁”的同时，国际局势接连发生重大变化。1989年2月，波兰召开由各党派参加的“圆桌会议”，决定于当年6月举行议会大选，结果“团结工会”在选举中大胜，波兰统一工人党失去执政地位，由此拉开了东欧剧变的序幕。在东德、匈牙利、捷克斯洛伐克、保加利亚、罗马尼亚、南斯拉夫等国长期执政的共产党先后失去执政地位。1989年11月，被视为“冷战”象征的“柏林墙”被推倒。1991年“8·19”事件后，苏联形势急转直下，开始了苏联党和国家全面崩溃的剧变过程。1991年12月25日，戈尔巴乔夫辞去总统职务，苏联解体。东欧剧变、苏联解体，其速度之快、程度之激烈，出乎人们的预料，极大改变了世界政治版图，世界社会主义运动遭受严重挫折。苏东剧变后，西方国家和国际上反共反社会主义势力欢欣鼓舞，叫喊“马克思主义过时了”，“社会主义失败了”，预言中国也将很快重蹈苏东覆辙，发生“和平演变”，崩溃瓦解。

在西方各种施压面前，中国的立场是坚定的。1989年6月16日，邓小平在与江泽民等谈话时指出：“整个帝国主义西方世界企图使社会主义各国都放弃社会主义道路，最终纳入国际垄断资本的统治，纳入资本主义的轨道。现在我们要顶住这股逆流，旗帜要鲜明。”“现在国际舆论压我们，我们泰然处之，不受他们挑动。”① 7月2日，在会见美国总统特使布伦特·斯考克罗夫特时，邓小平进一步指出：“中国的内政决不允许任何人加以干涉，不管后果如何，中国都不会让步。中国内政要由中国来管，什么灾难到来，中国都可以承受，决不会让步。”② 9月4日，在同中央负责同志谈话时，他又指出：“要维护我们独立自主、不信邪、不怕鬼的形象。我们绝不能示弱。你越怕，越示弱，人家劲头就越大。”“中国肯定要沿着自己选择的社会主义道路走到底。谁也压不垮我们。只要中国不垮，世界上就有五分之一的人口在坚持社会主义。我们对社会主义的前途充满信心。”邓小平指出，“对于国际局势，概括起来就是三句话：第一句话，冷静观察；第二句话，稳住阵脚；第三句话，沉着应付。不要急，也急不得。要冷静、冷静、再冷静，埋头实干，做好一件事，我们自己的事”③。

对于苏联和东欧局势的变化，邓小平提出：现在旧的格局在改变中，新的格局还没有形成，我们对外政策还是两条，第一条是反对霸权主义、强权政治，维护世界和平；第二条是建立国际政治新秩序和经济新秩序。“具体的做法，还是要坚持同所有国家都来往，对苏联对美国都要加强来往。不管苏联怎么变化，我们都要同它在和平共处五项原则的基础上从容地发展关系，包括政治关系，不搞意识形态的争论。”④ 1990年12月24日，邓小平在与江泽民、杨尚昆、李鹏谈话时，针对苏东剧变后，第三世界有一些国家希望中国当头的主张，他明确指出：“我们千万不要当头，这是一个根本国策。这个头我们当不起，自己力量也不够。当了绝无好处，许多主动都失掉了。中国永远站在第三世界

---

① 《邓小平文选》（第3卷），人民出版社1993年版，第311—312页。

② 中共中央文献研究室编《邓小平年谱（1975—1997）》（下），中央文献出版社2004年版，第1284页。

③ 《邓小平文选》（第3卷），人民出版社1993年版，第320—321页。

④ 《邓小平文选》（第3卷），人民出版社1993年版，第353页。

一边，中国永远不称霸，中国也永远不当头。”①

党中央按照邓小平提出的战略策略方针，处变不惊、顶住压力、保持定力，成功打破西方“制裁”，妥善应对了苏东剧变，坚持和维护了改革开放大局，捍卫了中国特色社会主义伟大事业。

1989年9月，江泽民在庆祝中华人民共和国成立40周年大会上坚定地表示：“企图排斥、孤立中国是很不明智的，也是根本不可能的。任何经济制裁，都丝毫不能动摇我们振兴中华、坚持社会主义道路的决心，丝毫不能动摇我们同世界各国人民友好相处的信念。”②

经过一段时期的冷静观察和思考，党中央在1991年夏季提出了对国际形势的基本看法。这就是：当今世界正处在大变动的历史时期。两极格局已经终结，各种力量重新分化组合，世界正朝着多极化的方向发展。新格局的形成将是长期的、复杂的过程。尽管目前国际形势动荡不安，但和平与发展仍然是当今世界两大主题。根据这一基本判断，党中央明确提出，我们要一如既往地继续执行改革开放以来独立自主的和平外交政策，并确定了20世纪90年代初期我国外交工作的两个重点：一是开展睦邻外交，稳定和积极发展同周边国家的关系，加强同第三世界国家的团结与合作；二是积极主动，努力打破西方“制裁”，恢复和稳定同西方发达国家的关系。

在国内局势基本趋于平静之后，从1989年下半年开始，党和国家领导人走出国门，以周边国家和发展中国家为中心，积极开展各个层面的外交活动。1989年11月，国务院总理李鹏应邀对巴基斯坦、孟加拉国和尼泊尔3国进行正式友好访问，这是平息国内政治风波后中国领导人的首次出访。1990年3月，应朝鲜劳动党中央总书记金日成的邀请，江泽民总书记对朝鲜进行友好访问；5月，国家主席杨尚昆分别对墨西哥、巴西、乌拉圭、阿根廷和智利进行国事访问，这是中国国家元首第

① 《邓小平文选》（第3卷），人民出版社1993年版，第363页。

② 江泽民：《在庆祝中华人民共和国成立四十周年大会上的讲话》，《人民日报》1989年9月30日。

一次访问拉丁美洲国家。与此同时，为了声援中国，埃及、坦桑尼亚、阿根廷、印度尼西亚、蒙古、朝鲜、越南等几十个发展中国家的元首和政府首脑相继到中国访问。“在那段艰难的日子里，他们坚定地站在中国一边”，给了中国政府以道义上的有力支持，“大大缓解了中国外交所面临的困难局面，壮大了中国打破西方制裁的声势”[①]。中国不仅发展和加强了同周边国家和发展中国家的关系，而且取得了外交工作的新突破。1990 年至 1992 年，中国同印度尼西亚恢复外交关系，中越关系实现正常化，中印关系有了很大改善，中国还同沙特阿拉伯、新加坡、以色列、韩国建立外交关系，顺利实现了中苏关系向中俄关系的过渡，并同苏联解体后新独立的国家和东欧国家建立或发展了正常关系。到 1992 年 8 月底，中国同 154 个国家建交，同 200 多个国家和地区发展了贸易、科技、文化交流与合作。

以美国为首的西方国家曾以为，只要采取了“制裁”措施，就可以孤立中国，迫使中国政府放弃原则，向强权屈服。但一段时间过后，中国不但没有屈服，反而国内政局迅速恢复稳定，经济继续发展，对外交往不断扩大，在国际事务中发挥积极作用，这一切大大出乎西方国家的预料。中国作为联合国安理会常任理事国和最大的发展中国家，在解决海湾危机、推动柬埔寨问题政治解决等重大国际问题上，更是占据着举足轻重的地位。事实表明，中国难以被“完全”孤立，“制裁”中国不仅损害了中国利益，对“制裁”实施者本身也毫无益处。也正因为如此，从宣布“制裁”中国开始，西方各国出于自身利益考虑，在政策和做法上就表现得并不一致，有的国家领导人公开表示不赞成孤立中国，并且强调同中国保持正常关系的重要性。

中国领导人审时度势，有理有利有节地进行反“制裁”斗争。把推动日本加速改善对华关系作为第一步，采取政治和经济结合、官方和民间结合的方针，推动日本于 1990 年 7 月率先取消对华“制裁”。随

---

① 钱其琛：《外交十记》，世界知识出版社 2003 年版，第 198 页。

后，德国、英国、澳大利亚等其他一些西方国家和国际组织也先后取消对华“制裁”，恢复同中国在政治、经济和文化领域的接触交流。到1991年底，中国同大多数西方国家的关系回到正常轨道。

在此基础上，改善与美国的关系，成为我国外交工作的重点。美国带头“制裁”中国，使两国关系陷于严重困难，但美国也逐渐意识到孤立中国非但不可能，也于自身利益不利。1989年7月和12月，美国总统布什两次派总统国家安全事务助理斯考克罗夫特作为特使来华沟通。在中美关系最困难的这一阶段，中国领导人表现出在政治上、战略上的远见卓识。1989年12月，邓小平告诉再次访华的美国总统特使斯考克罗夫特：“中美两国之间尽管有些纠葛，有这样那样的问题和分歧，但归根到底中美关系是要好起来才行。这是世界和平和稳定的需要。”[①] 在这之前，1989年10月31日在与美国前总统尼克松、11月10日在与美国前国务卿基辛格的谈话中，邓小平都表示，打破中美“僵局”，美国要“采取主动，也只能由美国采取主动。”“要中国来乞求，办不到。哪怕拖一百年，中国人也不会乞求取消制裁。如果中国不尊重自己，中国就站不住，国格没有了，关系太大了。中国任何一个领导人在这个问题上犯了错误都会垮台的，中国人民不会原谅的。”[②] 但在苏东剧变后，美国政府一度错估形势，中断了改善中美关系的努力。直到1990年8月伊拉克入侵科威特引发海湾危机后，为求得中国支持，美国不得不重新考虑改善对华关系。1990年11月，中国外长应邀访问美国；1991年11月，美国国务卿访问中国。美国对华“制裁”措施在这时虽然没有完全解除，但在高层互访以及部分经济领域已有所突破。1993年11月，应美国总统克林顿邀请，中国国家主席江泽民出席在美国西雅图举行的亚太经合组织第一次领导人非正式会议。其间，两国最高领导人举行正式会晤。这标志着中美建交以来两国关系最艰难时期的结束。

---

① 《邓小平文选》（第3卷），人民出版社1993年版，第350页。
② 《邓小平文选》（第3卷），人民出版社1993年版，第332页。

面对苏东剧变、西方“制裁”，世界社会主义运动陷入低潮的严峻考验，党和政府沉着冷静，处变不惊，最终有效应对了外部挑战，这再次有力证明了中国共产党不畏强权、敢于斗争，坚持改革开放、坚定不移走中国特色社会主义道路的强大决心、定力、意志。

三、邓小平南方谈话、党的十四大和改革开放新阶段

20 世纪 90 年代初的中国和世界，经历着深刻变动。从世界范围看，伴随东欧剧变、苏联解体，冷战结束，世界政治经济形势出现了重大转折，进入大分化、大调整、大改组时期。冷战的结束，使得以经济、科技为主的综合国力较量日益成为国际竞争的主要内容，经济代替军事成为世界各国联系和关注的重点；冷战结束还打破了东西方交往的障碍，进一步加速了世界经济一体化进程，巨额国际资本在全球范围内的大规模流动，高新科技产业的迅猛发展，为各国开放发展提供了难得的机遇，中国周边的一些国家发展势头强劲。从中国情况看，改革开放和现代化建设处于不进则退的关键时期。经过治理整顿，我国经济暂时走出了低谷，但经济运行中的深层次矛盾和问题尚未得到根本解决。党和政府果断平息了政治风波，成功抵制了苏东剧变压力，国内政局进一步稳定。但政治风波、苏东剧变的发生也使一部分干部和群众的思想产生了困惑，有的人对社会主义前途缺乏信心，有的人对党的基本路线产生动摇，有的人否定市场化的改革取向，对改革开放提出姓“社”还是姓“资”的疑问，一股“左”的思潮泛起，对改革发展造成严重干扰。这样，能不能在日趋激烈的国际竞争和稍纵即逝的发展机遇面前，毫不动摇地坚持党的基本路线，冲破“左”的障碍，抓住机遇，加快发展，把改革开放和社会主义现代化建设继续推向前进，就成为进入 20 世纪 90 年代后党必须着力解决的重大问题。

在这个重大历史关头，1992 年 1 月 18 日至 2 月 21 日，88 岁高龄的邓小平先后来到武昌、深圳、珠海、上海等地视察。他一路走，一路

看，一路思考，发表了一系列重要谈话。谈话科学总结了党的十一届三中全会以来党的基本实践和基本经验，以一系列振聋发聩的新观点、新论断，从理论上深刻回答了长期困扰和束缚人们思想的许多重大问题。对于如何认识和推进改革开放，邓小平指出，革命是解放生产力，改革也是解放生产力。改革开放胆子要大一些，敢于试验。看准了的，就大胆地试，大胆地闯。改革开放迈不开步子，不敢闯，说来说去就是怕资本主义的东西多了，走了资本主义道路。要害是姓“资”还是姓“社”的问题。判断的标准，应该主要看是否有利于发展社会主义社会的生产力，是否有利于增强社会主义国家的综合国力，是否有利于提高人民的生活水平。针对一些人对改革开放的非议和责难，邓小平强调，右可以葬送社会主义，“左”也可以葬送社会主义。中国要警惕右，但主要是防止“左”。在整个改革开放过程中，必须始终注意坚持四项基本原则。关于计划与市场的关系，邓小平说，计划多一点还是市场多一点，不是社会主义与资本主义的本质区别。计划经济不等于社会主义，资本主义也有计划；市场经济不等于资本主义，社会主义也有市场。计划和市场都是经济手段。关于如何认识社会主义，邓小平鲜明地提出，社会主义的本质是解放生产力，发展生产力，消灭剥削，消除两极分化，最终达到共同富裕。我们搞社会主义才几十年，还处在初级阶段。巩固和发展社会主义制度，还需要一个很长的历史阶段，需要几代人、十几代人，甚至几十代人坚持不懈地努力奋斗，决不能掉以轻心。关于抓住时机，加快发展的问题，邓小平指出，周边一些国家和地区经济发展比我们快，如果我们不发展或发展得太慢，老百姓一比较就有问题了。抓住时机，发展自己，关键是发展经济。发展才是硬道理。坚持党的十一届三中全会以来的路线、方针、政策，关键是坚持“一个中心、两个基本点”。不坚持社会主义，不改革开放，不发展经济，不改善人民生活，只能是死路一条。基本路线要管一百年，动摇不得。科学技术是第一生产力。要提倡科学，靠科学才有希望。高科技领域，中国也要在世界占有一席之地。社会主义要赢得与资本主义相比较的优势，就必须大胆吸收和借鉴人类社会创造的一切文明成果，吸收和借鉴当今世界各国包括资本主义发达国家的一切反映现代社会化生产规律的先进经营方式、管理方法。面对世界社会主义出现的低潮，邓小平满怀信心地指出：我坚信，世界上赞成马克思主义的人会多起来的，因为马克思主义是科学。社会主义经历一个长过程发展后必然代替资本主义，这是社会历史发展不可逆转的总趋势。一些国家出现严重曲折，社会主义好像被削弱了，但人民经受锻炼，从中吸取教训，将促进社会主义向着更加健康的方向发展。

"东方风来满眼春"。邓小平南方谈话阐发的一系列全新的思想，犹如一股强劲的东风，驱散了前进道路上的迷雾，促进了全党全国人民的又一次思想大解放，为我国掀起新一轮改革开放高潮注入了强大动力，为建设有中国特色的社会主义指明了继续前进的方向，成为把改革开放和社会主义现代化建设推向新阶段的又一个解放思想、实事求是的宣言书，不仅对即将召开的党的十四大具有十分重要的指导作用，而且对中国整个社会主义现代化建设事业具有重大而深远的意义。

邓小平南方谈话之后，中国的改革开放如何迈出新的步伐，国内外、党内外十分关注。1992 年 2 月 28 日，党中央将整理后的南方谈话要点作为中央文件下发，要求尽快逐级传达到全体党员干部。3 月 9 日至 10 日，江泽民主持召开中央政治局全体会议，讨论我国改革发展若干重大问题。会议完全赞同邓小平的南方谈话，认为谈话不仅对当前的改革和建设、对开好党的十四大具有十分重要的指导作用，而且对整个社会主义现代化建设事业具有重大而深远的意义。6 月 24 日至 27 日，国务院召开长江三角洲及长江沿江地区经济规划座谈会，要求认真贯彻落实邓小平南方谈话和党中央关于"以上海浦东开发为龙头，进一步开放长江沿岸城市"的决策，充分认识开发开放长江三角洲及沿江地区的战略意义，坚持抓住重点，统筹兼顾，搞好联合，发挥整体优势。与此同时，党中央、国务院关于加快改革和扩大开放的一系列实际措施也陆续出台。

为了进一步用邓小平南方谈话精神统一全党思想，迎接党的十四大召开，1992年6月9日，江泽民来到中共中央党校，在省部级干部进修班上作了题为《深刻领会和全面落实邓小平同志的重要谈话精神，把经济建设和改革开放搞得更快更好》的讲话。这个讲话进一步统一了全党思想，为党的十四大的召开作了重要准备。

1992年10月12日至18日，党的十四大在北京举行。江泽民向大会作了题为《加快改革开放和现代化建设步伐，夺取有中国特色社会主义事业的更大胜利》的报告，报告集中全党智慧，系统总结了改革开放14年的基本实践，深入阐述了邓小平同志建设有中国特色社会主义理论的主要内容和重大意义，明确了我国经济体制改革的目标，提出了20世纪90年代加快改革发展的主要任务，在分析国际形势的基础上确定了党和国家的对外政策，并对新形势下加强党的建设和改善党的领导作出了全面部署。

党的十四大顺应历史要求和人民愿望，作出了3项具有深远意义的重大决策。一是提出抓住机遇，加快发展，集中精力把经济建设搞上去。大会指出，现在国内条件具备，国际环境有利，既有挑战，更有机遇，是加快发展的好时机。大会对我国20世纪90年代的经济发展速度作出调整，把原定的国民生产总值平均每年增长6%调整为8%至9%；提出到20世纪末，我国国民经济整体素质和综合国力将迈上一个新台阶，国民生产总值将超过原定比1980年翻两番的要求，人民生活由温饱进入小康。二是确定我国经济体制改革的目标是建立社会主义市场经济体制。大会指出，我国经济体制改革确定什么样的目标模式，是关系整个社会主义现代化建设全局的一个重大问题。实践的发展和认识的深化，要求党明确提出我国经济体制改革的目标是建立社会主义市场经济体制，以利于进一步解放和发展生产力。我国要建立的社会主义市场经济体制是同社会主义基本制度结合在一起的，目的就是要使市场在社会主义国家宏观调控下对资源配置起基础性作用，使经济活动遵循价值规律的要求，适应供求关系的变化。三是提出用邓小平同志建设有中国特色社会主义的理论武装全党的任务。大会报告从发展道路、发展阶段、根本任务、发展动力、外部条件、政治保证、战略步骤、领导力量和依靠力量、祖国统一等九个方面，对建设有中国特色社会主义理论的主要内容作了概括，指出这个理论第一次比较系统地初步回答了在中国这样的经济文化比较落后的国家如何建设社会主义、如何巩固和发展社会主义的一系列基本问题，用新的思想、观点继承和发展了马克思主义。

以邓小平南方谈话和党的十四大为标志，中国改革开放和社会主义现代化建设进入了加速发展的新阶段。全党全国人民投身改革开放的热情和积极性、主动性空前高涨，世界的目光也聚焦中国，来华投资热再度兴起，中国经济社会进入了持续快速发展的通道。

把社会主义基本制度与市场经济结合起来，建立社会主义市场经济体制，是中国共产党的一个伟大创举，是中国共产党人对马克思主义的重大发展，也是社会主义发展史上的重大突破。必须指出，在“市场经济”前面加上“社会主义”这四个字，并非“画蛇添足”，而恰恰是“画龙点睛”。所谓“点睛”，就是点明我国市场经济的社会主义性质，表明我国的市场经济体制，既有一般市场经济的共性，又有我国的显著特征，必须与中国国情相结合，不可能简单照搬照抄西方的做法，必须正确处理好发挥市场作用和加强国家宏观调控的关系。

按照党的十四大的决策，为了科学制定我国社会主义市场经济体制的总体规划，以便有计划、有步骤地加以实施，1993 年 11 月，党中央召开十四届三中全会，审议通过了《中共中央关于建立社会主义市场经济体制若干问题的决定》，把党的十四大提出的建立社会主义市场经济体制改革目标和原则具体化了，在某些方面又有进一步发展，确定我国社会主义市场经济体制的基本框架是：在坚持以公有制为主体、多种经济成分共同发展的基础上，建立现代企业制度、全国统一开放的市场体系，完善的宏观调控体系、合理的收入分配制度和多层次的社会保障制度。该决定成为指导此后 10 年我国推进经济体制改革、建立社会主义市场经济体制的行动纲领。

按照党中央关于建立社会主义市场经济体制的要求，国务院先后作出一系列部署，根据党的十四大和十四届三中全会的部署，从1994年起，我国经济体制改革进入整体推进、重点突破的新阶段，尤其是在财政、税收、金融、外贸、外汇、投资、价格、流通以及国有企业等领域，改革取得了重要突破和进展。

在财税体制改革方面，1993年12月，国务院发布《关于实行分税制财政管理体制的决定》，批转国家税务总局上报的《工商税制改革实施方案》，决定从1994年1月1日起实行分税制改革和工商税制改革。在金融体制改革方面，1993年12月，国务院发布《关于金融体制改革的决定》，确定金融体制改革的目标是：建立在国务院领导下，独立执行货币政策的中央银行宏观调控体系；建立政策性金融与商业性金融分离，以国有商业银行为主体、多种金融机构并存的金融组织体系；建立统一开放、有序竞争、严格管理的金融市场体系。1995年3月，八届全国人大三次会议通过《中华人民共和国中国人民银行法》，对中国人民银行作为中央银行的地位以法律形式予以确定。1994年相继成立了3家政策性银行，即国家开发银行、中国进出口银行、中国农业发展银行，使国有专业银行专门从事商业性业务。在外汇管理体制方面，实行以市场供求为基础的、单一的、有管理的浮动汇率制；取消外汇留成和上缴，实行银行结汇制；实行银行售汇制，实现经常项目下，人民币可自由兑换。在外贸体制改革方面，1994年1月11日，国务院发布《关于进一步深化对外贸易体制改革的决定》，确定我国外贸体制改革的目标是：统一政策、放开经营、平等竞争、自负盈亏、工贸结合、推行代理制，建立适应国际经济通行规则的运行机制。在计划投资体制改革方面，改革年度计划形式，从指标型计划转向政策型计划，突出产业政策的引导作用。在价格体制改革方面，1992年之后，我国全面放开粮食购销价格和经营。不仅是粮食，交由市场定价的范围几乎涵盖所有的生活资料和生产资料。一度遇到挫折的价格改革，波澜不惊地取得了成功。1993年，我国取消粮票，实行了40年的粮食统购统销制度宣告终结，百姓生活曾经离不开的粮票、油票等各种票证进入了历史博物馆；对主要生产资料价格也实行计划内外“并轨”，将统配煤价格全部放开，由市场调节，适当提高了电价，市场价格在价格体系中的主体地位逐步建立。在城镇住房制度改革方面，1994 年 7 月，国务院下发《关于深化城镇住房制度改革的决定》，改变计划经济体制下的福利性体制，从住房建设投资由国家、单位统包的体制改为国家、单位、个人三者合理负担的体制；从国家、单位建房、分房和维修、管理住房的体制改为社会化、专业化运行体制；从住房实物福利分配方式改为以按劳分配的货币工资分配为主的方式。国有企业改革是建立社会主义市场经济体制的中心环节，也是难点所在。这一时期，国有企业改革开始从以往的放权让利、政策调整进入到以产权改革为核心的机制转换、制度创新阶段。从 1994 年底开始，国家经贸委、体改委会同有关部门选择 100 家国有大中型企业进行建立现代企业制度的试点。随后，全国各地先后选定 2700 多家国有企业参与试点。国务院还选择 18 个城市进行“优化资本结构”的配套改革试点，采取多种政策，在减轻企业债务负担、分离社会服务功能、分流富余人员等方面实现了重点突破。

上述一系列改革和调整，推动我国由计划经济体制加速向社会主义市场经济体制转变，市场在资源配置中的基础性作用得到明显增强，全国呈现出改革开放全面推进、经济建设迅猛发展的景象。

与此同时，我国实施全方位宽领域对外开放的决心更加坚定，对外开放不断向纵深推进，“引进来”与“走出去”相结合，推动形成全方位、多层次、宽领域对外开放新格局。

在建立社会主义市场经济体制各项改革的推动和抓住机遇、加快发展方针指导下，1993 年，我国国民经济在 1992 年快速增长的基础上继续保持较快发展。但是，在加快改革发展的过程中，由于一些地方和部门片面追求高速度，同时由于旧的宏观调控机制逐渐失效，新的调控机制尚未完善，经济发展中也出现了一些新的矛盾和问题，某些方面的情况还相当严峻，主要表现为货币投放量过大，经济秩序特别是金融秩序混乱；投资需求和消费需求出现双膨胀趋势；财政困难状况加剧；基础设施和基础工业的“瓶颈”制约进一步强化；进出口不平衡，对外贸易逆差不断扩大；物价上涨明显加快等。对这些问题，如不采取有力措施，坚决扭转宏观经济环境紧张的局面，有可能引起经济大的波动，影响社会稳定。党中央、国务院及时发现了这些问题，果断出台了一系列加强宏观调控的重大举措。

在深入调研并广泛征求意见的基础上，1993年4月，中央召开经济情况通报会，集中讨论解决乱集资、乱拆借、房地产热和开发区热等问题。6月，中共中央、国务院印发《关于当前经济情况和加强宏观调控的意见》，决定采取以整顿金融秩序为重点的16条措施，主要是严格控制货币发行，坚决纠正违章拆借资金，坚决制止各种乱集资，严格控制信贷总规模，稳定外汇市场价格等。为了确保宏观调控各项措施全面有效落实，1993年7月上旬和7月下旬，国务院在北京相继召开全国金融工作会议、全国财政工作会议和全国税务工作会议，作出具体部署。这次宏观调控，除了采取必要的行政手段和组织措施外，主要着眼于运用经济、法律手段，从加快新旧体制转换中找出路，把解决经济运行中的突出问题变成加快改革、建立社会主义市场经济体制的动力。在党中央、国务院的有力领导下，从1993年下半年起，宏观调控各项措施逐步贯彻落实，经济过热的势头得到迅速遏制。此后，又经过3年努力，到1996年底，以抑制通货膨胀为主要任务的宏观调控取得显著成效，投资过热得到有效控制，金融秩序逐渐好转，信贷规模总量得到控制，物价逐渐放开且涨幅明显回落，国民经济成功实现了从发展过快到“高增长、低通胀”的“软着陆”，同时又保持了经济增长的较快速度，避免了经济大起大落。

在加强宏观调控和深化改革过程中，“八五”计划提出的主要指标完成或超额完成，国民经济和社会发展取得显著成就。1995年9月，党的十四届五中全会通过《中共中央关于制定国民经济和社会发展“九五”计划和2010年远景目标的建议》，对“九五”时期实现第二步发展战略目标作出新部署。江泽民在全会闭幕时发表讲话，深刻阐述了社会主义现代化建设中必须处理好的12个重大关系，对我国改革开放和社会主义现代化建设的历史经验进行了深刻总结。

四、党的十五大确立邓小平理论为党的指导思想，部署跨世纪发展战略；人民生活实现总体小康

1997年2月19日，中国社会主义改革开放和现代化建设的总设计师邓小平逝世。尽管党的十三届五中全会后邓小平不再担任党内领导职务，但他的逝世还是引起了人们的极大关注。在国内，人们关心的问题是：邓小平逝世后，中国的改革开放和现代化建设，能否沿着他开辟的建设有中国特色社会主义道路继续走下去？党的路线方针政策能否保持一贯性？国际社会也在观察邓小平逝世后的中国走向。与此同时，在思想理论领域，伴随建立社会主义市场经济体制进入攻坚阶段，围绕着国有企业如何改造、对股份制改革和个体私营经济如何认识等问题，发生了一轮姓“公”姓“私”的争论，一股“左”的思潮泛起，成为进一步深化改革开放的障碍。

为了凝聚和统一全党思想，1997年5月29日，江泽民在中央党校省部级干部进修班毕业典礼上发表讲话，对中央研究确定的十五大报告稿的几个主要问题进行了论述，强调在社会主义改革开放和现代化建设的新时期，在跨越世纪的新征途上，一定要高举邓小平建设有中国特色社会主义理论的伟大旗帜，用这个理论来指导我们的整个事业和各项工作，无论遇到什么困难、什么风险，都不动摇。这个讲话，为党的十五大召开作了重要的思想和舆论准备。

1997年9月12日至18日，党的十五大在北京举行。江泽民向大会作了题为《高举邓小平理论伟大旗帜，把建设有中国特色社会主义事业全面推向二十一世纪》的报告。大会最主要的贡献，是第一次使用“邓小平理论”这个概念，把这一理论作为指引党继续前进的旗帜。大

会强调，邓小平理论是在和平与发展成为时代主题的历史条件下，在我国改革开放和现代化建设的实践中，在总结我国社会主义胜利和挫折的历史经验并借鉴其他社会主义国家兴衰成败历史经验的基础上，逐步形成和发展起来的。它抓住“什么是社会主义、怎样建设社会主义”这个根本问题，第一次比较系统地初步回答了建设有中国特色社会主义的一系列基本问题，指导党制定了在社会主义初级阶段的基本路线。它是贯通哲学、政治经济学、科学社会主义等领域，涵盖经济、政治、科技、教育、文化、民族、军事、外交、统一战线、党的建设等方面比较完备的科学体系，又是需要从各方面进一步丰富发展的科学体系。邓小平理论开拓了马克思主义的新境界，是当代中国的马克思主义，是中国特色社会主义理论体系的开创之作。坚持党的十一届三中全会以来的路线不动摇，就是高举邓小平理论的旗帜不动摇。在改革开放和社会主义现代化建设的新时期，在跨越世纪的新征途上，一定要高举邓小平理论的伟大旗帜，用邓小平理论来指导我们整个事业和各项工作。大会通过的党章修正案明确规定：“中国共产党以马克思列宁主义、毛泽东思想、邓小平理论作为自己的行动指南。”[①] 这是党基于近20年改革开放和社会主义现代化建设的成功实践作出的历史性决策，反映了全党全国人民的共同心愿。

继党的十三大之后，党的十五大进一步深入阐述了社会主义初级阶段理论，强调了正确认识和把握国情的重大意义，提出了党在社会主义初级阶段的经济、政治、文化纲领及其基本要求。大会对我国社会主义初级阶段的所有制结构和公有制实现形式、依法治国和建设社会主义法治国家、有中国特色社会主义文化建设等重大问题作出新阐述。大会指出，公有制为主体、多种所有制经济共同发展，是我国社会主义初级阶段的一项基本经济制度。公有制经济不仅包括国有经济和集体经济，还包括混合所有制经济中的国有成分和集体成分。公有制的主体地位主要

① 中共中央文献研究室编《十五大以来重要文献选编》（上），人民出版社2000年版，第53页。

体现为公有资产在社会总资产中占优势，国有经济控制国民经济命脉、对经济发展起主导作用主要体现在控制力上。公有制实现形式可以而且应当多样化，一切反映社会化生产规律的经营方式和组织形式都可以大胆利用，要努力寻找能够极大促进生产力发展的公有制实现形式。股份制是现代企业的一种资本组织形式，资本主义可以用，社会主义也可以用，不能笼统地说股份制是公有还是私有，关键看控股权掌握在谁手中。非公有制经济是我国社会主义市场经济的重要组成部分，对个体、私营等非公有制经济要鼓励、引导，使之健康发展。要坚持按劳分配为主体、多种分配方式并存的制度，把按劳分配和按生产要素分配结合起来，坚持效率优先、兼顾公平，有利于优化资源配置，促进经济发展，保持社会稳定。以上这些新认识新观点，排除了一段时间以来由姓“公”姓“私”争论造成的思想障碍，极大地解放了人们的思想。大会同时指出，经济体制改革不断深入，要求我们在坚持四项基本原则前提下，继续推进政治体制改革，进一步扩大社会主义民主，健全社会主义法制，依法治国，建设社会主义法治国家。依法治国，是党领导人民治理国家的基本方略，是发展社会主义市场经济的客观需要，是社会文明进步的重要标志，是国家长治久安的重要保障。大会指出，建设有中国特色社会主义文化，就是以马克思主义为指导，以培育有理想、有道德、有文化、有纪律的公民为目标，发展面向现代化、面向世界、面向未来的，民族的科学的大众的社会主义文化。这些论述，体现了党在探索回答什么是社会主义、怎样建设社会主义问题上的又一次思想理论认识的深化。

大会在我国经济发展“三步走”战略第二步目标即将实现之际，放眼21世纪前50年，对如何实现第三步目标作出进一步规划，提出了新的“三步走”发展战略，即：21世纪第一个10年实现国民生产总值比2000年翻一番，使人民的小康生活更加宽裕，形成比较完善的社会主义市场经济体制；再经过10年的努力，到建党100年时，使国民经济更加发展，各项制度更加完善；到21世纪中叶建国100年时，基本实现现代化，建成富强民主文明的社会主义国家。大会围绕这个发展战略，对我国跨世纪发展作出部署。

大会深入论述了坚持党的领导、加强党的建设的重要性，并围绕“建设一个什么样的党、怎样建设党”，以及如何开创党的建设新的伟大工程作出部署。大会结合党的历史任务，进一步科学规划了党的建设总目标，这就是：把党建设成为用邓小平理论武装起来、全心全意为人民服务、思想上政治上组织上完全巩固、能够经受住各种风险、始终走在时代前列、领导全国人民建设有中国特色社会主义的马克思主义政党。大会强调，在整个改革开放过程中都要反对腐败，警钟长鸣。各级党委要坚持“党要管党”的原则，要严格按党章办事，按党的制度和规定办事；要对党员特别是领导干部严格要求，严格管理，严格监督；要在党内生活中讲党性，讲原则，开展积极的思想斗争，弘扬正气，反对歪风；要严格按照党章规定的标准发展党员，严肃处置不合格党员；要严格执行党的纪律，坚持在纪律面前人人平等。

按照党的十五大的部署，在奋力把中国特色社会主义事业推向21世纪的进程中，党团结带领人民勇敢应对来自经济、政治和自然界等方面的严峻挑战，坚定不移深化改革，全方位扩大开放，取得了社会主义现代化建设新的巨大成就。

1997年下半年，东南亚国家爆发金融危机，并很快波及整个亚洲和世界其他地区，造成国际金融市场持续动荡，世界经济受到冲击。由于国际市场萎缩等原因，我国外贸进出口总额迅速下降，经济建设遇到严重困难。面对严峻形势，党中央高瞻远瞩，从容应对。1997年9月，江泽民在党的十五届一中全会上提醒全党，金融风险突发性强、波及面广、危害极大，必须保持高度警觉。11月，中共中央、国务院再次召开全国金融工作会议，对防范和化解金融风险作出进一步部署。1998年2月，面对金融危机加剧蔓延，党中央提出了“坚定信心，心中有数，未雨绸缪，沉着应付，埋头苦干，趋利避害”的指导方针，作出了扩大内需、发挥国内市场巨大潜力、积极扩大出口、适当增加进口、保持人民币汇率稳定等重大决策。同年7月，党中央果断决定：实施积极的财政政策和稳健的货币政策，由中央财政向商业银行增发长期建设国债，增加投资，加强基础设施建设；同时增加中低收入者的收入，改善人民生活；并采取出口退税等措施，千方百计增加出口，从多方面拉动经济增长。以上重大决策部署很快取得成效。大规模基础设施建设带动了一大批相关产业的发展和就业岗位的增加，有效拉动了国内需求。从1999年下半年开始，外贸出口大幅回升。到2000年，国民经济发展出现重要转机，党和政府成功战胜了这场金融危机带来的困难，并在许多国家因这场金融危机出现经济衰退、货币大幅度贬值的情况下，中国兑现了人民币不贬值的承诺，为缓解危机和促进亚洲国家经济恢复发展作出了贡献。

党和政府带领人民还成功应对了来自自然界和政治领域的严峻挑战。1998年夏，我国遭遇一场历史罕见的特大洪涝灾害。面对特大灾害考验，党中央、国务院、中央军委正确决断、周密部署。全国上下万众一心，众志成城，夺取了抗洪抢险斗争的全面胜利。1999年，党中央领导人民及时果断地进行了反对“法轮功”邪教组织的重大政治斗争。针对极少数人利用“法轮功”蛊惑人心、破坏社会稳定的事件，及时依法取缔“法轮功”邪教组织，发动社会各界揭批“法轮功”邪教歪理邪说，对被“法轮功”邪教组织裹胁蒙蔽的人员进行教育转化，维护了社会政治稳定。

应对亚洲金融危机和一系列重大斗争的胜利，充分显示了我国社会主义制度的优越性和党中央驾驭全局、解决复杂问题的能力，使党和人民在实现跨世纪奋斗目标的道路上更加充满信心。

在应对和战胜各方面困难和风险的同时，党和政府迎难而上，进一步深入推进各领域改革发展，取得了改革开放和现代化建设新成就。稳定农村基本政策，深化农村改革，推动农村产业结构战略性调整。1998年10月，党的十五届三中全会通过《关于农业和农村工作若干重大问题的决定》，提出农业和农村跨世纪发展的目标和任务，强调要坚定不移贯彻土地承包期再延长30年的政策，赋予农民长期而有保障的土地使用权；要积极探索实现农业现代化的具体途径，大力发展产业化经营。为解决贫困地区农民温饱和增收问题，党和政府采取多方面措施，加大扶贫攻坚力度。通过实施《国家八七扶贫攻坚计划》，到2000年底，全国农村没有解决温饱的贫困人口减少到3209万人，占农村人口的比重下降到3.5%左右。

国有企业改革是整个经济体制改革的中心环节。为全面深化国有企业改革，改变国有企业严重亏损状况，党的十五大和十五届一中全会发出国有企业改革与脱困的“动员令”：用3年左右时间，通过改革、改组、改造和加强管理，使大多数国有大中型亏损企业摆脱困境；力争到20世纪末大多数国有大中型骨干企业初步建立起现代企业制度。1998年，位列亏损榜首的纺织行业被确定为国有企业改革和脱困的突破口，首先打响了“压锭、减员、增效”攻坚战。1999年9月，党的十五届四中全会审议通过《关于国有企业改革和发展若干重大问题的决定》。经过3年努力，到2000年底，国有企业改革与脱困目标基本实现。社会保障制度改革全面推进，取得了一系列重大突破，以养老保险、医疗保险、失业保险和城市居民最低生活保障制度为主要内容的、适应社会主义市场经济基本要求的社会保障体系框架基本形成。1998年5月，在国有企业改革进入攻坚战之时，党中央、国务院召开国有企业下岗职工基本生活保障和再就业工作会议，作出了“两个确保”“建立三条保障线”的重大决策。“两个确保”，即确保国有企业下岗职工基本生活，确保企业离退休人员基本养老金按时足额发放；“建立三条保障线”，即建立下岗职工基本生活保障、失业保险和城市居民最低生活保障制度三条保障线。按照党中央的部署，各地把“两个确保”作为头等大事，实行一把手负责制，层层抓落实。1998年至2002年6月底，全国累计国有企业下岗职工2600多万人，90%以上进入再就业服务中心，进中心的下岗职工基本都能按时领到生活费，并由中心代缴社会保险费。1999年，国务院发布《城市居民最低生活保障条例》，标志着城市居民最低生活保障制度建立。到2002年9月底，全国所有城市和县级人民政府所在地的镇全部建立了此项制度，享受最低生活保障的人数近2000万人。

大力实施科教兴国战略和可持续发展战略。在继续实施“863”计划的同时，1997年组织实施《国家重点基础研究发展计划》，加强国家战略目标导向的基础研究工作。1999年11月，第一艘无人实验飞船“神舟一号”的成功发射，标志着我国在载人航天飞行技术上获得了重大突破。1999年“神威”计算机的问世，打破了西方国家在高性能计算机技术方面对我国的封锁。党中央、国务院决定从2000年起设立国家最高科学技术奖，并于2001年2月19日召开国家科学技术奖励大会。在教育方面，1995年，国家正式启动“211工程”，1999年，国家开始实施“985工程”，重点支持若干所高校创建具有世界先进水平的一流大学和一批一流学科。党的十五大和1998年3月召开的九届全国人大一次会议，都将实施可持续发展战略作为我国跨世纪发展的重要任务。党的十五大以后，国务院颁布《全国生态环境建设规划》和《中国自然保护区发展规划纲要》，开展水土流失的综合治理，启动天然林保护、退耕还林（还草）、京津风沙源治理等工程，实行资源有偿使用制度，逐年加大生态环境保护的力度。

贯彻落实“两个大局”思想，提出并实施西部大开发战略。1988年9月，邓小平提出了“两个大局”的思想。1999年6月9日，在中央扶贫开发工作会议上，江泽民指出，实施第二个大局的战略构想即加快中西部地区的经济发展条件已经具备，“从现在起，这要作为党和国家一项重大的战略任务，摆到更加突出的位置”[①]。这次会议后，江泽民来到陕西等地考察，在西安召开的西北五省区国有企业改革和发展座谈会上，第一次明确阐述了西部大开发战略。1999年9月，党的十五届四中全会正式提出国家要实施西部大开发战略，强调要通过优先安排基础设施建设、增加财政转移支付等措施，支持中西部地区和少数民族

① 《江泽民论有中国特色社会主义（专题摘编）》，中央文献出版社2002年版，第177页。

地区加快发展。2000年1月16日，国务院成立西部地区开发领导小组。按照党中央、国务院的统一部署，西部大开发战略全面启动，2000年，西部地区十大重点工程全部开工；2001年，又一批重点工程相继开工。西部大开发扎实推进，不断取得新进展。

加入世界贸易组织（WTO）是我国全方位扩大对外开放的一个重大步骤，是新时期我国对外开放的标志性事件。中国政府于1986年7月作出申请恢复我国关贸总协定创始缔约国地位的决定，并成立专门机构统筹对外谈判工作，但谈判进程因多方面因素历经曲折。直到1999年11月，经过反复较量和艰难谈判，中美双方终于达成协议，扫除了中国加入世界贸易组织的最大障碍。2001年11月10日，在卡塔尔首都多哈举行的世界贸易组织第四届部长级会议，一致通过了《关于中国加入世贸组织的决定》。12月11日，中国正式成为世界贸易组织第143个成员。加入世界贸易组织，使中国在经济全球化进程中获得了更大的发展空间和更为广阔的参与国际竞争的舞台，对中国改革开放产生了深远影响。

与此同时，我们党还大力加强精神文明建设和先进文化建设；积极推进中国特色军事变革；实现香港澳门胜利回归祖国，不断扩大海峡两岸交流，有力打击和遏制“台独”分裂活动；推动构建全方位多层次对外关系新格局，中国的国际影响力显著提高。

在深化改革、扩大开放、应对各种风险挑战的过程中，党中央带领全党全国人民开拓创新，迎难而上，到2000年，胜利完成了“九五”计划规定的主要任务，2000年国内生产总值超过10万亿元，人均国民生产总值比1980年翻两番的目标提前3年在1997年实现。我国在实现“三步走”战略第一步目标的基础上，又实现了第二步目标，人民生活总体上达到小康水平，为迈向第三步战略目标奠定了扎实基础。这是改革开放取得的巨大成果，是中国特色社会主义的伟大胜利，是中华民族发展史上一个新的里程碑。

五、推进党的建设“新的伟大工程”，提出“三个代表”重要思想

从党的十四大到党的十五大以来，围绕在社会主义市场经济条件下加强党的建设的目标、任务和途径等问题，党中央进行积极探索并取得重要成果，保证党在领导改革开放和建设有中国特色社会主义伟大事业中始终发挥领导核心作用。

（一）明确党的建设总目标和两大历史性课题

改革开放以来，党的建设总目标经历了一个由探索到基本确立再到逐步完善的过程。1980 年 1 月，针对“文化大革命”的教训和新时期党的状况和承担的任务，邓小平在中共中央召集的干部会议上鲜明地提出，“党应该是一个战斗的队伍，是无产阶级的先锋队，应该是统一的、有高度觉悟的、有纪律的队伍”①。这是新时期我们党对建设一个什么样的党作出的第一次比较明确的回答。

党的十二大、十二届二中全会、十三大相继提出“把党建设成为领导社会主义现代化事业的坚强核心”，“把我们党建设成为有战斗力的马克思主义政党，成为领导全国人民进行社会主义物质文明和精神文明建设的坚强核心”和把我们党建设“成为一个勇于改革、充满活力的党，纪律严明、公正廉洁的党，选贤任能、卓有成效地为人民服务的党”的目标。

党的十四大在阐述党的建设目标时进一步提出：“在新的历史时期，党所处的环境和肩负的任务有了很大变化，党的思想、政治、组织、作风建设都面临许多新情况和新问题。我们一定要结合新的实际，遵循党的基本路线，坚持党要管党和从严治党，加强和改进党的建设，努力提

① 《邓小平文选》（第 2 卷），人民出版社 1994 年版，第 268 页。

高党的执政水平和领导水平，使我们这个久经考验的马克思主义的党，在建设有中国特色社会主义的伟大事业中更好地发挥领导核心作用。”①

在上述探索的基础上，1994年9月召开的党的十四届四中全会作出《关于加强党的建设几个重大问题的决定》，把党的建设提到“新的伟大工程”的高度，明确提出了新时期党的建设总目标。党的十五大把这个总目标进一步表述为：“要把党建设成为用邓小平理论武装起来、全心全意为人民服务、思想上政治上组织上完全巩固、能够经受住各种风险、始终走在时代前列、领导全国人民建设有中国特色社会主义的马克思主义政党。”这个总目标，包含了党的指导思想、性质宗旨以及党的建设总体要求，集中反映了党对自身建设规律的新认识。

（二）全面加强党的建设，开展“三讲”教育

按照党的建设总目标要求，围绕两大历史性课题，在跨世纪发展的征途中，党中央紧密结合推进改革开放和发展社会主义市场经济的实践，扎实推进党的各方面建设，取得新的重大进展。

在思想建设方面，坚持用邓小平理论武装全党、教育干部和人民，把思想政治工作作为经济工作和其他一切工作的生命线，继承和发扬党的优良传统，在内容、形式、方法、手段、机制等方面不断创新和改进。为了把学习和研究结合起来，中央还批准在中央党校、中国社会科学院、国家教委、国防大学、上海社会科学院建立了5个邓小平理论研究基地。在加强党的领导方面，按照总揽全局、协调各方的原则，进一步加强和改善党的领导，既保证党委的领导核心作用，又充分发挥人大、政府、政协及人民团体等方面的作用。在规范决策程序方面，提出并按照“集体领导、民主集中、个别酝酿、会议决定”的原则，进一步完善党委内部的议事和决策机制，建立健全领导、专家、群众相结合的决策机制，逐步完善科学决策、民主决策制度。在加强党的基层组织

① 中共中央文献研究室编《十四大以来重要文献选编》（上），人民出版社1996年版，第38—39页。

建设方面，制定实施机关、高校、国企、农村、社团、非公等基层组织工作条例和意见，指导和推动各个领域党的基层组织建设。1994 年 11 月，中央发出《关于加强农村基层组织建设的通知》，提出了农村基层组织“五个好”的建设目标，即建设一个好领导班子，培养锻炼一支好队伍，选准一条发展经济的好路子，完善一个好的经营体制，健全一套好的管理制度。1995 年 8 月，中央组织部、国家经贸委、人事部联合下发《关于加强国有企业领导班子建设的意见》，要求对国有企业领导班子进行调整充实，实行优胜劣汰。1997 年 1 月，党中央发出《关于进一步加强和改进国有企业党的建设工作的通知》，提出了“有一个好班子，有一个好队伍，有一个好机制，有一套好制度，促进企业不断提高经济效益和市场竞争能力”的“四有一促进”企业党建目标。在干部队伍建设方面，高度重视培养选拔优秀年轻干部，一大批德才兼备的中青年干部走上新的领导岗位。针对我国出现新的社会阶层和新经济组织、新社会组织的情况，党中央及时提出“增强党的阶级基础、扩大党的群众基础”的要求，加快在新经济组织、新社会组织中组建党组织，不断扩大党的工作覆盖面。从 2001 年 8 月起，开始在新的社会阶层中进行发展党员的试点工作。

加强领导班子建设、提高领导干部素质，是推进党的建设新的伟大工程的关键所在。1995 年 11 月，江泽民在北京考察工作时提出，必须把教育干部特别是教育领导干部摆在突出位置、作为关键的一环来抓，向各级领导干部提出了“讲学习、讲政治、讲正气”的要求。

根据党的十五大的部署，1998 年 11 月，中共中央印发《关于在县级以上党政领导班子、领导干部中深入开展以“讲学习、讲政治、讲正气”为主要内容的党性党风教育的意见》。根据该意见，“三讲”教育采取自上而下的办法，分级分批进行。从 1998 年 11 月到 2000 年底，全国共有 70 万县（处）级以上领导干部参加“三讲”教育活动，其中省部级领导班子成员达 2100 多人。“三讲”教育是新的历史条件下加强党的建设特别是领导班子建设、领导干部思想政治建设的一次创造性探索性的实践，是延安整风精神和党的“三大作风”在历史新时期的丰富和发展。广大干部在“三讲”教育中切实拿起批评与自我批评的武器，广泛听取群众意见，查找领导工作中及自身存在的问题，开展积极健康的思想斗争，普遍受到一次深刻的马克思主义教育，经受了一次党内政治生活锻炼。

（三）深入推进党风廉政建设与反腐败斗争

党风廉政建设和反腐败斗争关系党和国家的生死存亡。在改革开放和发展社会主义市场经济新条件下，开展党风廉政建设和反腐败斗争尤其重要。1993年8月，江泽民在十四届中央纪委第二次全体会议上提出要从三个方面着手做好反腐败工作：一是各级党政领导干部要带头廉洁自律，特别是省部级以上领导干部要起表率作用；二是集中力量查办一批大案要案，重点查办发生在党政领导机关和司法部门、行政执法部门、经济管理部门工作人员中的案件；三是紧紧抓住本地区本部门本单位的突出问题，刹住群众最不满意的几股不正之风。反腐败三项工作格局由此提出。10月，中央作出《关于反腐败斗争近期抓好几项工作的决定》，正式确立了反腐败斗争三项工作格局，并进行了部署。此后，随着形势的发展，中央纪委每年都对反腐败三项工作进行检查和总结，并不断赋予三项工作以新的内容和要求。

为保证领导干部廉洁自律的各项规定落到实处，1995年1月，十四届中央纪委第五次全会提出，建立党政机关县处级以上领导干部收入申报制度、党和国家机关工作人员在国内公务活动中收受礼品登记制度、国有企业业务招待费使用情况向职工代表大会报告制度。为了进一步加强党内监督，1996年1月，十四届中央纪委第六次全会提出选派部级干部到地方和部门巡视，负责了解省、部级领导班子及其成员贯彻执行党的路线、方针、政策的情况及廉政情况，直接报告中央纪委并及时报告党中央。为了从制度上加强反腐倡廉工作，党中央、国务院进一步健全相关机构，1993年1月中央纪委、监察部合署办公；1995年11

月最高人民检察院反贪污贿赂总局成立，制定了《中国共产党纪律处分条例（试行）》《关于实行党风廉政建设责任制的规定》《中国共产党党员领导干部廉洁从政若干准则（试行）》等加强党风廉政建设的法规制度，初步建立了与社会主义市场经济规则相适应的领导干部廉洁从政行为规范，形成了党委统一领导、党政齐抓共管、纪委组织协调、部门各负其责、依靠群众支持和参与的反腐败领导体制和工作机制。党中央还果断作出了军队、武警部队和政法机关不再从事经商活动和党政机关与所办经营性企业脱钩，实行收支两条线、工程招标、政府采购制度等决策，努力从源头上预防和遏制腐败。2001 年 9 月，党的十五届六中全会审议通过《中共中央关于加强和改进党的作风建设的决定》。全会之后，各级党委、纪委组织党员干部深入学习党内法规和廉政法律法规，利用重大典型案例进行警示教育，促进广大党员干部提高党性觉悟，增强拒腐防变能力，解决思想作风、学风、工作作风、领导作风和生活作风中存在的突出问题。

在中央的统一领导和部署下，各级党委、政府和纪检监察机关不断加大反腐败斗争力度，严肃查处违纪违法案件，特别是对一批大案要案的查处，产生了较大震慑作用，维护了党纪国法的严肃性，党风廉政建设和反腐败斗争取得了阶段性成果。但是，党内存在的一些消极腐败现象依然屡禁不止，一些党组织程度不同地存在软弱涣散、治党不严的问题，在纪律和制度贯彻执行上失之于宽、失之于软。实践表明，反腐倡廉必须常抓不懈，拒腐防变必须警钟长鸣。

（四）提出“三个代表”重要思想

在推进中国特色社会主义伟大事业和党的建设新的伟大工程进程中，以江泽民同志为主要代表的中国共产党人，科学分析国内外形势、党所处的历史方位和肩负的历史使命，深入思考面临的新情况新问题，加深了对什么是社会主义、怎样建设社会主义和建设什么样的党、怎样建设党的认识，逐步提出了“三个代表”重要思想。

2000年，党建工作的重中之重是搞好县（市）级领导干部的“三讲”教育活动。中央政治局常委会会议决定，每一位常委都到一个县去对县级党政领导干部开展“三讲”教育作一次讲话，直接抓县级领导干部的“三讲”教育。2000年2月20日，江泽民出席广东省高州市领导干部“三讲”教育动员大会并发表讲话，提出了“五个始终”的要求，即“我们要使党始终保持工人阶级先锋队性质，始终代表最广大人民群众的利益，始终成为社会先进生产力的代表，始终领导全国各族人民促进社会生产力的发展，始终坚强有力地发挥好领导核心作用”。在参加了高州市领导干部“三讲”教育会议后，江泽民在广东考察工作，重点就如何加强新时期党的建设和推进高新技术产业发展两个题目进行调研。2月25日考察结束时，江泽民明确提出“三个代表”要求，指出：“我们党所以赢得人民的拥护，是因为我们党在革命、建设、改革的各个历史时期，总是代表着中国先进生产力的发展要求，代表着中国先进文化的前进方向，代表着中国最广大人民的根本利益，并通过判定正确的路线方针政策，为实现家和人民的根本利益而不懈奋斗。”他要求“所有的共产党员和领导干部，都要深刻认识和牢牢把握这‘三个代表’，用以指导自己的思想和行动”[①]。

从2000年5月至2001年6月，江泽民又分别到北京、吉林、黑龙江、江苏、浙江、上海、安徽、江西、广东、海南、甘肃、宁夏等地考察，多次主持召开近30次党建工作座谈会，听取各方面意见和建议，并在全国党校工作会议、中央思想政治工作会议、党的十五届五中全会、中央经济工作会议、中央统战工作会议、全国宣传部长会议、中央纪委全会等多个重要场合继续从不同角度阐发“三个代表”，使“三个代表”重要思想的科学内涵不断丰富、完善和深化。结合对“三个代表”的学习宣传，从2000年12月到2001年5月，中央有关部门还组成10个课题组，重点就党的工人阶级先锋队性质、党的纲领、民主集

---

① 江泽民：《论“三个代表”》，中央文献出版社2001年版，第2—3页。

中制、理顺党政关系和改进党的工作机制、入党条件、党的基层组织建设、干部人事制度改革等10个课题开展调查研究。

2001年7月1日，江泽民在庆祝中国共产党成立80周年大会上的重要讲话中，系统深入地阐述了“三个代表”重要思想的深刻内涵和精神实质。他指出：我们党要始终代表中国先进生产力的发展要求，就是党的理论、路线、纲领、方针、政策和各项工作，必须努力符合生产力发展的规律，体现不断推动社会生产力的解放和发展的要求，尤其要体现推动先进生产力发展的要求，通过发展生产力不断提高人民群众的生活水平。我们党要始终代表中国先进文化的前进方向，就是党的理论、路线、纲领、方针、政策和各项工作，必须努力体现发展面向现代化、面向世界、面向未来的，民族的科学的大众的社会主义文化的要求，促进全民族思想道德素质和科学文化素质的不断提高，为我国经济发展和社会进步提供精神动力和智力支持。我们党要始终代表中国最广大人民的根本利益，就是党的理论、路线、纲领、方针、政策和各项工作，必须坚持把人民的根本利益作为出发点和归宿，充分发挥人民群众的积极性主动性创造性，在社会不断发展进步的基础上，使人民群众不断获得切实的经济、政治、文化利益。

江泽民在讲话中还就按照“三个代表”要求加强和改进党的建设，特别是围绕坚持党的工人阶级先锋队的性质，根据经济发展和社会进步的实际，不断增强党的阶级基础和扩大党的群众基础，不断提高党的社会影响力等问题作了重要论述。江泽民指出，看一个政党是否先进，是不是工人阶级先锋队，主要应看它的理论和纲领是不是马克思主义的，是不是代表社会发展的正确方向，是不是代表最广大人民的根本利益。改革开放以来，我国的社会阶层构成发生了新的变化，出现了民营科技企业的创业人员和技术人员、受聘于外资企业的管理技术人员、个体户、私营企业主、中介组织的从业人员、自由职业人员等社会阶层，他们也是有中国特色社会主义事业的建设者。能否自觉地为实现党的路线和纲领而奋斗，是否符合党员条件，是吸收新党员的主要标准，来自工人、农民、知识分子、军人、干部的党员是党的队伍最基本的组成部分和骨干力量，同时也应该把承认党的纲领和章程、自觉为党的路线和纲领而奋斗、经过长期考验、符合党员条件的社会其他方面的优秀分子吸收到党内来；不能简单地把有没有财产、有多少财产当作判断人们政治上先进与落后的标准，而主要应该看他们的思想政治状况和现实表现，看他们的财产是怎么得来的以及对财产怎么支配和使用，看他们以自己的劳动对建设有中国特色社会主义事业所作的贡献。江泽民的“七一”讲话是“三个代表”重要思想进一步深化并初步形成理论体系的标志。

2002 年 5 月 31 日，江泽民在中央党校省部级干部进修班毕业典礼上发表讲话，对党的十六大的主题和贯彻“三个代表”要求等问题作出进一步系统阐述，指出：“‘三个代表’同马克思列宁主义、毛泽东思想和邓小平理论一脉相承，反映了当代世界和中国的发展变化对党和国家工作的新要求”；“联系党成立以来的全部历史经验，总结我们党带领人民建设有中国特色社会主义事业必须坚持的基本经验，归结起来就是，我们党必须始终代表中国先进生产力的发展要求，代表中国先进文化的前进方向，代表中国最广大人民的根本利益”。在讲话中，江泽民对“三个代表”重要思想的科学要义进行了新的阐发，强调“贯彻好‘三个代表’要求，关键在坚持与时俱进，核心在保持党的先进性，本质在坚持执政为民”。这个讲话为党的十六大的召开作了重要的思想理论准备。

第十二章

在新的历史起点上坚持和发展中国特色社会主义

从党的十六大到党的十八大召开前，以胡锦涛同志为主要代表的中国共产党人，团结带领全党全国各族人民，坚持以邓小平理论和“三个代表”重要思想为指导，根据新的发展要求，深刻认识和回答了新形势下实现什么样的发展、怎样发展等重大问题，形成了科学发展观，抓住重要战略机遇期，在全面建设小康社会进程中推进实践创新、理论创新、制度创新，强调坚持以人为本、全面协调可持续发展，形成中国特色社会主义事业总体布局，着力保障和改善民生，促进社会公平正义，推动建设和谐世界，推进党的执政能力建设和先进性建设，成功在新的历史起点上坚持和发展了中国特色社会主义。

一、党的十六大勾画全面建设小康社会蓝图；科学发展观的提出

2002 年 11 月 8 日至 14 日，党的十六大在北京举行。江泽民作题为《全面建设小康社会，开创中国特色社会主义事业新局面》的报告。大会的主题是：高举邓小平理论伟大旗帜，全面贯彻“三个代表”重要思想，继往开来，与时俱进，全面建设小康社会，加快推进社会主义现代化，为开创中国特色社会主义事业新局面而奋斗。大会系统总结了党

的十三届四中全会以来13年的奋斗历程和基本经验。报告指出，这些经验，联系党成立以来的历史经验，归结起来就是，我们党必须始终代表中国先进生产力的发展要求，代表中国先进文化的前进方向，代表中国最广大人民的根本利益。

党的十六大的一个历史性贡献，是把“三个代表”重要思想同马克思列宁主义、毛泽东思想、邓小平理论一道，作为党必须长期坚持的指导思想写入党章。党的十六大对“三个代表”重要思想的科学内涵和根本要求作了全面阐述。大会强调，“三个代表”重要思想是在科学判断党的历史方位的基础上提出来的，是对马克思列宁主义、毛泽东思想和邓小平理论的继承和发展，反映了当代世界和中国的发展变化对党和国家工作的新要求，是加强和改进党的建设、推进社会主义制度自我完善和发展的强大理论武器，是全党集体智慧的结晶。大会指出，贯彻“三个代表”重要思想，关键在坚持与时俱进，核心在坚持党的先进性，本质在坚持执政为民。始终做到“三个代表”，是我们党的立党之本、执政之基、力量之源。

党的十六大综观全局，作出了21世纪头20年是我国必须紧紧抓住并且可以大有作为的重要战略机遇期的重大判断，并从经济、政治、文化等方面勾画了全面建设小康社会的宏伟蓝图。

大会认为，经过全党和全国各族人民的共同努力，我们胜利实现了现代化建设“三步走”战略的第一步、第二步目标，人民生活总体上达到小康水平。但必须看到，我国正处于并将长期处于社会主义初级阶段，现在达到的小康还是低水平的、不全面的、发展很不平衡的小康，人民日益增长的物质文化需要同落后的社会生产之间的矛盾仍然是我国社会的主要矛盾。巩固和提高目前达到的小康水平，还需要进行长时期的艰苦奋斗。大会根据党的十五大确定的到2010年、建党100年和新中国成立100年的发展目标，明确提出：21世纪头20年，我国要集中力量，全面建设惠及十几亿人口的更高水平的小康社会，使经济更加发展、民主更加健全、科教更加进步、文化更加繁荣、社会更加和谐、人民生活更加殷实。这是我国实现现代化建设第三步战略目标必经的承上启下的发展阶段，也是完善社会主义市场经济体制和扩大对外开放的关键阶段。经过了这个阶段的建设，再继续奋斗几十年，到本世纪中叶基本实现现代化，把我国建成富强民主文明的社会主义国家。大会从经济、政治、文化、社会、生态环境等方面提出了全面建设小康社会的具体目标，强调在优化结构和提高效益的基础上，要力争到2020年国内生产总值比2000年翻两番。依据以上要求，大会回答了关系党和国家长远发展的一系列重大理论和实践问题，对我国经济建设和经济体制改革、政治建设和政治体制改革、文化建设和文化体制改革、国防和军队建设、“一国两制”和实现祖国的完全统一、国际形势和对外工作、加强和改进党的建设等作出部署。

大会审议通过报告和《中国共产党章程（修正案）》。党章修正案明确规定，中国共产党是中国工人阶级的先锋队，同时是中国人民和中华民族的先锋队，是中国特色社会主义事业的领导核心，代表中国先进生产力的发展要求，代表中国先进文化的前进方向，代表中国最广大人民的根本利益。党章修正案增写了党必须按照总揽全局、协调各方的原则，增加了党组发挥领导核心作用的规定；明确了将申请入党对象扩大到其他社会阶层的先进分子；增写了在社区、社会团体、社会中介组织中成立党的基层组织以及“党徽党旗”等内容。

党的十六大是党在新世纪召开的第一次全国代表大会，明确回答了新世纪新阶段中国共产党举什么旗、走什么路、实现什么样的发展目标等重大问题，中国人民踏上了全面建设小康社会的新征程。

党的十六大以后，正当全党全国人民深入学习贯彻“三个代表”重要思想和大会精神，意气风发地为实现全面建设小康社会的宏伟目标而努力工作的时候，一场突如其来的非典型性肺炎（简称“非典”）疫病灾害使党和国家遭受严重考验。2003年1月2日，广东省河源市向省卫生厅报告了第一个非典型性肺炎病例。到4月中下旬，非典波及全国26个省、自治区、直辖市，呈暴发状态，北京等地疫情尤其严重。除我国内地外，全球30多个国家和地区也先后发生疫情。非典疫情灾害的发生，对人民身体健康和生命安全构成严重威胁，给我国经济发展和社会稳定带来严重冲击。面对严峻考验，党中央、国务院果断决策，提出了“沉着应对、措施果断，依靠科学、有效防治，加强合作、完善机制”的非典防治工作总要求，始终把人民群众身体健康和生命安全放在第一位，坚持一手抓防治非典不放松，一手抓经济建设这个中心不动摇，用发展的办法解决经济生活中出现的突出矛盾和问题。在党中央、国务院坚强领导下，全国各族人民大力弘扬万众一心、众志成城，团结互助、和衷共济，迎难而上、敢于胜利的精神，举国上下紧急动员，坚持群防群控，携手共克时艰，有效控制了非典疫情，保持了经济较快增长。6月，世界卫生组织宣布解除对北京的旅行警告。我国抗击非典取得阶段性重大胜利。

抗击非典的胜利，充分彰显了中国特色社会主义制度的巨大优越性和中华民族生生不息的强大生命力。同时，从与非典疫情对抗的特殊战斗中，党和政府吸取了宝贵教训，开始进一步深入思考由这次疫情所进一步暴露的我国经济社会发展中存在的突出矛盾和问题，这包括：城市发展和农村发展、经济发展和社会发展、区域发展、人与自然发展不够协调；公共卫生事业发展滞后，公共卫生体系存在较大缺陷；突发事件应急处理机制不健全，管控危机能力不强等。党和政府由此深切认识到：全面建设小康社会，开创中国特色社会主义事业新局面，必须科学把握我国发展的阶段性特征，必须深刻思考和解决我国要实现什么样的发展、怎样发展的问题，必须更加重视经济社会的全面、协调和可持续发展。

2003年7月28日，在全国防治非典工作会议上，胡锦涛就防治非典工作的主要做法和经验、需要吸取的教训等9个问题发表意见，强调“发展绝不只是指经济增长，而是要坚持以经济建设为中心，在经济发展的基础上实现社会全面发展。我们要更好地坚持全面发展、协调发展、可持续发展的发展观，更加自觉地坚持推动社会主义物质文明、政治文明和精神文明协调发展，坚持在经济社会发展的基础上促进人的全面发展，坚持促进人与自然的和谐。”① 2003年8月底9月初，胡锦涛在江西考察工作时要求各级领导干部一定要“牢固树立协调发展、全面发展、可持续发展的科学发展观，积极探索符合实际的发展新路子”，要“把推进城市发展和推进农村发展结合起来，把发挥科学技术的作用和发挥人力资源的优势结合起来，把发展经济和保护资源环境结合起来，把对外开放和对内开放结合起来，努力走出一条生产发展、生活富裕、生态良好的文明发展道路”。2003年10月，党的十六届三中全会通过的《中共中央关于完善社会主义市场经济体制若干问题的决定》中，第一次在党的正式文献中完整提出了科学发展观，强调“坚持以人为本，树立全面、协调、可持续的发展观”，并首次表述了“五个统筹”要求，即“统筹城乡发展、统筹区域发展、统筹经济社会发展、统筹人与自然和谐发展、统筹国内发展和对外开放”。

2004年3月10日，胡锦涛在中央人口资源环境工作座谈会上对科学发展观的科学内涵、基本要求和指导意义作了全面阐述。他指出，坚持以人为本，就是要以实现人的全面发展为目标，从人民群众的根本利益出发谋发展、促发展，不断满足人民群众日益增长的物质文化需要，切实保障人民群众的经济、政治和文化权益，让发展的成果惠及全体人民。全面发展，就是要以经济建设为中心，全面推进经济、政治、文化建设，实现经济发展和社会全面进步。协调发展，就是要统筹城乡发展、统筹区域发展、统筹经济社会发展、统筹人与自然和谐发展、统筹国内发展和对外开放，推进生产力和生产关系、经济基础和上层建筑相协调，推进经济、政治、文化建设的各个环节、各个方面相协调。可持续发展，就是要促进人与自然的和谐，实现经济发展和人口、资源、环境相协调，坚持走生产发展、生活富裕、生态良好的文明发展道路，保证一代接一代地永续发展。

---

① 中共中央文献研究室编《十六大以来重要文献选编》（上），中央文献出版社2005年版，第396—397页。

科学发展观，科学总结了我国改革开放和现代化建设的实践经验，吸取了世界其他国家发展进程中的经验教训，概括了战胜非典疫情的深刻启示，揭示了我国经济社会发展的客观规律，反映了我们党对发展问题的新认识。科学发展观提出以后，在实践中不断得到丰富和完善，对中国特色社会主义事业发展发挥了重要的指导作用。

二、推动经济社会科学发展：完善社会主义市场经济体制，努力构建社会主义和谐社会

（一）完善社会主义市场经济体制，推动经济又好又快发展

自党的十四大确定社会主义市场经济体制的改革目标以及党的十四届三中全会作出相关决定以来，我国经济体制改革在理论和实践上取得重大进展。社会主义市场经济体制初步建立。但是，社会主义市场经济体制还有诸多不完善的地方，需要进一步改革。

为了进一步解放和发展生产力，根据党的十六大提出的“完善社会主义市场经济体制”的要求，2003 年 10 月，党的十六届三中全会审议通过《中共中央关于完善社会主义市场经济体制若干问题的决定》，从我国经济体制改革和经济社会发展的新情况新特点出发，就完善社会主义市场经济体制的一系列重大问题作出部署。该决定提出了完善社会主义市场经济体制的主要目标，并围绕总目标，就进一步巩固和发展公有制经济，鼓励、支持和引导非公有制经济发展，完善国有资产管理体制、深化国有企业改革，深化农村改革、完善农村经济体制，完善市场体系、规范市场秩序，继续改善宏观调控、加快转变政府职能，完善财税体制、深化金融改革，深化涉外经济体制改革、全面提高对外开放水平，推进就业和分配体制改革、完善社会保障体系，深化科技教育文化卫生体制改革、提高国家创新能力和国民整体素质，深化行政管理体制改革、完善经济法律制度，加强和改善党的领导等问题作出具体部署。按照全会部署，我国经济体制改革向重点领域和关键环节稳步推进。

为巩固和发展公有制经济，进一步发挥国有经济的主导作用，2003年3月，国务院成立国有资产监督管理委员会，主要负责监管中央所属企业（不含金融类企业）的国有资产，确保国有资产保值增值，指导推动国有企业改革，完善公司治理结构，调整国有经济布局等。其后，地方国有资产监管机构也相继建立。《企业国有资产监督管理暂行条例》《企业国有资产评估管理暂行办法》《企业国有产权转让管理暂行办法》《中华人民共和国企业国有资产法》等国有资产监管法律规章的建立和逐步完善，推动国有企业改革有法可依、不断深化。国有企业股份制改革进一步加快，一批具有国际竞争力的大公司、大企业集团发展壮大。邮政、电力、电信、民航、铁路等行业改革取得积极进展，国有经济活力、控制力和影响力明显增强。

在毫不动摇地巩固和发展公有制经济的同时，毫不动摇地鼓励、支持和引导非公有制经济发展，着力消除影响其发展的体制机制障碍，2005年2月，国务院印发《关于鼓励支持和引导个体私营等非公有制经济发展的若干意见》，从放宽非公有制经济市场准入、加大对非公有制经济的财税金融支持、完善对非公有制经济的社会服务、维护非公有制企业和职工的合法权益、引导非公有制企业提高自身素质、改进政府对非公有制企业的监管、加强对发展非公有制经济的指导和政策协调7个方面提出了促进非公有制经济发展的36条具体政策措施。之后，有关部门又相继出台了多个配套文件，形成一整套鼓励非公有制经济发展的政策法规。随着政策环境不断改善，非公企业得以迅速发展，这一时期创造的产值超过了国内生产总值的一半，上缴国家的税收比重不断增加，在促进经济增长、扩大就业和活跃市场等方面发挥着越来越重要的作用。到2008年，在规模以上工业中，非公有制企业比重上升到65.6%，国有及国有控股工业占全部规模以上工业总产值的比重虽然下降至28.3%，但质量和实力提升。

进一步深化财政、金融体制改革。针对国有商业银行经营管理不善、金融风险加剧的状况，重点对中国工商银行、中国银行、中国建设银行和交通银行进行股份制改造并成功上市，促进国有商业银行资产质量和盈利能力明显提高，银行业发生了重大变化。到2005年初，农村信用社改革扩大到29个省、自治区、直辖市。为规范上市公司股权分置改革工作，保护投资者合法权益，促进资本市场改革开放和稳定发展，2005年8月，有关部门相继发布《关于上市公司股权分置改革的指导意见》和《上市公司股权分置改革管理办法》，解决了上市公司股权分置这个长期困扰证券市场发展的制度性问题。重点国有保险企业重组改制上市，促进了保险业迅速发展。利率市场化改革迈出实质性步伐，2005年7月21日，我国对完善人民币汇率形成机制进行改革，人民币汇率不再盯住单一美元，而是实行以市场供求为基础、参考一篮子货币进行调节、有管理的浮动汇率制度，人民币汇率弹性明显增强。财税体制改革进一步深化，财政转移支付制度和公共财政制度逐步完善。启动和扩大增值税转型改革试点。2007年3月，十届全国人大五次会议通过《中华人民共和国企业所得税法》，统一内外资企业所得税制度，为各类企业创造了更加公平竞争的法制环境。投资体制改革和价格改革也取得新进展。

市场体系建设进一步加强，生产要素市场化程度稳步提高。在推动资本市场改革发展方面，2004年1月，国务院发布《关于推进资本市场改革开放和稳定发展的若干意见》，确定以扩大直接融资、完善现代市场体系、更大程度地发挥市场在资源配置中的基础性作用为目标，建设透明高效、结构合理、机制健全、功能完善、运行安全的资本市场。土地和矿产资源市场秩序、产品质量和食品药品安全等专项整治取得明显成效；保护知识产权力度进一步加大，严厉打击了制假售假、非法传销、商业欺诈、盗版侵权等违法犯罪活动。

在推进经济改革的同时，以疾病预防控制和农村为重点，全国公共卫生体系建设和相关改革力度进一步加大。非典疫情之后，我国进行了新中国成立以来规模最大的公共卫生体系建设，基本建成了覆盖城乡、功能比较完善的疾病预防控制体系和应急医疗救治体系。2003年5月，国务院常务会议通过了《突发公共卫生事件应急条例》。同年9月，国家发改委、卫生部发布《突发公共卫生事件医疗救治体系建设规划》，建立突发公共卫生事件预警和应急机制。大力加强公共卫生设施建设，重点抓了省市县三级疾病预防控制网络建设。

在扩大对外开放方面，坚持利用国际有利条件和充分发挥我国优势相结合，坚持扩大引进技术和全面增强自主创新能力相结合，坚持利用外资和大力促进国内产业结构优化升级相结合，增强我国经济的整体竞争力，不断开创对外开放新局面。2005 年 10 月，党的十六届五中全会提出要“实施互利共赢的开放战略”，“不断提高对外开放水平，增强在扩大开放条件下促进发展的能力”。根据党中央、国务院的决策部署，我国认真履行加入世界贸易组织的各项承诺，积极做好过渡期各项工作。同时，进一步深化涉外经济体制改革，促进贸易投资便利化；放开外贸经营权，大幅度降低关税，取消进口配额、许可证等非关税措施，金融、商业、电信等服务业开放不断扩大。进出口商品结构逐步优化，利用外资质量进一步提高。实施“走出去”战略迈出坚实步伐，对外经济互利合作取得明显成效。

在不断深化经济体制改革、推进对外开放的同时，党和政府针对工业化、城镇化进程中出现的固定资产投资增长过快、货币信贷投放过多、外贸顺差过大等问题，及时采取措施加大宏观调控力度。2003 年以后，按照“果断有力、适时适度、区别对待、注重实效”的原则，综合运用经济、法律手段和必要的行政手段，严把土地、信贷两个闸门，着力解决影响经济平稳较快发展的突出问题。由于措施及时，从 2004 年第二季度起经济缓慢降温，部分行业投资过快增长势头得到一定程度的遏制。

在加强宏观调控的同时，党中央根据经济社会发展的新情况提出新的发展方针。如何处理好经济发展中“好”与“快”的关系，一直是我国社会主义建设中的一个重大理论和实践课题。“好”是对经济发展质量和效益的要求，“快”是对经济发展速度的强调。1995 年 9 月，党的十四届五中全会第一次把实现经济“又好又快”发展与“转变经济增长方式”联结起来。2003 年以后，随着科学发展观的提出，作为体现这一重大战略思想要求的“又好又快”开始较多使用。又好又快发展，强调既要保持经济平稳较快增长，防止大起大落，又要坚持好中求快，注重优化结构，努力提高质量和效益。2006 年 10 月，党的十六届六中全会上对“促进经济又好又快发展”提出新要求。同年 12 月召开的中央经济工作会议进一步提出，要“努力实现速度、质量、效益相协调，消费、投资、出口相协调，人口、资源、环境相协调，真正做到又好又快发展”。在这之后，“又好又快”作为党和国家指导经济发展的一个重大方针，逐步取代了多年来沿用的“又快又好”。从“又快又好”到“又好又快”，虽只是“好”与“快”顺序的调整，却体现了科学发展的本质要求，反映了中国经济发展方针思路的重大调整和对中国特色社会主义发展本质认识的深化。

党的十六大以后，针对我国经济社会发展中存在的区域发展不协调不平衡问题，党中央以科学发展观为指导，在继续扎实推进西部大开发战略的同时，相继作出振兴东北地区等老工业基地、促进中部地区崛起战略，支持东部地区率先发展，在改革开放中先行先试，推动我国区域更加平衡协调发展。

党中央把深入推进西部大开发放在区域发展总体战略的优先位置，给予高度重视。2004 年 3 月，国务院发布《关于进一步推进西部大开发的若干意见》，确定了进一步推进西部大开发应抓好的 10 项重点工作。2006 年底，在《“十五”西部开发总体规划》基本完成之际，国务院常务会议审议并原则通过了《西部大开发“十一五”规划》。根据党中央提出的重点先行、适当超前的方针，西部基础设施建设取得重要进展。其中重点展开了青藏铁路、西电东送、西气东输等标志性工程建设。2006 年 7 月 1 日，经过工人、技术人员在恶劣自然条件下极其艰苦的施工，全长 1956 公里的青藏铁路终于全线建成通车。西电东送是指开发贵州、云南、广西、四川、内蒙古、山西、陕西等西部省区的电力资源，将其输送到电力紧缺的广东、上海、江苏、浙江和北京、天津、唐山等东部地区。2000 年 11 月，西电东送工程全面启动。经过 4 年奋战，2004 年 12 月 30 日，西气东输工程（新疆轮南至上海）全线建成并正式运营。西气东输工程是把我国西部地区的天然气资源通过管道向中东部地区输送。2004 年 10 月 1 日，西气东输一线工程全线建成投产。在西部大开发过程中，党和政府始终把生态建设和环境保护作为重中之重，相继实施退耕还林、退牧还草和三江源保护工程，推动生态建设和环境保护取得显著成效。

东北地区的辽宁、吉林、黑龙江三省是新中国工业的摇篮。为了促进东北地区经济社会发展，党的十六大提出要“支持东北地区等老工业基地加快调整和改造”。在深入调研的基础上，2003 年 10 月，中共中央、国务院发布《关于实施东北地区等老工业基地振兴战略的若干意见》，全面阐述了加快东北地区等老工业基地振兴的重大战略意义、指导思想和基本原则。2003 年 12 月，国务院成立振兴东北地区等老工业基地领导小组。在党中央、国务院的统一部署和指导下，东北三省经济体制改革创新明显加快，对外开放不断扩大，经济出现了持续快速增长势头。2004—2006 年，东北三省地区生产总值分别达到 1.51 万亿、1.71 万亿和 1.97 万亿元，年均增速达到 12.6%。2007 年 8 月，经国务院同意，《东北地区振兴规划》公布。整个“十一五”期间，东北三省地区生产总值年均增长 13.4%，全社会固定资产投资增长 32%，社会消费品零售额增长 18.1%，主要经济指标增速均高于全国和东部地区平均水平，东北地区正在崛起成为全国重要经济增长极，振兴东北战略取得了重要的阶段性成果。

中部地区，包括华中地区的河南、湖北、湖南 3 省，华东地区的江西、安徽两省以及华北地区的山西省，共 6 个省，改革开放以来经济社会发展取得巨大成就，但是由于种种原因，中部地区在全国经济总量中的比重逐步下降。为加快中部地区发展，2004 年 3 月和 9 月，十届全国人大二次会议通过的政府工作报告和党的十六届四中全会都明确提出

"促进中部地区崛起"。在深入调研的基础上，2006 年 4 月，中共中央、国务院印发《关于促进中部地区崛起的若干意见》，就促进中部地区崛起的总体要求、基本原则、工作重点和政策措施等作出部署，使中部地区进入了加速发展的新阶段。2007 年 1 月，国务院确定，中部地区 26 个地级以上城市比照执行振兴东北地区等老工业基地有关政策，243 个县（市、区）比照执行西部大开发有关政策。4 月 10 日，国家促进中部地区崛起工作办公室挂牌。2009 年 9 月，国务院通过《促进中部地区崛起规划》。根据党中央、国务院的决策部署，中部地区崛起取得明显成效。以武汉城市圈、中原城市群、长（沙）株（洲）（湘）潭城市群、皖江城市带、环鄱阳湖城市群、太原城市圈为增长极的 6 大城市群加快发展，地区生产总值、全社会固定资产投资、社会消费品零售总额和财政收入占全国的比重均有较大幅度提升，城乡居民生活水平明显改善。

国家积极支持东部地区率先发展，在改革开放中先行先试。2003 年 10 月，党的十六届三中全会提出要"鼓励东部有条件地区率先基本实现现代化"[①]。2005 年 10 月，党的十六届五中全会进一步明确，"鼓励东部地区率先发展"，要"继续发挥经济特区、上海浦东新区的作用，推进天津滨海新区等条件较好地区的开发开放，带动区域经济发展"[②]。在党中央、国务院统一部署下，党的十六大以后，以长江三角洲、珠江三角洲、环渤海京津冀地区等为代表的我国东部地区立足自身优势，不断优化区域发展布局，勇于改革创新，掀起了新一轮率先发展浪潮。2005 年 6 月，国务院批准上海浦东新区进行社会主义市场经济综合配套改革试点。2006 年 5 月，国务院印发《关于推进天津滨海新区开发开放有关问题的意见》，批准天津滨海新区为继上海浦东新区之后又一个国家综合配套改革试验区。2008 年 9 月，国务院印发《关于

① 中共中央文献研究室编《十六大以来重要文献选编》（上），中央文献出版社 2005 年版，第 471 页。

② 《中共中央关于制定国民经济和社会发展第十一个五年规划的建议》，《人民日报》2005 年 10 月 19 日。

进一步推进长江三角洲地区改革开放和经济社会发展的指导意见》，提出了长江三角洲地区经济社会发展中长期目标。2008 年 12 月，国务院批复实施《珠江三角洲地区改革发展规划纲要（2008—2020 年）》，要求广东省进一步解放思想、深化改革、扩大开放，继续在改革开放中先行先试，率先实现科学发展、和谐发展，率先基本实现现代化。国务院还先后发布关于支持福建省加快建设海峡西岸经济区和推进海南国际旅游岛建设发展的意见。环渤海京津冀地区是继长江三角洲和珠江三角洲之后中国经济增长的第三大引擎。2005 年 10 月，曹妃甸工业区被确定为国家首批发展循环经济试点产业园区，后被列入国家“十一五”规划全国重点建设工程。

统筹城乡经济社会发展，是党的十六大提出的一项重大战略任务。党的十六大以后，党中央在大力推进农业和农村经济结构战略性调整、千方百计增加农民收入的同时，根据统筹城乡发展的要求，明确把解决好“三农”（指农业、农村、农民）问题作为“全党工作的重中之重，放在更加突出的位置”[①]，采取一系列更直接更有力的政策措施，推动农业、农村改革发展走上快车道。“多予、少取、放活”方针，最早是在 1998 年 10 月党的十五届三中全会通过的《中共中央关于农业和农村工作若干重大问题的决定》中提出的。2002 年 1 月召开的中央农村工作会议进一步提出，新阶段增加农民收入“总的指导思想是‘多予、少取、放活’”[②]。作为坚持“多予、少取、放活”方针的具体实践，党的十六大以后，农村税费改革在充分试点的基础上全面推进。2003 年 3 月27 日，国务院发布《关于全面推进农村税费改革试点工作的意见》，明确 2003 年农村税费改革试点工作的总体要求是“总结经验，完善政策；全面推进，分类指导；巩固改革成果，防止负担反弹”。

① 中共中央文献研究室编《十六大以来重要文献选编》（上），中央文献出版社 2005 年版，第 112 页。

② 中共中央文献研究室编《十五大以来重要文献选编》（下），人民出版社 2003 年版，第 2168 页。

12月31日，中共中央、国务院印发《关于促进农民增加收入若干政策的意见》，提出了对种粮农民实行直接补贴、良种补贴和大型农机具购置补贴3项政策（“三补贴”）和推行坚决保护耕地、加大农业投入、严格控制农资价格、实行粮食最低收购价4项有利于“三农”发展的保障措施（“四保障”）。2004年9月，胡锦涛在党的十六届四中全会上第一次提出了“两个趋向”的重要论断，即“在工业化初始阶段，农业支持工业、为工业提供积累是带有普遍性的趋向；但在工业化达到相当程度以后，工业反哺农业、城市支持农村，实现工业与农业、城市与农村协调发展，也是带有普遍性的趋向”。我国总体上已到了以工促农、以城带乡的发展阶段，“要在国家总体实力不断增强的基础上，在深入挖掘农业和农村发展潜力的同时，不断加大对农业发展的支持力度，发挥城市对农村的辐射和带动作用，发挥工业对农业的支持和反哺作用，走城乡互动、工农互促的协调发展道路”[①]。“两个趋向”的重要论断，从全局和战略高度提出了新阶段解决“三农”问题的指导思想，为我国在新形势下形成工业反哺农业、城市支持农村的机制确定了基调。2005年3月，十届全国人大三次会议通过的政府工作报告进一步提出：加快减免农业税步伐，2006年“在全国全部免征农业税”[②]。2005年12月29日，十届全国人大常委会第十九次会议决定废止《中华人民共和国农业税条例》。从此，中国农民告别了绵延2600多年的“皇粮国税”。全面取消农业税后，与改革前的1999年相比，全国农民一年减轻负担1250亿元，人均减负140元。通过农村税费改革，实现了对农民的“少取”，甚至不取，农民负担过重的状况得到了根本性扭转。

根据统筹城乡发展的方略和“两个趋向”重要论断，2005年10月，党的十六届五中全会明确提出建设社会主义新农村的重大任务。同

---

① 中共中央文献研究室编《十六大以来重要文献选编》（中），中央文献出版社2006年版，第311页。

② 中共中央文献研究室编《十六大以来重要文献选编》（中），中央文献出版社2006年版，第777页。

年12月，中共中央、国务院印发《关于推进社会主义新农村建设的若干意见》，就推进“十一五”时期社会主义新农村建设提出总体要求和一系列重大方针政策。《意见》是新阶段加强“三农”工作、指导社会主义新农村建设的纲领性文件。从2004年到2008年，党中央、国务院连续印发5个关于“三农”问题的“一号文件”，统筹推进社会主义新农村建设和城乡协调发展。

建设社会主义新农村，根本动力是进一步深化农村改革。在实行以家庭承包经营为核心的农村经营体制改革和以农村税费改革为核心的国民收入分配关系改革这前两步改革的基础上，为从根本上消除农民负担反弹的隐患，摆脱农村税费“加重—减轻—再加重”的恶性循环，2005年6月，全国农村税费改革试点工作会议首次提出，要积极稳妥地推进以乡镇机构、农村义务教育和县乡财政体制为主要内容的农村综合改革试点。随后，安徽省于同年8月在芜湖召开农村综合改革试点工作会议，决定在全省18个县开展农村综合改革试点。根据党中央、国务院的决策，农村综合改革迅速铺开并收到显著成效。与此同时，为了探索统筹城乡发展的新路子，2007年6月，国务院同意下发《关于批准重庆市和成都市设立全国统筹城乡综合配套改革试验区的通知》，要求两市从实际出发，根据统筹城乡综合配套改革试验的要求，全面推进各个领域的体制改革，并在重点领域和关键环节率先突破，大胆创新，尽快形成统筹城乡发展的体制机制，促进两市城乡经济社会协调发展，为推动全国深化改革，实现科学发展与和谐发展，发挥示范和带动作用。

1978年农村承包责任制的实行，对中国农村发展起到了巨大的推动作用，全面推进集体林权制度改革，也是一场影响深远的重大改革。2003年6月，中共中央、国务院发布《关于加快林业发展的决定》，提出要“进一步完善林业产权制度。……要依法严格保护林权所有者的财产权，维护其合法权益。对权属明确并已核发林权证的，要切实维护林权证的法律效力；对权属明确尚未核发林权证的，要尽快核发；对权属不清或有争议的，要抓紧明晰或调处，并尽快核发权属证明。退耕土地还林后，要依法及时办理相关手续。”2008 年 6 月，中共中央、国务院又发布《关于全面推进集体林权制度改革的意见》，提出用 5 年左右时间，基本完成明晰产权、承包到户的改革任务，在此基础上，通过深化改革，完善政策，健全服务，规范管理，逐步形成集体林业的良性发展机制，实现资源增长、农民增收、生态良好、林区和谐的目标。根据中央的部署，集体林权制度改革取得显著成效。

经过全党全国人民共同努力，我国胜利完成了“十五”计划各项任务。2001 年至 2005 年五年间，国内生产总值增长 57.3%，年均增长 9.5%。人民生活明显改善，人均国内生产总值突破 1000 美元，汽车迅速进入普通家庭，越来越多的人走出国门，足迹遍及世界各地。随着“十五”计划的完成，党中央深入研究和把握这一时期我国发展呈现出来的一系列重要阶段性特征，2005 年 10 月，党的十六届五中全会通过《中共中央关于制定国民经济和社会发展第十一个五年规划的建议》。建议的鲜明特点是强调坚持以科学发展观统领经济社会发展全局，把科学发展观贯穿改革开放和现代化建设全过程。“十一五”规划第一次将延续 50 多年的“计划”改为“规划”，这一字之差体现了社会主义市场经济条件下中长期规划的功能定位，反映了我国发展理念、经济体制、政府职能的重大变革。建议提出在优化结构、提高效益、降低消耗的基础上，实现 2010 年人均国内生产总值比 2000 年翻一番。2006 年 3 月，十届全国人大四次会议审议通过《中华人民共和国国民经济和社会发展第十一个五年规划纲要》。

（三）推进文化建设和文化体制改革；确立构建社会主义和谐社会的战略目标

文化体制改革是中国全面改革的重要组成部分，文化建设是中国特色社会主义事业总体布局的一项重要内容。党的十六大以后，文化建设和文化体制改革驶入加速发展的快车道。2003 年 10 月，党的十六届三中全会确定了深化文化体制改革的总体思路和目标。2004 年 9 月，党的十六届四中全会把“不断提高建设社会主义先进文化的能力”作为加强党的执政能力建设的一项重要内容，并第一次提出了“深化文化体制改革，解放和发展文化生产力”这一重大命题。根据党的十六大关于“抓紧制定文化体制改革的总体方案”的要求，2003年初，中宣部会同文化部、国家广电总局、国家新闻出版总署等有关部门，在深入调查研究的基础上，拟定了《文化体制改革试点工作方案》，并确定北京、上海、重庆、广东、浙江以及深圳、沈阳、西安、丽江9个省市为文化体制改革综合性试点地区。从2004年起，我国文化体制改革试点工作全面铺开。在试点改革的推动和示范下，2003年到2005年，我国文化领域的改革发展在一系列领域实现重要突破。一是国有文化事业单位稳步“转企改制”；二是非公有资本成为文化建设投资的主体力量；三是大力发展文化产业成为各地参与新一轮区域竞争的制高点。浙江、广东、山西、湖北、上海、北京等省市相继作出相关决定或总体规划，全面推进文化事业和文化产业向纵深发展；四是文化市场流通体系的改革和建设取得重要成果；五是文化产业格局出现大范围重组，与信息产业密切关联的新兴产业异军突起；六是政府文化行政管理和市场监管体制改革迈出实质性步伐。在总结文化体制改革试点经验的基础上，2005年12月，中共中央、国务院发布《关于深化文化体制改革的若干意见》，对进一步推进文化体制改革的重大意义、指导思想、原则要求和目标任务作了全面阐述。2006年9月，新中国第一个专门部署文化建设的五年发展规划——《国家“十一五”时期文化发展规划纲要》颁布实施。从2006年起，我国文化发展和文化体制改革走上了加速推进的新征程。

三、党的十七大对全面建设小康社会作出新部署，应对一系列重大挑战，深化改革开放

（一）党的十七大胜利召开

2007年10月15日至21日，中国共产党第十七次全国代表大会在

北京举行。大会的主题是：高举中国特色社会主义伟大旗帜，以邓小平理论和“三个代表”重要思想为指导，深入贯彻落实科学发展观，继续解放思想，坚持改革开放，推动科学发展，促进社会和谐，为夺取全面建设小康社会新胜利而奋斗。胡锦涛作题为《高举中国特色社会主义伟大旗帜，为夺取全面建设小康社会新胜利而奋斗》的报告。

大会在回顾党的十六大以来5年工作的基础上，科学总结了改革开放的伟大进程、巨大成就和宝贵经验。大会指出，改革开放是党在新的时代条件下带领人民进行的新的伟大革命，目的就是要解放和发展社会生产力，实现国家现代化，让中国人民富裕起来，振兴伟大的中华民族；就是要推动我国社会主义制度自我完善和发展，赋予社会主义新的生机活力，建设和发展中国特色社会主义；就是要在引领当代中国发展进步中加强和改进党的建设，保持和发展党的先进性，确保党始终走在时代前列。大会指出，改革开放以来我们取得一切成绩和进步的根本原因，归结起来就是：开辟了中国特色社会主义道路，形成了中国特色社会主义理论体系。高举中国特色社会主义伟大旗帜，最根本的就是要坚持这条道路和这个理论体系。中国特色社会主义道路，就是在中国共产党领导下，立足基本国情，以经济建设为中心，坚持四项基本原则，坚持改革开放，解放和发展社会生产力，巩固和完善社会主义制度，建设社会主义市场经济、社会主义民主政治、社会主义先进文化、社会主义和谐社会，建设富强民主文明和谐的社会主义现代化国家。中国特色社会主义理论体系，就是包括邓小平理论、“三个代表”重要思想以及科学发展观等重大战略思想在内的科学理论体系。这个理论体系，坚持和发展了马克思列宁主义、毛泽东思想，凝结了几代中国共产党人带领人民不懈探索实践的智慧和心血，是马克思主义中国化最新成果，是党最宝贵的政治和精神财富，是全国各族人民团结奋斗的共同思想基础。

大会对科学发展观的时代背景、科学内涵、精神实质等作了进一步的深刻阐述，对深入贯彻落实科学发展观提出了明确要求。大会指出，科学发展观是立足社会主义初级阶段基本国情，总结我国发展实践，借鉴国外发展经验，适应新的发展要求提出来的，它是对党的三代中央领导集体关于发展的重要思想的继承和发展，是马克思主义关于发展的世界观和方法论的集中体现，是同马克思列宁主义、毛泽东思想、邓小平理论和“三个代表”重要思想既一脉相承又与时俱进的科学理论，是我国经济社会发展的重要指导方针，是发展中国特色社会主义必须坚持和贯彻的重大战略思想。科学发展观的第一要义是发展，核心是以人为本，基本要求是全面协调可持续，根本方法是统筹兼顾。大会强调，在新的发展阶段继续全面建设小康社会、发展中国特色社会主义，必须坚持以邓小平理论和“三个代表”重要思想为指导，深入贯彻落实科学发展观。大会决定把科学发展观写入党章，确定了其在党和国家各项工作中的指导地位。

大会基于国际国内形势变化和新世纪新阶段我国发展呈现的新的阶段性特征，顺应全国人民过上更美好生活的新期待，在党的十六大确定的目标基础上，提出了实现全面建设小康社会奋斗目标的更高要求，这就是：增强发展的协调性，努力实现经济又好又快发展，在优化结构、提高效益、降低消耗、保护环境的基础上，实现人均国内生产总值到2020年比2000年翻两番；扩大社会主义民主，更好保障人民权益和社会公平正义；加强文化建设，明显提高全民族文明素质，社会主义核心价值体系深入人心，良好思想道德风尚进一步弘扬；加快发展社会事业，全面改善人民生活；建设生态文明，基本形成节约能源资源和保护生态环境的产业结构、增长方式、消费模式。

从实现全面建设小康社会奋斗目标新要求出发，大会对进一步深化改革开放，推进我国经济、政治、文化、社会建设等重大问题作出全面部署。大会指出，实现未来经济发展目标，关键要在加快转变经济发展方式、完善社会主义市场经济体制方面取得重大进展，促进国民经济又好又快发展。要大力推进经济结构战略性调整，更加注重提高自主创新能力、提高节能环保水平、提高经济整体素质和国际竞争力；要深化对社会主义市场经济规律的认识，从制度上更好发挥市场在资源配置中的基础性作用，形成有利于科学发展的宏观调控体系。要坚持中国特色社会主义政治发展道路，坚持党的领导、人民当家作主、依法治国有机统一，坚持和完善人民代表大会制度、中国共产党领导的多党合作和政治协商制度、民族区域自治制度以及基层群众自治制度，不断推进社会主义政治制度自我完善和发展。要推动社会主义文化大发展大繁荣，坚持社会主义先进文化前进方向，兴起社会主义文化建设新高潮，激发全民族文化创造活力，提高国家文化软实力，使人民基本文化权益得到更好保障，使社会文化生活更加丰富多彩，使人民精神风貌更加昂扬向上。要在经济发展的基础上，更加注重社会建设，着力保障和改善民生，推进社会体制改革，扩大公共服务，完善社会管理，促进社会公平正义，努力使全体人民学有所教、劳有所得、病有所医、老有所养、住有所居，推动建设和谐社会。

大会对开创国防和军队现代化建设新局面、推进“一国两制”实践和祖国和平统一大业、始终不渝走和平发展道路等关系党和国家发展全局的重大问题也作出了规划和部署。

大会对以改革创新精神全面推进党的建设新的伟大工程提出明确要求。大会强调，面对世情、国情、党情的发展变化，必须把党的执政能力建设和先进性建设作为主线，坚持党要管党、从严治党，贯彻为民、务实、清廉的要求，以坚定理想信念为重点加强思想建设，以造就高素质党员、干部队伍为重点加强组织建设，以保持党同人民群众的血肉联系为重点加强作风建设，以健全民主集中制为重点加强制度建设，以完善惩治和预防腐败体系为重点加强反腐倡廉建设，使党始终成为立党为公、执政为民，求真务实、改革创新，艰苦奋斗、清正廉洁，富有活力、团结和谐的马克思主义执政党。这个加强党的建设总体布局的提出，集中反映了改革开放以来我们党对加强自身建设规律的新认识和达到的新水平。

大会审议通过的《中国共产党章程（修正案）》，增写了中国特色社会主义事业总体布局，全面推进经济建设、政治建设、文化建设、社会建设的内容，体现了我们党对共产党执政规律、社会主义建设规律、人类社会发展规律认识的深化。此外，还增写了党的中央和省、自治区、直辖市委员会实行巡视制度，以利于加强党内监督、促进反腐倡廉工作；增写了党的干部要树立正确政绩观，作出经得起实践、人民、历史检验的实绩的要求；增加了推进党务公开、发展党内民主、加强和改进流动党员管理等方面的新规定。

党的十七大在改革发展关键阶段回答了举什么旗、走什么路、以什么样的精神状态、朝着什么样的发展目标继续前进等重大问题，为深化改革开放、夺取全面建设小康社会新胜利提供了有力指导。

（二）应对国际金融危机等重大挑战

进入2008年，世界经济形势风云变幻，险象环生，由美国次贷危机引发的金融危机愈演愈烈，迅速从局部发展到全球，从发达国家传导到新兴市场国家和发展中国家，从金融领域扩散到实体经济领域，酿成了一场历史罕见、冲击力极强、波及范围很广的国际金融危机。

面对百年不遇的国际金融危机冲击和21世纪以来最严重的经济困难，党中央总揽全局，运筹帷幄，团结带领全党全国各族人民坚定信心、沉着应对、迎难而上、共克时艰，化挑战为机遇，采取一系列促进经济平稳较快发展的政策措施并取得显著成效，成功经受住了国际金融危机冲击的重大考验。

早在2007年12月召开的中央经济工作会议上，党中央就提出：推动经济社会又好又快发展，必须更加注重统筹国内国际两个大局，准确把握世界经济走势，增强做好经济工作的系统性、预见性、主动性；要妥善应对来自各方面的挑战，增强忧患意识，始终居安思危，高度重视并及时化解前进道路上的各种困难和问题。2008年3月，十一届全国人大一次会议在部署2008年经济工作时提出，次贷危机影响蔓延、美元持续贬值、石油价格居高不下等，都可能对我国经济发展带来不利影响，必须密切关注国际经济的走势，根据形势的变化，灵活、及时采取相应的对策。在国际金融危机对我国实体经济的冲击尚未显现的情况下，党中央、国务院一再强调树立忧患意识、做好应对危机的预案，为我国应对危机的严重冲击赢得了时间和主动。9月，美国第四大投资银行雷曼兄弟公司宣布破产，美国次贷危机发展为国际金融危机，世界经济形势急转直下，多国实体经济出现严重衰退。国际金融危机对中国经济造成严重冲击，经济下行压力成为我国经济发展中面临的最突出问题。10月，党的十七届三中全会提出要多管齐下，采取灵活审慎的宏观经济政策，着力扩大国内需求特别是消费需求，保持经济稳定、金融稳定、资本市场稳定。初步匡算，实施这些措施，从2008年第四季度到2010年底，包括中央投资和带动的社会投资在内，约需投资4万亿元。

2009年是21世纪以来我国经济社会发展最为困难的一年。面对更加严峻的形势，从2009年初开始，党中央、国务院立足“保增长、扩内需、调结构”这一总体目标，继续坚持积极的财政政策和适度宽松的货币政策，同时又出台和实施了一系列新的重大举措，形成应对国际金融危机、促进经济平稳较快增长的一揽子计划。主要内容包括继续实施总额4万亿元的投资计划；大范围实施重点产业调整振兴规划；大力推进自主创新，加强科技支撑，增强发展后劲；着力改善民生，大幅度提高社会保障水平等。经过艰苦努力，我国在世界上率先实现经济回升向好：2009年我国经济增速逐季加快，4个季度的当季同比增幅分别为6.4%、8.2%、0.6%和11.9%，全年国内生产总值34.9万亿元，比上年增长9.4%。事实证明，我国应对国际金融危机冲击的方针、政策和举措总体上是有效的。但是，为应对严峻经济形势而采取的一些经济刺激政策要有一个消化的过程，我国经济发展仍存在不少突出的矛盾和问题，必须通过坚定不移推进和深化改革解决。

在应对国际金融危机的同时，党和政府还克服和战胜了来自自然界及政治上的一系列困难挑战。

2008年5月12日，四川汶川发生里氏8.0级特大地震，造成8.7万人遇难，受灾群众达4625万多人，直接经济损失8451亿多元。地震发生后，在党中央领导下，我国迅速组织开展了历史上救援速度最快、动员范围最广、投入力量最大的抗震救灾活动。党中央坚持以人为本、尊重科学，果断决策、沉着应对，全国人民患难与共、同心协力，人民子弟兵舍生忘死、冲锋在前，一方有难、八方支援、集中力量办大事的制度优势得到充分发挥。在这场波澜壮阔的抗震救灾过程中，无数人在生死瞬间把生的希望留给他人，父母用臂膀为孩子撑起生命的空间，老师用身躯为学生挡住死神的威胁，党员干部在关键时刻、危难关头豁得出来、冲得上去，在地震废墟上谱写了一曲曲感天动地的英雄壮歌，充分展现了万众一心、众志成城，不畏艰险、百折不挠，以人为本、尊重科学的伟大抗震救灾精神。

在夺取抗震救灾斗争重大胜利后，党和政府迅速制定灾区灾后恢复重建计划。国家在汶川震后的3年里共投入恢复重建资金1万多亿元，并动员全国力量实行对口支援。全国各族人民、港澳台同胞和海外侨胞以各种方式支持抗震救灾和灾后重建。到2010年9月底，重建任务提前一年基本完成，受灾地区的基础设施和群众的生产生活大大超过灾前水平，创造了灾后重建的人间奇迹。2008年至2010年间，党和政府还带领人民取得抗击南方雨雪冰冻极端天气、青海玉树强烈地震和甘肃舟曲特大泥石流等严重自然灾害以及恢复重建的胜利；依法坚决平息和妥善处理了2008年3月14日拉萨等地严重打砸抢烧暴力犯罪事件和2009年7月5日乌鲁木齐严重打砸抢烧事件，坚决打击了暴力恐怖势力、民族分裂势力和宗教极端势力的破坏活动，维护了民族团结和社会稳定。

成功应对各种困难和风险挑战，充分显示了党的坚强领导和我国社会主义制度能够集中力量办大事的政治优势。

（三）在危机中抓住机遇，深化改革、扩大开放、加快发展

应对国际金融危机、战胜特大自然灾害、有力维护社会稳定的过

程，也是在危机中抓住机遇，进一步深化改革、扩大开放、加快发展的过程。党的十七大以后，党和政府毫不动摇坚持社会主义市场经济的改革方向，不断加快企业、财税、金融等重点领域和关键环节改革，从制度上更好地发挥市场在资源配置中的基础性作用，推动形成有利于科学发展的宏观调控体系；同时，始终坚持互利共赢的开放战略，更加积极地参与国际经济技术合作，不断提高开放型经济发展水平。

在加快国有大型企业改革方面，通过实行股份制、公司制改造和兼并重组，到2011年底，国资委监管的中央企业从2007年的159家减至117家，其中有超过80%的资产集中在石油石化、电力、国防和通信等关键领域以及运输、矿业、冶金等支柱行业，国有企业整体素质和竞争力大大增强。在国有企业做强做优的同时，党和政府坚持“两个毫不动摇”的方针，积极鼓励和引导非公有制经济健康发展。2010年5月，国务院印发《关于鼓励和引导民间投资健康发展的若干意见》，明确民间资本可以进入能源、军工、电信、航空运输等传统垄断行业，非公有制经济发展的体制环境得到进一步改善。在加快财税体制改革方面，自2009年1月1日起，在全国所有地区、所有行业推行由生产型增值税向消费型增值税转型的改革，以消除生产型增值税存在的重复征税因素，减轻纳税人负担。在金融体制改革方面，2009年1月，中国农业银行股份有限公司成立，并于2010年7月成功上市。至此，我国大型商业银行股份制改革基本完成。在推进全方位综合配套改革试验方面，继上海浦东新区、天津滨海新区之后，2007年6月到2011年底，国务院又确定了9个国家综合配套改革试验区。在农村改革方面，中央在改革开放30周年之际明确宣示，现有土地承包关系要保持稳定并长久不变。2008年10月党的十七届三中全会作出《中共中央关于推进农村改革发展若干重大问题的决定》，从加强农村制度建设、积极发展现代农业、加快发展农村公共事业等方面明确了推进农村改革发展的主要任务，强调农业是安天下、稳民心的战略产业，要求坚决守住18亿亩耕地红线，促进城乡经济社会发展一体化。此后，中央进一步加大对农业的财政投入，出台一系列强农惠农富农政策，在实施粮食直补的基础上，对种粮农民实施良种补贴、农机具购置补贴和农资综合补贴等，充分调动了种粮农民的积极性。从 2004 年起，我国粮食产量实现 8 年连续增长，2011 年达到 5.7 亿吨。农民人均纯收入也连年增长。

对外开放的广度和深度不断扩大，开放型经济水平全面提升。中国履行加入世界贸易组织承诺，全面加强同多边贸易规则的对接，对外开放政策的稳定性、透明度、可预见性显著提高，大幅降低关税，到 2010 年关税总水平降至 9.8%，远远低于发展中国家的平均水平。大规模开展法律法规清理修订工作。从 2001 年开始，10 年间中央政府共清理法律法规和部门规章 2300 多件，地方政府共清理地方性政策和法规 19 万多件。中国加入世界贸易组织后，为多边贸易体制有效运转作出了重要贡献。在不断扩大对外开放的过程中，对外贸易、利用外资、对外投资等领域发展迅速。2002 年至 2011 年中国加入世界贸易组织的 10 年间，出口总值由 3256 亿美元增至 18 983.8 亿美元，进口总值由 2952 亿美元增至 17 434 亿美元，中国货物贸易额的全球排名由第 6 位上升到第 2 位，成为世界第一大出口国。2003 年至 2011 年，中国累计批准设立外商投资企业 31.4 万家，实际使用外资金额 7192.2 亿美元，连续 20 年居发展中国家首位；截至 2010 年底，中国对外直接投资存量 3172.1 亿美元，遍布全球 178 个国家和地区。

加快转变经济发展方式。为更好地解决经济长期积累的结构性矛盾和经济增长方式粗放问题，2007 年 10 月，党的十七大报告设专章阐述了“促进国民经济又好又快发展”问题，提出“加快转变经济发展方式”的战略任务。这是在党的正式文件中第一次用“转变经济发展方式”代替沿用多年的“转变经济增长方式”的表述。转变经济发展方式，除了涵盖转变经济增长方式的全部内容，还对经济发展的理念、目的、战略、途径等提出了新的更高的要求，充分体现了党对经济发展规律认识的深化。依据党中央、国务院关于加快经济发展方式转变的决策部署，我国在积极应对国际金融危机冲击的同时，坚持在发展中促转变、在转变中谋发展，在加快推进经济发展方式转变上取得了重要进展。

着力提高自主创新能力，建设创新型国家。2005 年，提出建设创新型国家。2006 年 1 月，在全国科技大会上，党中央宣布了中国到 2020 年建成创新型国家的目标。2012 年中央进一步提出实施创新驱动发展战略。在创新战略推动下，国家加大科技投入，组织实施 16 个重大科技专项、技术创新工程、十大产业振兴规划和战略性新兴产业发展规划，在重要学科前沿和战略必争领域取得一批重大自主创新成果，载人航天、探月工程、超级计算机等实现新的重大突破。继 2003 年“神舟五号”飞船成功实现载人航天飞行之后，“神舟七号”飞船航天员成功进行中国人的第一次太空漫步，实现了我国空间技术发展具有里程碑意义的重大跨越。2007 年，“嫦娥一号”首次完成绕月探测，中华民族几千年来的飞天梦想终于变成了现实。2008 年 8 月，京津城际高速铁路开通运营，标志着中国开始迈入高铁时代。2011 年 7 月，深海载人潜水器蛟龙号成功潜至海面以下 5057 米，则标志着中国进入载人深潜技术的全球先进国家之列。2011 年 11 月，“神舟八号”与“天宫一号”成功实现交会对接，为中国独立建造空间站奠定关键技术基础。三峡水利枢纽、青藏铁路、南水北调等重大工程建设捷报频传，充分展现了我国改革开放和现代化建设的辉煌成就。

进入新世纪，顺应时代要求和人民期待，党中央坚持把党的领导、人民当家作主和依法治国统一起来，坚持走中国特色社会主义政治发展道路。2005 年 5 月，中共中央转发《中共全国人大常委会党组关于进一步发挥全国人大代表作用，加强全国人大常委会制度建设的若干意见》。在我国经济社会快速发展、城镇化不断推进、城乡人口结构比例发生巨大变化的背景下，2010 年 3 月，十一届全国人大三次会议通过新修改的全国人大和地方各级人大选举法，明确城乡按相同人口比例选举人大代表。2011 年上半年到 2012 年底，全国完成修改选举法后的首次县、乡两级人大换届选举，实现了新中国历史上城乡“同票同权”，人人平等、地区平等、民族平等原则得到了更好体现。科学立法、民主立法的步伐也进一步加快。截至2011年8月底，以宪法为统帅，中国已制定现行有效法律240部、行政法规706部、地方性法规8600多部，涵盖社会关系各个方面的法律部门已经齐全，中国特色社会主义法律体系已经形成，这是我国社会主义民主法制建设史上的重要里程碑。党的十七大首次把基层群众自治制度纳入中国特色社会主义政治制度的基本范畴，无论在城市，还是在乡村，基层民主选举、民主决策、民主管理、民主监督实践日益广泛深入开展，基层民主活力增强。至2012年底，农村普遍开展了八轮以上的村委会换届选举，全国98%以上的村委会实行了直接选举；城市开展了六轮以上的居委会换届选举。司法体制改革深入推进。行政管理体制改革不断深化，服务型政府建设加快推进。

当今时代，文化越来越成为民族凝聚力和创造力的重要源泉，越来越成为综合国力竞争的重要因素。党的十七大从中国特色社会主义事业“四位一体”总体布局的高度，提出兴起社会主义文化建设新高潮、推动社会主义文化大发展大繁荣的战略任务。2009年7月，我国发布第一部文化产业专项规划《文化产业振兴规划》，标志着文化产业上升为国家战略性产业。2011年10月，党的十七届六中全会专题研究文化体制改革和文化发展问题，审议通过了《中共中央关于深化文化体制改革，推动社会主义文化大发展大繁荣若干重大问题的决定》，提出了到2020年我国文化改革发展奋斗目标，并围绕这个目标对深化文化体制改革、促进文化大发展大繁荣作出大部署。文化体制改革极大激发了文化创新创造活力，文化产业崛起和发展成为进入新世纪后文化改革发展的显著特征。到2012年，全国文化产业总产值突破4万亿元；年出版图书品种、总量稳居世界第一位；电影产量连年保持在500部以上，成为世界第三大电影生产国；年产电视剧上万集，是世界第一大电视剧生产国；文化创意、数字出版、移动多媒体、动漫游戏等新兴文化产业迅速发展。

社会建设与人民幸福安康息息相关。在大力发展经济的同时，党中央坚持发展为了人民、发展依靠人民、发展成果由人民共享的理念，大力加强社会建设，切实保障和改善民生，在推进全国人民学有所教、劳有所得、病有所医、老有所养、住有所居方面取得新成效。到2008年，城乡义务教育实现全部免除学杂费，惠及1.6亿学生，减轻了亿万家庭的经济负担。高等教育大众化程度进一步提高，2012年高等教育毛入学率达到30%以上。党和政府坚持把就业作为民生之本，千方百计扩大就业。2011年末，我国城乡就业人数达到7.6亿人，保持了就业形势总体稳定。针对人民群众反映强烈的“看病难”“看病贵”等医药卫生领域存在的突出问题，党和政府积极推进医药卫生体制改革，努力提高人民的健康水平。从2003年起，我国开始在西部部分地区实行新型农村合作医疗制度，2006年在全国推开，到2008年底覆盖了全国，有8.14亿农村居民参与其中。2009年3月，中共中央、国务院印发《关于深化医药卫生体制改革的意见》，确定了深化医药卫生体制改革的总体目标。国务院根据该意见印发的《医药卫生体制改革近期重点实施方案（2009—2011年）》，进一步确定了2009年至2011年深化医药卫生体制改革要抓好的重点工作。新的医改方案实施后，我国医药卫生体制改革进展迅速，在缓解“看病难”“看病贵”方面取得了较大成效。截至2011年9月底，新型农村合作医疗、城镇居民基本医疗保险、城镇职工基本医疗保险3项基本医疗保险制度覆盖了全国95%以上的城乡居民，参保人数增加到12.95亿人。其中，新型农村合作医疗参保人数8.32亿人，城镇居民基本医疗保险参保人数2.16亿人，城镇职工基本医疗保险参保人数2.47亿人。2010年2月，国务院批准印发《关于公立医院改革试点的指导意见》，确定全国16个城市作为国家联系指导的公立医院改革试点城市，重点加强公立医院的规划和调控，推动公立医院结构布局优化调整。

建设生态文明，是关系人民福祉、关乎中华民族永续发展的根本大计，是中国特色社会主义事业的重要内容。党的十六大提出要“推动整个社会走上生产发展、生活富裕、生态良好的文明发展道路”。

党的十六届六中全会把“资源利用效率显著提高，生态环境明显好转”作为构建社会主义和谐社会的目标和主要任务之一。党的十七大首次将“建设生态文明”作为一项战略任务和全面建设小康社会的新要求明确下来。这些重要论述和要求，为中国特色社会主义事业“五位一体”总体布局的形成奠定了理论基础。我国制定或修订了清洁生产促进法、循环经济促进法、水污染防治法等法律，并在发展中国家中第一个制定并实施应对气候变化国家方案；从中央到地方，对绿色GDP的追求开始取代以往单纯追求GDP的做法。依法淘汰了一大批小火电、小煤矿等落后产能，将淮河、太湖等确定为重点流域范围，2011年，在全国开展评价的18.9万公里河流中，Ⅰ—Ⅱ类水河长的比例为64.2%；城市污水处理率达到83.6%。坚持不懈推进退耕还林工程，到2008年，全国共安排退耕还林任务超过4亿亩。我国还持续实施青海三江源自然保护区生态保护与建设工程、京津风沙源治理工程、石漠化综合治理工程等生态环保重点工程。到2013年，全国森林覆盖率达到21.63%，沙化土地实现了从“沙进人退”向“人进沙退”的历史性转变。

在推动改革发展的过程中，党和政府对加快少数民族地区经济社会发展给予高度重视，作出一系列重大决策部署。2010年1月，中共中央、国务院召开改革开放以来第五次西藏工作座谈会，深刻分析了西藏工作面临的形势和任务，明确了做好西藏工作的指导思想、主要任务、工作要求。为了进一步谋划和推动新疆工作，2010年5月，中共中央、国务院召开新中国成立以来首次新疆工作座谈会，对推进新疆跨越式发展和长治久安作出部署，新疆经济社会发展掀开新一页。

2008年8月8日至24日，第二十九届夏季奥运会在北京举行，随后举行第十三届残疾人奥运会。中国体育代表团在奥运会、残奥会上都居于金牌榜首位，取得了运动成绩和精神文明双丰收。中国人民成功举办了一届有特色、高水平的奥运会，实现了中华民族的百年期盼。2010年5月1日至10月31日，以“城市，让生活更美好”为主题的世界博览会在上海举行。这是第一次在发展中国家举办的注册类世博会。在184天时间里，有246个国家和国际组织参展，7308万人次参观展览，书写了中国人民同世界各国人民交流互鉴的新篇章。

在上述成就以外，进入21世纪，我国国防和军队建设、对外战略和外交工作取得新进展，香港、澳门与祖国内地的联系更加密切，“一国两制”实践日益丰富；在坚决反对和遏制“台独”分裂势力的同时，台海局势和两岸关系出现积极变化。

总之，“十一五”时期，面对国内外环境的复杂变化和重大风险挑战，党中央紧紧抓住发展这个执政兴国的第一要务，充分发挥社会主义制度的政治优势，充分发挥市场在资源配置中的基础性作用，加速推进改革开放和现代化建设，国家面貌发生新的历史性变化。2010年，我国国内生产总值超过40万亿元，经济总量先后超过德国和日本，跃升至世界第二位，成为仅次于美国的世界第二大经济体。在此基础上，2010年10月，党的十七届五中全会通过《中共中央关于制定国民经济和社会发展第十二个五年规划的建议》，明确提出“十二五”规划的主题是科学发展，主线是加快转变经济发展方式。2011年3月，十一届全国人大四次会议批准了依据建议制定的《中华人民共和国国民经济和社会发展第十二个五年规划纲要》。

四、加强党的执政能力建设和先进性建设，提高党的建设科学化水平

执政能力建设是党执政后的一项根本建设。党的执政能力，就是党提出和运用正确的理论、路线、方针、政策和策略，领导制定和实施宪法和法律，采取科学的领导制度和领导方式，动员和组织人民依法管理国家和社会事务、经济和文化事业，有效治党治国治军，建设社会主义现代化国家的本领。新世纪新阶段全面建设小康社会，对党的执政能力提出了新的更高要求。

党的十六大把“加强党的执政能力建设，提高党的领导水平和执政水平”作为一项重大战略任务提出来。根据这一要求，2004 年 9 月，党的十六届四中全会审议通过《中共中央关于加强党的执政能力建设的决定》，围绕科学执政、民主执政、依法执政，明确了新形势下加强党的执政能力建设的指导思想、总体目标和主要任务，明确提出要按照推动社会主义物质文明、政治文明、精神文明协调发展的要求，不断提高驾驭社会主义市场经济的能力、发展社会主义民主政治的能力、建设社会主义先进文化的能力、构建社会主义和谐社会的能力、应对国际局势和处理国际事务的能力。该决定强调，无产阶级政党夺取政权不容易，执掌好政权尤其是长期执掌好政权更不容易，党的执政地位不是与生俱来的，也不是一劳永逸的；必须居安思危，增强忧患意识，深刻吸取世界上一些执政党兴衰成败的经验教训，更加自觉地加强执政能力建设，始终为人民执好政、掌好权。

贯彻落实党的十六大和十六届四中全会要求，党领导国家立法机关科学立法、民主立法，修订了宪法和人民代表大会选举法、组织法，颁布了各级人大常委会监督法，完善了根本政治制度，使党的执政体制更加健全。党中央还先后就深化行政管理体制和机构改革，加强人民政协及人民法院、人民检察院工作作出部署，把党的领导、人民当家作主和依法治国有机统一起来，扩大了人民民主，党的科学执政、民主执政、依法执政的能力不断提高。

保持马克思主义政党的先进性，是马克思主义建党理论中一个带根本性的重大课题。2000 年，中央组织部在全国开展了对 30 万党员思想状况的调查，发现部分党员中存在着理想信念动摇、宗旨观念淡薄、组织纪律涣散等突出问题，建议在党内开展一次以学习实践“三个代表”重要思想为主要内容的保持共产党员先进性教育活动。2000 年底，中央政治局常委会会议和中央政治局会议先后听取相关汇报并原则同意了这个建议。党的十六大正式作出“在全党开展以实践‘三个代表’重要思想为主要内容的保持共产党员先进性教育活动”的决定。在两年试点基础上，2004 年 11 月，中共中央印发《关于在全党开展以实践“三个代表”重要思想为主要内容的保持共产党员先进性教育活动的意见》。2005 年 1 月，胡锦涛在新时期保持共产党员先进性专题报告会上提出“党的先进性建设”这一重大命题，强调党的先进性建设是马克思主义政党自身建设的根本任务。根据党中央的部署，先进性教育活动分 3 批进行，每批大约半年，分为学习动员、分析评议、整改提高 3 个阶段，涉及近 7000 万名党员，350 多万个基层党组织，到 2006 年 6 月基本结束。这次先进性教育活动，按照党中央提出的关键是要取得实效、真正成为群众满意工程的要求，各级党组织精心组织，广大党员积极参加，人民群众大力支持，以学习实践“三个代表”重要思想为主线，全面落实科学发展观，坚持正面教育、自我教育为主，坚持理论联系实际，坚持教育活动与生产工作“两不误、两促进”，基本实现了提高党员素质、加强基层组织、服务人民群众、促进各项工作的目标，取得了显著的实践成果、制度成果、理论成果。

提高党的执政能力，保持共产党员先进性，归根结底必须大力加强党的自身建设。党的十六大以后，在推进党的执政能力建设和先进性建设的同时并围绕两大建设这条主线，党中央从强化理论武装、发展党内民主、改革组织人事制度、改进基层党组织建设、反腐倡廉等方面就加强党的自身建设提出和实施了一系列重要举措。

在加强理论武装方面，落实高级干部带头学习的号召，建立中央政治局集体学习制度。2003 年 6 月，中共中央下发《关于在全党兴起学习贯彻“三个代表”重要思想新高潮的通知》，要求各级党委中心组认真组织研读十六大报告和党章，认真研读江泽民重要著作，从中央到地方举办各种形式的学习贯彻“三个代表”重要思想研讨班、培训班、学习班，把县处级以上领导干部轮训一遍。在发展党内民主方面，从制度到实践有一系列新进展。党员主体地位进一步明确，党员民主权利得到保障。2004 年 9 月，经党中央批准，修订后的《中国共产党党员权利保障条例》正式颁布实施，这是新形势下加强和改进党员权利保障工作的一项重大举措。党务公开积极推进，党内民主讨论的环境逐步形成，党的代表大会制度和地方委员会工作机制日益完善。党的代表大会制度是中国共产党一项带根本性的组织制度，是党内民主最基本的实现形式。党的十六大以后5年间，中央有关部门在全国21个省（区、市）的97个县（市、区）组织开展了党代会常任制试点，积极探索党的代表大会闭会期间发挥代表作用的途径和形式，进行了试点。中央政治局向中央委员会、地方党委常委会向全委会定期报告工作并接受监督制度认真落实。地方党委讨论决定重大问题和任用重要干部票决制全面推行。党内民主是党的生命，党的团结统一也是党的生命。在发展党内民主的同时，党中央要求全党要“坚决维护党的集中统一，自觉遵守党的政治纪律，始终同党中央保持一致，坚决维护中央权威，切实保证政令畅通”。在组织人事方面，深化干部人事制度改革，提高选人用人公信度。在加强基层党组织建设方面，全面贯彻党的十六大提出的“围绕中心、服务大局，拓宽领域、强化功能”的指导方针，推动农村、企业、城市社区和机关、学校、新社会组织等基层党组织建设取得新进展。

党的十六大以后，在推进党风廉政建设和反腐败斗争方面，确立了“标本兼治、综合治理、惩防并举、注重预防”的反腐败战略方针，初步构筑了反腐倡廉法规制度体系的总体框架。2003年底，中共中央颁布实施《中国共产党党内监督条例（试行）》和《中国共产党纪律处分条例》。党内监督条例规定了加强党内监督工作的10项制度；纪律处分条例及其配套规定，具体规定了党员违反廉洁自律规定行为、贪污贿赂行为、违反财经纪律行为等违犯党纪行为及量纪标准。2004年9月，国务院颁布实施《中华人民共和国行政监察法实施条例》。12月，中央纪委、中央组织部、监察部、国务院国资委联合发布《国有企业领导人员廉洁从业若干规定（试行）》，这是我国第一部专门针对国有企业领导人员的比较系统的廉洁从业的规定。2005年1月，中共中央印发《建立健全教育、制度、监督并重的惩治和预防腐败体系实施纲要》，明确了惩治和预防腐败体系建设的指导思想、主要目标和工作原则。针对权钱交易案件中出现的新情况新问题，2007 年 5 月，中央纪委颁布《关于严格禁止利用职务上的便利谋取不正当利益的若干规定》，明确了对党员干部在经济和社会交往中可能出现以权谋私等 8 种行为的处理办法。加强和健全权力运行监督制约机制，推进权力运行程序化。2003 年 8 月，根据党的十六大关于“改革和完善党的纪律检查体制，建立和完善巡视制度”的决策，中央纪委、中央组织部正式组建了专门的巡视工作机构。2006 年 2 月，我国成为《联合国反腐败公约》缔约国，强化反腐败国际合作。从 2002 年 12 月到 2007 年 6 月，全国纪律检查机关共立案 677 924 件，结案 679 846 件，给予党纪处分 518 484 人，查处了一批严重违纪违法大案要案。

党的十七大对以改革创新精神全面推进党的建设新的伟大工程进一步提出明确要求。大会之后，2008 年 9 月，中央政治局会议决定从 2008 年 9 月开始，用一年半左右时间，在全党分批开展深入学习实践科学发展观活动。9 月 14 日，中共中央印发《关于在全党开展深入学习实践科学发展观活动的意见》。学习实践活动自上而下分 3 批进行，每批历时半年左右，分为学习调研、分析检查、整改落实 3 个阶段展开，共有 370 多万个党组织、7500 多万名党员参加，到 2008 年 2 月底基本结束。这次学习实践活动，紧紧围绕党员干部受教育、科学发展上水平、人民群众得实惠的总要求，牢牢把握坚持解放思想、突出实践特色、贯彻群众路线、正面教育为主的原则，主题鲜明，领导有力，组织严密，措施得当，基本实现了提高思想认识、解决突出问题、创新体制机制、促进科学发展、加强基层组织的目标。

在学习实践活动中，党中央根据世情、国情、党情变化，就如何加强和改进新形势下党的建设作出新的决策部署。2009 年 9 月，党的十七届四中全会通过《关于加强和改进新形势下党的建设若干重大问题的决定》，强调党的先进性和党的执政地位都不是一劳永逸、一成不变的，过去先进不等于现在先进，现在先进不等于永远先进；过去拥有不等于现在拥有，现在拥有不等于永远拥有。该决定提出，加强和改进新形势下党的建设的总要求是："全面贯彻党的十七大关于党的建设总体部署，按照党章要求，着眼于继续解放思想、坚持改革开放、推动科学发展、促进社会和谐，着眼于提高党的执政能力、保持和发展党的先进性，着眼于增强全党为党和人民事业不懈奋斗的使命感和责任感，着眼于保持党同人民群众的血肉联系，突出重点，突破难点，全面推进思想建设、组织建设、作风建设、制度建设和反腐倡廉建设，提高党的建设科学化水平，进一步把党建设成为立党为公、执政为民，求真务实、改革创新，艰苦奋斗、清正廉洁，富有活力、团结和谐的马克思主义执政党，确保党始终是中国工人阶级的先锋队、同时是中国人民和中华民族的先锋队。"①

《关于加强和改进新形势下党的建设若干重大问题的决定》第一次提出了"提高党的建设科学化水平"重大历史新课题，围绕党的建设总要求，着眼于提高党的建设科学化水平，就如何加强和改进新形势下党的建设，重点从建设马克思主义学习型政党、坚持和健全民主集中制、深化干部人事制度改革、做好抓基层打基础工作、弘扬党的优良作风、加快推进惩治和预防腐败体系建设等方面作出深入论述并提出具体要求。

按照党的十七大和十七届四中全会的部署，各级党组织坚持党要管党、从严治党，推动党的建设各项改革创新迈出重要步伐。一是大力加强马克思主义学习型政党建设。二是不断深化干部人事制度改革，加强干部队伍建设。2009 年，中央办公厅相继印发了《2010—2020 年深化干部人事制度改革规划纲要》以及体现促进科学发展要求的党政领导班子和领导干部考核评价机制"一个意见、三个办法"等一系列文件。② 三是深入推进民主集中制建设。2008 年 5 月，中共中央印发《中

① 《中共中央关于加强和改进新形势下党的建设若干重大问题的决定》，《人民日报》2009 年 9 月 28 日。

② "一个意见、三个办法"，即 2009 年 6 月中央办公厅印发的《关于建立促进科学发展的党政领导班子和领导干部考核评价机制的意见》，以及附件《地方党政领导班子和领导干部综合考核评价办法（试行）》、《党政工作部门领导班子和领导干部综合考核评价（试行）》和《党政领导班子和领导干部年度考核办法（试行）》。

国共产党全国代表大会和地方各级代表大会代表任期制暂行条例》，对实行党代表任期制作出具体规定。四川、湖北、浙江、广东等地党组织试行“公推直选”。党的地方各级全委会、常委会工作机制进一步完善，地方党委讨论决定重大问题和任用重要干部票决制全面推行。四是大力加强党的基层党组织建设。认真开展以创建先进基层党组织、争当优秀共产党员为主要内容的创先争优活动。党的制度各项建设受到高度重视，党委中心组学习制度、党内情况通报制度、党委新闻发言人制度、党代表提案制度、重大问题重要干部票决制度、干部选拔任用提名和责任追究制度、“三会一课”制度、党内表彰制度、信访联席会议制度、领导干部双重组织生活会制度、党员领导干部报告个人有关事项制度、巡视制度等建立并逐步落实，党的建设制度化、规范化、程序化得到加强。2012 年 5 月，中共中央还印发了《中国共产党党内法规制定条例》，努力通过规范党内法规的制定、审批、备案和清理活动，促进从严治党，推进科学执政、民主执政、依法执政。五是大力加强党的基层党组织建设。党中央于 2010 年 4 月决定在党的基层组织和党员中开展“创建先进基层党组织、争当优秀共产党员”活动，并以此作为党的建设的一项重要的经常性工作。

党风廉政建设和反腐败斗争取得新的进展。2008 年 5 月，中共中央印发《建立健全惩治和预防腐败体系 2008—2012 年工作规划》，进一步明确了 2008 年至 2012 年间惩治和预防腐败体系建设的指导思想、基本要求和工作目标，作出了教育、制度、监督、改革、纠风、惩处六项工作整体推进的工作部署并提出了相关措施。反腐倡廉制度建设不断加强。2010 年 1 月，中共中央印发《中国共产党党员领导干部廉洁从政若干准则》。3 月，中央办公厅印发《党政领导干部选拔任用工作责任追究办法（试行）》，中央组织部印发《党政领导干部选拔任用工作有关事项报告办法（试行）》《地方党委常委会向全委会报告干部选拔任用工作并接受民主评议办法（试行）》《市县党委书记履行干部选拔任用工作职责离任检查办法（试行）》等干部工作四项监督制度，共同构成了事前报告、事后评议、离任检查、违规失责追究，从源头上预防和治理用人腐败的干部选拔任用监督体系。5月，中央办公厅、国务院办公厅印发《关于领导干部报告个人有关事项的规定》《关于对配偶子女均已移居国（境）外的国家工作人员加强管理的暂行规定》。10月，中央办公厅、国务院办公厅印发《党政主要领导干部和国有企业领导人员经济责任审计规定》。11月，中共中央、国务院印发新修订的《关于实行党风廉政建设责任制的规定》。经过多年不懈努力，我国内容科学、程序严密、配套完备、有效管用的反腐倡廉法规制度框架基本形成，反腐倡廉基本实现有法可依。从2007年11月到2012年6月，全国纪检监察机关共立案64.37万多件，结案63.9万多件，给予党纪政纪处分66.8万多人。涉嫌犯罪被移送司法机关处理2.4万多人。坚决查处了陈良宇等一批重大违纪违法案件，彰显了党中央反腐败的坚强决心。

权力运行监督制约机制逐步健全。2009年7月，中共中央颁布《中国共产党巡视工作条例（试行）》，推动巡视工作经常化、制度化、规范化。从2007年11月至2010年底，中央巡视组共完成对30个省（区、市）、12家中央金融单位和13家国有重要骨干企业的巡视。

在纠正损害群众利益的不正之风方面，党中央开展制止公款出国（境）旅游专项工作，开展公务用车问题专项治理，开展工程建设领域突出问题专项治理，查办一大批违纪违法案件。在深入开展专项治理的同时，还加大纠风工作力度，纠正教育、医疗、征地拆迁、土地和矿产资源管理、食品药品安全、环境保护、安全生产、保障性住房建设和管理、执法司法等方面损害群众利益的行为，维护群众权益。

党中央关于加强和改进党的建设的一系列决策部署，推动党的建设新的伟大工程取得新进展，党作为中国特色社会主义事业领导核心的作用显著增强。但是，必须清醒看到，党在思想建设、组织建设、作风建设、反腐倡廉建设、制度建设等方面仍然存在一系列不容忽视的突出矛盾和问题。一些党员干部理想信念不坚定、对党不忠诚、纪律松弛、庸懒无为、拉帮结派、独断专行，形式主义、官僚主义、享乐主义、奢靡之风严重；一些地方和部门党的领导弱化、党的建设缺失、管党治党宽松软，特别是腐败现象屡禁不止，反腐败形势日趋严峻复杂，区域性腐败、系统性腐败、家族式腐败、塌方式腐败不断发生，严重损害党的形象，严重影响党和人民事业的发展。更加深刻地认识党面临的执政考验、改革开放考验、市场经济考验、外部环境考验的长期性和复杂性，更加深刻地认识党面临的精神懈怠危险、能力不足危险、脱离群众危险、消极腐败危险的尖锐性和严峻性，更加深刻地认识加强党风廉政建设和反腐败斗争的紧迫性和艰巨性，坚定不移加强党的全面领导，坚持不懈加强党的建设，全面从严治党，坚决遏制腐败滋生蔓延势头，仍须全党上下付出更大努力。

第十三章

创造新时代中国特色社会主义伟大成就

党的十八大以来，中国特色社会主义进入新时代。从党的十八大到党的二十大，为了实现中华民族伟大复兴，以习近平同志为核心的党中央团结带领中国人民自信自强、守正创新，统揽伟大斗争、伟大工程、伟大事业、伟大梦想，创造了新时代中国特色社会主义的伟大成就。我们党坚持和加强党的全面领导，统筹推进“五位一体”总体布局、协调推进“四个全面”战略布局，坚持和完善中国特色社会主义制度、推进国家治理体系和治理能力现代化，坚持依规治党、形成比较完善的党内法规体系，战胜一系列重大风险挑战，实现第一个百年奋斗目标，明确实现第二个百年奋斗目标的战略安排，党和国家事业取得历史性成就、发生历史性变革，为实现中华民族伟大复兴提供了更为完善的制度保证、更为坚实的物质基础、更为主动的精神力量，中华民族迎来了从站起来、富起来到强起来的伟大飞跃，实现中华民族伟大复兴进入了不可逆转的历史进程。

一、党的十八大和实现中华民族伟大复兴中国梦

（一）召开党的十八大，部署全面建成小康社会

2012 年 11 月 8 日至 14 日，党的十八大在北京召开。胡锦涛代表十

七届中央委员会作题为《坚定不移沿着中国特色社会主义道路前进，为全面建成小康社会而奋斗》的报告。党的十八大是在我国进入全面建成小康社会决定性阶段召开的一次十分重要的大会。大会的主题是：高举中国特色社会主义伟大旗帜，以邓小平理论、“三个代表”重要思想、科学发展观为指导，解放思想，改革开放，凝聚力量，攻坚克难，坚定不移沿着中国特色社会主义道路前进，为全面建成小康社会而奋斗。[①]

大会分析了国际国内形势的发展变化，回顾总结了过去五年的工作和党的十六大以来的奋斗历程及取得的历史性成就，对新的时代条件下推进中国特色社会主义事业作出了全面部署，对全面提高党的建设科学化水平提出了明确要求。大会强调，中国特色社会主义道路、中国特色社会主义理论体系、中国特色社会主义制度，是党和人民 90 多年奋斗、创造、积累的根本成就，必须倍加珍惜、始终坚持、不断发展建设中国特色社会主义，总依据是社会主义初级阶段，总布局是社会主义经济建设、政治建设、文化建设、社会建设、生态文明建设“五位一体”，总任务是实现社会主义现代化和中华民族伟大复兴。大会提出，在中国共产党成立一百年时全面建成小康社会，在新中国成立一百年时建成富强民主文明和谐的社会主义现代化国家。

大会确定了全面建成小康社会和全面深化改革的目标，提出到 2020 年实现全面建成小康社会的宏伟目标，并从经济持续健康发展，人民民主不断扩大，文化软实力显著增强，人民生活水平全面提高，资源节约、环境友好型社会建设取得重大进展等五个方面提出要求。报告还对全面深化改革作出部署，提出全面建成小康社会，必须以更大的政治勇气和智慧，不失时机深化重要领域改革，坚决破除一切妨碍科学发展的思想观念和体制机制弊端，构建系统完备、科学规范、运行有效的制度体系，使各方面制度更加成熟更加定型。

① 《中国共产党第十八次全国代表大会文件汇编》，人民出版社 2012 年版，第 1 页。

大会根据“五位一体”总体布局和全面建成小康社会目标要求，对推进中国特色社会主义建设作出全面部署，强调要加快完善社会主义市场经济体制和加快转变经济发展方式，坚持走中国特色社会主义政治发展道路和推进政治体制改革，扎实推进社会主义文化强国建设，在改善民生和创新管理中加强社会建设，大力推进生态文明建设，加快推进国防和军队现代化，丰富“一国两制”实践和推进祖国统一，继续促进人类和平与发展的崇高事业。

大会提出，要以改革创新精神全面推进党的建设新的伟大工程，全面提高党的建设科学化水平。要牢牢把握加强党的执政能力建设、先进性和纯洁性建设这条主线，坚持解放思想、改革创新，坚持党要管党、从严治党，全面加强党的思想建设、组织建设、作风建设、反腐倡廉建设、制度建设，增强自我净化、自我完善、自我革新、自我提高能力，建设学习型、服务型、创新型的马克思主义执政党，确保党始终成为中国特色社会主义事业的坚强领导核心。

大会报告还进一步阐述了科学发展观的时代背景、历史地位、精神实质，强调科学发展观是马克思主义同当代中国实际和时代特征相结合的产物，是马克思主义关于发展的世界观和方法论的集中体现，对新形势下实现什么样的发展、怎样发展等重大问题作出了新的科学回答，把我们对中国特色社会主义规律的认识提高到新的水平，开辟了当代中国马克思主义发展新境界。科学发展观是中国特色社会主义理论体系最新成果，是中国共产党集体智慧的结晶，是指导党和国家全部工作的强大思想武器。科学发展观同马克思列宁主义、毛泽东思想、邓小平理论、“三个代表”重要思想一道，是党必须长期坚持的指导思想。大会通过的党章修正案对科学发展观作出定位和阐述，把科学发展观同马克思列宁主义、毛泽东思想、邓小平理论、“三个代表”重要思想一道，确立为我们党的行动指南。

党的十八大勾画了在新的历史条件下全面建成小康社会、加快推进社会主义现代化、夺取中国特色社会主义新胜利的宏伟蓝图，是中国共产党团结带领全国各族人民沿着中国特色社会主义道路继续前进、为全面建成小康社会而奋斗的政治宣言和行动纲领。

在新的历史条件下续写坚持和发展中国特色社会主义新篇章，需要鼓舞人心的目标引领和精神支撑。党的十八大结束后不久，2012年11月29日，习近平总书记在参观复兴之路展览时，第一次提出实现民族复兴中国梦的概念和命题。他明确指出："实现中华民族伟大复兴，就是中华民族近代以来最伟大的梦想。这个梦想，凝聚了几代中国人的夙愿，体现了中华民族和中国人民的整体利益，是每一个中华儿女的共同期盼。"[①] 2013年3月17日，习近平在十二届全国人大一次会议上的讲话中，进一步阐明了中国梦的本质，强调实现全面建成小康社会、建成富强民主文明和谐的社会主义现代化国家的奋斗目标，实现中华民族伟大复兴的中国梦，就是要实现国家富强、民族振兴、人民幸福。

实现中国梦必须走中国道路。这就是中国特色社会主义道路。这条道路来之不易，它是在改革开放伟大实践中走出来的，是在中华人民共和国成立以来的持续探索中走出来的，是在对近代以来中华民族发展历程的深刻总结中走出来的，是在对中华民族悠久文明的传承中走出来的，具有深厚的历史渊源和广泛的现实基础。中华民族是具有非凡创造力的民族，我们创造了伟大的中华文明，我们也能够继续拓展和走好适合中国国情的发展道路。全国各族人民一定要增强对中国特色社会主义的理论自信、道路自信、制度自信，坚定不移沿着正确的中国道路奋勇前进。

实现中国梦必须弘扬中国精神。这就是以爱国主义为核心的民族精神，以改革创新为核心的时代精神。这种精神是凝心聚力的兴国之魂、强国之魂。爱国主义始终是把中华民族坚强团结在一起的精神力量，改革创新始终是鞭策我们在改革开放中与时俱进的精神力量。全国各族人

---

① 《十八大以来重要文献选编》（上），中央文献出版社2014年版，第84页。

民一定要弘扬伟大的民族精神和时代精神，不断增强团结一心的精神纽带、自强不息的精神动力，永远朝气蓬勃迈向未来。

实现中国梦必须凝聚中国力量。这就是中国各族人民大团结的力量。中国梦是民族的梦，也是每个中国人的梦。只要我们紧密团结，万众一心，为实现共同梦想而奋斗，实现梦想的力量就无比强大，我们每个人为实现自己梦想的努力就拥有广阔的空间。生活在我们伟大祖国和伟大时代的中国人民，共同享有人生出彩的机会，共同享有梦想成真的机会，共同享有同祖国和时代一起成长与进步的机会。有梦想，有机会，有奋斗，一切美好的东西都能够创造出来。全国各族人民一定要牢记使命，心往一处想，劲往一处使，用14亿多人的智慧和力量汇集起不可战胜的磅礴力量。

中国梦归根到底是人民的梦，必须紧紧依靠人民来实现，必须不断为人民造福。中国梦生动形象表达了全体中国人民的共同理想追求，昭示着国家富强、民族振兴、人民幸福的美好前景，为坚持和发展中国特色社会主义注入新的内涵和时代精神，成为凝聚党心民心、激励中华儿女为实现中华民族伟大复兴而奋斗的强大精神力量。当然，伟大梦想是等不来、喊不来的，而是拼出来、干出来的。党的十八大以后，以习近平同志为核心的党中央，带领全党全国各族人民积极向着实现民族复兴的中国梦奋勇前行。

中国梦贯通了中华民族的昨天、今天和明天，把国家的追求、民族的向往、人民的期盼融为一体，体现了中华民族和中国人民的整体利益，表达了每一个中华儿女的共同愿景，传递出新一届中央领导集体勇担民族复兴使命的坚定决心和信心，成为激励中华儿女团结奋进、开辟未来的一面精神旗帜。

党的十八大以来，以习近平同志为核心的党中央日益明晰地展示治国理政的大思路和新特点。2014 年 8 月，习近平阐述了全面推进依法治国与全面建成小康社会和全面深化改革的关系，要求把握好这“三个全面”的逻辑联系。到 12 月，在江苏考察调研时，习近平在“三个全面”后增加了一个“全面从严治党”，要求协调推进全面建成小康社会、全面深化改革、全面推进依法治国、全面从严治党，推动改革开放和社会主义现代化建设迈上新台阶。[①] 2015 年 1 月 23 日，在十八届中央政治局第二十次集体学习时，习近平指出“这‘四个全面’是当前党和国家事业发展中必须解决好的主要矛盾”[②]。2015 年 2 月 2 日，在省部级主要领导干部专题研讨班开班式上，习近平又明确指出：“党的十八大以来，党中央从坚持和发展中国特色社会主义全局出发，提出并形成了全面建成小康社会、全面深化改革、全面依法治国、全面从严治党的战略布局。”[③] 从此，“四个全面”以战略布局的身份出现在全党全国人民面前。党的十八届三中、四中、五中、六中全会相继就全面深化改革、全面依法治国、全面建成小康社会、全面从严治党进行了专题研究，完成了“四个全面”战略布局顶层设计。

2013 年 11 月，党的十八届三中全会通过《关于全面深化改革若干重大问题的决定》，提出全面深化改革的总目标是完善和发展中国特色社会主义制度，推进国家治理体系和治理能力现代化；经济体制改革的核心问题是处理好政府和市场的关系，使市场在资源配置中起决定性作用和更好发挥政府作用。同年 12 月 30 日，中央全面深化改革领导小组成立，习近平任组长。就这次全会的历史地位，习近平曾评价说，“党的十八届三中全会也是划时代的，开启了全面深化改革、系统整体设计推进改革的新时代，开创了我国改革开放的新局面”[④]。

2014 年 10 月，党的十八届四中全会通过《关于全面推进依法治国若干重大问题的决定》，强调全面推进依法治国，总目标是建设中国特色社会主义法治体系，建设社会主义法治国家。这就是，在中国共产党领导下，坚持中国特色社会主义制度，贯彻中国特色社会主义法治理

① 习近平：《论坚持全面深化改革》，中央文献出版社 2018 年版，第 147 页。
② 习近平：《论坚持全面深化改革》，中央文献出版社 2018 年版，第 148 页。
③ 习近平：《论坚持全面深化改革》，中央文献出版社 2018 年版，第 148 页。
④ 《习近平谈治国理政》（第 3 卷），外文出版社 2020 年版，第 111 页。

论，形成完备的法律规范体系、高效的法治实施体系、严密的法治监督体系、有力的法治保障体系，形成完善的党内法规体系，坚持依法治国、依法执政、依法行政共同推进，坚持法治国家、法治政府、法治社会一体建设，实现科学立法、严格执法、公正司法、全民守法，促进国家治理体系和治理能力现代化。

2015 年 10 月，党的十八届五中全会通过《关于制定国民经济和社会发展第十三个五年规划的建议》，对“十三五”时期完成全面建成小康社会作出部署，提出了坚持创新、协调、绿色、开放、共享的发展理念，强调新发展理念是关系我国发展全局的一场深刻变革。习近平总书记指出，这五大发展理念不是凭空得来的，是我们在深刻总结国内外发展经验教训的基础上形成的，也是在深刻分析国内外发展大势的基础上形成的，集中反映了我们党对经济社会发展规律认识的深化，也是针对我国发展中的突出矛盾和问题提出来的。这五大发展理念相互贯通、相互促进，是具有内在联系的集合体，要统一贯彻，不能顾此失彼，也不能相互替代。①

2016 年 10 月，党的十八届六中全会明确了习近平总书记在党中央和全党的核心地位，审议通过了《关于新形势下党内政治生活的若干准则》和《中国共产党党内监督条例》这两个推进全面从严治党的重要党内法规，系统总结了党的十八大以来全面从严治党的理论和实践，就新形势下加强党的建设作出新的重大部署，充分体现了党中央坚定不移推进全面从严治党的坚强决心和历史担当。

“四个全面”战略布局是从我国发展现实需要中得出来的，从人民群众的热切期待中得出来的，是为推动解决我们面临的突出矛盾和问题提出来的，是中国共产党在新的时代条件下推进改革开放和社会主义现代化建设、坚持和发展中国特色社会主义的战略抉择。

---

① 《习近平谈治国理政》（第 2 卷），外文出版社 2017 年版，第 199—200 页。

二、党的十九大确立习近平新时代中国特色社会主义思想为党的指导思想，部署决胜全面建成小康社会

2017 年 10 月 18 日至 24 日，党的十九大在北京举行。习近平代表十八届中央委员会向大会作题为《决胜全面建成小康社会，夺取新时代中国特色社会主义伟大胜利》的报告。大会的主题是：不忘初心，牢记使命，高举中国特色社会主义伟大旗帜，决胜全面建成小康社会，夺取新时代中国特色社会主义伟大胜利，为实现中华民族伟大复兴的中国梦不懈奋斗。

大会高度评价党的十八大以来党和国家事业取得的历史性成就、发生的历史性变革。五年来，我们党以巨大的政治勇气和强烈的责任担当，提出一系列新理念新思想新战略，出台一系列重大方针政策，推出一系列重大举措，推进一系列重大工作，解决了许多长期想解决而没有解决的难题，办成了许多过去想办而没有办成的大事，推动党和国家事业发生历史性变革。以习近平同志为核心的党中央勇于面对党面临的重大风险考验和党内存在的突出问题，以顽强意志品质正风肃纪、反腐惩恶，消除了党和国家内部存在的严重隐患，党内政治生活气象更新，党内政治生态明显好转，党的创造力、凝聚力、战斗力显著增强，党的团结统一更加巩固，党群关系明显改善，党在革命性锻造中更加坚强，焕发出新的强大生机活力，为党和国家事业发展提供了坚强政治保证。五年来的成就是全方位的、开创性的，五年来的变革是深层次的、根本性的。

大会在回顾和总结过去工作基础上，作出中国特色社会主义进入新时代、社会主要矛盾发生转化等重大政治论断。大会指出，经过长期努力，中国特色社会主义进入了新时代，这是我国发展新的历史方位。这个新时代的丰富内涵主要包括，它是承前启后、继往开来、在新的历史条件下继续夺取中国特色社会主义伟大胜利的时代，是决胜全面建成小

康社会、进而全面建设社会主义现代化强国的时代，是全国各族人民团结奋斗、不断创造美好生活、逐步实现全体人民共同富裕的时代，是全体中华儿女勠力同心、奋力实现中华民族伟大复兴中国梦的时代，是我国日益走近世界舞台中央、不断为人类作出更大贡献的时代。

大会指出，中国特色社会主义进入新时代，我国社会主要矛盾已经转化为人民日益增长的美好生活需要和不平衡不充分的发展之间的矛盾。我国社会主要矛盾的变化是关系全局的历史性变化，对党和国家工作提出了许多新要求。要在继续推动发展的基础上，着力解决好发展不平衡不充分问题，大力提升发展质量和效益，更好满足人民在经济、政治、文化、社会、生态等方面日益增长的需要，更好推动人的全面发展、社会全面进步。我国社会主要矛盾的变化，没有改变我们对我国社会主义所处历史阶段的判断，我国仍处于并将长期处于社会主义初级阶段的基本国情没有变，我国是世界最大发展中国家的国际地位没有变。我们要牢牢把握社会主义初级阶段这个基本国情，牢牢立足社会主义初级阶段这个最大实际，牢牢坚持党的基本路线这个党和国家的生命线、人民的幸福线。

党的十八大以来，以习近平同志为核心的党中央，坚持解放思想、实事求是、与时俱进、求真务实，坚持辩证唯物主义和历史唯物主义，紧密结合新的时代条件和实践要求，以全新的视野深化对共产党执政规律、社会主义建设规律、人类社会发展规律的认识，进行艰辛理论探索，取得重大理论创新成果，创立了习近平新时代中国特色社会主义思想。习近平新时代中国特色社会主义思想，是对马克思列宁主义、毛泽东思想、邓小平理论、“三个代表”重要思想、科学发展观的继承和发展，是马克思主义中国化最新成果，是党和人民实践经验和集体智慧的结晶，是中国特色社会主义理论体系的重要组成部分，是全党全国人民为实现中华民族伟大复兴而奋斗的行动指南，必须长期坚持并不断发展。习近平新时代中国特色社会主义思想，从理论和实践结合上系统回答了新时代坚持和发展什么样的中国特色社会主义、怎样坚持和发展中国特色社会主义这个重大时代课题，回答了新时代坚持和发展中国特色社会主义的总目标、总任务、总体布局、战略布局和发展方向、发展方式、发展动力、战略步骤、外部条件、政治保证等基本问题，并且根据新的实践对经济、政治、法治、科技、文化、教育、民生、民族、宗教、社会、生态文明、国家安全、国防和军队、“一国两制”和祖国统一、统一战线、外交、党的建设等各方面作出理论分析和政策指导。

大会用“八个明确”概括了这一思想的核心内容，即明确坚持和发展中国特色社会主义，总任务是实现社会主义现代化和中华民族伟大复兴，在全面建成小康社会的基础上，分两步走在本世纪中叶建成富强民主文明和谐美丽的社会主义现代化强国；明确新时代我国社会主要矛盾是人民日益增长的美好生活需要和不平衡不充分的发展之间的矛盾，必须坚持以人民为中心的发展思想，不断促进人的全面发展、全体人民共同富裕；明确中国特色社会主义事业总体布局是“五位一体”、战略布局是“四个全面”，强调坚定道路自信、理论自信、制度自信、文化自信；明确全面深化改革总目标是完善和发展中国特色社会主义制度、推进国家治理体系和治理能力现代化；明确全面推进依法治国总目标是建设中国特色社会主义法治体系、建设社会主义法治国家；明确党在新时代的强军目标是建设一支听党指挥、能打胜仗、作风优良的人民军队，把人民军队建设成为世界一流军队；明确中国特色大国外交要推动构建新型国际关系，推动构建人类命运共同体；明确中国特色社会主义最本质的特征是中国共产党领导，中国特色社会主义制度的最大优势是中国共产党领导，党是最高政治领导力量，提出新时代党的建设总要求，突出政治建设在党的建设中的重要地位。

为贯彻落实习近平新时代中国特色社会主义思想，大会提出了新时代坚持和发展中国特色社会主义的基本方略，并概括为“十四个坚持”，即坚持党对一切工作的领导；坚持以人民为中心；坚持全面深化改革；坚持新发展理念；坚持人民当家作主；坚持全面依法治国；坚持社会主义核心价值体系；坚持在发展中保障和改善民生；坚持人与自然和谐共生；坚持总体国家安全观；坚持党对人民军队的绝对领导；坚持“一国两制”和推进祖国统一；坚持推动构建人类命运共同体；坚持全面从严治党。习近平新时代中国特色社会主义思想，是指导思想层面的表述，在行动纲领层面称之为中国特色社会主义基本方略。要全面贯彻党的基本理论、基本路线、基本方略，更好引领党和人民事业发展。

大会还就决胜全面建成小康社会，开启全面建设社会主义现代化国家新征程作出战略部署。到2020年，要按照全面建成小康社会各项要求，紧扣中国社会主要矛盾变化，突出抓重点、补短板、强弱项，特别是要坚决打好防范化解重大风险、精准脱贫、污染防治的攻坚战，使全面建成小康社会得到人民认可、经得起历史检验。习近平指出：我们既要全面建成小康社会、实现第一个百年奋斗目标，又要乘势而上开启全面建设社会主义现代化国家新征程，向第二个百年奋斗目标进军。党的十九大报告综合分析国际国内形势和中国发展条件对第二个百年奋斗目标进行了战略规划，将全面建设社会主义现代化国家的新征程分为两个阶段来安排。第一个阶段，从2020年到2035年，在全面建成小康社会的基础上，再奋斗15年，基本实现社会主义现代化。第二个阶段，从2035年到本世纪中叶，在基本实现现代化的基础上，再奋斗15年，把我国建成富强民主文明和谐美丽的社会主义现代化强国。显见，新时代中国特色社会主义发展的战略安排是从全面建成小康社会到基本实现现代化再到全面建成社会主义现代化强国。

为实现新的战略安排，大会对社会主义经济建设、政治建设、文化建设、社会建设、生态文明建设等方面作出重大部署。在经济建设上，要贯彻新发展理念，建设现代化经济体系，以供给侧结构性改革为主线，推动经济发展质量变革、效率变革、动力变革，不断增强我国经济创新力和竞争力。在政治建设上，要坚持党的领导、人民当家作主、依法治国有机统一，健全人民当家作主制度体系，发展社会主义民主政治，推进社会主义民主政治制度化、规范化、程序化。在文化建设上，要坚定文化自信，推动社会主义文化繁荣兴盛，牢牢掌握意识形态工作领导权，培育和践行社会主义核心价值观，加强思想道德建设，繁荣发展社会主义文艺，推动文化事业和文化产业发展。在社会建设上，要提高保障和改善民生水平，加强和创新社会治理，不断满足人民日益增长的美好生活需要，让改革发展成果更多更公平惠及全体人民。在生态文明建设上，要践行“绿水青山就是金山银山”的理念，加快生态文明体制改革，形成节约资源和保护环境的空间格局、产业结构、生产方式、生活方式，建设美丽中国。大会还就国防和军队建设、港澳台工作、外交工作、新时代推进党的建设新的伟大工程作出全面部署。

党的十九大不仅在中国共产党的历史上，而且在中华人民共和国发展史上，都具有重要的里程碑意义。这次大会在政治上、理论上、组织上、实践上取得的一系列重大成果，对党团结带领人民决胜全面建成小康社会、夺取新时代中国特色社会主义伟大胜利产生了重大而深远的影响。

三、国家制度和治理体系建设迈出新步伐；在应对严峻考验中推进各项事业

进入新时代，党和国家机构设置和职能配置面临新课题。2013 年 11 月，党的十八届三中全会通过的《中共中央关于全面深化改革若干重大问题的决定》提出要统筹党政群机构改革，理顺部门职责关系。随着全面深化改革不断推进，深化机构改革提上议事日程。2017 年 7 月，习近平就深化机构改革作出批示，要求“坚持问题导向，把各地区各部门各方面对机构改革的意见摸清楚，把机构设置存在的问题弄清楚”。随后，中央改革办和中央编办组成 10 个调研组，分赴 31 个省区市、71 个中央和国家机关部门调研。在此基础上，2018 年 2 月党的十九届三中全会审议通过《中共中央关于深化党和国家机构改革的决定》和《深化党和国家机构改革方案》，改革开放以来力度最大的党和国家机构改革拉开帷幕。

为确保机构有序推进，党的十九届三中全会部署了党和国家机构改

革的路线图和时间表：中央和国家机关机构改革在2018年年底前落实到位；省级党政机构改革方案在2018年9月底前报党中央审批，在2018年年底前机构调整基本到位；省以下党政机构改革，由省级党委统一领导，在2018年年底前报党中央备案；所有地方机构改革任务在2019年3月底前基本完成。同时，中央成立了深化党和国家机构改革协调小组，负责指导协调督促中央一级新机构的组建工作、审批部门“三定”规定和省级机构改革方案、统筹协调和研究解决改革实施工作中的重大问题。这次改革，涉及中央和国家机关部门、直属单位超过80个，调整幅度之大，触及利益之深，为数十年来之最。根据中央部署，改革从上到下有条不紊推进，在一年多时间内就完成了这次历史性变革。2019年7月5日，中共中央召开深化党和国家机构改革总结会议。习近平在会上指出，深化党和国家机构改革是对党和国家组织结构和管理体制的一次系统性、整体性重构。我们整体性推进中央和地方各级各类机构改革，重构性健全党的领导体系、政府治理体系、武装力量体系、群团工作体系，系统性增强党的领导力、政府执行力、武装力量战斗力、群团组织活力，适应新时代要求的党和国家机构职能体系主体框架初步建立，为完善和发展中国特色社会主义制度、推进国家治理体系和治理能力现代化提供了有力组织保障。[①]

在改革开放步入40周年之际，2018年12月18日，中共中央、国务院召开大会隆重庆祝。习近平发表的重要讲话，着眼中华民族实现伟大复兴的历史大势，回顾改革开放40年的光辉历程，总结改革开放的伟大成就和宝贵经验，明确提出了把新时代改革开放继续推向前进的目标要求。党中央、国务院决定，授予100名同志改革先锋称号，颁授改革先锋奖章；为感谢国际社会对中国改革开放事业的支持和帮助，向10名国际友人颁授中国改革友谊奖章。

制度优势是一个国家的最大优势，制度竞争是国家间最根本的竞

① 《习近平谈治国理政》（第3卷），外文出版社2020年版，第105页。

争。新中国成立以来，中华民族之所以能迎来从站起来、富起来到强起来的伟大飞跃，最根本的是因为党领导人民建立和完善了中国特色社会主义制度。[①] 2019 年 10 月，党的十九届四中全会审议通过《中共中央关于坚持和完善中国特色社会主义制度、推进国家治理体系和治理能力现代化若干重大问题的决定》（以下简称《决定》）。《决定》提出，中国国家制度和国家治理体系具有 13 个方面的显著优势，主要是：坚持党的集中统一领导，坚持党的科学理论，保持政治稳定，确保国家始终沿着社会主义方向前进；坚持人民当家作主，发展人民民主，密切联系群众，紧紧依靠人民推动国家发展；坚持全面依法治国，建设社会主义法治国家，切实保障社会公平正义和人民权利；坚持全国一盘棋，调动各方面积极性，集中力量办大事；坚持各民族一律平等，铸牢中华民族共同体意识，实现共同团结奋斗、共同繁荣发展；坚持公有制为主体、多种所有制经济共同发展和按劳分配为主体、多种分配方式并存，把社会主义制度和市场经济有机结合起来，不断解放和发展社会生产力；坚持共同的理想信念、价值理念、道德观念，弘扬中华优秀传统文化、革命文化、社会主义先进文化，促进全体人民在思想上精神上紧紧团结在一起；坚持以人民为中心的发展思想，不断保障和改善民生、增进人民福祉，走共同富裕道路；坚持改革创新、与时俱进，善于自我完善、自我发展，使社会充满生机活力；坚持德才兼备、选贤任能，聚天下英才而用之，培养造就更多更优秀人才；坚持党指挥枪，确保人民军队绝对忠诚于党和人民，有力保障国家主权、安全、发展利益；坚持“一国两制”，保持香港、澳门长期繁荣稳定，促进祖国和平统一；坚持独立自主和对外开放相统一，积极参与全球治理，为构建人类命运共同体不断作出贡献。这些显著优势是坚定中国特色社会主义道路自信、理论自信、制度自信、文化自信的基本依据。《决定》明确了坚持和完善中国特色社会主义制度、推进国家治理体系和治理能力现代化的指导思想、

---

① 《习近平谈治国理政》（第 3 卷），外文出版社 2020 年版，第 119 页。

重大意义、总体目标，提出到中国共产党成立一百年时，在各方面制度更加成熟更加定型上取得明显成效；到2035年，各方面制度更加完善，基本实现国家治理体系和治理能力现代化；到新中国成立一百年时，全面实现国家治理体系和治理能力现代化，使中国特色社会主义制度更加巩固、优越性充分展现。《决定》聚焦坚持和完善支撑中国特色社会主义的根本制度、基本制度、重要制度，安排了13个部分，明确了各项制度必须坚持和巩固的根本点、完善和发展的方向。全会明确并决定坚持和完善这个制度体系的内容是：党的领导制度体系，提高党科学执政、民主执政、依法执政水平；人民当家作主制度体系，发展社会主义民主政治；中国特色社会主义法治体系，提高党依法治国、依法执政能力；中国特色社会主义行政体制，构建职责明确、依法行政的政府治理体系；社会主义基本经济制度，推动经济高质量发展；繁荣发展社会主义先进文化的制度，巩固全体人民团结奋斗的共同思想基础；统筹城乡的民生保障制度，满足人民日益增长的美好生活需要；共建共治共享的社会治理制度，保持社会稳定、维护国家安全；生态文明制度体系，促进人与自然和谐共生；党对人民军队的绝对领导制度，确保人民军队忠实履行新时代使命任务；“一国两制”制度体系，推进祖国和平统一；独立自主的和平外交政策，推动构建人类命运共同体；党和国家监督体系，强化对权力运行的制约和监督。党的领导制度是国家的根本领导制度，统领和贯穿其他各个方面。

统筹新冠疫情防控和经济社会发展。2019年底暴发的新冠疫情，是百年来全球发生的最严重的传染病大流行，是新中国成立以来我国遭遇的传播速度最快、感染范围最广、防控难度最大的重大突发公共卫生事件。面对突如其来的严重疫情，中国共产党坚持人民至上、生命至上，以坚定果敢的勇气和坚忍不拔的决心，同时间赛跑、与病魔较量，迅速打响疫情防控的人民战争、总体战、阻击战，用1个多月的时间初步遏制疫情蔓延势头，用2个月左右的时间将本土每日新增病例控制在个位数以内，用3个月左右的时间取得武汉保卫战、湖北保卫战的决定性成果，进而又接连打了几场局部地区聚集性疫情歼灭战，夺取了全国抗疫斗争重大战略成果。在此基础上，统筹推进疫情防控和经济社会发展工作，抓紧恢复生产生活秩序，取得显著成效。

抗击疫情，党的坚强领导是关键。中共中央统揽全局、果断决策，以非常之举应对非常之事。坚持把人民生命安全和身体健康放在第一位，第一时间实施集中统一领导，中央政治局常委会、中央政治局召开21次会议研究决策，领导组织党政军民学、东西南北中大会战，提出坚定信心、同舟共济、科学防治、精准施策的总要求，明确坚决遏制疫情蔓延势头、坚决打赢疫情防控阻击战的总目标，周密部署武汉保卫战、湖北保卫战，因时因势制定重大战略策略。我们成立中央应对疫情工作领导小组，派出中央指导组，建立国务院联防联控机制。在党中央的坚强领导下，全国迅速形成统一指挥、全面部署、立体防控的战略布局，有效遏制了疫情大面积蔓延，有力改变了病毒传播的危险进程，最大限度保护了人民生命安全和身体健康。其间，中国人民风雨同舟、众志成城，构筑起疫情防控的坚固防线。中国举全国之力实施规模空前的生命大救援，用10多天时间先后建成火神山医院和雷神山医院、大规模改建16座方舱医院、迅速开辟600多个集中隔离点，19个省区市对口帮扶除武汉以外的16个市州，最优秀的人员、最急需的资源、最先进的设备千里驰援，在最短时间内实现了医疗资源和物资供应从紧缺向动态平衡的跨越式提升。各行各业扛起责任，国有企业、公立医院勇挑重担，460多万个基层党组织冲锋陷阵，400多万名社区工作者在全国65万个城乡社区日夜值守，各类民营企业、民办医院、慈善机构、养老院、福利院等积极出力，广大党员、干部带头拼搏，人民解放军指战员、武警部队官兵、公安民警奋勇当先，广大科研人员奋力攻关，数百万快递员冒疫奔忙，180万名环卫工人起早贪黑，新闻工作者深入一线，千千万万志愿者和普通人默默奉献。武汉人民、湖北人民不畏艰险、顽强不屈，自觉服从疫情防控大局需要，主动投身疫情防控斗争，为阻断疫情蔓延、为全国抗疫争取了战略主动，作出了巨大牺牲和重大贡献。

在抗击疫情的艰难时刻，中共中央立足全局、着眼大局，及时作出统筹疫情防控和经济社会发展的重大决策，坚持依法防控、科学防控，推动落实分区分级精准复工复产，最大限度保障人民生产生活。加大宏观政策应对力度，扎实做好“六稳”工作，全面落实“六保”任务，制定一系列纾困惠企政策，出台多项强化就业优先、促进投资消费、稳定外贸外资、稳定产业链供应链等措施，促进新业态发展，推动交通运输、餐饮商超、文化旅游等各行各业有序恢复，实施支持湖北发展一揽子政策，分批分次复学复课。以更大的决心、更强的力度推进脱贫攻坚，支持扶贫产业恢复生产，优先支持贫困劳动力务工就业，防止因疫致贫或返贫。中国成为疫情发生以来第一个恢复增长的主要经济体，在疫情防控和经济恢复上都走在世界前列。

在这场同严重疫情的殊死较量中，中国人民和中华民族以敢于斗争、敢于胜利的大无畏气概，铸就了生命至上、举国同心、舍生忘死、尊重科学、命运与共的伟大抗疫精神。伟大抗疫精神，同中华民族长期形成的特质禀赋和文化基因一脉相承，是爱国主义、集体主义、社会主义精神的传承和发展，是中国精神的生动诠释，丰富了民族精神和时代精神的内涵。

在抗击疫情取得重大成果之际，2020 年 10 月，党的十九届五中全会审议通过了《中共中央关于制定国民经济和社会发展第十四个五年规划和二〇三五年远景目标的建议》。

全会提出了到 2035 年基本实现社会主义现代化远景目标，这就是：我国经济实力、科技实力、综合国力将大幅跃升，经济总量和城乡居民人均收入将再迈上新的大台阶，关键核心技术实现重大突破，进入创新型国家前列；基本实现新型工业化、信息化、城镇化、农业现代化，建成现代化经济体系；基本实现国家治理体系和治理能力现代化，人民平等参与、平等发展权利得到充分保障，基本建成法治国家、法治政府、法治社会；建成文化强国、教育强国、人才强国、体育强国、健康中国，国民素质和社会文明程度达到新高度，国家文化软实力显著增强；

广泛形成绿色生产生活方式，碳排放达峰后稳中有降，生态环境根本好转，美丽中国建设目标基本实现；形成对外开放新格局，参与国际经济合作和竞争新优势明显增强；人均国内生产总值达到中等发达国家水平，中等收入群体显著扩大，基本公共服务实现均等化，城乡区域发展差距和居民生活水平差距显著缩小；平安中国建设达到更高水平，基本实现国防和军队现代化；人民生活更加美好，人的全面发展、全体人民共同富裕取得更为明显的实质性进展。

全会提出了“十四五”时期经济社会发展指导思想、必须遵循的原则以及经济社会发展主要目标。全会明确坚持创新在我国现代化建设全局中的核心地位，把科技自立自强作为国家发展的战略支撑，面向世界科技前沿、面向经济主战场、面向国家重大需求、面向人民生命健康，深入实施科教兴国战略、人才强国战略、创新驱动发展战略，完善国家创新体系，加快建设科技强国。要强化国家战略科技力量，提升企业技术创新能力，激发人才创新活力，完善科技创新体制机制。

党的十九届五中全会为中国经济发展进一步明确了路线图和时间表，为全面建设社会主义现代化国家提供了战略支撑。

四、新时代中国特色社会主义取得历史性成就、发生历史性变革

党的十八大以来在习近平新时代中国特色社会主义思想指导下，我们党解决了许多长期想解决而没有解决的难题，办成了许多过去想办而没有办成的大事，实现全面建成小康社会的第一个百年奋斗目标，推动党和国家事业取得历史性成就、发生历史性变革。

（一）经济社会发展取得重大成就

发展理念、发展方式发生深刻变革，经济建设取得重大成就。面对世界经济形势低迷和国内经济“三期叠加”等不利条件和复杂形势，

中共中央果断作出经济发展进入新常态的重要论断，坚决落实创新、协调、绿色、开放、共享的新发展理念，加快完善使市场在资源配置中起决定性作用、更好发挥政府作用的体制机制，还坚定不移推进供给侧结构性改革，坚定不移推进“三去一降一补”，并在党的十九大上提出建设现代化经济体系推动经济高质量发展，从而推动发展的质量和效益不断提升。在习近平新时代中国特色社会主义经济思想指引下，党和国家致力于“三新一高”，即立足新发展阶段、贯彻新发展理念、构建新发展格局，推动经济社会高质量发展，取得明显成效。成效具体表现在：2013 年至 2019 年经济保持中高速增长，在世界主要国家中名列前茅，国内生产总值从 54 万亿元增长到 99.1 万亿元，稳居世界第二，多年对世界经济增长贡献率超过 30%。2020 年虽受新冠疫情影响，但国内生产总值仍然突破 100 万亿元。供给侧结构性改革深入推进，经济结构不断优化，数字经济等新兴产业蓬勃发展，高铁、公路、桥梁、港口、机场等基础设施建设快速推进。农业现代化稳步推进，粮食生产能力超过 1.2 万亿斤。城镇化率超过 60%。区域发展协调性增强，“一带一路”建设、京津冀协同发展、长江经济带发展成效显著。创新驱动发展战略大力实施，创新型国家建设成果丰硕，天宫、蛟龙、天眼、悟空、墨子、大飞机等重大科技成果相继问世。开放型经济新体制逐步健全，对外贸易、对外投资、外汇储备稳居世界前列。全面依法治国发生深刻变革，民主法治建设迈出重大步伐。针对我国法治建设相对滞后，有法不依、执法不严、违法不究、司法不公等问题严重影响社会公平正义与和谐稳定的状况，党中央成立中央全面依法治国领导小组（后改为中央全面依法治国委员会），统筹协调全面依法治国工作，全面推进司法体制改革，果断解决重大刑事冤假错案，中国特色社会主义法治体系日益完善，全社会法治观念明显增强。法治建设的一个重大成就是形成了习近平法治思想。同时，积极发展社会主义民主政治，党的领导、人民当家作主、依法治国有机统一的制度建设全面加强，党的领导体制机制不断完善，社会主义民主不断发展，党内民主更加广泛，社会主义协商民主全面展开，爱国统一战线巩固发展，民族宗教工作创新推进。国家监察体制改革取得实效，行政体制改革、司法体制改革、权力运行制约和监督体系建设有效实施。浙江“最多跑一次”等举措让人们见证了改革实效。

意识形态工作发生深刻变革，思想文化建设取得重大进展。意识形态工作是一项极端重要的工作。以习近平同志为核心的党中央，多次召开思想宣传领域工作会议，强调牢牢坚持马克思主义在意识形态领域指导地位的根本制度，不断建立健全意识形态工作责任制，加强舆论宣传阵地管理，加强网络舆论监管，对错误思想敢于亮剑、敢于斗争，坚决遏制各种错误思想炒作和蔓延，极大加强了党对意识形态工作的领导，大大扭转了意识形态领域一度出现的被动局面。同时，思想文化建设方面，中国特色社会主义和中国梦深入人心，社会主义核心价值观和中华优秀传统文化广泛弘扬，群众性精神文明创建活动扎实开展。公共文化服务水平不断提高，文艺创作持续繁荣，文化事业和文化产业蓬勃发展，互联网建设管理运用不断完善，全民健身和竞技体育全面发展。主旋律更加响亮，正能量更加强劲，文化自信得到彰显，国家文化软实力和中华文化影响力大幅提升，全党全社会思想上的团结统一更加巩固。

社会治理体系更加完善，人民生活水平不断提高。坚持以人民为中心的发展思想，推出一大批惠民举措，人民的幸福感、获得感、安全感显著增强。在 2021 年 7 月 1 日举行的庆祝中国共产党成立 100 周年大会上，习近平总书记郑重宣布“在中华大地上全面建成了小康社会，历史性地解决了绝对贫困问题”①，这是一个历史性成就，足以彪炳史册。教育事业全面发展，中西部和农村教育明显加强。就业状况持续改善，城镇新增就业年均 1300 万人以上。城乡居民收入增速超过经济增速，中等收入群体持续扩大。覆盖城乡居民的社会保障体系基本建立，人民健康和医疗卫生水平大幅提高，保障性住房建设稳步推进。社会治

① 习近平：《在庆祝中国共产党成立 100 周年大会上的讲话》，《求是》2021 年第 14 期。

理体系更加完善，社会大局保持稳定。国家安全全面加强，中国成为世界上最具安全感的国家之一。

生态文明建设发生深刻变革、建设成效十分显著。针对导致发展不可持续和人民群众反映强烈的生态环境恶化问题，党中央把生态文明建设纳入中国特色社会主义总体布局，倡导“绿水青山就是金山银山”的理念，强调“要像保护眼睛一样保护生态环境”，全面加强生态文明制度建设，实行最严格的生态环境保护制度，从快从严推动环保督查，全党全国贯彻绿色发展理念的自觉性和主动性显著增强，忽视生态环境保护的状况明显改变。生态文明制度体系加快形成，主体功能区制度逐步健全，国家公园体制、河长制湖长制积极推进。全面节约资源有效推进，能源资源消耗强度大幅下降。重大生态保护和修复工程进展顺利，森林覆盖率持续提高。生态环境治理明显加强，环境状况得到改善。引导应对气候变化国际合作，成为全球生态文明建设的重要参与者、贡献者、引领者。

经济社会发展之所以取得巨大成就，和党的十八大以后推动全面深化改革有关。面对改革进入攻坚期和深水区，针对各方面体制机制存在的突出矛盾和问题，党中央成立中央全面深化改革领导小组[①]，统筹协调全面深化改革工作。在 2020 年 12 月 31 日举行的中央全面深化改革委员会第十七次会议上的讲话中，习近平对过去七年多的改革进行了总结，指出，“党的十八届三中全会以来，党中央以前所未有的决心和力度冲破思想观念的束缚，突破利益固化的藩篱，坚决破除各方面体制机制弊端，积极应对外部环境变化带来的风险挑战，开启了气势如虹、波澜壮阔的改革进程。党的十八届三中全会确定的目标任务全面推进，各领域基础性制度框架基本确立，许多领域实现历史性变革、系统性重塑、整体性重构，为推动形成系统完备、科学规范、运行有效的制度体系，使各方面制度更加成熟更加定型奠定了坚实基础，全面深化改革取

① 2018 年 3 月改为中央全面深化改革委员会。

得历史性伟大成就”。经过在制度建设上持续发力，中国特色社会主义制度更加完善，国家治理体系和治理能力现代化水平明显提高，全社会发展活力和创新活力明显增强。

（二）中国特色大国外交发生深刻变革，全方位外交布局深入展开

在习近平外交思想指引下，党中央强调党管外交原则，对外交总体布局作出战略谋划，坚持统筹国内国际两个大局，全面推进中国特色大国外交，形成全方位、多层次、立体化的外交布局，为我国发展尽力营造良好外部条件。党的十八大以来，中国共产党不仅提出构建人类命运共同体、坚持正确义利观、阐明全球治理观等新的理念，还先后实施共建“一带一路”倡议，发起创办亚洲基础设施投资银行，设立丝路基金，举办“一带一路”国际合作高峰论坛、亚太经合组织领导人非正式会议、二十国集团领导人杭州峰会、金砖国家领导人厦门会晤、亚信峰会、国际进口博览会等，积极承担国际责任，促进全球治理体系变革，在对外工作上取得一系列新突破。新冠疫情暴发后，创新方式积极开展外交活动。同时，积极开展钓鱼岛维权斗争，划设东海防空识别区并实施常态化管控，强化对南海重点岛礁和海域管控，抓住时机推进南海岛礁扩建工程建设，取得了经略海洋、维护海权的历史性突破，在南海问题上取得了战略主动。

（三）国防和军队现代化发生深刻变革，强军兴军开创新局面

在习近平强军思想指引下，党中央着眼于实现中国梦强军梦，制定新形势下军事战略方针，明确建设世界一流军队目标，全力推进国防和军队现代化。坚持政治建军，2013 年在古田召开全军政治工作会议，推动恢复和发扬我党我军光荣传统和优良作风，坚定不移开展党风廉政建设和反腐败斗争，人民军队政治生态得到有效治理。坚持改革强军，在强军目标指引下，全面深化国防和军队改革，构建起军委管总、战区

主战、军种主建新格局，人民军队组织架构和力量体系实现革命性重塑，国防和军队改革取得历史性突破。坚持依法治军、从严治军，推进治军方式根本性转变。坚持战斗力这个唯一的根本的标准，加强练兵备战。坚持总体国家安全观，统筹发展和安全两件大事，组建中央国家安全委员会，全面加强国家安全工作，突出抓好维护政治安全。

（四）全面准确贯彻“一国两制”方针，港澳台工作取得新进展

党中央坚持“和平统一、一国两制”方针，牢牢掌握宪法和基本法赋予的中央对香港、澳门全面管治权。近年来，不断深化内地和港澳地区交流合作，将港澳发展纳入国家整体规划，大力建设粤港澳大湾区，港珠澳大桥建成通车。2020 年制定实施《中华人民共和国香港特别行政区维护国家安全法》。2021 年 3 月 11 日，第十三届全国人民代表大会第四次会议通过《全国人民代表大会关于完善香港特别行政区选举制度的决定》。这些重大举措对于确保爱国爱港者治港，维护国家主权、安全、发展利益，保持香港长期繁荣稳定，具有重要意义。坚持一个中国原则和“九二共识”，推动两岸关系和平发展，加强两岸经济文化交流合作，实现两岸领导人历史性会晤。2019 年 1 月 2 日，中共中央隆重纪念《告台湾同胞书》发表 40 周年，习近平发表的重要讲话，郑重宣示了新时代坚持“一国两制”和推进祖国和平统一的五项重大主张：携手推动民族复兴，实现和平统一目标；探索“两制”台湾方案，丰富和平统一实践；坚持一个中国原则，维护和平统一前景；深化两岸融合发展，夯实和平统一基础；实现同胞心灵契合，增进和平统一认同。习近平郑重倡议，在坚持“九二共识”、反对“台独”的共同政治基础上，两岸各政党、各界别推举代表性人士，就两岸关系和民族未来开展广泛深入的民主协商，就推动两岸关系和平发展达成制度性安排。五项重大主张系统阐释了实现国家统一的目标内涵、基本方针、路径模式，指明了今后一个时期对台工作的基本思路、重点任务和前进方

向，既有原则的坚定性又有极强的针对性和极大的包容性。讲话宣示了坚决反对“台独”分裂、外来干涉的严正立场，重申中国政府、中国人民维护国家主权和领土完整的坚定决心和强大能力。他强调，“统一是历史大势，是正道。‘台独’是历史逆流，是绝路”。“我们愿意为和平统一创造广阔空间，但绝不为各种形式的‘台独’分裂活动留下任何空间”①。这一重要讲话，为“台独”势力划出了不可逾越的红线，形成强大震慑，有利于应对台湾局势变化，有利于坚决反对和遏制“台独”分裂势力，有力维护了台海和平稳定。

五、新时代中国特色社会主义的坚强领导和坚强保障

坚持和发展中国特色社会主义，关键在党。中国共产党领导，是中国特色社会主义最本质的特征，是中国特色社会主义制度的最大优势，是中国最大的国情。党的十八大以来，中国改革开放和社会主义现代化建设之所以能取得历史性成就、发生历史性变革，其最根本原因就是坚持和加强党的全面领导、坚持全面从严治党、勇于自我革命。夺取新时代中国特色社会主义伟大胜利，依然需要坚持党的全面领导、全面从严治党、勇于自我革命。

（一）坚持和加强党的全面领导

党政军民学，东西南北中，党是领导一切的，党是最高政治领导力量。坚持和加强党的全面领导，是全面、系统、整体的。绝不仅指某一方面或某一领域的片面领导，而是指党对治国理政的方方面面，对国家政权的一切机构、体制、制度等的设计、安排、运行的全面领导。各领域、各层级、各方面，都要坚持党的领导。只有坚持党的全面领导，才能统筹协调各个领域、行业，团结各个地区、民族。如若不然，大家各

① 习近平：《在〈告台湾同胞书〉发表40周年纪念会上的讲话》（2019年1月2日），新华社1月2日电。

自为政、各行其是，中国就会变成一盘散沙，党的领导也会成为一句空话。

制度是管根本管长远的，坚持和加强党的全面领导，必须从制度上下功夫。首先，建立健全党对重大工作的领导体制机制。在中央政治局及其常委会领导下，优化党中央决策议事协调机构。其他方面的议事机构要同党中央议事协调机构的设立调整相衔接。党的十八大以来，中共中央成立多个高层领导机构以推进国家治理体系建设，如中央全面深化改革领导小组①、中央国家安全委员会、中央网络安全和信息化领导小组②、中央军委深化国防和军队改革领导小组、中央反腐败协调小组国际追赃工作办公室、中央军民融合发展委员会等。强化组织体系建设，不断强化党的组织在同级组织中的领导地位，实现党的组织的全覆盖，为实现党的领导奠定组织和制度基础。其次，严格执行向党中央的请示报告制度。中央政治局同志每年应向党中央和总书记书面述职，中央书记处、中央纪律检查委员会，全国人大常委会党组以及国务院党组等机构要每年向中央政治局及其常委会报告工作，各地区各级党委遇有突发性重大问题和工作中的重大问题也要及时向党中央请示报告。针对请示报告制度执行过程中出现的问题，习近平曾举例，“有些领导干部个人重大问题不报告。不是说非要家里出了命案才需要报告。有的同志有重病不报，对有所人都隐瞒了，最后病危了还不知道，场面上的工作都干不了了，但就是不说，最后命都给耽误了”③。近年来，中国共产党也特别加强了请示报告制度的执行力度。同时，还要完善严格执行民主集中制的具体制度。坚持民主基础上的集中和集中指导下的民主相结合，坚持集体领导与个人分工负责相结合，既坚持纪律又保持活力，努力在全党形成又有集中又有民主、又有纪律又有自由、又有统一意志又有个人心情舒畅的生动活泼的政治局面。

---

① 2018 年 3 月改为中央全面深化改革委员会。

② 2018 年 3 月改为中央网络安全和信息化委员会。

③ 习近平：《论坚持党对一切工作的领导》，中央文献出版社 2019 年版，第 91 页。

2019年10月召开的党的十九届四中全会不仅把党的领导制度作为根本制度，还就坚持和完善党的领导制度作出安排，明确党的领导制度体系由6个方面的制度组成。一是建立不忘初心、牢记使命的制度。为中国人民谋幸福、为中华民族谋复兴的初心和使命，集中体现了党的性质宗旨、理想信念、奋斗目标，将其制度化是确保我们党在新时代新征程始终充满蓬勃生机和旺盛活力的战略之举、长远之计。二是完善坚定维护党中央权威和集中统一领导的各项制度。坚定维护党中央权威和集中统一领导是党的领导的最高原则，贯穿全党的一切工作和活动中，任何时候任何情况下都不能含糊、不能动摇。建立健全相关制度能为贯彻落实这一最高原则提供有力制度保障。三是健全党的全面领导制度。全面领导是对党“总揽全局、协调各方”领导核心地位的准确界定。健全党的全面领导制度，事关坚持和完善中国特色社会主义制度、推进国家治理体系和治理能力现代化的根本方向和根本保证。四是健全为人民执政、靠人民执政各项制度。党的根本宗旨是全心全意为人民服务，人民对美好生活的向往是党的奋斗目标。健全为人民执政、靠人民执政各项制度，是树立群众观点、站稳人民立场的必然要求，也是时刻保持党同人民群众血肉联系、厚植党的群众基础的必然选择。五是健全提高党的执政能力和领导水平制度。落实党的全面领导，提高党的执政能力和领导水平是关键。健全党的全面领导制度，必然要健全提高党的执政能力和领导水平制度。六是完善全面从严治党制度。打铁必须自身硬。全面从严治党是坚持和加强党的全面领导的必然要求。全面从严治党永远在路上，这就需要依靠制度机制的保障。这6个方面的制度，构成党的领导制度体系的“四梁八柱”，为确保党总揽全局、协调各方的领导核心地位提供坚强制度保障。

坚持和加强党的全面领导是具体的，不是空洞的、抽象的，体现在治国理政的方方面面，体现在国家政权的机构、体制、制度等的设计、安排和运行之中，体现在坚决维护习近平总书记党中央的核心、全党的核心地位，坚决维护党中央权威和集中统一领导，体现在党严格依法依规办事，确保党的领导更加坚强有力。新时代坚决做到“两个维护”，要求中央政治局首先要带头树立政治意识、大局意识、核心意识、看齐意识，严格遵守党章和党内政治生活准则，全面落实党的十九大关于加强和维护党中央集中统一领导的各项要求，自觉在以习近平同志为核心的党中央集中统一领导下履行职责、开展工作。要求各级领导干部应坚持用党的理论创新最新成果武装头脑、指导实践、推动工作。要求各级纪委应带头尊崇党章，把维护党章和其他党内法规作为首要任务，加强对遵守党章、执行党纪情况的监督检查，严肃查处违反党章党规党纪的行为，坚决维护党章权威，做党章的坚定执行者和忠实捍卫者。要求全体党员做到忠诚干净担当，坚持说老实话、干老实事、做老实人，决不搞两面派、不做“两面人”。

（二）党的建设全面加强、全面从严治党持续发力

全面从严治党是党的十八大以来党的建设的鲜明主题。以习近平同志为核心的党中央把全面从严治党纳入战略布局，从作风建设这个环节突破，把党的政治建设作为根本性建设，大力抓思想建设、组织建设、纪律建设、制度建设，坚持零容忍反腐败，使中国共产党始终成为中国特色社会主义事业的坚强领导核心，确保中国特色社会主义阔步前行。

从加强党的作风建设切入。2012 年 12 月 4 日，中共中央政治局会议审议通过《十八届中央政治局关于改进工作作风、密切联系群众的八项规定》，简称“八项规定”[①]。实际上 11 月 29 日，习近平总书记在参观复兴之路展览时，就开始带头执行八项规定了。

---

① “八项规定”要求，中央政治局全体同志要改进调查研究，切忌走过场、搞形式主义；要轻车简从、减少陪同、简化接待。要精简会议活动，切实改进会风；提高会议实效，开短会、讲短话，力戒空话、套话。要精简会议简报，切实改进文风，没有实质内容、可发可不发的文件、简报一律不发。要规范出访活动，严格控制出访随行人员，严格按照规定乘坐交通工具。要改进警卫工作，减少交通管制，一般情况下不得封路、不清场闭馆。要改进新闻报道，进一步压缩报道的数量、字数、时长。要严格文稿发表，除中央统一安排外，个人不公开出版著作、讲话单行本，不发贺信、贺电，不题词、题字。要厉行节约，严格执行住房、车辆配备等有关工作和生活待遇的规定。

为进一步加强作风建设，2013 年 4 月，中共中央政治局决定在全党自上而下分批开展党的群众路线教育实践活动。此次活动以为民务实清廉为主要内容，坚决反对形式主义、官僚主义、享乐主义和奢靡之风（简称“四风”），以“照镜子、正衣冠、洗洗澡、治治病”为总要求，主要任务是教育引导党员、干部树立群众观点，弘扬优良作风，解决突出问题，保持清廉本色，使党员、干部思想进一步提高、作风进一步转变，党群干群关系进一步密切，进一步树立党的良好形象。2014 年 3 月，习近平同志在参加十二届全国人大二次会议安徽代表团审议时，提出了“三严三实”的要求。他指出：“各级领导干部都要树立和发扬好的作风，既严以修身、严以用权、严以律己，又谋事要实、创业要实、做人要实。”① 2015 年 4 月，中共中央印发《关于在县处级主要领导干部中开展“三严三实”专题教育方案》。这是党的群众路线教育实践活动的延展，是持续深入推进党的思想政治建设和作风建设的重要举措，是严肃党内政治生活、严明党的政治纪律和政治规矩的重要抓手。“三严三实”专题教育，使广大县处级领导干部在思想、作风、党性上得到升华，推动党内政治生态不断改善。

2016 年 2 月，中共中央决定在全体党员中开展“两学一做”学习教育，坚持用党章党规规范党员干部的言行，用习近平系列重要讲话精神武装全党，引导全体党员做“四讲四有”② 的合格党员。“两学一做”学习教育，是推动党内教育从“关键少数”向广大党员拓展、从集中性教育向经常性教育延伸的重要举措。2017 年 3 月，中共中央决定推进“两学一做”学习教育常态化制度化，以保证党的组织履行职责、发挥核心作用；保证党员领导干部忠诚干净担当、发挥表率作用；保证广大党员以身作则、发挥先锋模范作用。2019 年，根据党的十九大部署在全党开展了“不忘初心、牢记使命”主题教育，让全党再次受到

---

① 《习近平关于党风廉政建设和反腐败斗争论述摘编》，中央文献出版社、中国方正出版社 2015 年版，第 143 页。

② “四讲四有”，即讲政治、有信念，讲规矩、有纪律，讲道德、有品行，讲奉献、有作为。

震撼和教育。2021 年开展了党史学习教育，对于加强党的作风建设、统一全党思想，具有巨大推动作用。

突出加强党的政治建设。党的十八大以来，党中央比较注重从政治高度强调加强党的政治建设，侧重从政治上管党治党，突出强调增强“四个意识”。2017 年 10 月召开的党的十九大，第一次以党代会名义在党的历史上提出加强党的政治建设，而且把政治建设作为全党的根本性建设，明确对党的建设其他方面起统领作用，党的建设总体布局上实现了历史性突破。2018 年 6 月 29 日，习近平在中央政治局第六次集体学习时发表重要讲话，专门就加强党的政治建设进行深刻阐述，明确提出要把准政治方向、坚持党的政治领导、夯实政治根基、涵养政治生态、防范政治风险、永葆政治本色、提高政治能力等要求。2019 年初，中央出台的关于加强党的政治建设的意见，是贯彻习近平新时代中国特色社会主义思想和党的十九大精神的重大举措，是党中央深刻总结历史经验和新鲜经验对新时代加强党的政治建设作出的重大决策部署。

新时代突出强调党的政治建设意义重大。首先，旗帜鲜明讲政治是共产党作为马克思主义政党的根本要求，是共产党不断发展壮大、从胜利走向胜利的重要保证。其次，中国特色社会主义进入新时代，共产党要以新气象新作为统揽推进伟大斗争、伟大工程、伟大事业、伟大梦想，必须加强党的政治建设。最后，坚持和加强党的全面领导的必然要求。在党的领导问题上，曾一度存在模糊甚至错误的做法，有的认识不清、底气不足、能力不够，含糊其词不敢领导、不会领导；有的只讲业务、不讲政治，弱化党的领导，党的领导在一些地方和单位落虚落空了。解决这些问题，必须不断加强党的政治建设，建立健全坚持和加强党的全面领导的组织体系、制度体系、工作体系，提高党的执政能力和领导水平，使各级各类组织都在党的集中统一领导下齐心协力、协调一致开展工作，为夺取新时代中国特色社会主义伟大胜利提供坚强政治保证。

把思想建设作为基础性建设。党的十八大以来，党中央强调革命理想高于天，强调全党要注意补钙壮骨，坚定理想信念；强调思想滑坡是最危险的，思想上出了问题，政治上、经济上就会出问题。理论上清醒，政治上才能坚定，理想信念才能牢固。为加强思想建设、坚定理想信念，党中央明确坚持马克思主义在意识形态领域指导地位的根本制度，采取多种形式强化理论武装，尤其是强化习近平新时代中国特色社会主义思想的学习贯彻。

从严治党首先从党内政治生活管起严起。党的十八大后，中共中央把严肃党内政治生活、净化党内政治生态、建构健康政治文化摆在突出位置。2016 年 10 月，党的十八届六中全会审议通过了《关于新形势下党内政治生活的若干准则》和《中国共产党党内监督条例》，为新时代加强和规范党内政治生活、净化政治生态提供了基本遵循和制度性保障。此后，从上到下各级党组织严格党的组织生活制度、坚持和改进“三会一课”① 等党内政治生活方式，切实开展批评和自我批评，有效解决了党组织生活不经常、不认真、不严肃的问题，加强和规范了党内政治生活，净化了党内政治生态。

把纪律建设摆在重要位置，纳入党建布局。党的十八大以来，以习近平同志为核心的党中央高度重视党的纪律建设，推动党的纪律建设不断深化。2013 年 1 月，中共十八届中央纪委二次全会提出要严明党的政治纪律。习近平同志指出，严明党的纪律，首要的是严明政治纪律。党的纪律是多方面的，但政治纪律是最重要、最根本、最关键的纪律，遵守党的政治纪律是遵守党的全部纪律的重要基础。2014 年 1 月，中共十八届中央纪委三次全会提出加强党的组织纪律要求。2015 年 1 月，中共十八届中央纪委五次全会强调把守纪律讲规矩摆在更加重要的位置。习近平指出，要坚持思想建党和制度治党，加强纪律建设，使纪律真正成为“带电的高压线”。2016 年 1 月，中共十八届中央纪委六次

① “三会一课”是中国共产党党内组织生活制度的一部分，是对党员进行教育的重要形式，即定期召开支部党员大会、支部委员会、党小组会，按时上好党课。

全会强调纪严于法、纪在法前。在党的十九大上，纪律建设被纳入党的建设的总布局，成为党的建设的重要环节。

为了加强纪律建设，2013 年 12 月，中央印发《中国共产党纪律处分条例》；2015 年 10 月又进行了修订，明确违反政治纪律、组织纪律、廉洁纪律、群众纪律、工作纪律和生活纪律等 6 类违纪行为，划出了党组织和党员不可触碰的底线；2018 年 8 月，又公布了新修订的纪律处分条例，把十八大以来党的建设经验尤其是纪律建设的宝贵经验写了进来，强调“两个维护”。

培养造就忠诚干净担当的高素质干部队伍。党的十八大以来，党中央强化党组织在干部选拔任用中的领导和把关作用，坚持以严的标准选拔干部、严的措施管理干部、严的纪律约束干部。2013 年 6 月，习近平在全国组织工作会议上提出新时代好干部标准。他说，我们党历来高度重视选贤任能，始终把选人用人作为关系党和人民事业的关键性、根本性问题来抓。“好干部要做到信念坚定、为民服务、勤政务实、敢于担当、清正廉洁。”[①] 2014 年 10 月，习近平在对云南工作的指示中，要求党员干部要“对党忠诚、个人干净、敢于担当”。2015 年 1 月，又对县委书记提出“四有”要求，实际上也是要求全党干部做到心中有党、心中有民、心中有责、心中有戒。在 2018 年 7 月的全国组织工作会议上，习近平在党的历史上第一次概括了新时代党的组织路线，即全面贯彻新时代中国特色社会主义思想，以组织体系建设为重点，着力培养忠诚干净担当的高素质干部，着力集聚爱国奉献的各方面优秀人才，坚持德才兼备、以德为先、任人唯贤，为坚持和加强党的全面领导、坚持和发展中国特色社会主义提供坚强组织保证。新时代党的组织路线是理论的也是实践的，要在推进党的建设新的伟大工程、落实全面从严治党的实践中切实贯彻落实。在 2020 年 6 月 30 日举行的十九届中央政治局第二十一次集体学习时，又是围绕着贯彻落实新时代党的组织路线进行。

---

① 中共中央文献研究室编《十八大以来重要文献选编》（上），中央文献出版社 2014 年版，第 337 页。

新时代党的组织路线的提出为加强党的组织建设提供了科学遵循，为增强党的创造力、凝聚力、战斗力提供了重要保证。要贯彻落实好新时代党的组织路线，不断把党建设得更加坚强有力。

制度建设贯穿党的建设全过程。党的十八大以来，中国共产党扎实推进党的制度改革，扎紧制度的笼子，不断提升制度治党、依规治党的水平。2013 年 12 月，中共中央成立党的建设制度改革专项小组。不久，出台了《深化党的建设制度改革实施方案》，为加强党的制度建设提供了重要依据和遵循。2014 年 10 月，党的十八届四中全会提出加强党内法规制度建设，形成完善的党内法规体系。2016 年 12 月，中国共产党历史上第一次召开全国党内法规工作会议，通过了《中共中央关于加强党内法规制度建设的意见》，提出党内法规制度建设的指导思想、总体目标和重大举措，作出总体部署。习近平作出批示，强调加强党内法规制度建设是全面从严治党的长远之策、根本之策，必须坚持依法治国与制度治党、依规治党统筹推进、一体建设。2019 年 10 月召开的党的十九届四中全会又对坚持和完善党和国家监督体系、强化对权力运行的制约监督作出部署，提出构建一体推进不敢腐、不能腐、不想腐体制机制。

党内法规制度体系建设取得重要进展。2013 年 11 月，中共中央出台《党内法规制定工作五年规划纲要（2013—2017 年）》，提出在五年时间内形成涵盖党的建设和党的工作主要领域、适应管党治党需要的党内法规制度体系框架。2014 年 10 月，中共中央印发《关于再废止和宣布失效一批党内法规和规范性文件的决定》。这两个决定分别对 1978 年至 2016 年、新中国成立至 1977 年出台的中共中央党内法规和规范性文件进行集中清理，共全面筛查 2.3 万多件中央文件，梳理出 1178 件中央党内法规和规范性文件，废止 322 件、宣布失效 369 件。这是中国共产党历史上第一次对已有的党内法规进行集中清理，及时废止了不合时宜或基本失效的法规制度，提高了党内法规制度的时效性，为进一步完善党内制度体系奠定坚实基础。党的十八大以来，中国共产党先后制定或修订出台了100多部党内法规，基本形成了涵盖党的建设和党的工作主要领域、适应管党治党需要的党内法规体系。为让制度成为硬约束、真正“带电的高压线”，中共中央不仅出台一系列改革举措，而且加大对违规行为的惩治和处罚力度。例如，中共中央对违反八项规定的党员给予严肃处理。据十九届中央纪委四次全会上报告，仅2019年，全国纪检监察机关共查处违反中央八项规定精神问题6.1万起，处理党员、干部8.6万人，给予党纪政务处分6.6万人。

反腐败斗争取得压倒性胜利。以习近平同志为核心的党中央，以巨大的政治勇气，以“得罪千百人、不负十三亿”的历史担当，以壮士断腕的坚强决心，坚持反腐败无禁区、全覆盖、零容忍，坚定不移“打虎”“拍蝇”，开展“猎狐”“天网”行动，坚持追逃防逃两手抓①，经过持续艰苦努力，反腐败斗争取得压倒性胜利，海晏河清的政治生态正在形成。当然也要看到，反腐败还没取得彻底性胜利，反腐败还在路上，反腐败斗争还要继续。

全面强化党内监督，充分发挥巡视利剑作用。党的十八大以来，以习近平同志为核心的党中央积极探索完善党内监督制度的途径和办法，不断创新党内监督方式。一是推动建立中央统一领导、党委（党组）全面监督、纪律检查机关专责监督、党的工作部门职能监督、党的基层组织日常监督、党员民主监督的党内监督体系。二是实践监督执纪“四种形态”，即经常开展批评和自我批评、约谈函询，让“红红脸、出出汗”成为常态；党纪轻处分、组织调整成为违纪处理的大多数；党纪重处分、重大职务调整的成为少数；严重违纪涉嫌违法立案审查的成为极少数。三是明确巡视是政治巡视不是业务巡视，发挥巡视利剑作用。四是实现派驻监督全覆盖，向中央一级党和国家机关全面派驻纪检组，充分发挥“派”的权威和“驻”的优势。同时，深化了国家监察体制改革，实现了对公权力运行的监督全覆盖。

---

① 《习近平谈治国理政》（第3卷），外文出版社2020年版，第511页。

（三）将党的自我革命进行到底

自我革命是中国共产党最鲜明的品格，也是中国共产党最大的优势。习近平总书记鲜明指出，中国共产党能够带领人民进行伟大的社会革命，也能够进行伟大的自我革命，要“以勇于自我革命的精神打造和锤炼自己”，“把党的伟大自我革命进行到底”。中国共产党的自我革命，就是通过不断的自我净化、自我完善、自我革新、自我提高，经常解决自身存在问题，不断克服自身存在的缺点，始终保持生机活力的过程。自我净化、自我完善、自我革新、自我提高这“四个自我”，既相互区别又相互联系，既有破又有立，既有施药动刀的治病之法又有固本培元的强身之举，是勇于自我革命的生动实践和具体体现。

习近平指出，“党的自我革命任重而道远，决不能有停一停、歇一歇的想法”[①]。进入新时代，中国共产党肩负的历史使命和自身性质决定了在新时代必须继续自我革命。同时还要看到，继续进行自我革命是发扬党的优良传统的必然选择，是马克思主义政党建设和发展的内在需要，是党实现伟大社会革命的巨大动力。将党的自我革命进行到底，是党回应时代之问、答好时代考卷的重大课题。继续进行自我革命，需要全党旗帜鲜明讲政治，在“四个自我”上下功夫，持续完善全面从严治党制度，把党的自我革命和社会革命统一起来。

党的十八大以来，“我们探索出一条长期执政条件下解决自身问题、跳出历史周期率的成功道路”[②]。只要勇于自我革命，敢于直面问题、努力解决问题、不断克服自身不足，中国共产党就一定会保持旺盛的生命力和强大的战斗力，就一定能够带领中国人民跨过一道道沟坎，取得一个又一个胜利，顺利实现中华民族伟大复兴的中国梦。

---

① 《习近平谈治国理政》（第 3 卷），外文出版社 2020 年版，第 532 页。

② 《习近平谈治国理政》（第 3 卷），外文出版社 2020 年版，第 547 页。

（四）隆重庆祝中国共产党百年华诞

2021年是中国共产党成立100周年。中国共产党为庆祝百年华诞，举行了一系列重大活动，最重要的活动是7月1日举行的庆祝中国共产党成立100周年大会。在庆祝大会上，习近平总书记发表重要讲话，代表党和人民庄严宣告："经过全党全国各族人民持续奋斗，我们实现了第一个百年奋斗目标，在中华大地上全面建成了小康社会，历史性地解决了绝对贫困问题，正在意气风发向着全面建成社会主义现代化强国的第二个百年奋斗目标迈进。这是中华民族的伟大光荣！这是中国人民的伟大光荣！这是中国共产党的伟大光荣！"习近平总书记在讲话中深情回顾了中国共产党的百年奋斗历程，概括了四个伟大成就，提出了伟大建党精神，提出了"九个必须"的根本要求，是一篇闪耀着马克思主义光辉的经典文献，具有重大的政治意义、理论意义和实践意义。

为学习贯彻好习近平总书记"七一"重要讲话精神，中共中央办公厅发出通知，要求全党把学习贯彻"七一"重要讲话精神作为当前和今后一个时期一项重大政治任务，精心安排部署，周密组织实施，引导广大党员干部、群众深刻领会和把握讲话的重大意义、丰富内涵、核心要义、实践要求，切实把思想和行动统一到讲话精神上来。要深入领会全面建成小康社会的历史性成就，从历史与现实、理论与实践、国际与国内的比较中，深刻认识全面建成小康社会的伟大成就和历史意义；要深入领会党团结带领人民不懈奋斗的光辉历程和伟大成就，深刻理解一百年来党团结带领人民进行的一切奋斗、一切牺牲、一切创造，归结起来就是一个主题——实现中华民族伟大复兴；要深入领会"坚持真理、坚守理想，践行初心、担当使命，不怕牺牲、英勇斗争，对党忠诚、不负人民"的伟大建党精神的深刻内涵和时代价值；要深入领会以史为鉴、开创未来的"九个必须"的根本要求，"九个必须"即必须坚持中国共产党坚强领导，必须团结带领中国人民不断为美好生活而奋斗，必须继续推进马克思主义中国化，必须坚持和发展中国特色社会主义，必须加快国防和军队现代化，必须不断推动构建人类命运共同体，必须进行具有许多新的历史特点的伟大斗争，必须加强中华儿女大团结，必须不断推进党的建设新的伟大工程。“九个必须”是党领导开创党和国家事业新局面的重要遵循。

中国共产党立志于中华民族千秋伟业，百年恰是风华正茂。全体党员要积极响应习近平总书记的伟大号召，“牢记初心使命，坚定理想信念，践行党的宗旨，永远保持同人民群众的血肉联系，始终同人民想在一起、干在一起，风雨同舟、同甘共苦，继续为实现人民对美好生活的向往不懈努力，努力为党和人民争取更大光荣”①。有中国共产党的坚强领导，有全国各族人民的紧密团结，全面建成社会主义现代化强国的目标一定能够实现，中华民族伟大复兴的中国梦一定能够实现。

六、党的二十大与新时代新征程中国共产党的使命任务

2022 年 10 月 16 日至 22 日，党的二十大在北京召开，2296 名党代表出席会议。大会审议通过了党的二十大报告、中央纪委工作报告和党章修正案，取得一系列政治成果、理论成果和实践成果。党的二十届一中全会，选举产生新一届中央领导机构。习近平同志全票当选中央委员会总书记。党的二十大擘画了未来一段时期党和国家的大政方针，明确了新时代新征程中国共产党的使命任务，事关党和国家事业继往开来，事关中国特色社会主义前途命运，事关中华民族伟大复兴，是党的历史上的一次具有里程碑意义的重要会议。

（一）准确把握党的二十大报告的主要内容和精神实质

2022 年 10 月 25 日，二十届中央政治局召开会议研究部署学习宣传贯彻党的二十大精神时指出，学习贯彻大会精神，就“要认真领悟党

① 习近平：《在庆祝中国共产党成立 100 周年大会上的讲话》，《求是》2021 年第 14 期。

的二十大提出的新思想新论断、作出的新部署新要求”。这就要求我们深刻把握大会主题，深刻把握新时代十年的伟大变革，深刻把握新时代党的创新理论的丰富内涵，深刻把握坚持以中国式现代化全面推进中华民族伟大复兴，深刻把握以党的自我革命引领社会革命。

一是深刻把握大会主题。党的二十大主题是“高举中国特色社会主义伟大旗帜，全面贯彻新时代中国特色社会主义思想，弘扬伟大建党精神，自信自强、守正创新，踔厉奋发、勇毅前行，为全面建设社会主义现代化国家、全面推进中华民族伟大复兴而团结奋斗”。这明确宣示了党在新征程上举什么旗、走什么路、以什么样的精神状态、朝着什么样的目标继续前进。这次大会主题很有新意，主要是守正创新。

高举中国特色社会主义旗帜。改革开放以来，我们党所有理论和实践的主题就是坚持和发展中国特色社会主义。习近平总书记指出，中国特色社会主义是改革开放新时期开创的，也是建立在我们党的长期奋斗基础上的，是由我们党的几代中央领导集体团结带领全国人民历经千辛万苦、付出各种代价、接力探索取得的。中国特色社会主义是中国共产党和中国人民团结的旗帜、奋进的旗帜、胜利的旗帜。我们要全面建设社会主义现代化国家、实现中华民族伟大复兴，必须始终高举中国特色社会主义伟大旗帜，坚定不移坚持和发展中国特色社会主义，走中国特色社会主义道路。这是讲我们举什么旗、走什么路，讲出了我们党的一以贯之。

全面贯彻习近平新时代中国特色社会主义思想。党的十八大以来，以习近平同志为主要代表的中国共产党人，坚持把马克思主义基本原理同中国具体实际相结合、同中华优秀传统文化相结合，坚持毛泽东思想、邓小平理论、“三个代表”重要思想、科学发展观，深刻总结并充分运用党成立以来的历史经验，从新的实际出发，创立了习近平新时代中国特色社会主义思想。习近平新时代中国特色社会主义思想是当代中国马克思主义、二十一世纪马克思主义，是中华文化和中国精神的时代精华，实现了马克思主义中国化新的飞跃。正是在这一思想的科学指引下，党和国家事业取得一系列历史性成就、发生一系列历史性变革。新征程上，我们必须牢牢坚持、全面贯彻新时代党的创新理论。这是讲我们新征程上要长期坚持的指导思想，突出了全面贯彻，从而避免片面性。

弘扬伟大建党精神，自信自强、守正创新、踔厉奋发、勇毅前行。伟大建党精神孕育于党的创建初期，是中国共产党的精神之源。一百多年来，中国共产党始终坚持真理、坚守理想，践行初心、担当使命，不怕牺牲、英勇斗争，对党忠诚、不负人民，才发展壮大，成为世界上最大的马克思主义执政党。在新时代新征程上，我们要继续弘扬伟大建党精神，以“自信自强、守正创新、踔厉奋发、勇毅前行”的精神状态，投身于全面建设社会主义现代化国家、全面推进中华民族伟大复兴的伟大事业。这是讲新征程上我们的精神状态，这种概括是全新的，过去没讲过。

全面建设社会主义现代化国家、全面推进中华民族伟大复兴。这“两个全面”明确了我们党的中心任务，指出了我们党未来为之奋斗的目标。一方面，强调了我们是全面推进、全面建设，重在全面；另一方面是指我们要紧紧扭住这个中心任务，集中精力，排除万难，团结奋斗，以中国式现代化全面推进中华民族伟大复兴。

二是深刻把握过去五年的工作和新时代十年的伟大变革。党的十九大以来的五年和新时代以来的十年，在党和国家发展进程中极不寻常、极不平凡。党的二十大报告不仅对过去五年的工作给予了简明扼要的介绍，还特别论述了新时代十年我们经历的三件大事和取得的十六个方面的成就。

先看三件大事：一是迎来中国共产党成立一百周年，二是中国特色社会主义进入新时代，三是完成脱贫攻坚、全面建成小康社会的历史任务，实现第一个百年奋斗目标。这三件大事“是中国共产党和中国人民团结奋斗赢得的历史性胜利，是彪炳中华民族发展史册的历史性胜利，也是对世界具有深远影响的历史性胜利”。

再看十六个方面成就。十年来，在以习近平同志为核心的党中央坚强领导下，在习近平新时代中国特色社会主义思想的指导下，我们全面贯彻党的基本路线、基本方略，采取一系列战略性举措，推进一系列变革性实践，实现一系列突破性进展，取得一系列历史性成果，经受住了来自政治、经济、意识形态、自然界等方面的风险挑战考验，党和国家事业取得历史性成就、发生历史性变革，推动我国迈上全面建设社会主义现代化国家新征程。对新时代的伟大成就，习近平总书记在党的二十大报告中从思想指引、党的领导、战略部署、实现小康等十六个方面作了系统梳理。与党的十九届六中全会通过的历史决议作出的十三个方面的概括相比，这次概括内容更加丰富、逻辑更加鲜明、新意更加突出。比如，报告把思想引领和战略谋划纳入成就范畴，使得我们对历史性成就内容的理解更加深刻全面；还把改革与开放分开叙述，不仅突出了改革的巨大进展，还彰显了对外开放的重大进步。新时代十年的伟大变革，在党史、新中国史、改革开放史、社会主义发展史、中华民族发展史上具有里程碑意义，足以彪炳史册。新时代十年的伟大成就，是党和人民一道拼出来、干出来、奋斗出来的，也让我们更加深刻领悟“两个确立”的决定性意义、更加自觉做到“两个维护”。

三是深刻把握习近平新时代中国特色社会主义思想的丰富内涵。党的十八大以来，习近平总书记对关系新时代党和国家事业发展的一系列重大理论和实践问题进行了深邃思考和科学判断，就新时代坚持和发展什么样的中国特色社会主义、怎样坚持和发展中国特色社会主义，建设什么样的社会主义现代化强国、怎样建设社会主义现代化强国，建设什么样的长期执政的马克思主义政党、怎样建设长期执政的马克思主义政党等重大时代课题，提出一系列原创性的治国理政新理念新思想新战略，是习近平新时代中国特色社会主义思想的主要创立者。他在党的二十大报告中指出，“十九大、十九届六中全会提出的‘十个明确’、‘十四个坚持’、‘十三个方面成就’概括了这一思想的主要内容”。这就进一步明确了新时代党的创新理论的内容范围。

马克思主义是我们立党立国、兴党强国的根本指导思想。习近平新时代中国特色社会主义思想是当代中国马克思主义、二十一世纪马克思主义，是中华文化和中国精神的时代精华，实现了马克思主义中国化时代化新的飞跃。当代中国，坚持习近平新时代中国特色社会主义思想，就是坚持马克思主义。理论的发展、实践的变化都告诉我们，中国共产党为什么能，中国特色社会主义为什么好，归根到底是马克思主义行，是中国化时代化的马克思主义行。因此，这就需要根据实践的变化，把马克思主义基本原理同中国具体实际相结合、同中华优秀传统文化相结合，继续推动新时代的理论创新，不断开辟马克思主义中国化时代化新境界。党的二十大报告专门论述“两个结合”，指明了谱写马克思主义中国篇章的根本路径，为中国化马克思主义发展明确了方向。

推进理论创新，必须把握好新时代党的创新理论的世界观和方法论，坚持好和运用好贯穿其中的立场观点方法。党的二十大报告指出，要坚持人民至上、坚持自信自立、坚持守正创新、坚持问题导向、坚持系统观念、坚持胸怀天下。这六条就是习近平新时代中国特色社会主义思想的核心要义，体现了鲜明的人民立场、唯物辩证观点和方法论，彰显了中国共产党人的大情怀、大格局。

四是深刻把握坚持以中国式现代化全面推进中华民族伟大复兴。党的二十大报告指出，“从现在起，中国共产党的中心任务就是团结带领全国各族人民全面建成社会主义现代化强国、实现第二个百年奋斗目标，以中国式现代化全面推进中华民族伟大复兴”。改革开放以来，我们常讲以经济建设为中心，这次大会明确提出“中心任务”，延续并拓展了党的十九届六中全会通过的历史决议中关于新时代“主要任务”的提法，不仅明确了起始时间“从现在起”，明确是“全面推进”而不是单方面推进，明确了实现民族复兴的路径是中国式现代化。

党的二十大报告不仅指出中国式现代化是普遍性和特殊性的统一，重点介绍“中国特色”，第一次从九个方面概括了中国式现代化的本质要求，系统部署了未来五年以至 2035 年基本实现现代化的路径举措，还第一次明确前进道路上我们要遵循的若干原则，形成了关于中国式现代化的系统论述，实现了理论突破，是对习近平新时代中国特色社会主义思想的进一步丰富和发展，也是对世界现代化理论的拓展。

中国式现代化既有各国现代化的共同特征，比如经济建设、社会治理、环境保护等方面都有一定的标准，更有基于自己国情的中国特色。主要是“特”在人口规模巨大、全体人民共同富裕、物质文明和精神文明相协调、人与自然和谐共生、走和平发展道路。这个中国特色是中国式现代化的领导力量——中国共产党概括的，彰显了这一世界上最大的马克思主义执政党的性质宗旨、初心使命；这个中国特色是中国道路的必然反映，中国是社会主义国家，走的是中国特色社会主义道路，必然是追求共同富裕、物质精神双丰收，必然是以人为中心的现代化，必然和以资本为中心的现代化不同；这个中国特色源自于中华文明，必然是追求人与自然相和谐、坚持走和平发展道路，必然和靠战争、掠夺、殖民走上现代化的道路不同。

关于中国式现代化的本质要求，习近平总书记在党的二十大报告中讲到九个方面：坚持中国共产党领导，坚持中国特色社会主义，实现高质量发展，发展全过程人民民主，丰富人民精神世界，实现全体人民共同富裕，促进人与自然和谐共生，推动构建人类命运共同体，创造人类文明新形态。这一概括，不仅反映了中国特色社会主义的本质特征，强调推进中国式现代化的领导力量是中国共产党、必须走中国特色社会主义道路，从经济、政治、精神等方面概括了中国式现代化的实践要求，还明确了通过中国式现代化创造人类文明新形态的天下情怀。

在交代未来五年乃至 2035 年基本实现现代化的目标任务基础上，习近平总书记在党的二十大报告中还强调前进道路上必须把握坚持和加强党的全面领导、坚持中国特色社会主义道路、坚持以人民为中心的发展思想、坚持深化改革开放、坚持发扬斗争精神等若干原则。这五大原则，既涵盖实现现代化的领导力量、道路选择，还体现了中国式现代化的价值立场、动力源泉和精神风貌。这些原则是一个整体，要全面坚持、全面贯彻，不能选择性、片面性坚持，更不能不知不觉发生动摇。这些原则的关键是中国共产党领导，有了党的坚强领导，我们才能做到其他四个方面的坚持，才能确保前进的正确方向，确保正确的价值立场，保持昂扬的斗志。

党的二十大报告从经济、政治等十多个方面对全面建设社会主义现代化国家进行了系统设计和战略安排。其中，高质量发展是首要任务，教育、科技、人才是基础性、战略性支撑，人民民主是应有之义，全面依法治国是运行轨道，中国特色社会主义文化、增进民生福祉是重要内容，尊重自然、顺应自然、保护自然是内在要求，国家安全和社会稳定是根基前提，“如期实现建军一百年奋斗目标，加快把人民军队建成世界一流军队”是战略要求，中国共产党是关键。

五是深刻把握全面建设社会主义现代化国家的关键。要时刻保持解决大党独有难题的清醒和坚定，秉持自我革命永远在路上、全面从严治党永远在路上的精神状态，继续推进新时代党的建设新的伟大工程，以党的自我革命引领社会革命。这就要落实新时代党的建设总要求，继续把政治建设摆在统领位置，强调严格政治纪律、政治规矩，深刻领悟“两个确立”的决定性意义，坚决做到“两个维护”；继续加强思想建设，坚定不移用新时代党的创新理论武装全党指导实践；继续加强党风廉政建设，狠抓作风不松劲，坚定不移推进反腐败斗争；继续贯彻落实新时代党的组织路线，加强党的组织建设；继续加强纪律建设，把制度的笼子扎得更加严密，做到依规治党。

（二）准确把握党章修改的内容和意义

2022 年 10 月 22 日，党的二十大通过关于《中国共产党章程（修正案)》的决议，该决议详细介绍了党章的修改内容，是我们把握新党章的根本遵循。

这次修改党章，主要是把党的十九大以来的理论创新、实践创新、制度创新体现出来。党的十九大以来，以习近平同志为核心的党中央坚持把马克思主义基本原理同中国具体实际相结合、同中华优秀传统文化相结合，提出一系列治国理政新理念新思想新战略，不断丰富和发展习近平新时代中国特色社会主义思想，开辟了马克思主义中国化时代化新境界。习近平新时代中国特色社会主义思想是当代中国马克思主义、二十一世纪马克思主义，是中华文化和中国精神的时代精华。把党的十九大以来习近平新时代中国特色社会主义思想新发展写入党章，能更好反映以习近平同志为核心的党中央推进党的理论创新、实践创新、制度创新成果。全党深刻领悟“两个确立”的决定性意义，全面贯彻习近平新时代中国特色社会主义思想，把这一思想贯彻落实到党和国家工作各方面全过程。

这次修改，把党的百年奋斗成和经验以及敢于斗争写入了党章，体现了新时代的鲜明特点。在党的百年奋斗历程中，党始终践行党的初心使命，团结带领全国各族人民书写了中华民族几千年历史上最恢宏的史诗，创造了一系列伟大成就，积累了宝贵历史经验。这次修改把党的初心使命、党的百年奋斗重大成就和历史经验的内容写入了党章。敢于斗争、敢于胜利，是党和人民不可战胜的强大精神力量。党和人民取得的一切成就，都是通过斗争取得的。这次修改把发扬斗争精神、增强斗争本领的内容写入了党章。党章充实这些内容，对激励全党坚定历史自信、增强历史主动，坚守初心使命、传承红色基因，把握新的伟大斗争的历史特点，团结带领全国各族人民夺取中国特色社会主义新胜利，具有十分重大的意义。

二十大党章根据新时代的新实践和新目标也作了修改。比如，在庆祝中国共产党成立一百周年大会上，习近平同志代表党和人民作出实现了第一个百年奋斗目标、全面建成了小康社会、正在向着全面建成社会主义现代化强国的第二个百年奋斗目标迈进的庄严宣告，党章据此作出相应修改。调整这些内容，有利于全党全面准确把握新时代新征程党和国家事业发展新要求，聚焦实现第二个百年奋斗目标、实现中华民族伟大复兴的中国梦，凝聚起全党全国各族人民共同奋斗的意志和力量。作这些修改完善，有利于推动全党把思想和行动统一到党中央对国内外形势的科学判断与党和国家工作战略部署上来，更加自觉地贯彻党的基本路线，不断以发展新业绩续写新时代中国发展的伟大历史。

党的十九大以来，以习近平同志为核心的党中央围绕统筹推进“五位一体”总体布局、协调推进“四个全面”战略布局，提出一系列新理念新思想新战略。二十大党章把走中国特色社会主义法治道路，发展更加广泛、更加充分、更加健全的全过程人民民主，建立健全民主选举、民主协商、民主决策、民主管理、民主监督的制度和程序，统筹发展和安全等内容充实了进来。这样修改，对全党更加自觉、更加坚定地贯彻党的基本理论、基本路线、基本方略，全面推进中国特色社会主义伟大事业，具有十分重要的作用。

党的十九大以来，习近平同志就加强国防和军队建设、统战工作、外交工作提出一系列新理念新思想新战略。二十大党章把坚持政治建军、改革强军、科技强军、人才强军、依法治军，把人民军队建设成为世界一流军队；全面准确、坚定不移贯彻“一个国家、两种制度”的方针，坚决反对和遏制“台独”；弘扬和平、发展、公平、正义、民主、自由的全人类共同价值，推动建设持久和平、普遍安全、共同繁荣、开放包容、清洁美丽的世界等内容充实了进来。这样修改，有利于坚持走中国特色强军之路，有利于推动“一国两制”实践行稳致远、推进祖国统一，有利于推动构建人类命运共同体、引领人类进步潮流。

党的十九大以来，党坚持打铁必须自身硬，坚持以党的政治建设为统领，推动全面从严治党向纵深发展，党的建设取得许多新的重大成果和成功经验，这都应该及时体现到党章中。这次修改，把弘扬坚持真理、坚守理想，践行初心、担当使命，不怕牺牲、英勇斗争，对党忠诚、不负人民的伟大建党精神，以伟大自我革命引领伟大社会革命等要求写入党章；把必须提高政治判断力、政治领悟力、政治执行力，增强贯彻落实党的理论和路线方针政策的自觉性和坚定性，推进马克思主义中国化时代化，党的自我革命永远在路上，不断健全党内法规体系，强化全面从严治党主体责任和监督责任，一体推进不敢腐、不能腐、不想腐等内容写入党章；把坚持新时代党的组织路线作为党的建设的基本要求之一写入党章，有利于推动全党永葆自我革命精神，贯彻全面从严治党战略方针，深入推进新时代党的建设新的伟大工程，确保党在革命性锻造中更加坚强有力，始终成为中国特色社会主义事业的坚强领导核心。

中国共产党是领导我们事业的核心力量，党的领导是实现中华民族伟大复兴的根本保证。这次修改，把党是最高政治领导力量，坚持和加强党的全面领导等内容写入党章，有利于充分发挥党总揽全局、协调各方的领导核心作用，把党的领导落实到党和国家事业各领域各方面各环节。

这次党章修改，总结吸收党的十九大以来党的工作和党的建设的成功经验，并同总纲部分修改相衔接，对部分条文作了适当修改。

这次大会还通过了中央纪委五年来的工作报告。大会充分肯定了十九届中央纪律检查委员会的工作。大会认为，党的十九大以来，在以习近平同志为核心的党中央坚强领导下，各级纪律检查委员会深入学习贯彻习近平新时代中国特色社会主义思想，认真落实新时代党的建设总要求，坚定贯彻党的自我革命战略部署，深入落实全面从严治党战略方针，忠实履行党章赋予的职责，坚定不移推进党风廉政建设和反腐败斗争，推动新时代纪检监察工作高质量发展，紧紧围绕党和国家工作大局发挥监督保障执行、促进完善发展作用，为全面建成小康社会、实现第一个百年奋斗目标，迈上全面建设社会主义现代化国家新征程、向第二个百年奋斗目标进军提供坚强保障，向党和人民交上了优异答卷。

（三）选举产生新一届中央领导机构

2022 年 10 月 23 日，党的二十届一中全会举行。全会选举产生了中央政治局委员、中央政治局常务委员会委员、中央委员会总书记；根据中央政治局常务委员会提名，通过了中央书记处成员，决定了中央军事委员会组成人员；批准了第二十届中央纪律检查委员会第一次全体会议选举产生的书记、副书记和常务委员会委员人选。

中央政治局常务委员会委员有：习近平、李强、赵乐际、王沪宁、蔡奇、丁薛祥、李希。习近平同志以全票当选中央委员会总书记，是众望所归，反映了全党全军全国各族人民的共同心愿。新时代十年的伟大变革，是在以习近平同志为核心的党中央坚强领导下、在习近平新时代中国特色社会主义思想指引下全党全国各族人民团结奋斗取得的。新时代的伟大变革中，习近平总书记作为党中央的核心、全党的核心，在风云变幻中举旗定向、掌舵领航，在大战大考中指挥若定、运筹帷幄，在惊涛骇浪中力挽狂澜、砥柱中流，充分彰显了作为马克思主义政治家、思想家、战略家的恢弘气魄、远见卓识、雄韬伟略，不愧为党的核心、人民领袖、军队统帅，不愧为中华民族伟大复兴号巨轮的掌舵者、领航人。事实证明，党确立习近平同志党中央的核心、全党的核心地位，确立习近平新时代中国特色社会主义思想的指导地位，反映了全党全军全国各族人民共同心愿，对新时代党和国家事业发展、对推进中华民族伟大复兴历史进程具有决定性意义。

“两个确立”是党在新时代取得的重大政治成果，是推动党和国家事业取得历史性成就、发生历史性变革的决定性因素，已经成为全党全军全国各族人民的高度共识和共同意志，已经写在了新时代的伟大征程中、写在了全党全军全国各族人民心坎上，是党应对一切不确定性的最大确定性、最大底气、最大保证。全党必须深刻领悟“两个确立”的决定性意义，更加自觉地维护习近平总书记党中央的核心、全党的核心地位，更加自觉地维护以习近平同志为核心的党中央权威和集中统一领导，全面贯彻习近平新时代中国特色社会主义思想，坚定不移在思想上政治上行动上同以习近平同志为核心的党中央保持高度一致。①

团结就是力量，奋斗开辟未来。党的十八大以来，我们党紧紧依靠

① 参见《中共中央关于认真学习宣传贯彻党的二十大精神的决定》，《人民日报》2022 年 10 月 31 日。

人民，稳经济、促发展，战贫困、建小康，控疫情、抗大灾，应变局、化危机，攻克了一个个看似不可攻克的难关险阻，创造了一个个令人刮目相看的人间奇迹。我们当前最重要的任务，就是撸起袖子加油干，一步一个脚印把党的二十大作出的重大决策部署付诸行动、见之于成效。我们完全有理由相信，在以习近平同志为核心的党中央的坚强领导下，在习近平新时代中国特色社会主义思想的科学指引下，一定能够完成党的二十大提出的新目标新任务，向着社会主义现代化强国、中华民族伟大复兴的目标继续前进。

后　记

本书系应国家行政学院出版社之约，为在全党开展“五史”特别是党史学习教育而写。参加书稿写作的有：曹普教授（前言，第八至十二章）；王毅教授（第一章）；高中华教授（第二、第三章）；李东朗教授（第四章）；张卫波教授（第五章）；李国芳教授（第六章）；程连升教授（第七章）；沈传亮教授（第十三章）。全书由主编改定。书稿在写作过程中，利用了各作者已有相关成果并参照了经党中央批准编写的《中国共产党简史》等权威读本。书中疏漏错讹处难免，敬请读者批评指正。

曹 普

2023 年 10 月